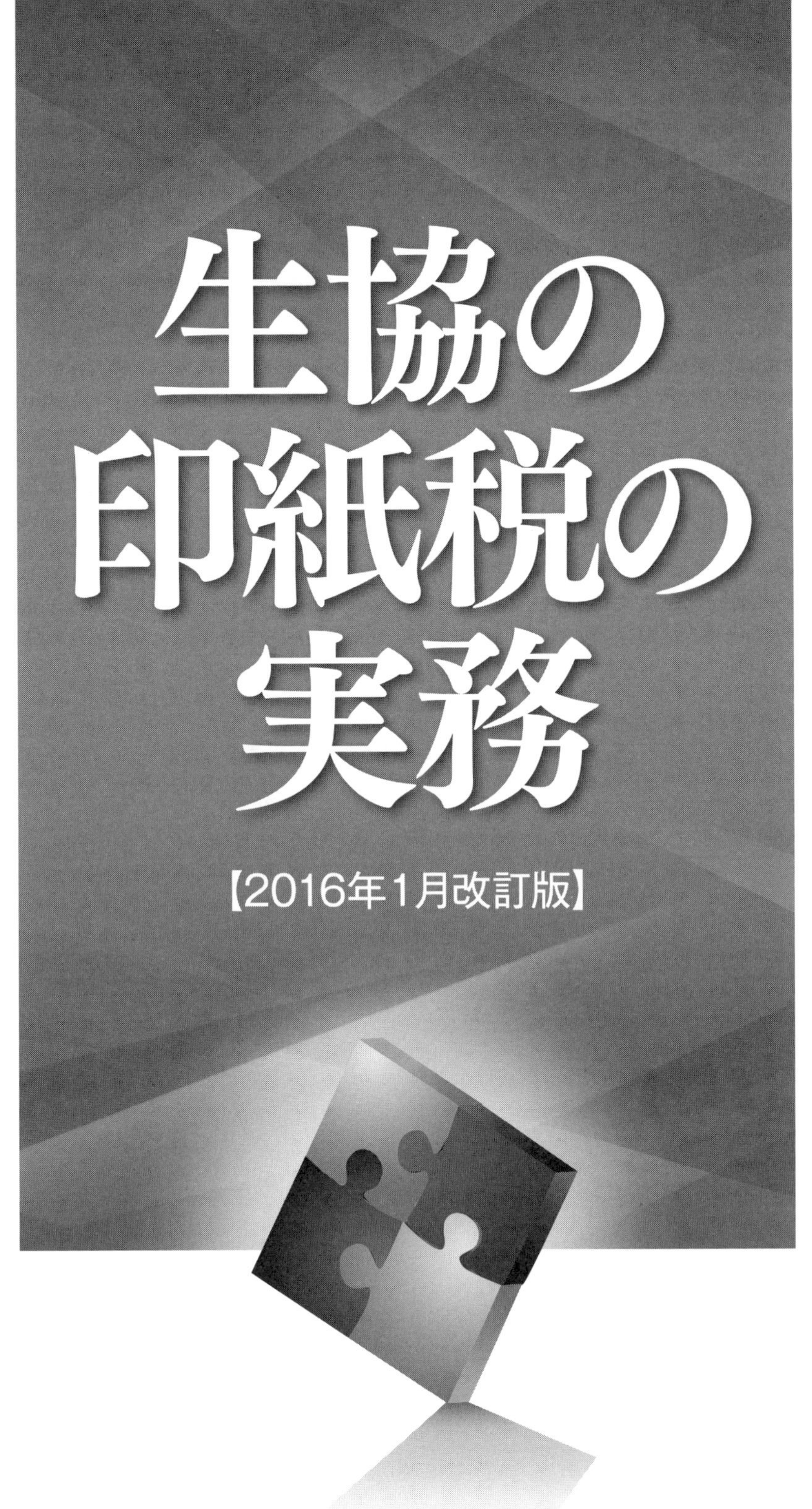

生協の印紙税の実務

【2016年1月改訂版】

日本生活協同組合連合会／編

日本生活協同組合連合会

はしがき

16年振りの改訂版であった『新版　生協の印紙税の実務』（2001年12月）を刊行してから14年が経過しました。この間生協に関係する事例も変化し、またさまざまな税制改正もあり、内容を刷新して生協の担当者等の実務に対応できるような内容にしてほしいとの要望に応えて、今回内容を大幅に変更して二訂版として発行することとなりました。

印紙税は、日常の経済取引に際して作成される契約書等の文書を課税対象とする税金です。課税文書の作成者が、収入印紙を貼り付け、これに消印することによって自主的に納付する仕組みになっています。そのため、作成する文書に印紙を貼るべきか、貼らなくてよいのか、また、いくら貼るべきなのかを判断する必要があります。しかし、複雑な取引にともなって作成される個々の文書に印紙を貼付すべきかどうか、また、いくらの金額を貼付すべきかを的確に判断することは簡単ではなく、むしろ非常に難しいといってもよいでしょう。

本書は初版の構成を引き継いで、第１章と第２章の基礎的事項を総論の部分とし、第３章を事例編としています。初版と比べて、総論部分の説明もさらに詳しい内容とし、事例編は初版に収録された数の２倍超の事例を取り扱うこととし具体的に解説しています。これはこの10年超の年月の経過にともなって取引形態も複雑化し、契約書などの文書類型が増加したためです。

この書籍が印紙税法を理解し、実務において印紙の取扱いを行う上で、少しでも担当者のみなさまのお役に立てば幸いです。また、別刊『生協の税務と経理の実務』とあわせてご利用いただければ、税法の理解にいっそう役立つものと思います。

本書は、税理士法人コンフィアンス代表社員税理士益子良一氏および税理士江藤俊哉氏に内容を監修していただきました。また、各種の文書事例については、生活協同組合連合会コープネット事業連合、生活協同組合コープみらい、生活協同組合ユーコープ、生活協同組合コープこうべ、日本コープ共済生活協同組合連合会、日本医療福祉生活協同組合連合会などからご提供をいただき、特に、生活協同組合ユーコープには多くの事例提供にご協力をいただきました。

本書の発行のために特段のご協力とご配慮をいただきました上記の方々に、あらためて心から感謝の意を表したいと思います。

2015年12月

日本生活協同組合連合会
総合運営本部長　大本隆史

凡　例

本書において、法令、通達等は次の略語を用いました。

略　語	法令、通達等名称
法	印紙税法
法令	印紙税法施行令
法規	印紙税法施行規則
課税物件表	印紙税法別表第一課税物件表
通則	印紙税法別表第一課税物件表の適用に関する通則
第○号文書	印紙税法別表第一課税物件表の第○号に掲げる文書
基通	印紙税法基本通達
基通別表1　第○号文書	印紙税法基本通達別表第1第○号文書
重要な事項の一覧表	印紙税法基本通達別表第2　重要な事項の一覧表
措法	租税特別措置法
措令	租税特別措置法施行令
措規	租税特別措置法施行規則
国通法	国税通則法

また本書における引用例は次のとおりです。

法1①一……印紙税法第1条第1項第1号

基通1………印紙税法基本通達第1条

※本書は、2015年（平成27年）10月31日現在の法令通達によっています。

生協の印紙税の実務　目次

第２章　課税物件の概要 ……………………………………53

第３章　文書事例

第1章

総　則

［1］意義、納付手続き等

1 印紙税の意義と性格

印紙税は、印紙税法に基づき課される税金です。印紙税は取引に際して作成された文書に対して課されますが、印紙税の課税対象は、印紙税法別表第一「課税物件表」に掲げられている文書に限定されますので、この課税物件表に掲げられている文書以外の文書に印紙税が課されることはありません（法2）。

2 納税義務等

1．納税義務

課税物件表の文書のうち、非課税文書の規定（法5）により印紙税が課されない文書以外の文書（以下「課税文書」という。）を作成した場合には印紙税の納税義務が生じます（法3①）。また、1つの文書を2以上の者で共同作成した場合には、その2以上の者で連帯して納税しなければなりません（法3②）。またその場合には、その2以上の者のうち1人が納税義務を履行すれば全員の納税義務が消滅することになります（基通47）。なお、「課税文書の作成」とは単に課税文書の調製行為をいうのではなく、課税文書となる用紙などに課税事項を記載し、その目的にしたがって課税事項を行使することをいいます（基通44）。

2．納税義務者

(1) 作成者の意義

印紙税の納税義務者は、課税文書の作成者です（法3①）。なお、法人などの役員または従業員がその法人の業務または財産に関して作成した場合は、たとえ役員または従業員名義であっても法人が作成者となります。したがって、生協の役職員が生協の業務または財産に関して役職員の名義で作成した文書であっても、生協が作成者となります（基通42）。

(2) 代理人が作成する課税文書の作成者

委任に基づく代理人が、その委任事務の処理にあたり、代理人名義で作成する課税文書は、たとえその文書に委任者の名義が表示されているものであっても、その代理人が作成者となります。したがって、生協が代理人に委任して代理人名で作成した課税文書は、その代理人が作成者となります。ただし、その課税文書に委任者名のみが表示されている場合には、その委任者が作成者となります（基通43）。

(3) 一の文書に同一の号の課税事項が２以上記載されている場合の作成者

一の文書に課税物件表の同一の号の課税事項が2以上記載されている場合には、その2以上の課税事項の当事者がそれぞれ異なっていたとしても、その課税文書は当事者の全員が共同して作成したものとされます（基通45）。

設　例	結　論
不動産売買契約書 甲と乙　200万円 甲と丙　300万円 甲と丁　500万円	同一の文書（不動産売買契約書）内に甲と乙、甲と丙及び甲と丁との間に、それぞれ200万円、300万円及び500万円の契約の成立が証明されています。 この場合、記載金額1,000万円の第1号文書（不動産の譲渡契約書）に該当し、甲、乙、丙、丁は共同作成者となります。

(4) 一の文書が２以上の号に掲げる文書に該当する場合の作成者

一の文書が課税物件表の2以上の号に掲げる文書に該当する場合には印紙税法別表第一「課税物件の適用に関する通則」3（以下「通則」3）の規定によりその文書の所属（号数）が決定されます。この場合にはその所属する号数の課税事項の当事者が課税文書の作成者とされます（基通46）。

設　例	結　論
○○契約書 ・不動産売買 甲と乙 ・債権売買 甲と丙	同一の文書内で甲と乙の不動産売買契約の成立が証明され、甲と丙の債権売買契約の成立が証明されています。 第1号文書（不動産の譲渡契約書）と第15号文書（債権譲渡契約書）に該当しますが、通則3の規定により第1号文書となり、甲と乙が共同作成者とされ、丙は作成者とはなりません。

3．納税義務の成立

印紙税の納税義務は、課税文書を作成した時に成立します(国通法15②十一)。また、「課税文書を作成した時」とは次の区分に応じそれぞれの時とされます（基通44)。

区　分	作成の時
①　相手方に交付する目的で作成される課税文書	その交付の時
②　契約当事者の意思の合致を証明する目的で作成される課税文書	その証明の時
③　一定事項の付け込み証明をすることを目的として作成される課税文書	その最初の付け込みの時
④　認証を受けることにより効力が生ずることとなる課税文書	その認証の時
⑤　第5号文書（合併契約書または吸収分割契約書もしくは新設分割計画書）のうち新設分割計画書	本店に備え置く時

4．課税文書の作成とみなされる場合

次のような場合にはそれぞれの時に課税文書が作成されたものとみなされます（法4)。

区　分	みなし作成
①　第3号文書（約束手形または為替手形）で、手形金額の記載のないものについて手形金額が補充された場合	①　その補充をした者が、その補充をした時に、約束手形または為替手形を作成したものとみなされます。
②　第18号文書から第20号文書までの課税文書を1年以上にわたり継続して使用する場合	②　その課税文書を作成した日から1年を経過した日以後最初の付け込みをした時に、その課税文書を新たに作成したものとみなされます。
③　イ　一の文書（第3号文書から第6号文書まで、第9号文書および第18号文書から第20号文書までを除く。）に、第1号文書から第17号文書までの課税文書（第3号文書から第6号文書までおよび第9号文書を除く。）により証されるべき事項の追記をした場合。	③　その追記または付け込みをした者が、その追記または付け込みをした時に、その追記または付け込みにかかる事項を記載した課税文書を新たに作成したものとみなされます。

ロ　一の文書（第3号文書から第6号文書まで、第9号文書および第18号文書から第20号文書までを除く。）に第18号文書もしくは第19号文書の課税文書として使用するための付け込みをした場合。	
④　第19号文書または第20号文書の課税文書（「通帳等」）に右の各号の文書事項の付け込みがされた場合にその付け込みがされた事項の記載金額がその各号の文書に掲げる金額であるとき。	④　付け込みがされた事項の部分については、通帳等への付け込みはなく、次のイ～ハに規定する課税文書の作成があったものとみなされます。 イ　第1号文書により証されるべき事項 10万円を超える金額 ロ　第2号文書により証されるべき事項 100万円を超える金額 ハ　第17号文書（売上代金にかかる金銭または有価証券の受取書の場合に限られます。）により証されるべき事項 100万円を超える金額

（注）第1号文書、第2号文書、第7号文書および第12号文書から第15号文書までの課税事項により証されるべき事項を追記した場合で、その追記が原契約の内容の変更または補充についてのもので、かつ、その追記した事項が「重要な事項の一覧表」に掲げる「重要な事項」に該当する場合には、上記表の「みなし作成」の③の規定が適用されます（基通38②）。

3　納付の方法

1．貼　付

印紙税は、課税文書に印紙税に相当する金額の印紙（「相当印紙」）を貼り付ける方法によって納めるのが原則です（法8①）。印紙を貼り付ける方法により納付する場合には、課税文書と印紙の彩紋とにかけ、はっきりわかるように印紙を消さなければなりません(法8②)。印紙を消すことを「消印」といいます。また、印紙を消す場合には、自己またはその代理人、使用人その他の従業者の印章または署名で消さなければなりません(法令5)。

つまり「消印」をする人は文書の作成者に限られていません。その場合の印は、契約書などに使用した印でなくてもよく、作成者、代理人、使用人、従業者の印章または署名であってもよいとされています。

消印は印紙の再使用を防止するためのものですので、使用する印章は「通常印判」のほか、氏名、名称等を表示した日付印、役職名、名称等を表示した印（ゴム印）のようなものでも問題ありません（基通65）。また署名は自筆によりますが、表示は氏名を表すものでも通称、商号でも構いません。ただし「印」と表示したり斜線を引いたりしたものは印章や署名に該当しません。

印紙ははっきりわかるように消さなければなりませんので、一見して誰が「消印」したかがわかる程度に印章を押しまたは署名する必要があり、かつ、通常の方法では「消印」を取り去ることができないことが必要です。鉛筆で署名したようなものは「消印」をしたことにはなりません。

さらに、複数の者が共同して作成した文書に貼り付けた印紙は、作成者のうち誰か一人が消せばよいので、たとえば、甲と乙が共同して作成した契約書は、甲と乙の双方が「消印」しても、また甲と乙のどちらかが「消印」してもよいことになっています（基通64）。

2．例外的納付方法

印紙税は貼付による納付が原則ですが、一時に多量の課税文書を作成する場合など印紙の貼り付けの手数を省くため、例外的な納付方法が認められています。

(1) 税印による納付

印紙税相当額の現金を国に納付し、税務署で「税印」の押印を受けることにより納付する方法です（法9）。この方法による場合には、所定の税務署長に対して次の事項を記載した請求書を提出しなければなりません（法令6）。

① 請求者の住所および氏名または名称
② その請求にかかる課税文書の号別および種類ならびにその種類ごとの数量
③ その請求にかかる課税文書に課されるべき印紙税額
④ その他参考となるべき事項
（注）2016年（平成28年）1月1日より、①は「請求者の住所、氏名または名称および個人番号または法人番号」となります。

なお、税印押なつ機は限定された税務署でしか備えられていません（法規別表第二）。

〈参考〉税印とは次のものです（法規別表第三）。

直径40ミリメートル

(2) 納付計器の使用による納付

所轄税務署長の承認を受けて印紙税納付計器を設置し、かつ、印紙税相当額の現金を納付して、計器により納付印を押す方法です（法10）。

この方法は、まず、指定された印紙税納付計器を、その設置しようとする場所の所在地の所轄税務署長に「印紙税納付計器設置承認申請書」を提出しその承認を受けます（承認された場合には承認番号が付されます。）。その後に印紙税納付計器を購入し設置したうえ一定期間に必要と認められる印紙税相当額を現金で納付し、印紙税納付計器をその納付額に合わせて使用できるように、所轄税務署長に対し、その使用する印紙税相当額の総額を限度として印紙税納付計器を使用するために必要な措置を請求した上、その税務署にて封印します。これにより印紙税納付計器がセット完了しますので、その後課されるべき印紙税額を表示した納付印を押すことができるようになります。納付印を押した金額の累計があらかじめ現金で納付した印紙税額に達した時は、納付計器は自動的に停止し使用できなくなるようになっています。

〈参考〉納付計器により押される印影は次の2種類のものがあります（法規別表第四）。

縦26ミリメートル
横22ミリメートル

甲　縦26ミリメートル、横22ミリメートル
乙　縦28.6ミリメートル、横24.2ミリメートル

(3) 書式表示による納付

所轄税務署長の承認（「印紙税書式表示承認申請書」）を受けて、印紙税法施行規則に定める書式による表示をし、その後その翌月末日までに納税申告書（「印紙税納税申告書（書式表示用）」）を提出し、かつ、その期限までに印紙税を現金で納付する方法です

（法11）。この納付の方法を選択するには、次の要件を満たす必要があります。

① 文書の種類が次のいずれかであること

イ 毎月継続して作成されることとされているもの

ロ 特定の日に多量に作成されることとされているもの

（注）イまたはロの要件にあてはまれば、課税物件表のいずれの号でもかまいません。

② 文書の様式または形式が同一であること

おおむね、その文書の名称、記載内容、大きさ、彩紋を基準として判定されます（基通78）。

また、作成日付、数量、金額などを空欄にしておいて課税文書としての作成の都度それらを記載しているものも、同一の文書として取り扱われます。彩紋は、色が異なる程度のものは同一とされます。

③ その作成の事実が後日においても明らかにされること

書式表示による方法は、印紙税を事後納付する方法ですので、たとえばその文書の記載金額が免税点以下となることで印紙税の課税対象とならないとしても、その承認された課税文書の作成事実を帳簿に記載しなければなりません（基通79）。

④ 承認を受けた場合には、次のいずれかの表示をすること

承認を受けた者は、課税文書の作成の時までに一定の表示をしなければなりません。なお、この書式表示は印紙税が納付済であることを表しているものではなく、印紙税の納付方法として申告納税方式を選択している文書であることを示しているにすぎません。このため、文書が非課税文書になった場合でも、その表示を抹消する必要はありません。

〈参考〉書式表示による納付の表示は次のようなものです（法規別表第五）。

印紙税申告納
付につき
税務署承認済

縦17ミリメートル

横15ミリメートル

印紙税申告納
付につき
税務署承認済

縦15ミリメートル

横17ミリメートル

（注）当該書式は財務省令で定められた書式のため、文字の配列および枠についても注意が必要です。

(4) 預貯金通帳等の納付

課税物件表の第18号および第19号の課税文書のうち一定のものについては、預貯金通帳等を作成しようとする場所の所在地の所轄税務署長の承認を受けて、承認の日以後最初に到来する4月1日から翌年3月31日までの期間内に作成するその預貯金通帳等の印紙税を現金により納付する方法です。承認を受けた者は、その年の4月1日現在の預貯金通帳等の口座の数を基礎として計算した課税標準数量および納付すべき税額その他参考となるべき事項を記載した「印紙税納税申告書（一括納付用）」を、その年の4月末日までに、所轄税務署長に提出し、印紙税を納付しなければなりません（法12）。

4 納税地

印紙税の納税地は「3　納付の方法」により次の場所となります（法6、法令4）。

<table>
<tr><th colspan="2">区　分</th><th>納税地</th></tr>
<tr><td colspan="2">①　書式表示による納付または預貯金通帳等の納付</td><td>これらの承認をした所轄税務署管轄区域の場所</td></tr>
<tr><td colspan="2">②　税印による納付</td><td>税印による納付を請求した所轄税務署管轄区域の場所</td></tr>
<tr><td colspan="2">③　印紙税納付計器による納付</td><td>印紙税納付計器の設置場所</td></tr>
<tr><td rowspan="2">④　貼付による納付</td><td>課税文書の作成場所が明らかにされているもの</td><td>作成場所</td></tr>
<tr><td>課税文書の作成場所が明らかにされていないもの</td><td>イ　原則
（イ）作成者の事務所、事業所その他所在地が記載されている場合
その所在地
（ロ）（イ）以外
その文書の作成時における作成者の住所または居所
ロ　2以上の者が共同して作成した場合
（イ）作成者が所持している文書
所持している場所
（ロ）作成者以外が所持している文書
作成者のうち文書に最も先に記載されている者のみがその文書を作成したものとしてイの（イ）または（ロ）の場所とする。</td></tr>
</table>

5 過誤納の場合（還付等）

1．内　容

印紙税を納付する必要のない文書に誤って印紙を貼ってしまった場合や、課税文書に所定の印紙税額を超える印紙を貼ってしまった場合には「印紙税過誤納（確認申請・充当請求）書」と過誤納となっている文書を、過誤納となっている文書を作成した日から5年以内に納税地の所轄税務署長に提出し、印紙税の過誤納の事実の確認を経た上、還付または充当を受けることができます（法14、法令14、国通法74①）。

2．還付等ができる場合

印紙税の還付または充当ができる場合とは次のような場合をいいます（基通115）。

① 印紙税の納付の必要がない文書に誤って印紙を貼り付けたり、印紙税納付計器により納付印を押してしまったりした場合
② 印紙を貼り付け、税印を押し、または納付印を押した課税文書で、損傷、汚染、書損などにより使用する見込みのなくなった場合（相手に交付する前）
③ 印紙を貼り付け、税印を押し、または納付印を押した課税文書で、納付した金額が必要な税額を超える場合
④ 税印による納付、印紙税納付計器による納付、書式表示による納付、預貯金通帳等の納付の適用を受けた課税文書について、それらの納付方法以外の方法により印紙税を納付した場合
⑤ 印紙税納付計器により納付したが、印紙税納付計器の設置の廃止等によりその印紙税納付計器を使用しなくなった場合等

GL2016

印紙税過誤納 確認申請 / 充当請求 書

整理番号

提出用

平成　年　月　日

税務署長 殿

収受印

申請者・請求者

住所	(〒　－　)	電話	(　)　局　番
(フリガナ) 氏名又は名称及び代表者氏名	印		
(フリガナ) 同上代理人	印		

□ 下記のとおり印紙税法施行令第14条第1項の規定により過誤納の確認を申請します。
□ 下記のとおり印紙税法施行令第14条第4項の規定により過誤納の確認と充当を請求します。

	区分(注1) / 号別	物件名 / 納付年月日	名称 / 数量	納付税額(注2) / 過誤納税額	過誤納となった理由(その他は裏面参照)
①		年　月　日		千百十万千百十一 円 / 円	□書損等 □納付額超過 □その他( )
②		年　月　日		円 / 円	□書損等 □納付額超過 □その他( )
③		年　月　日		円 / 円	□書損等 □納付額超過 □その他( )
④		年　月　日		円 / 円	□書損等 □納付額超過 □その他( )
合計(数量及び過誤納税額)				円	左記充当請求金額は、平成　年　月　日付の印紙税税印押なつ請求書(印紙税納付計器使用請求書)に記載した印紙税相当額に充当してください。
充当請求金額				円	
還付金額				円	

証拠書類		参考事項	

還付を受けようとする金融機関

1. 銀行等の預金口座に振込みを希望する場合
銀行 金庫・組合 農協・漁協
本店・支店 出張所 本所・支所
預金
口座番号
2. ゆうちょ銀行の貯金口座に振込みを希望する場合
貯金口座の記号番号 －
3. 郵便局等の窓口受取りを希望する場合

※ 上記の過誤納の事実のとおり平成　年　月　日確認し(充当請求金額については同日請求のとおり充当し)ました。
なお、還付金額は、他に未納の国税等がない場合に右記お申し出の方法により還付することになりますので、後日、改めてお知らせします。

第　号

平成　年　月　日

【注意】
1 「区分」欄には、印紙を貼り付けた文書、税印を押印した文書又は印紙税納付計器により印紙税額に相当する金額を表示して納付印を押した文書に係る印紙税の過誤納については「1」、印紙税税印押なつ請求又は印紙税納付計器使用請求に際して納付した印紙税の過誤納については「2」と記載してください。
2 「納付税額」欄には、区分欄に「2」と記載した場合にのみ記載してください。
3 「※」印欄及び「税務署整理欄」は、記載しないでください。

税務署整理欄

請求年月日	年　月　日	順号	
金融機関番号			
通信日付印	平成　年　月　日	確認印	

CC2-3721

(OCR入力用 この用紙は機械で処理しますので、汚したり折り曲げたりしないでください。)

過誤納となった理由等

過誤納となった理由		内容等
書損等		収入印紙をちょう付したり納付印を押した課税文書の用紙が、用紙の書損、損傷、汚染などにより使用する見込みがなくなった場合
納付額超過		収入印紙をちょう付したり納付印を押すことにより納付した印紙税の額が、印紙税法に規定する正しい税額を超える場合
その他	課否判定誤り	印紙税の納付の必要がない文書に誤って収入印紙をちょう付したり納付印を押した場合
	二重納付	印紙税法第９条から第12条に規定する納付等の特例を受けた課税文書について、その特例方法以外の方法により相当金額の印紙税を納付した場合
	税印の取りやめ等	税印による納付の特例を受けるため、印紙税を納付したが、税印の押なつの請求をしなかった又は請求を行ったが棄却された場合
	被交付文書への押なつ	印紙税納付計器の設置者が被交付文書に対する納付印押なつの承認を受けていないにもかかわらず、交付を受けた課税文書に納付印を押した場合
	納付計器の廃止等	印紙税納付計器による納付の特例を受けるため、印紙税を納付したが、印紙税納付計器の設置の廃止等により当該納付計器を使用しなくなった場合

6 過怠税

1．徴　収

印紙を貼り付ける方法により印紙税を納付すべき課税文書の作成者が、その課税文書の作成の時までに印紙税を納付しなかった場合には、その納付しなかった印紙税の額とその2倍に相当する額との合計額（つまり不納付額の3倍）が過怠税として徴収されます（法20①）。

2．申出があった場合

課税文書の作成者が所轄税務署長に対し、作成した課税文書について印紙税を納付していない旨の申出書（「印紙税不納付事実申出書」）の提出をした場合には、納付しなかった印紙税額とその10％相当額の合計額（つまり不納付額の1.1倍）が過怠税として徴収されます（法20②）。

ただし、この申出の規定が適用される条件は、「印紙税についての税務調査があったことによりその課税文書についての過怠税の決定があったことを予知してなされたものでない」こととされています。

3．消印をしなかった場合

課税文書の作成者が印紙を貼付したが消さなかった場合（消し忘れた場合）には、消印されていない印紙の額面金額が過怠税として徴収されます（法20③）。

4．端数処理

1または3の場合において、それらの過怠税の合計額が1,000円に満たない場合には、1,000円とされます。2の場合には端数処理はありません。

5．その他

過怠税は、法人税の損金には算入されません。

［2］課税文書

1 意　義

課税文書とは、印紙税法別表第一の課税物件表に掲げられている20種類の文書により証されるべき事項（以下「課税事項」）が記載され、かつ、当事者の間でその課税事項を証明すべき目的で作成された文書のうち、非課税文書以外の文書をいいます（法2・3、基通2）。

課税文書に該当するかどうかは、文書全体を1つとして判断するだけでなく、その文書に記載されている個々の内容についても判断する必要があります。また、単に文書の名称や形式的な記載の文言で判断せず、その記載されている文言の実質的な意義に基づいて判断することになります（基通3）。たとえば、納品書であってもそれが実質的に受領したことを証明する文書であれば第17号文書として課税の対象となる場合があります。

2 非課税文書

課税物件表に掲げられている文書のうち、一定のものについては印紙税が課されないこととなっています（法5）。

1．課税物件表の非課税物件欄

課税物件表において、「非課税物件」欄に規定されている文書は非課税文書として印紙税が課されません。

（例）　　課税物件表　第17号文書

番号	課税物件		課税標準及び税率	非課税物件
	物件名	定義		
17	1　売上代金に係る金銭又は有価証券の受取書	（省略）	（省略）	1　記載された受取金額が5万円未満の受取書

	2　金銭又は有価証券の受取書で1に掲げる受取書以外のもの			2　営業（会社以外の法人で、法令の規定又は定款の定めにより利益金又は剰余金の配当又は分配をすることができることとなっているものが、その出資者以外の者に対して行う事業を含み、当該出資者がその出資をした法人に対して行う営業を除く。）に関しない受取書 3　有価証券又は第8号、第12号、第14号若しくは前号に掲げる文書に追記した受取書

たとえば第17号の1文書の売上代金の受領書の場合、受領書に記載された金額が5万円未満であれば非課税物件欄の「1　記載された受取金額が5万円未満の受取書」として印紙税が課されないこととなります。

2．国、地方公共団体が作成した文書

国や地方公共団体が作成した文書には印紙税は課されません（法5二）。地方公共団体とは地方自治法第1条の3に規定された地方公共団体をいいます（基通55）。また、国や地方公共団体の職員が職務上作成した文書は、国や地方公共団体が作成した文書に含まれます（基通56）。

3．別表第二に掲げる者が作成した文書

印紙税法別表第二（非課税法人の表）に掲げる者が作成した文書には印紙税は課されません（法5三）。なお、その非課税法人から業務の委託を受けた者は、非課税法人ではありません（基通別表第1 非課税文書1）。したがって、その非課税法人が作成した文書で生協が所持するものは非課税文書となりますが、非課税法人が所持するものは、生協が納税義務者となる課税文書となります。

4．別表第三に掲げる文書で同表の下欄に掲げる者が作成したもの

印紙税法別表第三（非課税文書の表（第5条関係））の上欄に掲げる文書で、その表の

下欄に掲げる者が作成したものは非課税文書となり印紙税が課されません（法5）。たとえば、地方自治法の規定に基づいて指定された金融機関が公金の出納に関して作成した文書は別表第三の「日本銀行その他法令の規定に基づき国庫金又は地方公共団体の公金の取扱いをする者」が作成した「国庫金又は地方公共団体に公金の取扱いに関する文書」として印紙税は課されません（基通別表第1 非課税文書3）。

5．租税特別措置法により非課税となる文書

都道府県が行う高等学校の生徒に対する学資資金の貸付けとしての消費貸借契約書には印紙税は課されません（措法91の2）。また、納税準備預金通帳に印紙税は課されません（措法92）。

6．特別法により非課税となる文書

健康保険法による健康保険に関する書類や雇用保険法による雇用保険に関する書類など印紙税法以外の法律によって印紙税が課されないとされている文書があります。

3 その他課税文書の取り扱い

1．他の文書を引用している文書の取り扱い

(1) 記載金額および契約期間以外の引用

作成した文書に、原契約書、約款、見積書など他の文書を引用する文言の記載がある場合には、その引用する他の文書に記載されている内容を、作成した文書の内容として課税内容を判断します（基通4①）。

(2) 記載金額および契約期間を引用

作成した文書に、他の文書の内容を引用している場合で、記載金額および契約期間を引用している場合には、記載金額および契約期間は、引用した文書の内容ではなく、その作成した文書に記載した内容で判断します。

ただし、その作成した文書が第1号文書（不動産、鉱業権、無体財産権、船舶もしくは航空機または営業の譲渡に関する契約書等）または第2号文書（請負に関する契約書）に該当する場合や第17号文書（売上代金にかかる金銭または有価証券の受取書等）に該

当する場合の記載金額については、次のような特別な取り扱いがあります（基通4、通則4のホ）。

① 作成した文書が第1号文書または第2号文書に該当する場合

作成した文書が第1号文書または第2号文書に該当する場合に、見積書、注文書などに記載されている内容で作成した文書の契約金額を明らかにすることができるものがある場合には、その見積書、注文書などにもとづく内容を記載金額とすることになります（通則4ホ（二））。

② 第17号文書のうち売上代金として受け取る有価証券の受取書または売上代金として受け取る金銭もしくは有価証券の受取書

第17号文書のうち売上代金として受け取る有価証券の受取書に、その有価証券の発行者名、発行日、記号等の記載がある場合、また、売上代金として受け取る金銭もしくは有価証券の受取書に支払通知書、請求書その他これらに類する文書の名称、発行日、記号等の記載があることにより、当事者間でその売上代金の受取金額が明らかなときは、その明らかな金額を、受取書の記載金額とします（通則ホ（三））。

2．「一の文書」の意義

契約書などは二者以上が共同して「一の文書」（1個の文書）を作成することになります。作成された文書の様式は問わず、またその文書が複数枚にわたったとしても、1個の文書として判断されます。このため、1枚の用紙に2つ以上の課税事項が記載証明されているものや、2枚以上の用紙が契印などにより結合されているものは1個の文書となります。

ただし、文書の形態や内容などからその文書を作成した後、それを切り離して行使したり保存したりすることを予定している場合には、それぞれ別個の文書となります（基通5）。また、作成した日時を異にして課税事項をそれぞれ記載証明した場合には、それぞれが課税文書に該当します（基通5（注））。

3．仮文書

後日正式な文書を作成するために、一時的に文書を作成する場合であっても、その文書が課税事項を証明するための文書である場合には、課税文書に該当します（基通58）。

たとえば、受領書を「仮受領書」として作成した場合でも、その文書は第17号文書に該当します（基通別表1 第17号文書3）。

4．生協内（同一法人内）で作成する文書

生協内（同一法人内）での内部取り扱い文書（生協の本部と事業所での連絡文書など）は、その生協の事務の処理上作成されるものなので、課税文書には該当しません（基通59）。

4 契約書

1．契約書の意義

印紙税法に規定する契約書とは、契約証書、協定書、約定書その他名称がどのようなものであれ、契約の成立、更改または契約の内容の変更もしくは補充の事実（以下「契約の成立等」）を証明すべき文書をいいます。したがって、念書、請書その他契約の当事者の一方のみが作成する文書または契約の当事者の全部もしくは一部の署名を欠いている文書であっても、当事者間の了解または商習慣に基づく契約の成立等を証明するものであれば契約書に該当します（通則5、基通12）。また、課税事項のうちの一の重要な事項を証明する目的で作成される文書であっても契約書に該当します。なお、契約の消滅の事実を証明するための文書は印紙税法の契約書には含まれません（基通12）。

2．契約の意義

契約とは、一方の申込みと他方の承諾によって成立する法律行為をいいます（基通14）。たとえば、相手方が一方的に作成した「請書」であっても、こちらの申込みに対する承諾を証明する目的で文書を作成した場合には、契約の成立を証明した文書となります（基通14）。

3．契約の更改

契約の更改とは契約によっていままであった債務を消滅させて新たな債務を成立させることをいいます。新たな債務契約の成立を証明する文書として、課税物件表にしたが

って該当する号数（所属）を決定します（基通16）。

設　例	結　論
更改契約書 ○○（甲）と××生活協同組合（乙）とは、20X1年11月12日に締結した請負代金支払契約を消滅させ、新たに土地売買契約を締結する。 土地の売買価格は、1億円とする。 20X2年9月12日 （甲）○○ （乙）××生活協同組合	更改契約書は第1号の1文書に該当します。

4．契約の内容の変更

契約の内容の変更とは、すでにある契約（以下「原契約」）の同一性を失わせないでその内容を変更することをいいます（基通17①）。変更の契約書は、「印紙税法基本通達別表第2　重要な事項の一覧表」に規定する「重要な事項」を変更する場合にのみ課税されることになります（基通17②）。

5．契約内容の補充

契約内容の補充とは、原契約の内容として欠けている事項を補充することをいいます（基通18①）。契約内容の補充契約書は、「印紙税法基本通達別表第2　重要な事項の一覧表」に規定する「重要な事項」を補充する場合にのみ課税されることになります（基通18②）。

6．契約書の写し、副本、謄本等

契約当事者間で同じ内容の文書を2通以上作成した場合に、それぞれの文書が課税事項を証明する目的で作成されたものであるときは、それぞれの文書が課税文書に該当します。また、写し、副本、謄本などで次に該当する場合にはいずれも課税文書に該当します（基通19）。

① 契約当事者の双方または一方の署名または押印があるもの （注）文書の所持者のみが署名または押印しているものは除きます。 ② 正本等と相違ないこと、または写し、副本、謄本等であることの契約当事者の証明（正本等との割印を含む。）のあるもの （注）文書の所持者のみが証明しているものは除きます。

なお、複写機等による文書のコピーは単なる写しにすぎず、証明する文書になりませんので課税文書とはなりません。

7．契約の消滅を証明する文書

契約の消滅（解約）の事実を証明する目的で作成した文書は課税文書には該当しません（基通12）。

8．契約当事者以外の者へ提出する文書

契約当事者以外の者（たとえば監督官庁、融資銀行などその契約に直接関与しない者）に契約書を提出したりまたは交付したりする場合で、その文書に提出先や交付先が記載されているものまたは文書の記載文言からみてその契約当事者以外の者に提出もしくは交付することが明らかな場合には、課税文書には該当しません（基通20）。なお、消費貸借契約における保証人や不動産売買契約における仲介人は、契約に参加する当事者ですが、その文書の課税事項を証明する直接の当事者ではありませんので、契約の成立を証明すべき文書の作成者とはなりません（基通20（注））。

9．申込書・注文書等と表示された文書

契約は、申込みとその申込みに対する承諾によって成立します。このため契約の申込みの事実を証明する目的で作成する単なる申込書は契約書には該当しません。しかし、申込書、注文書、依頼書などと表示されている文書であっても、相手の申込みに対する承諾事実を証明する目的で作成された文書は契約書に該当します（基通21）。

契約書に該当する申込書等	左記の申込書等で契約書にならない場合
契約当事者間の基本契約書、規約または約款等に基づいた申込みであることがその申込書等に記載されていて、一方の申込みにより自動的に契約が成立することとなっている申込書等。	契約の相手方当事者が別に請書等契約の成立を証明する文書を作成することが記載されているもの。
見積書その他の契約の相手方当事者が作成した文書等に基づく申込みであることが記載されているその申込書等。	契約の相手方当事者が別に請書等契約の成立を証明する文書を作成することが記載されているもの。
契約当事者双方の署名または押印がある申込書等。	—

10. 公正証書の取り扱い

公証人が嘱託人や承継人の請求によって交付する公正証書の正本は課税文書には該当しません（基通22）。なお原本は公証人により印紙が貼付されます（公証人法43）。

［3］文書の所属の決定

1　所属の意義

印紙税は、課税物件表の20種類の文書に対して課税されます。このため、第何号文書に該当するかの判定（「所属の決定」）が非常に重要です。具体的には課税物件表および印紙税法基本通達により判断します（通則1）。

2　単一の事項のみが記載されている場合

その記載事項により該当号数を判断します。

設　例	結　論
土地の売買契約書	土地の売買契約者は、第1号の1文書に該当します。
売上代金の受取書	売上代金の受取書は、第17号の1文書に該当します。

3　2以上の号に該当する場合

1つの文書に2以上の号に該当する課税事項が記載されている場合には、通則3にしたがって最終的な所属を決定します（通則2・3）。

1．第1号文書または第2号文書と第3号文書から第17号文書のいずれかに該当する場合（次の2または3の場合を除く。）（通則3イ、基通11①（3））

（結論） 第1号文書または第2号文書に該当します。

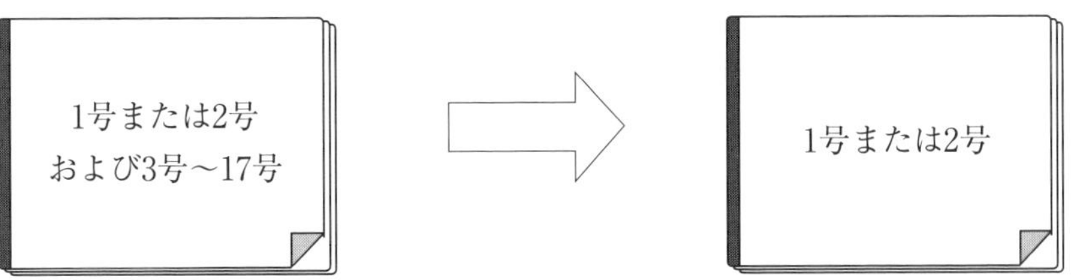

設　例	結　論
（例1）不動産および売掛債権の譲渡契約書 ＜第1号の1文書と第15号文書に該当＞	第1号の1文書と第15号文書に該当しますので、通則3イにより第1号の1文書として取り扱われます。
（例2）請負工事の内容とその代金受領事実を記載した契約書 ＜第2号文書と第17号の1文書に該当＞	第2号文書と第17号の1文書に該当しますので、通則3イにより第2号文書として取り扱われます。

2．第1号文書または第2号文書（いずれも契約金額記載なし）と第7号文書に該当する場合（通則3イただし書、基通11①（3））

（結論） 第7号文書に該当します。

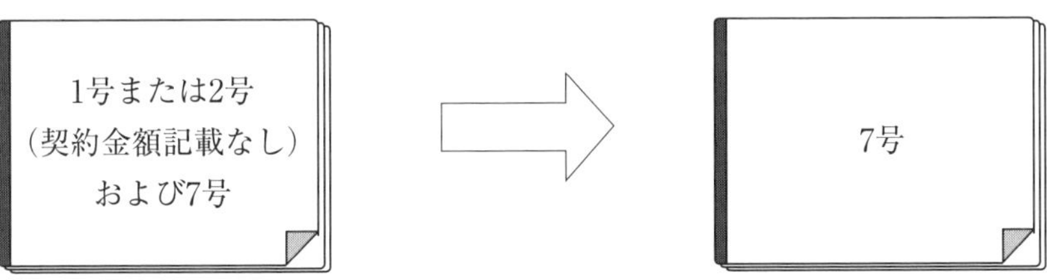

設　例	結　論
（例）継続する物品運送の基本契約書で契約金額の記載がなし。 ＜第1号の4文書と第7号文書に該当＞	第1号の4文書と第7号文書に該当しますが、第1号の4文書には契約金額の記載がないため、通則3イただし書きにより第7号文書として取り扱われます。

3．第1号文書または第2号文書と第17号の1文書の組み合わせで、売上代金にかかる受取金額が100万円超の記載があるもので、その金額が第1号文書もしくは第2号文書の契約金額（両方あれば合算）を超えるものまたは第1号文書もしくは第2号文書についての契約金額の記載のない場合（通則3イただし書後段、基通11①（4））

（結論）　第17号の1文書に該当します。

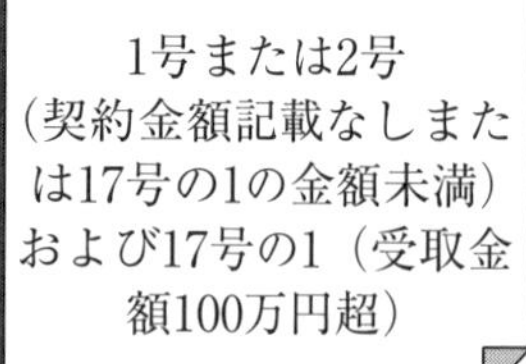

1号または2号
（契約金額記載なしまたは17号の1の金額未満）
および17号の1（受取金額100万円超）

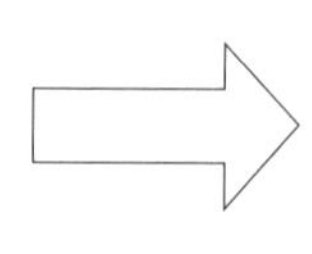

17号の1
（受取金額100万円超）

設　例	結　論
（例）売掛金800万円のうち600万円を領収し、残額200万円を消費貸借の目的とする旨が記載されている消費貸借および金銭の受取書 ＜第1号の3文書と第17号の1文書に該当＞	第1号の3文書と第17号の1文書に該当しますが、第17号の1文書である売上代金にかかる受取金額が600万円であり100万円を超え、かつ、その600万円が第1号文書である消費貸借契約の金額200万円を超えているため、通則3イただし書後段により第17号の1文書として取り扱われます。

4．第1号文書と第2号文書に該当する場合（ただし5に該当する場合を除く。）（通則3ロ、基通11①（5））

（結論）　第1号文書に該当します。

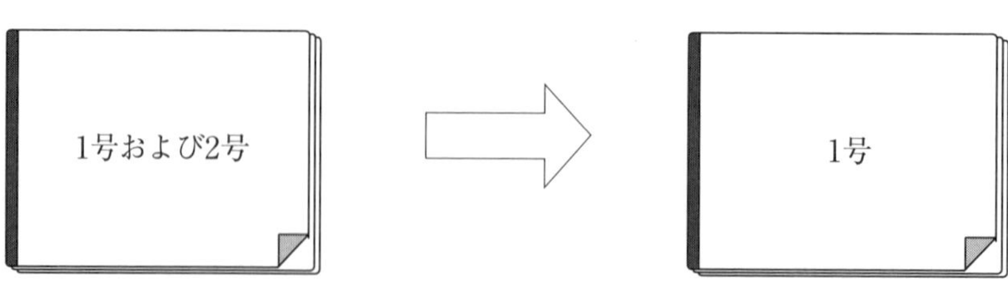

設　例	結　論
（例）機械製作およびその機械の運送契約書 ＜第2号文書と第1号の4文書に該当＞	第1号の4文書と第2号文書に該当しますので、通則3ロにより第1号の4文書として取り扱われます。

5．第1号文書と第2号文書に該当する場合で、それぞれの契約金額が区分記載されており、第2号文書の契約金額が第1号文書の契約金額を超える場合（通則3ロただし書、基通11①（6））

（結論） 第2号文書に該当します。

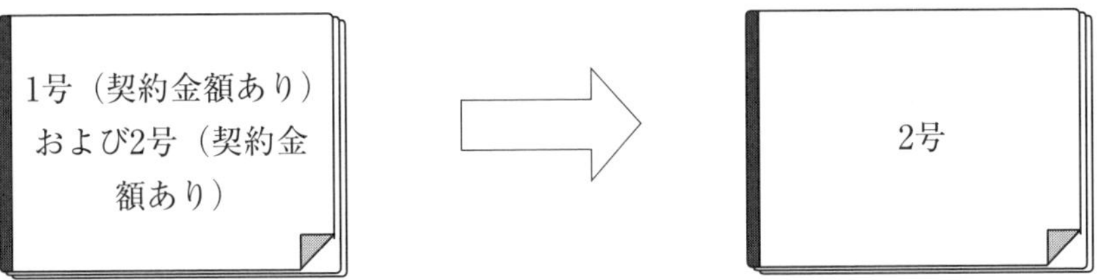

設　例	結　論
(例) 機械製作費200万円およびその機械の運送料10万円が区分記載されている請負および運送契約書 ＜第2号文書と第1号の4文書に該当＞	第1号文書の記載金額10万円と第2号文書の記載金額200万円が区分記載され、かつ第2号文書の契約金額200万円が第1号文書の契約金額10万円を超えているため、第2号文書として取り扱われます。

6．第3号文書から第17号文書までの2以上の号に該当する場合（ただし7に該当する文書は除く。）（通則3ハ、基通11①（7））

（結論） 最も号数の少ない号に該当します。

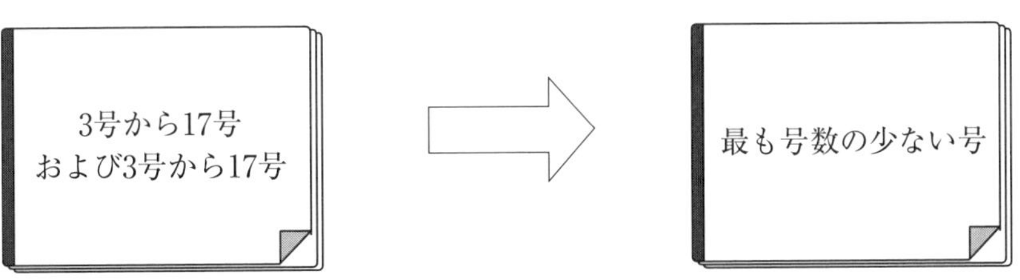

設　例	結　論
(例) 継続する債権譲渡についての基本契約書 ＜第7号文書と第15号文書に該当＞	第7号文書と第15号文書に該当し、第7号文書のほうが号数が少ないので第7号文書として取り扱われます。

7．第3号文書から第16号文書までのいずれかの文書に該当し、かつ、第17号の1文書に該当する文書で100万円超の売上代金の受取金額の記載がある場合（通則3ハただし書、基通11①（8））

（結論）第17号の1文書に該当します。

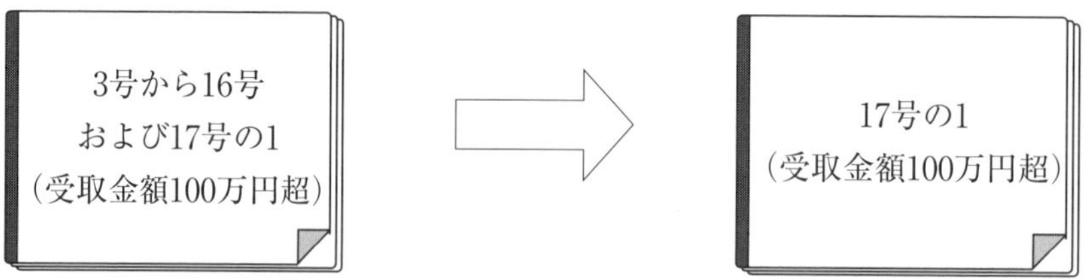

設　例	結　論
（例）債権の譲渡契約書にその代金200万円の受取事実を記載したもの ＜第15号文書と第17号の1文書に該当＞	第15号文書と第17号の1文書に該当しますが、第17号の1文書の受取金額が100万円超の記載となっていますので、第17号の1文書として取り扱われます。

8．第1号文書から第17号文書までのいずれかの文書に該当し、かつ、第18号文書から第20号文書までのいずれかの文書に該当する場合（ただし、9、10、11に該当する場合は除く。）（通則3二、基通11①（9））

（結論）第18号文書から第20号文書のいずれかに該当します。

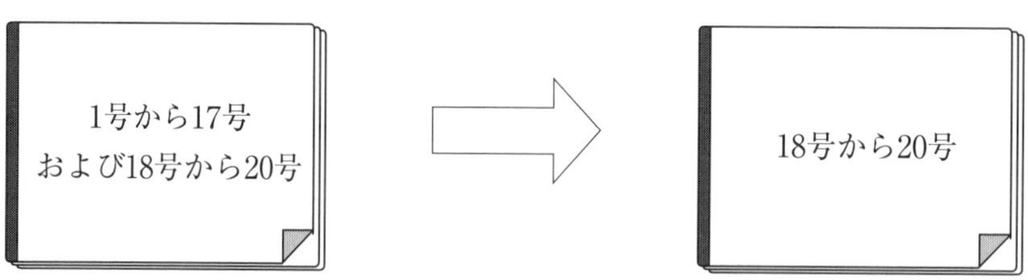

設　例	結　論
（例）生命保険証券兼保険料受取通帳 ＜第10号文書と第18号文書に該当＞	第10号文書と第18号文書に該当しますので、第18号文書として取り扱われます。

9．第1号文書で契約金額が10万円超の文書と第19号文書または第20号文書に該当する場合（第19号文書または第20号文書の通帳等に、契約金額10万円超の第1号の課税事項の付け込みをしたものも含まれます。）（通則3ホ、基通11①（10））

（結論） 第1号文書に該当します。

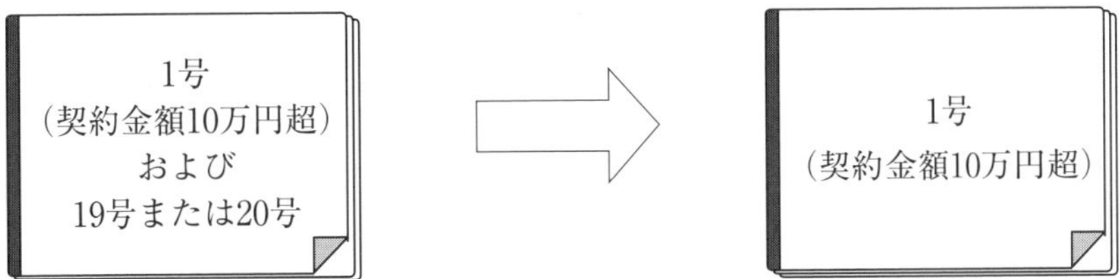

設　例	結　論
（例）契約金額が500万円の不動産売買契約書とその代金の受取通帳 <第1号の1文書と第19号文書に該当>	第1号文書と第19号文書に該当しますが、第1号文書の契約金額が500万円と10万円超ですので、第1号文書として取り扱われます。

（注）租税特別措置法第91条第4項により、1997年（平成9年）4月1日から2018年（平成30年）3月31日までの間に作成される第1号の1文書（不動産の譲渡に関する契約書）の場合について税率の軽減措置が行われるため、その間は上記「10万円超」は「50万円超」となります。

10. 第2号文書で契約金額が100万円超と第19号文書または第20号文書に該当する場合（第19号文書または第20号文書の通帳等に、契約金額100万円超の第2号の課税事項の付け込みをしたものも含まれます。）（通則3ホ、基通11①（11））

（結論）第2号文書に該当します。

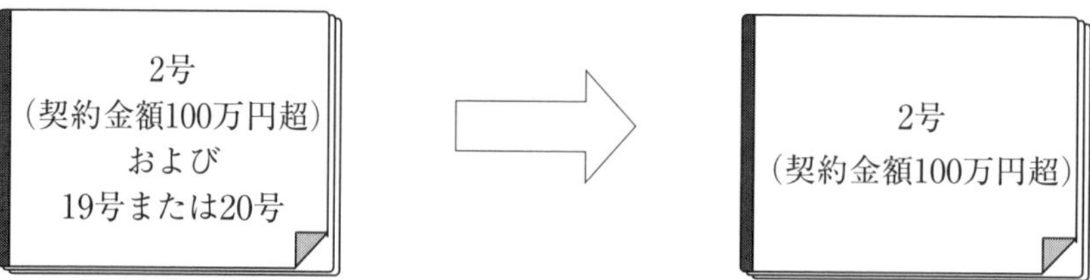

設　例	結　論
（例）契約金額が250万円の請負契約書とその代金の受取通帳 <第2号文書と第19号文書に該当>	第2号文書と第19号文書に該当しますが、第2号文書の契約金額が250万円と100万円超ですので、第2号文書として取り扱われます。

（注）租税特別措置法第91条第4項により、1997年（平成9年）4月1日から2018年（平成30年）3月31日までの間に作成される第2号文書（建設業法第2条第1項に規定する建設工事の請負に係る契約に基づき作成される請負に関する契約書）の場合について税率の軽減措置が行われるため、その間は上記「100万円超」は「200万円超」となります。

11. 第17号の1文書で売上代金100万円超の受取金額が記載された文書と第19号文書または第20号文書に該当する場合（第19号文書または第20号文書の通帳等に100万円超の売上代金の受領事実の付け込みをしたものも含まれます。）（通則3ホ、基通11①（12））

（結論）第17号の1文書に該当します。

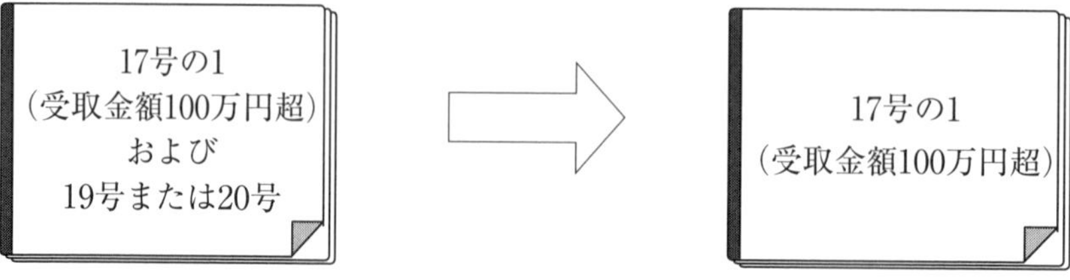

設　例	結　論
(例) 下請前払金200万円の受領事実を記載した請負通帳 ＜第17号の1文書と第19号文書に該当＞	第17号の1文書と第19号文書に該当しますが、第17号の1文書の売上代金の受取金額が200万円と100万円超ですので、第17号の1文書として取り扱われます。

12. 第18号文書と第19号文書に該当する場合（基通11②）

（結論）第19号文書に該当します。

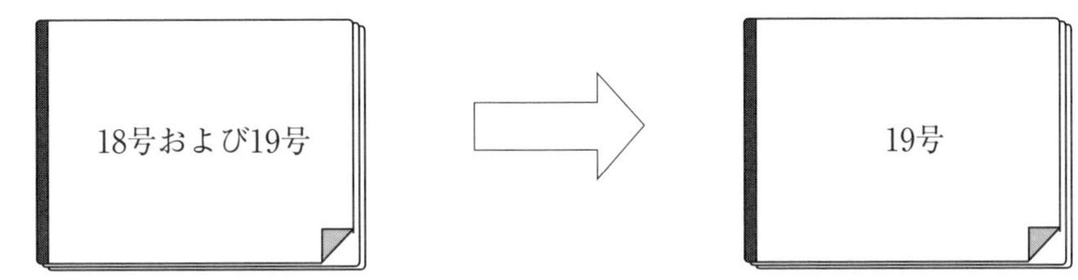

設　例	結　論
(例) 預貯金通帳と金銭の受取通帳が1冊となった通帳 ＜第18号文書と第19号文書に該当＞	第18号文書と第19号文書に該当しますので、第19号文書として取り扱われます。

13. 2以上の号に該当する場合の所属の決定のまとめ

上記1～12をまとめると次の表のようになります。

	記　載　事　項		文書の所属の決定	通則等の条文
	1つの記載事項	他の記載事項		
①	第1号または第2号	第3号から第17号のいずれか	第1号または第2号（②または③に該当するものを除く。）	通則3のイ
②	第1号または第2号で記載金額のないもの	第7号	第7号	通則3のイただし書
③	第1号または第2号の記載金額小	第17号の1（100万円超）の記載金額大	第17号の1	通則3のイただし書（第17号の受取金額＞第1号または第2号の記載金額のとき）
③	第1号または第2号で記載金額のないもの	第17号の1（100万円超）	第17号の1	通則3のイただし書
④	第1号	第2号	第1号（⑤に該当するものを除く。）	通則3のロ

	記　載　事　項		文書の所属の決定	通則等の条文
	1つの記載事項	他の記載事項		
⑤	第1号の記載金額小	第2号の記載金額大	第2号	通則3のロただし書（第2号の記載金額＞第1号の記載金額のとき）
⑥	第3号から第17号のいずれか	第3号から第17号のいずれか	最も号数の少ない号（⑦に該当するものを除く。）	通則3のハ
⑦	第3号から第16号までと第17号のいずれか	第17号の1（100万円超）	第17号の1	通則3のハただし書
⑧	第18号、第19号または第20号	第1号から第17号のいずれか	第18号、第19号または第20号（⑨⑩⑪に該当するものを除く。）	通則3のニ
⑨	第19号または第20号	第1号の記載金額10万円超	第1号	通則3のホ
⑩	第19号または第20号	第2号の記載金額100万円超	第2号	通則3のホ
⑪	第19号または第20号	第17号の1の受取金額100万円超	第17号の1	通則3のホ
⑫	第18号	第19号	第19号	基通11②

4　契約書の変更契約書・補充契約書の場合の所属の決定

1．原契約書が第1号文書から第20号文書のいずれか1つのみに該当する場合

① 原契約書が、課税物件表のいずれか1つの号のみの課税事項を含んでいる場合で、その課税事項のうち重要な事項を変更または補充する契約書は、原契約書と同じ号の課税文書に該当します（基通17・18）。

② 原契約書の内容のうち課税事項に該当しない事項を変更または補充する契約書で、その変更または補充にかかる事項が原契約書の該当する課税物件表の号以外の号の重要な事項に該当する場合には、その原契約書の該当する号以外の号に所属が決定されます（基通17②（3））。

設例	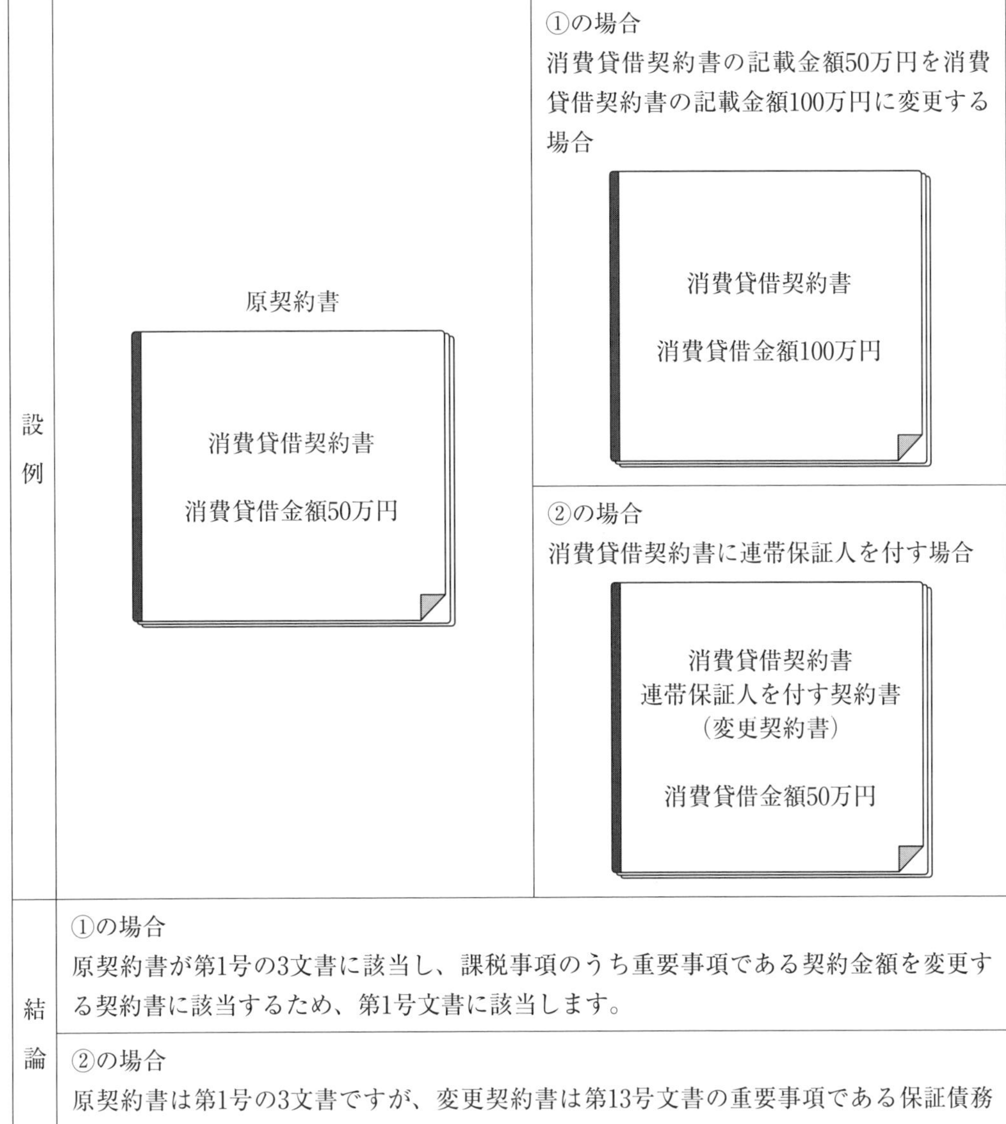 原契約書 消費貸借契約書 消費貸借金額50万円	①の場合 消費貸借契約書の記載金額50万円を消費貸借契約書の記載金額100万円に変更する場合 消費貸借契約書 消費貸借金額100万円
		②の場合 消費貸借契約書に連帯保証人を付す場合 消費貸借契約書 連帯保証人を付す契約書 （変更契約書） 消費貸借金額50万円
結論	①の場合 原契約書が第1号の3文書に該当し、課税事項のうち重要事項である契約金額を変更する契約書に該当するため、第1号文書に該当します。	
	②の場合 原契約書は第1号の3文書ですが、変更契約書は第13号文書の重要事項である保証債務の内容の変更に該当するため、第13号文書に該当します。	

2．原契約書が2以上の号に該当する場合

原契約書が課税物件表の2以上の号の課税事項を含む場合に、その課税事項の内容のうち重要な事項を変更または補充する契約書については、その2以上の号のいずれか一方の号のみの重要な事項を変更または補充するものは、その一方の号に所属が決定されます。また、その2以上の号のうち2以上の号の重要な事項を変更または補充する場合には、通則3（**［3］文書の所属の決定 ③2以上の号に該当する場合**）の規定によりその所属が決定されます（基通18②（2））。

①　その2以上の号のいずれか一方の号の重要な事項を変更または補充する場合
→その一方の号に該当します。

②　その2以上の号のうち2以上の号の重要な事項を変更または補充する場合
→通則3の規定によりその所属が決定されます。

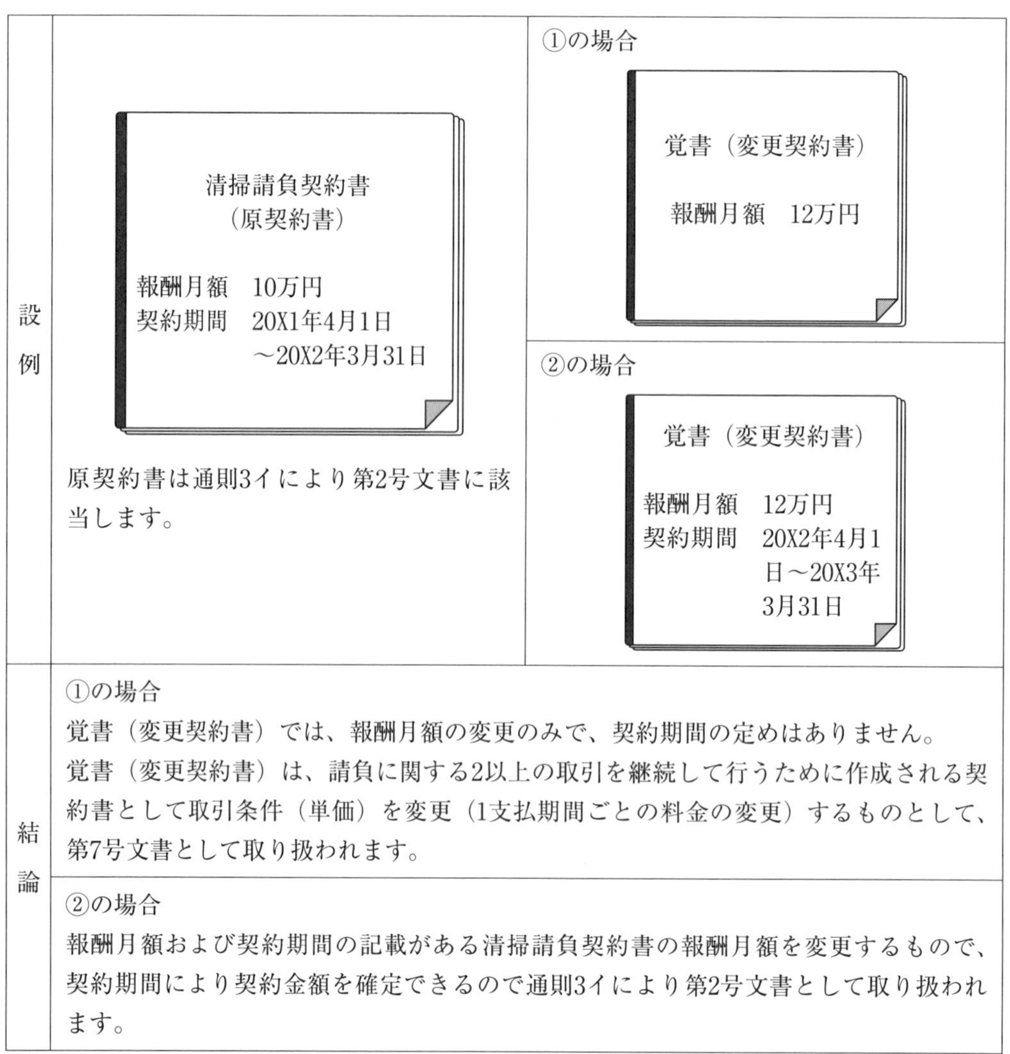

<table>
<tr><td rowspan="2">設例</td><td rowspan="2">清掃請負契約書
（原契約書）

報酬月額　10万円
契約期間　20X1年4月1日
～20X2年3月31日

原契約書は通則3イにより第2号文書に該当します。</td><td>①の場合

覚書（変更契約書）

報酬月額　12万円</td></tr>
<tr><td>②の場合

覚書（変更契約書）

報酬月額　12万円
契約期間　20X2年4月1日～20X3年3月31日</td></tr>
<tr><td rowspan="2">結論</td><td colspan="2">①の場合
覚書（変更契約書）では、報酬月額の変更のみで、契約期間の定めはありません。
覚書（変更契約書）は、請負に関する2以上の取引を継続して行うために作成される契約書として取引条件（単価）を変更（1支払期間ごとの料金の変更）するものとして、第7号文書として取り扱われます。</td></tr>
<tr><td colspan="2">②の場合
報酬月額および契約期間の記載がある清掃請負契約書の報酬月額を変更するもので、契約期間により契約金額を確定できるので通則3イにより第2号文書として取り扱われます。</td></tr>
</table>

（注）清掃請負業務契約は、一般的にその請け負った業務を継続して行うことになりますので、第7号文書に該当することが多くなります。

(注) 月単位等で契約金額を定めている場合

月単位等で契約金額を定めている契約書で、契約期間の記載がある場合には、その金額に契約期間の月数等を乗じて計算します。契約期間の記載のない場合には記載金額がないものとして取り扱います。なお、契約期間の更新の定めがある場合には、更新前の期間のみを計算の基礎とし、更新後の期間は含みません（基通29）。

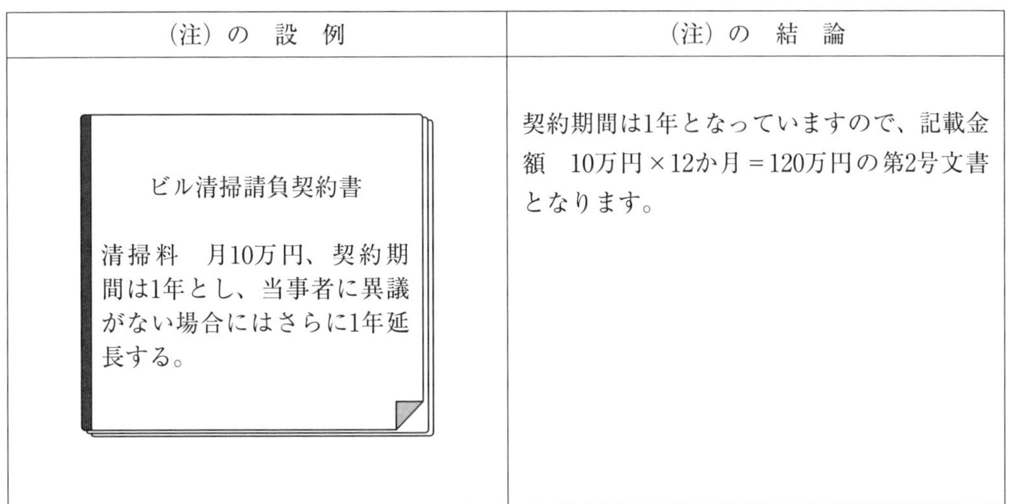

(注) の　設　例	(注) の　結　論
ビル清掃請負契約書 清掃料　月10万円、契約期間は1年とし、当事者に異議がない場合にはさらに1年延長する。	契約期間は1年となっていますので、記載金額　10万円×12か月＝120万円の第2号文書となります。

［4］記載金額

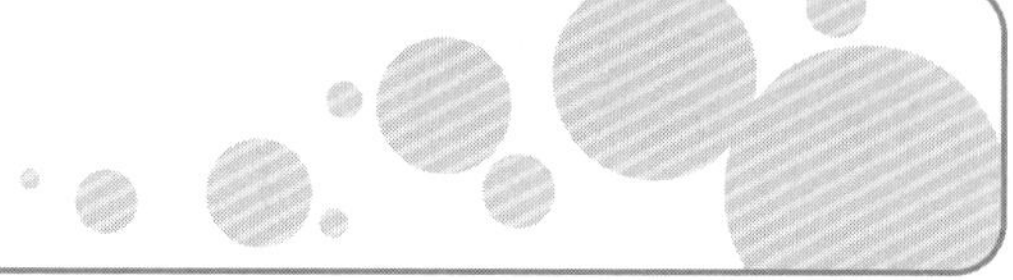

1 意　義

記載金額とは、契約金額、券面金額その他その文書により証明されるべき事項の金額として、その文書に記載された金額をいいます（通則4)。文書の記載金額の決定は、印紙税の非課税限度金額や契約金額による税率に大きな影響を与えます。記載金額が総額で記載されていないような場合は、次の金額が記載金額となります（通則4ホ)。

区　分	記載金額
①　単価、数量、記号その他により契約金額の計算ができるとき。 （例） 物品加工契約書 A商品・単価500円 数量10,000個と記載。	その計算により算出した金額を記載金額とします。 500円×10,000個＝500万円と記載された第2号文書となります。
②　第1号または第2号に掲げる文書に、契約金額または単価、数量、記号その他の記載のある見積書、注文書その他これらに類する文書の名称、発行日、記号、番号その他の記載があることにより、当事者間においてその契約の契約金額が明らかであるとき、またはその契約についての契約金額の計算ができるとき。 （例） 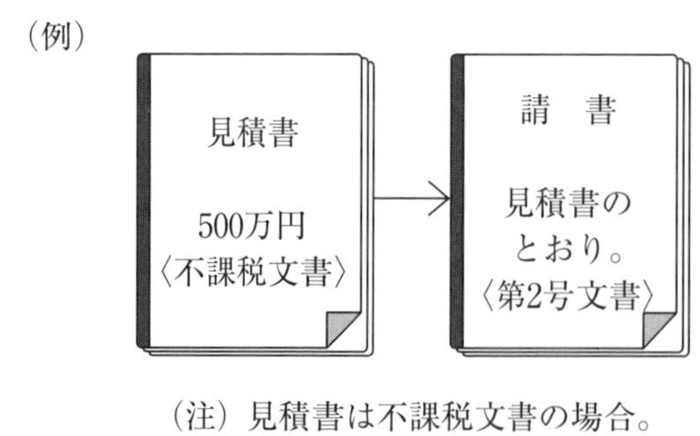 （注）見積書は不課税文書の場合。	その明らかである金額またはその計算により算出した金額を第1号文書または第2号文書の記載金額とします。

③　第17号に掲げる文書のうち、売上代金として受け取る有価証券の受取書に、その有価証券の発行者の名称、発行日、記号、番号その他の記載があること、または売上代金として受け取る金銭もしくは有価証券の受取書に、その売上代金に係る受取金額の記載のある支払通知書、請求書その他これらに類する文書の名称、発行日、記号、番号その他の記載があることにより、当事者間においてその売上代金に係る受取金額が明らかであるとき。	その明らかである受取金額をその受取書の記載金額とします。

2　第1号文書、第2号文書または第15号文書の契約金額の意義

課税物件表の第1号文書、第2号文書または第15号文書に規定されている契約金額とは、次の区分に応じ、それぞれに掲げる金額で、契約の成立等に関して直接証明の目的となっているものをいいます（基通23）。

1．第1号の1文書（不動産、鉱業権、無体財産権、船舶もしくは航空機または営業の譲渡に関する契約書）および第15号文書のうち債権譲渡に関する契約書

①　売　買

売買時の時価ではなく、売買金額が契約金額となります。

設　例	結　論
土地の時価は60万円。売買契約書は次のとおり。 土地売買契約書 50万円で売買する。	契約書に記載した売買代金である50万円が契約金額となります。

② 交 換

イ 原 則

交換契約書に交換となる対象物の双方の金額が記載されているときは、いずれか高い方の金額が契約金額となります。

設 例	結 論
土地交換契約書 甲の所有土地（価額100万円）と乙の所有土地（価額110万円）を交換し、甲は乙に10万円支払う。 土地交換契約書は、第1号の1文書に該当します。	契約書には甲の土地100万円と乙の土地110万円の交換となっていて乙の土地の価額のほうが高いため、この契約書の契約金額は110万円となります。

ロ 例 外

交換差金のみが記載されているときは、その交換差金が契約金額となります。

設 例	結 論
土地交換契約書 甲の所有土地と乙の所有土地を交換し、甲は乙に10万円支払う。 土地の交換契約書は、第1号の1文書に該当します。	契約書には交換差金10万円のみが記載されているため、契約金額は10万円となります。

③ 代物弁済

イ 原 則

代物弁済により消滅する債務の金額が契約金額となります。

設 例	結 論
代物弁済契約書 借入金100万円の支払いに代えて土地を譲渡する。 代物弁済契約書は、第1号の1文書に該当します。	契約書には借入金100万円が土地の代物弁済により消滅する債務の額ですので、契約金額は100万円となります。

ロ 例 外

代物弁済の目的物の価額が消滅する債務の金額を上回ることにより、債権者がその差額を債務者に支払うこととしている場合にはその差額を加えた金額が契約金額となります。

設 例	結 論
代物弁済契約書 借入金100万円の支払いに代えて150万円相当の土地を譲渡するとともに、債権者は50万円を債務者に支払う。 代物弁済契約書は、第1号の1文書に該当します。	借入金100万円の債務を消滅するために代物弁済として150万円の土地を譲渡しその差額50万円を債権者が債務者に支払うこととしていますので、契約金額は150万円となります。

④ 法人等に対する現物出資

出資金額が契約金額となります。

⑤ その他

譲渡対価の金額が契約金額となります。

2．第1号の2文書（地上権または土地の賃借権の設定または譲渡に関する契約書）

地上権または土地の賃借権の設定または譲渡の対価金額が契約金額となります。

なお、「設定または譲渡の対価金額」とは、賃貸料を除き、権利金その他名称のいかんを問わず、契約に際して相手に対し交付し、後日返還されることが予定されていない金額をいいます。したがって、後日返還されることが予定される保証金、敷金等は契約金額には該当しません。

3．第1号の3文書（消費貸借に関する契約書）

消費貸借金額が契約金額となります。消費貸借金額には利息金額を含みません。

4．第1号の4文書（運送に関する契約書）

運送料または用船料が契約金額となります。

5．第2号文書（請負に関する契約書）

請負金額が契約金額となります。

6．第15号文書のうち債務引受けに関する契約書

引き受ける債務の金額が契約金額となります。

3 記載金額の計算

通則4に規定する記載金額の計算は、次のように行われます（基通24）。

1．一の文書に同一の号の記載金額が2以上ある場合

一の文書に課税物件表の同一の号の課税事項の記載金額が2以上ある場合には、その合計金額が記載金額となります。

設　例	結　論
請負契約書 A工事　200万円 B工事　300万円	請負契約書には記載金額が2つありますのでその合計額500万円を記載金額とする第2号文書に該当します。

2．一の文書に2以上の号の課税事項が記載されている場合

一の文書に課税物件表の2以上の号の課税事項が記載されている場合には、次の区分に応じてそれぞれの方法で計算します。

(1) 2以上の号の記載金額がそれぞれ区分することができる場合

2以上の号の記載金額がそれぞれ区分することができる場合には、通則3により、その所属することとなる課税物件表の該当号の課税事項にかかる金額を記載金額とします。

設　例	結　論
不動産と売掛債権の譲渡契約書 不動産　700万円 売掛債権　200万円	①　課税物件の所属の判定 第1号文書（不動産の譲渡契約書）と第15号文書（債権譲渡の契約書）に該当し、通則法3により第1号文書に所属します。 ②　記載金額 所属する号である第1号文書の金額700万円が記載金額となります。 （注）第15号文書の金額200万円は記載金額となりません。

(2) 2以上の号の記載金額がそれぞれの号に区分することができない場合

2以上の号の記載金額がそれぞれの号に区分することができない場合には、記載された金額の合計額が記載金額となります。

設　例	結　論
不動産と売掛債権の 売買契約書 不動産と売掛債権合計 900万円	①　課税物件の所属の判定 第1号文書（不動産の譲渡契約書）と第15号文書（債権譲渡の契約書）に該当し、通則3により第1号文書に所属します。 ②　記載金額 合計額900万円が記載金額となります。

3．17号の1文書の特例

第17号の1文書(売上代金にかかる金銭または有価証券の受取書)については、その税率の適用に関しての判定基準となる記載金額について、次の特例があります（通則4ハ)。

(注）本特例は税率の適用に関しての特例ですので、第17号文書の非課税判定のための記載金額の判定には適用されません（基通34)。

(1) 受取書の記載金額が売上金額にかかる金額とその他の金額とに区分できる場合

受取書の記載金額を売上代金の金額とその他の金額に区分することができる場合には、売上代金の金額が記載金額となります。

設　例	結　論
受領書 物品の販売代金　500万円 貸付金の元本返済金　300万円	受領書の売上代金500万円と貸付金の元本返済金300万円とに区分することができるため、記載金額500万円の第17号文書に該当します。 (注）第17号文書の非課税文書に該当するかどうかの判定は合計額（800万円）で判断します。

(2) 受取書の記載金額が売上代金とその他の金額とに区分できない場合

イ　原　則

受取書の記載金額を売上代金の金額とその他の金額に区分することができない場合には、合計金額が記載金額となります。

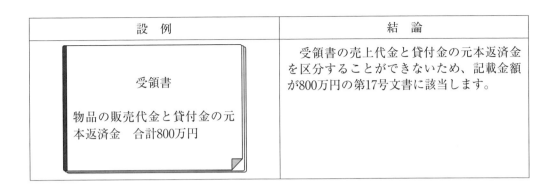

設　例	結　論
受領書 物品の販売代金と貸付金の元本返済金　合計800万円	受領書の売上代金と貸付金の元本返済金を区分することができないため、記載金額が800万円の第17号文書に該当します。

ロ　例　外

受取書の記載金額で売上代金以外の金額として明らかにされている部分があるときは、その明らかにされている部分の金額を除いた金額が記載金額となります。

4．記載金額が外国通貨により表示されている場合

記載金額が外国通貨により表示されている場合には、その課税文書を作成した日の基準外国為替相場および裁定外国為替相場により、日本通貨に換算した金額を記載金額とします（通則4へ）。基準外国為替相場や裁定外国為替相場は毎月日本銀行が公表しています。

〈参考〉基準外国為替相場および裁定外国為替相場

区分（国等）	本邦換算価格
基準外国為替相場 アメリカ合衆国通貨	 1ドル　120円
裁定外国為替相場 カナダ 中国 スウェーデン スイス グレートブリテンおよび 北部アイルランド連合王国 ユーロ	 1カナダドル　90円 1中国元　19円 1スウェーデンクローネ　14円 1スイスフラン　123円 1スターリングポンド　184円 1ユーロ　134円
その他の通貨	毎月の中の当該通貨のアメリカ合衆国通貨に対する市場実勢を基準外国為替相場をもつて裁定した相場（アメリカ合衆国通貨に対する市場実勢の得られない通貨にあつては、当該通貨の裁定外国為替相場のある通貨に対する市場実勢を当該裁定外国為替相場をもつて裁定した相場）

日本銀行ホームページ（https://www.boj.or.jp/about　2015年10月20日現在）

5．予定金額などが記載されている場合

課税文書に予定金額などが記載されている場合には、次の金額が記載金額となります（基通26）。

(1) 記載された契約金額等が予定金額または概算金額である場合

予定金額または概算金額のいずれかが記載金額となります。

設　例	結　論
① 不動産譲渡契約書 売買予定金額250万円	①、②、③のいずれの場合も不動産譲渡契約書は第1号の1文書に該当し、記載金額は250万円となります。
② 不動産譲渡契約書 売買概算金額250万円	
③ 不動産譲渡契約書 売買金額約250万円	

(2) 記載された契約金額等が最低金額または最高金額である場合

最低金額または最高金額のいずれかが記載金額となります。具体的には次のようになります。

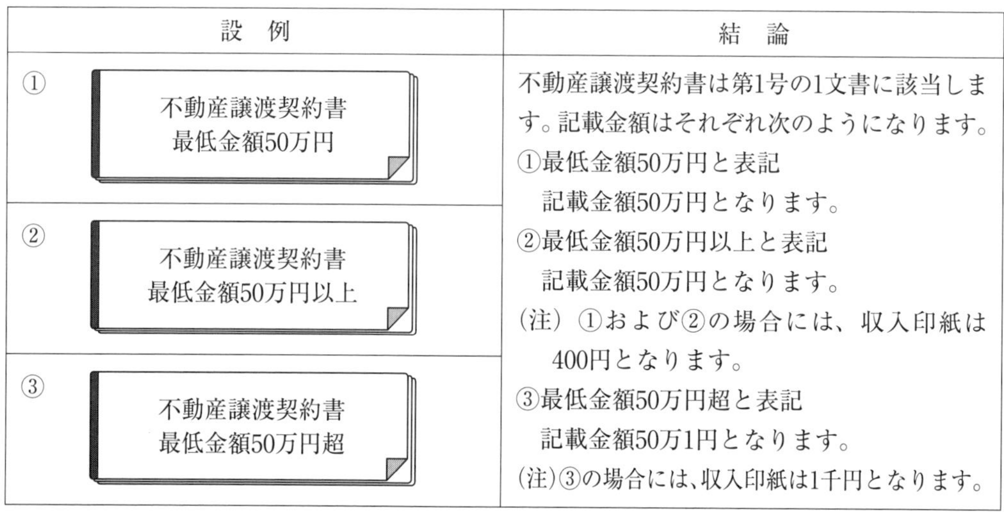

設　例	結　論
① 不動産譲渡契約書 最低金額50万円	不動産譲渡契約書は第1号の1文書に該当します。記載金額はそれぞれ次のようになります。 ①最低金額50万円と表記 記載金額50万円となります。 ②最低金額50万円以上と表記 記載金額50万円となります。 （注）①および②の場合には、収入印紙は400円となります。 ③最低金額50万円超と表記 記載金額50万1円となります。 （注）③の場合には、収入印紙は1千円となります。
② 不動産譲渡契約書 最低金額50万円以上	
③ 不動産譲渡契約書 最低金額50万円超	

<table>
<tr><td>①
不動産譲渡契約書
最高金額500万円</td><td rowspan="3">不動産譲渡契約書は第1号の1文書に該当します。記載金額はそれぞれ次のようになります。
①最高金額500万円と表記
記載金額500万円となります。
（注）①の場合には、収入印紙は2千円となります。
②最高金額500万円以下と表記
記載金額500万円となります。
③最高金額500万円未満と表記
記載金額499万9,999円となります。
（注）②および③の場合には、課税標準額が100万円超500万円以下とされているため収入印紙は2千円となります。</td></tr>
<tr><td>②
不動産譲渡契約書
最高金額500万円以下</td></tr>
<tr><td>③
不動産譲渡契約書
最高金額500万円未満</td></tr>
</table>

(3) 記載された契約金額等が最低金額と最高金額である場合

最低金額が記載金額となります。

設　例	結　論
① 不動産譲渡契約書 売買金額50万円から100万円まで	不動産譲渡契約書は第1号の1文書に該当します。記載金額は50万円となりますので収入印紙は400円となります。
② 不動産譲渡契約書 売買金額50万円を超え100万円以下	不動産譲渡契約書は第1号の1文書に該当します。記載金額は50万1円となりますので収入印紙は1千円となります。

⑷ 記載されている単価および数量、記号その他により記載金額が計算できる場合に、その単価および数量、記号等が予定単価または予定数量となっている場合

⑴から⑶を準用して算出した金額となります。

設　例	結　論
予定単価1万円、予定数量100個	予定単価1万円×予定数量100個＝100万円 したがって記載金額は100万円となります。
概算単価1万円、概算数量100個	概算単価1万円×概算数量100個＝100万円 したがって記載金額は100万円となります。
予定単価1万円、最低数量100個	予定単価1万円×最低数量100個＝100万円 したがって記載金額は100万円となります。
最高単価1万円、最高数量100個	最高単価1万円×最高数量100個＝100万円 したがって記載金額は100万円となります。
単価1万円、数量は50個から100個まで	単価1万円×50個＝50万円 したがって記載金額は50万円となります。

6．契約金額の一部が記載されている場合

契約書に契約の一部分についてのみ契約金額が記載されている場合には、その一部分の契約金額が記載金額となります（基通27）。

設　例	結　論
工事請負契約書 Ａ工事　100万円、ただし附帯工事については実費による。	工事請負契約書は第2号文書に該当します。契約書には工事代金100万円のみが記載され、附帯工事代金の記載金額はありませんので、記載金額は100万円となります。

7．手付金額または内入れ金額が記載されている場合

契約書に記載された金額であっても、通常手付金や内入金は契約金額とは認められませんので、記載金額には該当しません。ただし、契約書に100万円を超える手付金や内入金の受領事実が記載されている場合には、通則3イまたはハのただし書の規定により第17号の1文書（売上代金にかかる金銭または有価証券の受取書）に該当する場合があります（基通28）。

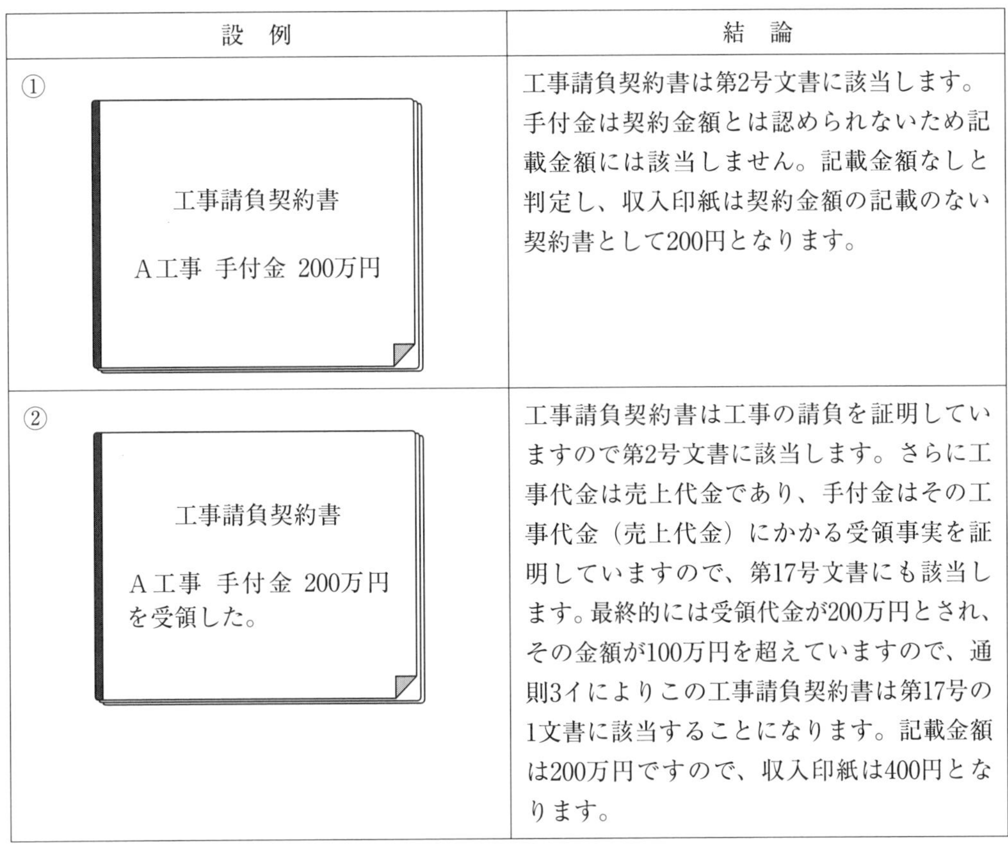

設　例	結　論
① 工事請負契約書 A工事 手付金 200万円	工事請負契約書は第2号文書に該当します。手付金は契約金額とは認められないため記載金額には該当しません。記載金額なしと判定し、収入印紙は契約金額の記載のない契約書として200円となります。
② 工事請負契約書 A工事 手付金 200万円を受領した。	工事請負契約書は工事の請負を証明していますので第2号文書に該当します。さらに工事代金は売上代金であり、手付金はその工事代金（売上代金）にかかる受領事実を証明していますので、第17号文書にも該当します。最終的には受領代金が200万円とされ、その金額が100万円を超えていますので、通則3イによりこの工事請負契約書は第17号の1文書に該当することになります。記載金額は200万円ですので、収入印紙は400円となります。

4　変更契約書の記載金額の計算

契約金額を変更する変更契約書の記載金額は、次のようになります（通則4ニ、基通30）。

1．変更前の契約書が作成されていることが明らかである場合

変更前の契約書が作成されていることが明らかである場合は、次の⑴、⑵の取り扱いになります。ただし、変更契約書に「変更前契約書」等の名称が記載されていても、現実に「変更前契約書」が作成されていない場合は、「変更前の契約金額が記載された契約書が作成されていることが明らかでない場合」に該当するものとして取り扱われます（基通30②（注））。

なお、変更前の契約書が作成されていることが明らかな場合とは、変更契約書に、変更前契約書の名称、文書番号または契約年月日など変更前契約書を特定できる事項の記載のあることや、変更前契約書と変更契約書が一体となって保管されていることで、変更前契約書の作成が明らかな場合をいいます（基通30②）。

(1) 変更金額が記載されているとき（変更前の契約金額と変更後の契約金額が記載されていることにより、変更金額を明らかにすることができるときを含む。）

① 変更前の契約金額を増加させる場合

変更前の契約金額を増加させる場合は、その増加額が記載金額となります（基通30②（1））。

設　例	結　論
イ 土地売買契約変更契約書 201X年9月10日付け土地売買契約書の売買金額1,000万円を100万円増額する。	土地売買契約変更契約書は第1号の1文書に該当します。設例イ、ロいずれも記載金額は100万円とされ収入印紙は1千円となります。
ロ 土地売買契約変更契約書 201X年9月10日付け土地売買契約書の売買金額1,000万円を1,100万円に増額する。	

② 変更前の契約金額を減少させる場合

変更前の契約金額を減少させる場合には、記載金額はないものとなります（基通30②（2））。

設　例	結　論
土地売買契約変更契約書 201X年9月10日付け土地売買契約書の売買金額を100万円減額する。	土地売買契約変更契約書は第1号の1文書に該当します。記載金額はないものとされ、収入印紙は200円となります。

(2) 変更後の契約金額のみ記載、変更金額が明らかでない場合

変更後の契約金額のみが記載され変更金額が明らかでない場合には、変更後の契約金額が記載金額となります。

設　例	結　論
土地売買契約変更契約書 201X年9月10日付け土地売買契約書の売買金額を900万円に変更する。	土地売買契約変更契約書は第1号の1文書に該当します。記載金額は900万円となります。

2．自動更新の定めがある契約書で、自動更新後の期間に係る契約金額を変更する場合

第2号文書に該当する保守契約書や清掃請負契約書で自動更新の定めがあるような契約書について、自動更新後の期間にかかる単価を変更する契約書を作成した場合には、「変更前の契約金額が記載された契約書が作成されていることが明らかでない場合」に該当することになります（基通29）。

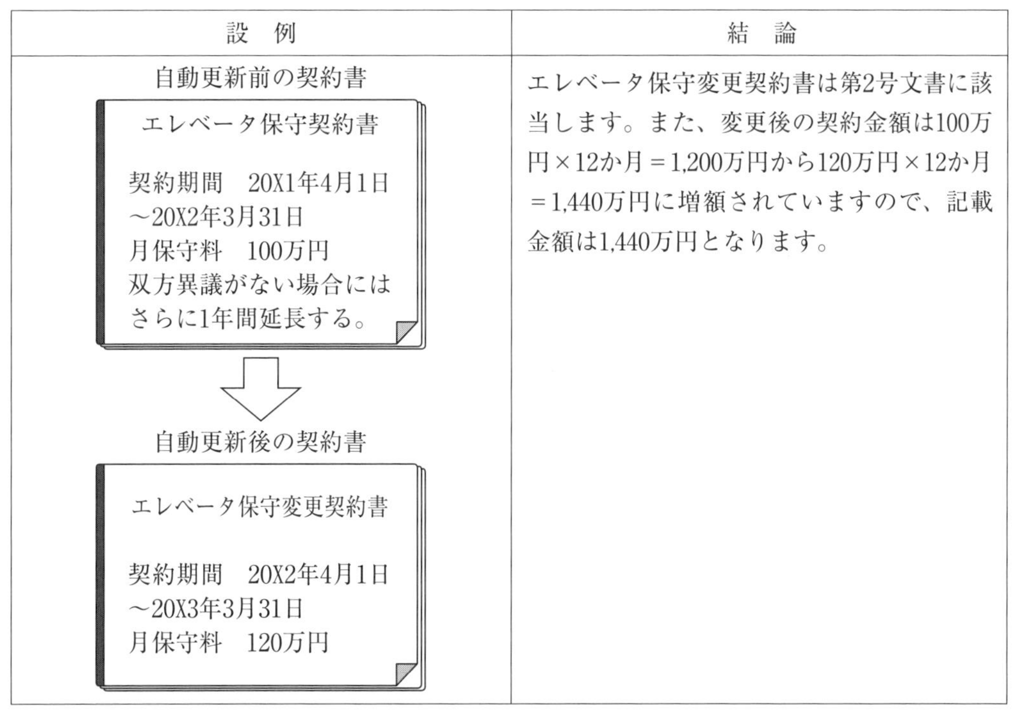

設　例	結　論
自動更新前の契約書 エレベータ保守契約書 契約期間　20X1年4月1日～20X2年3月31日 月保守料　100万円 双方異議がない場合にはさらに1年間延長する。 ⇩ 自動更新後の契約書 エレベータ保守変更契約書 契約期間　20X2年4月1日～20X3年3月31日 月保守料　120万円	エレベータ保守変更契約書は第2号文書に該当します。また、変更後の契約金額は100万円×12か月＝1,200万円から120万円×12か月＝1,440万円に増額されていますので、記載金額は1,440万円となります。

3．契約金額の内訳を変更や補充する場合

契約書の契約金額の内訳を変更や補充する場合で、原契約書の契約金額と総金額が同一で、かつ、単に課税物件表の同一の号の内訳金額を変更や補充するにすぎない場合には、その変更や補充された内訳金額は記載金額には該当しません。ただし、変更または補充契約書自体は記載金額のない契約書として課税の対象になります（基通31）。

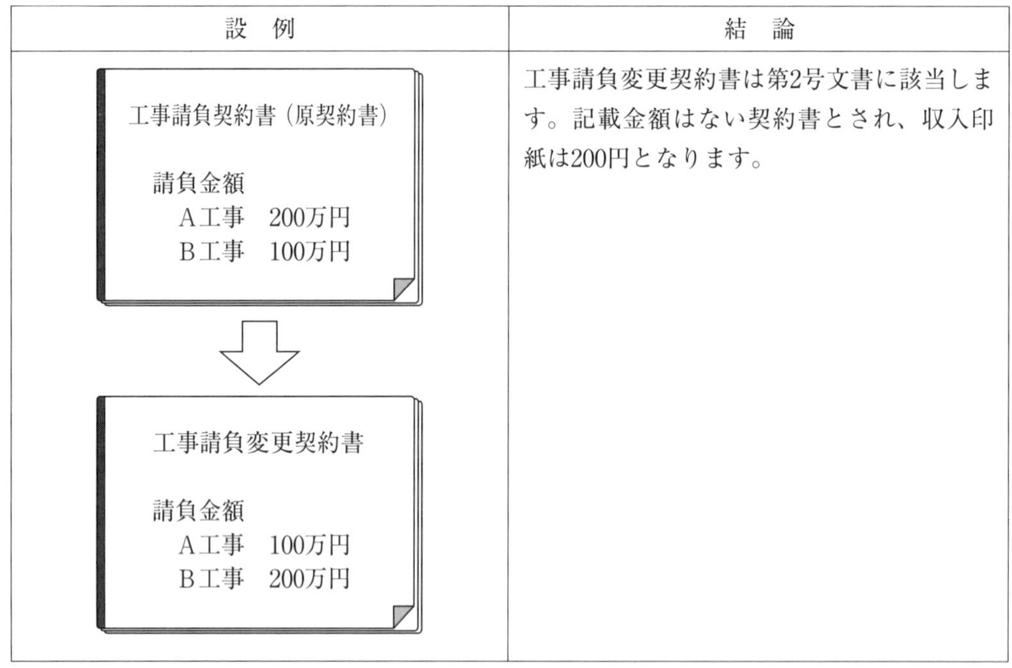

設　例	結　論
工事請負契約書（原契約書） 請負金額 A工事　200万円 B工事　100万円 ↓ 工事請負変更契約書 請負金額 A工事　100万円 B工事　200万円	工事請負変更契約書は第2号文書に該当します。記載金額はない契約書とされ、収入印紙は200円となります。

5　その他記載金額の注意点

1．土地の賃貸借契約書の記載金額

土地の賃借権とは、賃借人が賃貸人の土地（地下または空間を含みます。）を使用収益する権利のことです（基通別表1 第1号の2文書2）。第1号の2文書である土地の賃借権の設定または譲渡の対価の金額から賃貸料は除かれます。土地の賃貸借契約書に地代（賃貸料）の記載があってもその金額は、記載金額には該当しません。

2．源泉徴収税額等が記載されている文書の記載金額

源泉徴収義務者または特別徴収義務者が作成する受取書等の記載金額に源泉徴収税額

または特別徴収税額が含まれていて、それらの税額が区分されているときは、記載金額はそれらの税額を除いた金額となります（基通32)。

3．記載金額1万円未満の第1号文書または第2号文書

第1号文書または第２号文書と第15号文書または第17号文書に該当するもので、通則3イにより、第1号文書または第2号文書に所属が決定されたもののうち、次のいずれかに該当するときは非課税文書とされます（基通33)。

(1) 第1号文書または第2号文書の課税事項と、所属しないこととなった号の課税事項とに記載金額があり、かつ、その記載金額のそれぞれが1万円未満（所属しないこととなった号が第17号文書であるときは、第17号文書の記載金額については５万円未満）である場合

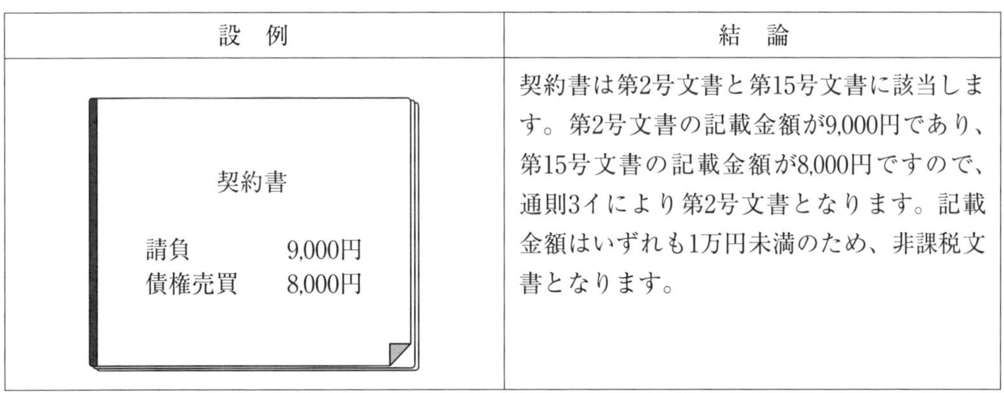

設　例	結　論
契約書 請負　9,000円 債権売買　8,000円	契約書は第2号文書と第15号文書に該当します。第2号文書の記載金額が9,000円であり、第15号文書の記載金額が8,000円ですので、通則3イにより第2号文書となります。記載金額はいずれも1万円未満のため、非課税文書となります。

(2) 第1号文書または第2号文書の課税事項と所属しないこととなった号の課税事項についての合計記載金額があり、かつ、その合計金額が1万円未満のとき

設　例	結　論
契約書 請負と債権売買 9,000円	契約書は第2号文書と第15号文書に該当します。通則3イにより第2号文書となります。記載金額は合計で1万円未満のため、非課税文書となります。

4．「無償」または「0円」と記載されている場合

課税物件表では、たとえばその第1号の1文書の非課税文書について、「契約金額の記載のある契約書のうち、当該契約金額が1万円未満のもの」とされています。

なお印紙税法基本通達35条では、「無償と記載されたものの取扱い」として、「契約書等に『無償』または『0円』と記載されている場合の当該『無償』または『0円』は、当該契約書等の記載金額に該当しないものとする」として取り扱うことになっています。

〈参考〉

この「無償」または「0円」について、契約書等の記載金額に該当しない、と言い切れるかどうか問題が残ります。

「記載」とは、広辞苑で「書物·書類などにしるしのせること」とあります。確かに「無償」または「0円」と表示することで金銭の収受は生じませんが、「無償」または「0円」という表示は、「無償」または「0円」という金銭の額・金高を表示したことにもなり記載金額を表示したと解することも可能と考えられます。

「無償」または「0円」が契約書等の記載金額に該当するとすれば、非課税物件として「契約金額の記載のない契約書」としての印紙税額200円の納付の必要はなくなります。これに対して「無償」または「0円」が記載金額にならないと解すると、記載金額のない契約書、ということになり200円の収入印紙が必要とされると判定されることになります。このように、「無償」または「0円」と記載されている場合については、その解釈が分かれるところになります。

5．消費税関係の取り扱い

(1) 消費税および地方消費税の額が区分記載されている契約書、領収書

第1号文書、第2号文書、第17号文書で、消費税および地方消費税の金額が区分記載されている場合、または税込価格および税抜価格が記載されているがその取引にあたり課されるべき消費税額が明らかである場合には、その税額は記載金額には含まれません（消費税法の改正等に伴う印紙税の取り扱いについて（平元3.10間消3-2））。

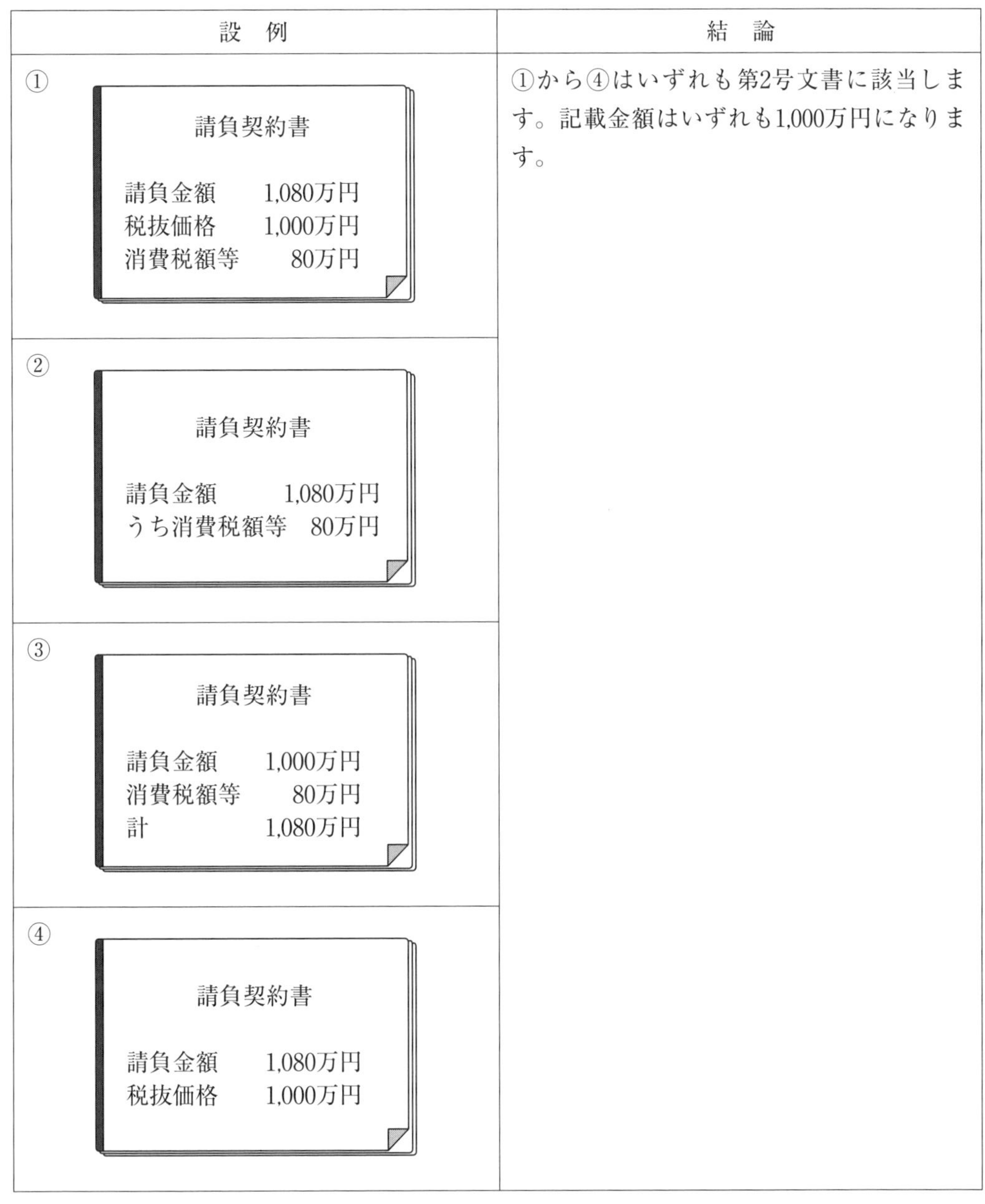

設　例	結　論
① 請負契約書 請負金額　1,080万円 税抜価格　1,000万円 消費税額等　80万円	①から④はいずれも第2号文書に該当します。記載金額はいずれも1,000万円になります。
② 請負契約書 請負金額　1,080万円 うち消費税額等　80万円	
③ 請負契約書 請負金額　1,000万円 消費税額等　80万円 計　1,080万円	
④ 請負契約書 請負金額　1,080万円 税抜価格　1,000万円	

(2) 消費税額等の金額のみが記載された金銭または有価証券の受取書（平元.3.10間消3-2）

消費税額等のみを受領した際に交付する金銭または有価証券の受取書は、記載金額のない第17号の2文書として取り扱われます。たとえば、税率変更に伴い税率差額分を後日領収したような場合には記載金額のない第17号の2文書に該当します。ただし、その受領した消費税額等が5万円未満の場合には、非課税文書として取り扱われます。

第 2 章

課税物件の概要

文書を作成した場合、それが課税物件表に掲げる課税事項を証明する文書であるかどうかを判断しなければなりません。このため、課税物件表を十分に理解する必要があります。

本章では課税物件表の「物件名」「定義」「非課税物件」について解説し、「課税標準及び税率」については解説を省略しています。

［1］第１号文書

課税物件表

番号	課税物件		非課税物件
	物件名	定義	
1	1　不動産、鉱業権、無体財産権、船舶若しくは航空機又は営業の譲渡に関する契約書 2　地上権又は土地の賃借権の設定又は譲渡に関する契約書 3　消費貸借に関する契約書 4　運送に関する契約書（用船契約書を含む。）	1　不動産には、法律の規定により不動産とみなされるもののほか、鉄道財団、軌道財団及び自動車交通事業財団を含むものとする。 2　無体財産権とは、特許権、実用新案権、商標権、意匠権、回路配置利用権、育成者権、商号及び著作権をいう。 3　運送に関する契約書には、乗車券、乗船券、航空券及び運送状を含まないものとする。 4　用船契約書には、航空機の用船契約書を含むものとし、裸用船契約書を含まないものとする。	1　契約金額の記載のある契約書（課税物件表の適用に関する通則３イの規定が適用されることによりこの号に掲げる文書となるものを除く。）のうち、当該契約金額が1万円未満のもの ※震災特例法による非課税措置あり

1　第１号の１文書

（不動産、鉱業権、無体財産権、船舶もしくは航空機または営業の譲渡に関する契約書）

1．意　義

①　不動産

不動産とは民法第86条に規定する不動産ほかをいいます（基通別表1 第1号の1文書1）。民法における不動産は、「土地およびその定着物」と定義されています（民法86）。印紙税法ではこのほか、鉄道財団、軌道財団なども不動産とされます。

② 無体財産権

無体財産権とは、特許権、実用新案権、商標権、意匠権、商号、著作権などをいいます。

③ 営業の譲渡

「営業の譲渡」とは、営業活動を構成している動産、不動産、債権、債務等を包括した一体的な権利、財産としてとらえられる「営業」を譲渡することをいい、その一部を譲渡することも含みます（基通別表1 第1号の1文書22）。

2．文書事例

> ① 遺産分割協議書
> 相続不動産等を各相続人に分割することについて協議した結果作成した遺産分割協議書は、単に共有財産を各相続人に分割することを約束したものであり、不動産の譲渡を約束したものではありませんので、第1号の1文書には該当しません（基通別表1 第1号の1文書8）。

[2] 第1号の2文書

（地上権または土地の賃借権の設定または譲渡に関する契約書）

1．意 義

① 地上権

地上権とは、他人の土地（地下または空間を含みます。）において工作物または竹木を所有するために、その土地を使用する権利をいいます（基通別表1 第1号の2文書1、民法265・269の2）。

② 土地の賃借権

民法では、当事者の一方がある物の使用収益を相手方にさせることを約し、相手方がこれに対して賃料を支払うことを約することによって、賃貸借の効力が生ずることになっています（民法601）。このような賃貸借契約に基づいて賃借人が土地（地下または空間を含みます。）を使用収益できる権利を土地の賃借権といいます。

2. 文書事例

① 土地の賃貸借契約書

土地の賃貸借契約書は、土地の賃借権の設定に関する契約書に該当します。この場合、契約金額は権利金その他名称のいかんを問わず、契約に際して相手方当事者に交付し、後日返還される予定がない金額をいいます。したがって、後日返還されることが予定されている保証金、敷金などは契約金額には該当しません。また賃貸料は設定の対価には該当しないため、契約金額には含まれません（基通23（2））。したがって土地の賃貸借契約書は第1号の2文書に該当し課税文書になりますが賃料の金額の記載のみで賃借権の設定の対価の金額の記載がない場合には、契約金額（記載金額）はないことになり、収入印紙は200円となります。

② 建物賃貸借契約書

生協が建物を賃貸借する契約書は、地上権または土地の賃借権の設定または譲渡に関する契約ではありませんので、不課税文書に該当します。

[3] 第1号の3文書

（消費貸借に関する契約書）

1. 意 義

① 消費貸借の意義

消費貸借とは、当事者の一方が種類、品質および数量の同じ物をもって返還をすることを約して相手方から金銭その他の物を受け取ることをいいます（民法587）。消費貸借によらないで金銭その他の物を給付する義務を負う者が、その物を消費貸借の目的とすることを約したとき（準消費貸借）も含むことになっています（基通別表1 第1号の3文書1、民法588）。

2. 文書事例

① 限度（極度）貸付契約書

あらかじめ一定の限度（極度）まで金銭の貸付をするための限度（極度）貸付契約書は第1号の3文書に該当します。この場合の記載金額の取り扱いは次のようになります（基通別表1 第1号の3文書2）。

イ その契約書において貸付累計額が一定の金額に達するまで貸し付けることを約した場合	その一定の金額は貸し付けの予約金額の最高額を定めたものとされ、その金額が記載金額となります。

ロ その契約書において一定の金額の範囲内で貸し付けを反復して行うことを約した場合	その契約書は直接貸付金額を予約したものではありませんので、その一定の金額は記載金額とはなりません。

② 消費貸借に基づく債務承認および弁済契約書（債務承認弁済契約書）

消費貸借に基づく既存の債務金額を承認し、あわせてその返済期日または返還方法などを約する契約書は、第1号の3文書に該当します。この場合の返還を約する債務金額について、原契約書がある場合には、債務承認弁済契約書の債務承認金額は記載金額には該当しません（基通別表1 第1号の3文書3）。

③ 借受金受領書

借受金受領書が単に借受金の受領事実を証明するためのものであれば、第17号文書（金銭の受領書）に該当しますが、その借受金受領書が受領事実とともに返還期日または返還方法もしくは利率等を記載している場合には、第1号の3文書に該当します（基通別表1 第1号の3文書4）。

④ 出張旅費等仮払金領収書

生協（法人）が職員に出張旅費の仮払いによる前借金領収書を発行した場合であっても、その領収書が生協内規則などによって事務の整理上作成することとされているものは不課税文書に該当します。また、たとえばその前借金が後日、生協より支給される給料等により相殺されることとされている場合のように消費貸借に関する契約書の性質を有する場合であっても第1号の3文書には該当せず不課税文書となります（基通別表1 第1号の3文書5）。

⑤ 建設協力金や保証金

貸ビル業者などが生協と賃貸借契約や使用貸借契約をする際、生協から建設協力金、保証金などを受領し、ビルの賃貸借または使用貸借契約期間に関係なく、一定期間据え置き後一括返還または分割返還することを約する契約書は第1号の3文書に該当します（基通別表1 第1号の3文書7）。

⑥ 物品売買に基づく債務承認弁済契約書

物品売買に基づく既存の代金支払債務を承認し、あわせて支払期日または支払方法を約する契約書は物品の譲渡に関する契約書ですので不課税文書に該当します。ただし、代金支払債務を消費貸借の目的とする契約書の場合には第1号の3文書に該当します（基通別表1 第1号の3文書11）。

4 第1号の4文書

（運送に関する契約書）

1．意　義

① 運送の意義

運送とは、委託により物品または人を所定の場所に運ぶことをいいます（基通別表1 第1号の4文書1）。

2. 文書事例

① 運送状（送り状）

運送業者が生協の請求に応じて交付する書面で、運送品とともに到達地に送付され、荷受人が運送品の同一性を検査し、また、運賃等の負担義務の範囲を知るために利用するものであれば不課税文書に該当します。しかし、運送状や送り状と記載されていても、運送業者が貨物の運送を引き受けたことを証明するために生協に交付する場合には、第1号の4文書に該当します（基通別表1 第1号の4文書2）。

② 貨物受領書

運送業者が貨物運送の依頼を受けた場合に依頼人に交付する貨物受領書のうち、貨物の品名、数量、運賃、積み地、揚げ地など具体的な運送契約の成立を証明する場合には、第1号の4文書に該当します。ただし、単に物品の受領事実を証明しているにすぎないものは、不課税文書になります（基通別表1 第1号の4文書3）。

5 非課税物件

契約金額の記載のある契約書のうち、その金額が1万円未満のものは非課税文書に該当します。ただし「通則3イおよびホ」により第1号文書となるものはたとえ1万円未満であっても非課税文書として取り扱われません。「通則3イおよびホ」により第1号文書となるのは、次の場合です。

① 第1号文書と第3号文書から第17号文書のいずれかに該当する場合

② 第1号文書と第2号文書に該当する場合

③ 第1号文書で契約金額が10万円超の文書と第19号文書または第20号文書に該当する場合（第19号文書または第20号文書の通帳等に、契約金額10万円超の第1号の課税事項の付け込みをしたものも含まれます。）

（注）

イ. 契約金額の記載がない第1号文書と第7号文書に該当する場合には第7号文書となります。また第1号文書と第17号の1文書の組み合わせで、売上代金にかかる受取金額が100万円超の記載があるもので、その金額が第1号文書の契約金額を超えるものまたは第1号文書についての契約金額の記載のない場合は第17号の1文書となります。

ロ. 第1号文書と第2号文書に該当する場合で、それぞれの契約金額が区分記載されており、第2号文書の契約金額が第1号文書の契約金額を超える場合には第2号文書となります。

［2］第2号文書

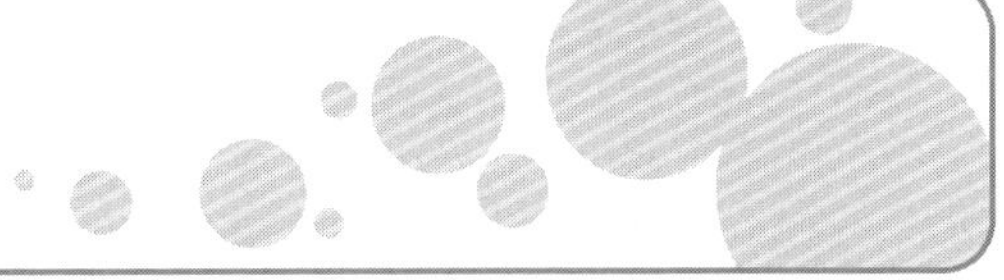

課税物件表

番号	課税物件		非課税物件
	物件名	定義	
2	請負に関する契約書	1　請負には、職業野球の選手、映画の俳優その他これらに類する者で政令で定めるものの役務の提供を約することを内容とする契約を含むものとする。	1　契約金額の記載のある契約書（課税物件表の適用に関する通則3イの規定が適用されることによりこの号に掲げる文書となるものを除く。）のうち、当該契約金額が1万円未満のもの ※震災特例法による非課税措置あり

1．請負の意義

請負とは、当事者の一方（請負人）がある仕事を完成することを約し、相手方（注文者）がその仕事の結果に対して報酬を支払うことを約することをいいます（民法632）。この場合、完成すべき仕事の結果は、物（有形物）の引渡しを伴うようなものだけでなく、保守サービスのような無形のものも含まれます（基通別表1 第2号文書1）。

2．委任と請負の相違

委任契約書は課税物件表に記載されていませんので不課税文書として取り扱われます。しかし、委任契約書という名称であっても実際に請負に関する課税事項が含まれている場合は請負契約となります。委任と請負の主な相違は次のとおりです。

項　目	委　任	請　負
意義効力	委任は、当事者の一方が法律行為をすることを相手方に委託し、相手方がこれを承諾することでその効力を生じます。	請負は、当事者の一方がある仕事を完成することを約し、相手方がその仕事の結果に対してその報酬を支払うことを約することによってその効力を生じます。

報　酬	基本的に無報酬です。特約がなければ、受任者は委任者に対して報酬を請求することができません。有償契約の場合には、仕事の完成は関係なく報酬の支払いが必要となります。	仕事が完成すれば報酬が支払われます。
契約の解除	委任は、各当事者がいつでもその解除をすることができます。	請負人が仕事を完成しない間は、注文者は、いつでも損害を賠償して契約の解除をすることができます。

３．請負に関する契約書と物品または不動産の譲渡に関する契約書との相違

請負に関する契約書なのか、物品の譲渡に関する契約書（物品の譲渡に関する契約書であれば不課税文書となります。）なのか、それとも不動産の譲渡に関する契約書なのかの区別は、契約当事者の意思が仕事の完成に重きをおいているのか、または物品や不動産の譲渡に重きをおいているかによります。具体的にはおおむね次のようになります（基通別表1 第2号文書2）。

区　分	取り扱い	事　例
①注文者の指示に基づき一定の仕様または規格などに従い、製作者の労務により工作物を建設することを内容とするもの	請負に関する契約書	家屋の建築、道路の建設、橋梁の架設
②製作者が工作物をあらかじめ一定の規格で統一し、これにそれぞれの価格を付して注文を受け、その規格に従い工作物を建設し、供給することを内容とするもの	不動産または物品の譲渡に関する契約書 ※物品譲渡の場合には不課税文書となります。	建売住宅の供給 （不動産譲渡契約書）
③注文者が材料の全部または主要部分を提供し、製作者がこれにより一定物品を製作することを内容とするもの	請負に関する契約書	生地を提供しての洋服仕立て、材料支給による物品の製作
④製作者の材料を用いて注文者の設計または指示した規格などに従い物品を製作することを内容とするもの	請負に関する契約書	船舶、車両、機械、家具などの製作、洋服等の仕立て
⑤あらかじめ一定の規格で統一された物品を、注文に応じ製作者の材料を用いて製作し、供給することを内容とするもの	物品の譲渡に関する契約書（不課税文書）	カタログまたは見本による機械、家具などの製作

⑥一定の物品を一定の場所に取り付けることにより所有権を移転することを内容とするもの	請負に関する契約書	大型機械の取り付け。ただし、取付行為が簡単であり、特別の技術を要しない場合には物品の譲渡に関する契約書になります（家庭用電気器具の取り付けなど）。
⑦修理または加工することを内容とするもの	請負に関する契約書	建物や機械の修繕、塗装、物品の加工

4．文書事例

①　広告契約書

放送会社または新聞社との間で取り交わされるコマーシャル放送契約書または新聞広告契約書は、コマーシャル放送または新聞広告という仕事の完成を目的としたものなので第2号文書（請負に関する契約書）に該当します。なお、契約金額の記載がない場合は第7号文書となります。

②　エレベーター保守契約書等

エレベーターを常に安全に運転できるような状態に保つために一定の金額を支払うことを約したエレベーター保守契約書や、清掃を行うことについて一定の金額を支払うことを約した清掃請負契約書などは、第2号文書に該当します。なお、第2号文書で契約金額の記載がない場合には、第7号文書となります。

③　監査法人等との監査契約書

公認会計士や監査法人との間において監査契約書を作成した場合は、請負に関する契約書として取り扱われます。

④　税理士委嘱契約書

税理士委嘱契約書は、委任に関する契約書に該当しますので課税文書には該当しません。ただし、税務申告書等の作成を目的として、これに対して一定の金額を支払うことを約した契約書は、請負に関する契約書に該当します。

（基通別表1 第2号文書12～17）

5．非課税物件

契約金額の記載のある契約書のうち、その金額が1万円未満のものは非課税文書に該当します。ただし「通則3イおよびロならびにホ」により第2号文書となるものはたとえ1万円未満であっても非課税文書としては取り扱われません。「通則3イおよびロならびにホ」により第2号文書となるのは次の場合です。

① 第2号文書と第3号文書から第17号文書のいずれかに該当する場合

② 第1号文書と第2号文書に該当する場合でそれぞれの契約金額が区分記載されており、第2号文書の契約金額が第1号文書の契約金額を超える場合

③ 第2号文書で契約金額が100万円超の文書と第19号文書または第20号文書に該当する場合（第19号文書または第20号文書の通帳等に、契約金額100万円超の第2号文書の課税事項の付け込みをしたものも含まれます。）

（注）

契約金額の記載がない第2号文書と第7号文書に該当する場合には第7号文書となります。また第2号文書と第17号の1文書の組み合わせで、売上代金にかかる受取金額が100万円超の記載があるもので、その金額が第2号文書の契約金額を超えるものまたは第2号文書についての契約金額の記載のない場合は第17号の1文書となります。

[3] 第3号文書

課税物件表

番号	課税物件		非課税物件
	物件名	定義	
3	約束手形又は為替手形		1 手形金額が10万円未満の手形 2 手形金額の記載のない手形 3 手形の複本又は謄本

1. 約束手形または為替手形の意義

約束手形または為替手形とは、手形法の規定により約束手形または為替手形の効力を有する証券をいいます。振出人またはその他の手形当事者が他人に補充させる意思をもって未完成のまま振り出した手形（「白地手形」）も含まれます。

2. 振出人の署名を欠く白地手形の作成者

振出人の署名を欠く白地手形で引受人またはその他の手形当事者の署名のあるものは、その引受人またはその他の手形当事者がその手形の作成者となります。なお、作成の時期は、手形の所持人が記載要件を補充した時ではなく、作成者が他人（手形の受取人）に交付した時となります。

白地手形

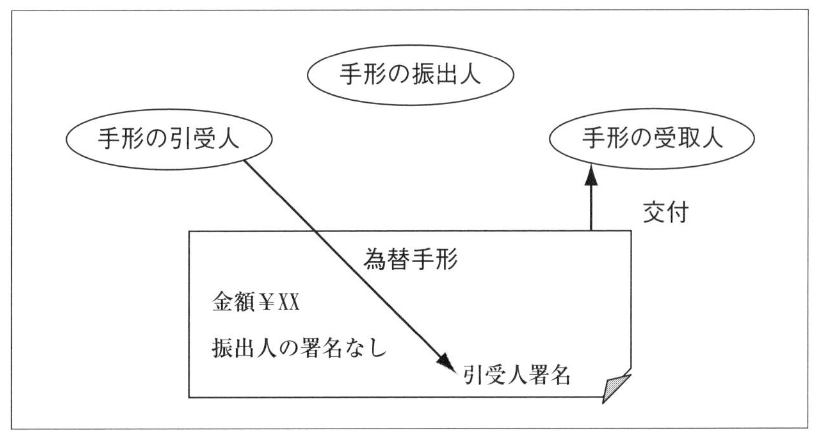

3．手形金額の記載のない場合

手形金額の記載のない手形は、非課税文書に該当します。ただし、その手形に手形金額を補充した場合には、そのときに課税文書が作成されたものとみなされます。

4．非課税物件

次の場合には非課税文書となります。

① 手形金額が10万円未満の手形

② 手形金額の記載のない手形

③ 手形の複本または謄本

[4] 第4号文書

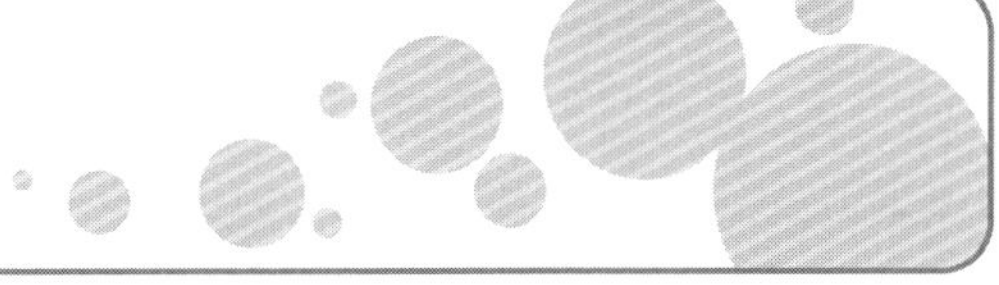

課税物件表

番号	課税物件		非課税物件
	物件名	定義	
4	株券、出資証券若しくは社債券又は投資信託、貸付信託、特定目的信託若しくは受益証券発行信託の受益証券	1 出資証券とは、相互会社（保険業法（平成7年法律第105号）第2条第5項（定義）に規定する相互会社をいう。以下同じ。）の作成する基金証券及び法人の社員又は出資者たる地位を証する文書（投資信託及び投資法人に関する法律（昭和26年法律第198号）に規定する投資証券を含む。）をいう。 2 社債券には、特別の法律により法人の発行する債券及び相互会社の社債券を含むものとする。	1 日本銀行その他特別の法律により設立された法人で政令で定めるものの作成する出資証券（協同組織金融機関の優先出資に関する法律（平成5年法律第44号）に規定する優先出資証券を除く。） 2 受益権を他の投資信託の受託者に取得させることを目的とする投資信託の受益証券で政令で定めるもの

1．株券の意義

株券とは、株式会社の株主の地位や権利を表彰する有価証券をいいます。株式会社は、その株式（種類株式発行会社にあっては、全部の種類の株式）にかかる株券を発行する旨を定款で定めることができます（会社法214）。株券を発行することを定めた株式会社は、株式を発行した日以後遅滞なく、株式にかかる株券を発行しなければなりません。また、株券は会社の新設時や増資時のほか、株式併合時、株式分割時等に発行しなければなりません（会社法15）。なお、株券を発行しない場合や電子化により株券が発行されない場合には課税物件に該当しませんので印紙税は課されません。

2．出資証券の意義

出資証券とは、相互会社の作成する基金証券と法人の社員または出資者たる地位を証する文書をいいます。

① 相互会社の作成する基金証券

相互会社が基金の拠出者に対してその権利を証明するために交付する証券をいいます(基通別表1 第4号文書5)。

② 法人の社員または出資者の意義

法人の社員とは、法人の構成員としての社員、たとえば合名会社、合資会社または合同会社の社員をいいます。また、法人の出資者とは、法人に対して事業を営むための資本として財産、労働または信用を出資した者をいいます(基通別表1 第4号文書1)。生協の組合員は、後者の「法人の出資者」に該当します(非課税物件を参照)。

3．社債券の意義

社債券とは、会社法に規定する社債券、商工債券、農林債券等会社法以外の法律の規定により発行する債券、相互会社の社債券をいいます。なお、学校法人またはその他の法人が資金調達の方法として発行するいわゆる学校債券等は含まれません(基通別表1 第4号文書2、4)。

4．非課税物件

日本銀行が作成する出資証券は非課税文書に該当します。また次の①から⑬の法人が作成する出資証券も非課税とされます(第4号文書 非課税物件欄、法令25)。生協が組合員に交付する出資証券は下記④に該当するため、非課税文書として取り扱われます。

① 協業組合、商工組合および商工組合連合会
② 漁業共済組合および漁業共済組合連合会
③ 商店街振興組合および商店街振興組合連合会
④ 消費生活協同組合および消費生活協同組合連合会
⑤ 信用金庫および信用金庫連合会
⑥ 森林組合、生産森林組合および森林組合連合会
⑦ 水産業協同組合
⑧ 生活衛生同業組合、生活衛生同業小組合および生活衛生同業組合連合会
⑨ 中小企業等協同組合
⑩ 農業協同組合、農業協同組合連合会および農事組合法人
⑪ 農林中央金庫
⑫ 輸出組合および輸入組合
⑬ 労働金庫および労働金庫連合会

［5］第5号文書

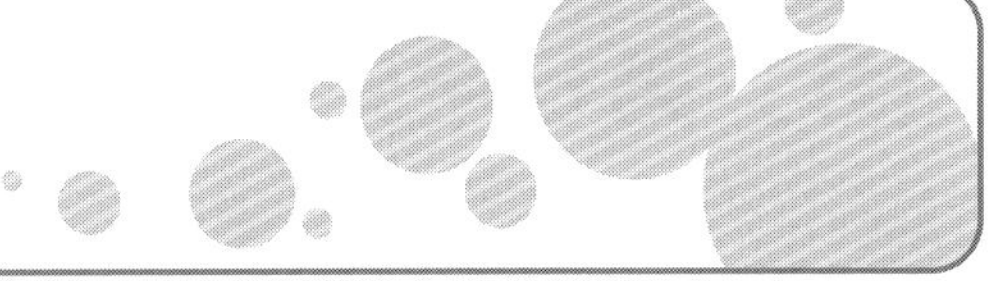

課税物件表

番号	課税物件		非課税物件
	物件名	定義	
5	合併契約書又は吸収分割契約書若しくは新設分割計画書	1　合併契約書とは、会社法（平成17年法律第86号）第748条（合併契約の締結）に規定する合併契約（保険業法第159条第1項（相互会社と株式会社の合併）に規定する合併契約を含む。）を証する文書（当該合併契約の変更又は補充の事実を証するものを含む。）をいう。 2　吸収分割契約書とは、会社法第757条（吸収分割契約の締結）に規定する吸収分割契約を証する文書（当該吸収分割契約の変更又は補充の事実を証するものを含む。）をいう。 3　新設分割計画書とは、会社法第762条第1項（新設分割計画の作成）に規定する新設分割計画を証する文書（当該新設分割計画の変更又は補充の事実を証するものを含む。）をいう。	

1．合併契約書

合併契約書は、株式会社、合名会社、合資会社、合同会社および相互会社が締結する合併契約を証する文書に限り課税文書に該当します(基通別表1 第5号文書1)。このため、生協が作成する合併契約書はこの範囲に含まれませんので、不課税文書となります。

2．非課税物件

非課税物件はありません。

［6］第6号文書

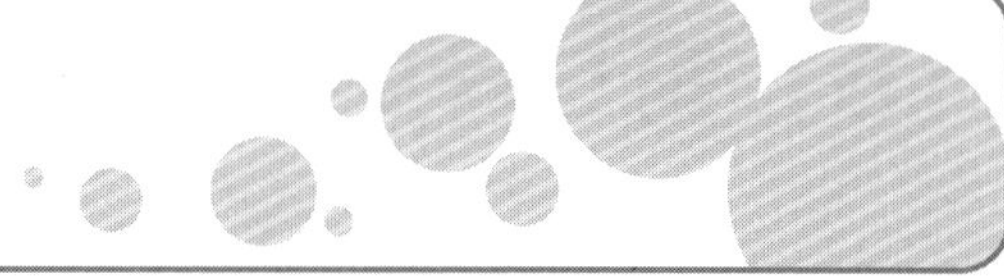

課税物件表

番号	課税物件		非課税物件
	物件名	定義	
6	定款	1　定款は会社（相互会社を含む。）の設立のときに作成される定款の原本に限るものとする。	1　株式会社又は相互会社の定款のうち、公証人法第62条の3第3項（定款の認証手続）の規定により公証人の保存するもの以外のもの

1．定　款

定款は、株式会社、合名会社、合資会社、合同会社または相互会社の設立のときに作成する定款の原本に限り課税文書に該当します（基通別表1 第6号文書1）。このため、生協が作成する定款はこの範囲に含まれませんので、不課税文書となります。

2．非課税物件

株式会社または相互会社の定款のうち、公証人法第62条の3第3項（定款の認証手続）の規定により公証人の保存するもの以外のものは非課税文書となります。

［7］第7号文書

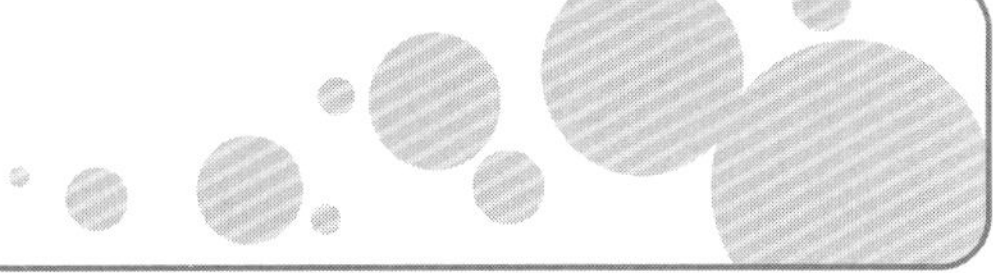

課税物件表

番号	課税物件		非課税物件
	物件名	定義	
7	継続的取引の基本となる契約書（契約期間の記載のあるもののうち、当該契約期間が3月以内であり、かつ、更新に関する定めのないものを除く。）	1　継続的取引の基本となる契約書とは、特約店契約書、代理店契約書、銀行取引約定書その他の契約書で、特定の相手方との間に継続的に生ずる取引の基本となるもののうち、政令で定めるものをいう。	

1．継続的取引の基本となる契約書の意義

継続的取引の基本となる契約書とは、次の契約書をいいます（法令26一～五）。

①　一号契約書

特約店契約書その他名称に関係なく、営業者の間において、売買、売買の委託、運送、運送取り扱いまたは請負に関する2以上の取引を継続して行うために作成されるものをいいます。契約の目的（売買、売買の委託、運送、運送取り扱いまたは請負）となる取引は2回以上継続して行われることが必要（基通別表1 第7号文書4）で、2回以上の取引に共通して適用される取引条件のうち、目的物の種類、取扱数量、単価、対価の支払方法、債務不履行の場合の損害賠償の方法または再販売価格がその契約書に定められていれば課税文書に該当します。なお、電気またはガスの供給に関するものは除かれます。

イ　営業者

第17号文書の非課税物件に規定されている「営業」を行う者とされています。

〈課税物件表第17号文書　非課税物件抜粋〉
営業（会社以外の法人で、法令の規定または定款の定めにより利益金または剰余金の配当または分配をすることができることとなっているものが、その出資者以外の者に対して行う事業を含み、その出資者がその出資をした法人に対して行う営業を除く。）

生協が組合員との間で行う取引は印紙税法上の「営業」には該当しません。しかし、生協がその取引先や仕入先等と行う取引は印紙税法上の「営業」に該当します。

なお、「営業者の間」とは、契約の当事者の双方が営業者である場合をいい、印紙税法上の「非営業者」が営業者の代理人として契約の当事者となる場合も「営業者の間」となります。

ロ　売買、売買の委託、運送、運送取り扱い、請負

売買の委託とは、特定の物品等を販売したり購入したりすることを委託することをいいます（基通別表1 第7号文書7）。運送とは、委託により物品または人を所定の場所に運ぶことをいいます（基通別表1 第1号の4文書1）。請負とは、当事者の一方（請負人）がある仕事を完成することを約し、相手方（注文者）がその仕事の結果に対して報酬を支払うことを約することをいいます（民法632）。この場合、完成すべき仕事の結果は、物（有形物）の引渡しを伴うようなものだけでなく、保守サービスのような無形のものも含まれます（基通別表1 第2号文書1）。

ハ　取引が2回以上継続して行われること

たとえば売買に関する取引を引き続き2回以上行うために作成する契約書などをいいます。この場合に、売買の目的物の引渡しが数回に分割して行われるものであっても、その取引が1回限りの取引である場合に作成する契約書は該当しません（基通別表1 第7号文書6）。

また、エレベーター保守契約やビル清掃請負契約など、通常、1か月の期間を単位としてサービス提供が行われるような契約は、その料金等の計算の基礎となる期間1単位ごと、または支払の都度ごとに（たとえば1か月に1回）1取引として扱われますので、1年間契約であれば取引は12回継続して行われることになります（基通別表1 第7号文書6）。

ニ　目的物の種類、取扱数量、単価、対価の支払方法、債務不履行の場合の損害賠償の方法または再販売価格（共通して適用される取引条件）

（イ）共通して適用される取引条件

これらすべてを定める必要はなく、これらのうち1以上を定めていれば該当します（基通別表1 第7号文書5）。

（ロ）目的物の種類

目的物の種類とは、取引の対象の種類をいいます。すなわち、取引が売買であれば売買の目的物の種類が、請負であれば仕事の種類や内容等がこれに該当します。なお、目的物の種類には、たとえばテレビ、ステレオ、ピアノという物品名だけでなく、電気製品、楽器などといった共通の性質を有する多数の物品等を包括する名称も含まれます（基通別表1 第7号文書8）。

(ハ) 取扱数量

取扱数量とは、取扱量として具体性を有していなければなりません。また、一定期間における最高数量や最低数量を定めるもの、取扱目標金額を定めるものも「取扱数量」を記載したものとされます（基通別表1 第7号文書9）。

（例）

取扱数量	1か月の最低取扱数量は50トンとする	→	取扱数量を記載している。
	1か月の取扱目標金額は100万円とする	→	取扱数量を記載している。
	毎月の取扱数量はその月の注文数量とする	→	取扱数量に該当しない。

なお、取扱目標金額を記載した契約書は、記載金額のある契約書にも該当します。

(ニ) 単価

単価は、具体的な数値が記載されている場合に、取引条件を定めたものに該当します。このため、「市価」や「時価」と定めたものは単価を定めたものには該当しません（基通別表1 第7号文書10）。

(ホ) 対価の支払方法

対価の支払方法を定めるものとは、契約書にたとえば「毎月分を翌月10日に支払う。」「60日手形で支払う。」「借入金と相殺する。」というように、対価の支払に関する手段方法を具体的に定めていることをいいます（基通別表1 第7号文書11）。

(ヘ) 債務不履行の場合の損害賠償の方法

債務不履行の場合の損害賠償の方法とは、債務不履行の結果生ずべき損害の賠償として給付されるものの金額、数量等の計算、給付の方法をいい、その不履行となった債務の弁済方法をいうものではありません（基通別表1 第7号文書12）。債務不履行には、「履行遅滞」「履行不能」「不完全履行」の3種類があります。

② 二号契約書

代理店契約書、業務委託契約書その他名称に関係なく、売買に関する業務、金融機関の業務、保険募集の業務または株式の発行もしくは名義書き換えの事務を継続して委託するために作成される契約書で、委託される業務または事務の範囲または対価の支払方法を定めるものをいいます。

イ 売買に関する業務の委託

売買に関する業務の委託とは、売買に関する業務の一部または全部を委託することをいいます(基通別表1 第7号文書7)。販売代金等の収納事務を金融機関に委託する場合に、その内容がその販売代金等を積極的に集金することまで委託するものでないものは、売買に関する業務の委託には該当しません。この場合の委託契約書は、委任に関する契約書になりますから、課税文書には該当しません（基通別表1 第7号文書17)。

ロ　金融機関の業務

金融機関とは、銀行業、信託業、金融商品取引業、保険業を営むものなどが該当します。貸金業者、クレジットカード業者、割賦金融業者など金融業務を営むすべてのものを含みます（基通別表1 第7号文書14)。なお、業務の委託とは、これら金融機関が預金業務、貸出業務、出納業務、為替業務、振込業務その他の金融業務を他の者に継続して委託することをいいます（基通別表1 第7号文書15)。

③　三号契約書

銀行取引約定書その他名称に関係なく、金融機関から信用供与を受ける者とその金融機関との間において、貸付け、支払承諾、外国為替その他の取引によって生ずるその金融機関に対する一切の債務の履行について包括的に履行方法その他の基本的事項を定める契約書をいいます。

④　四号契約書

信用取引口座設定約諾書その他名称のいかんに関係なく、金融商品取引法第2条第9項（定義）に規定する金融商品取引業者または商品先物取引法第2条第23項（定義）に規定する商品先物取引業者とこれらの顧客の間で、有価証券または商品の売買に関する2回以上の取引を継続して委託するために作成される契約書をいいます。その2回以上の取引に共通して適用される取引条件のうち、受渡しその他の決済方法、対価の支払方法または債務不履行の場合の損害賠償方法を定めるものが該当します。

⑤　五号契約書

保険特約書その他名称のいかんに関係なく、損害保険会社と保険契約者との間において、保険契約を2回以上継続して行うために作成する契約書をいいます。これらの保険契約に共通して適用される保険要件のうち、保険の目的の種類、保険金額または保険料率を定めるものが該当します。

2．文書事例

① 商品売買基本契約書

商品メーカーと卸売店との間において、商品単価が今後1年間10,000円とする旨を記載した文書は、第7号文書に該当します。

② 貨物運送契約書

物品の販売会社と運送会社との間において、地方に販売するための物品の運送は、すべてその運送会社に委託することとし、運送料は毎月末に締切、翌月10日に支払うことを約した文書は、第7号文書に該当します。

③ 下請基本契約書

機械器具の部品の製造を継続して下請に出す場合に、その部品の名称、規格、製作単価などの取引条件を記載した契約書は、第7号文書に該当します。

④ 貨物の保管および荷役の契約書

物品の販売会社と運送会社との間において、物品の販売会社の所有する物品の保管および荷役についての契約書に、保管料および荷役料の支払方法を記載した場合には、保管についての事項は物品の寄託契約として課税事項にはなりませんが、荷役は請負契約の課税事項となります。契約金額の記載のあるものは第2号文書に該当し、契約金額の記載のないものは第7号文書に該当します。

（基通別表1 第7号文書2～12）

3．非課税物件

非課税物件はありません。

[8] 第8号文書

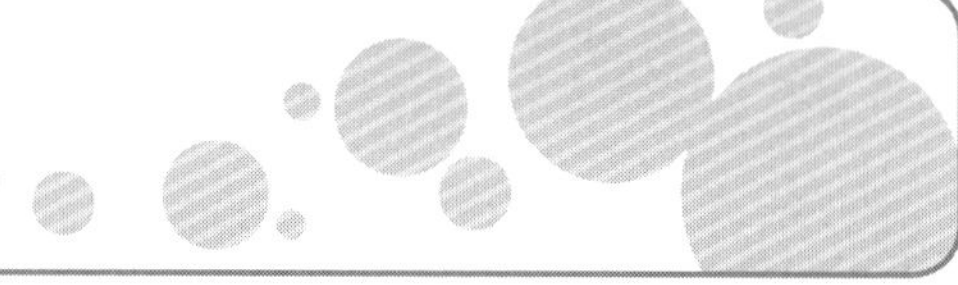

課税物件表

番号	課税物件		非課税物件
	物件名	定義	
8	預貯金証書		1 信用金庫その他政令で定める金融機関の作成する預貯金証書で、記載された預入額が1万円未満のもの

1．預貯金証書の意義

預貯金証書とは、銀行その他の金融機関等が、預貯金者との間の消費寄託の成立を証明するために作成する預金証書または貯金証書をいいます（基通別表1 第8号文書1）。なお、積金証書は課税文書には該当しません（基通別表1 第8号文書3）。

2．非課税物件

信用金庫、労働金庫、農林中央金庫、信用協同組合、農業協同組合、漁業協同組合等の一定の金融機関の作成する預貯金証書で、記載された預入額が1万円未満のものは非課税文書に該当します（第8号文書　非課税物件、法令27）。

［9］第9号文書

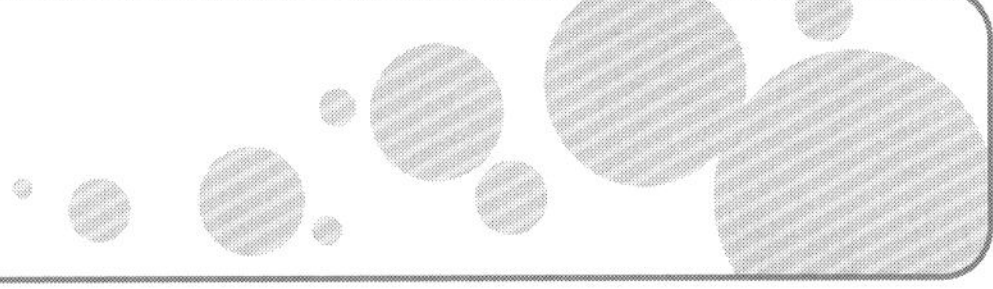

課税物件表

番号	課税物件		非課税物件
	物件名	定義	
9	貨物引換証、倉庫証券又は船荷証券	1　貨物引換証又は船荷証券には、商法（明治32年法律第48号）第571条第2項（貨物引換証）の記載事項又は同法第769条（船荷証券）若しくは国際海上物品運送法（昭和32年法律第172号）第7条（船荷証券）の記載事項の一部を欠く証書で、これらの証券と類似の効用を有するものを含むものとする。 2　倉庫証券には、預証券、質入証券及び倉荷証券のほか、商法第599条（預証券等）の記載事項の一部を欠く証書で、これらの証券と類似の効用を有するものを含むものとし、農業倉庫証券及び連合農業倉庫証券を含まないものとする。	1　船荷証券の謄本

1．貨物引換証

商法第571条第1項では「運送人は荷送人の請求に因り貨物引換証を交付することを要す」となっています。このように貨物引換証とは、運送人が荷送人の請求により作成するものをいいます（基通別表1 第9号文書1）。

2．倉庫証券

商法第598条では「倉庫営業者は寄託者の請求に因り寄託物の預証券及び質入証券を交付することを要す」となっており、また商法第627条第1項では「倉庫営業者は寄託者の請求あるときは預証券及び質入証券に代えて倉荷証券を交付することを要す」となっています。このように倉庫証券とは、倉庫営業者が寄託者の請求により作成する預証券、質入証券および倉荷証券をいいます（基通別表1 第9号文書2）。

3．船荷証券

商法第767条では「船長は傭船者又は荷送人の請求に因り運送品の船積後遅滞なく一通又は数通の船荷証券を交付することを要す」となっています。また国際海上物品運送法第6条第1項でも同様の規定があります。このように船荷証券とは、運送人、船長または運送人等の代理人が用船者または荷送人の請求により作成する船荷証券をいいます（基通別表1 第9号文書3）。

4．非課税物件

船荷証券の謄本は非課税文書に該当します。同一内容の船荷証券を数通作成する場合にはいずれも船荷証券として取り扱われますが、次のような場合以外は非課税文書として取り扱われます（基通別表1 第9号文書4）。

数通のそれぞれに「Original」「Duplicate」または「First Original」、「Second Original」等の表示を明確にするときは、そのうち「Original」または「First Original」等と表示したもののみを課税文書として取り扱います。

[10] 第10号文書

課税物件表

番号	課税物件		非課税物件
	物件名	定義	
10	保険証券	1 保険証券とは、保険証券その他名称のいかんを問わず、保険法（平成20年法律第56号）第6条第1項（損害保険契約の締結時の書面交付）、第40条第1項（生命保険契約の締結時の書面交付）又は第69条第1項（傷害疾病定額保険契約の締結時の書面交付）その他の法令の規定により、保険契約に係る保険者が当該保険契約を締結したときに当該保険契約に係る保険契約者に対して交付する書面（当該保険契約者からの再交付の請求により交付するものを含み、保険業法第3条第5項第3号（免許）に掲げる保険に係る保険契約その他政令で定める保険契約に係るものを除く。）をいう。	

1．保険証券の意義

保険証券とは、保険者（保険会社等）が保険契約の成立を証明するために、保険法その他の法令の規定により保険契約者に交付する書面をいいます（基通別表1 第10号文書1）。なお、共済にかかる契約に基づき交付される書面は保険証券には該当しないため、課税文書には該当しません（法令27の2四）。

2．非課税物件

非課税物件はありません。

〔11〕第11号文書

課税物件表

番号	課税物件		非課税物件
	物件名	定義	
11	信用状		

1．信用状の意義

信用状とは、銀行が取引銀行に対して特定の者に一定額の金銭の支払いをすることを委託する支払委託書をいいます（基通別表1 第11号文書1）。

2．非課税物件

非課税物件はありません。

[12] 第12号文書

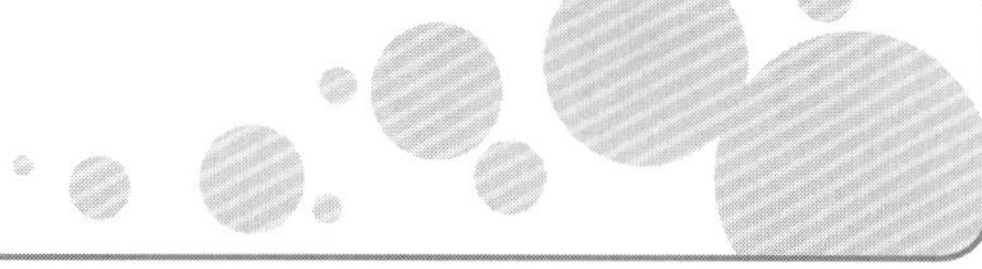

課税物件表

番号	課税物件		非課税物件
	物件名	定義	
12	信託行為に関する契約書	1　信託行為に関する契約書には、信託証書を含むものとする。	

1．信託行為に関する契約書の意義

信託行為に関する契約書とは、信託法に規定する信託契約を証する文書をいいます(基通別表1 第12号文書1)。

2．非課税物件

非課税物件はありません。

[13] 第13号文書

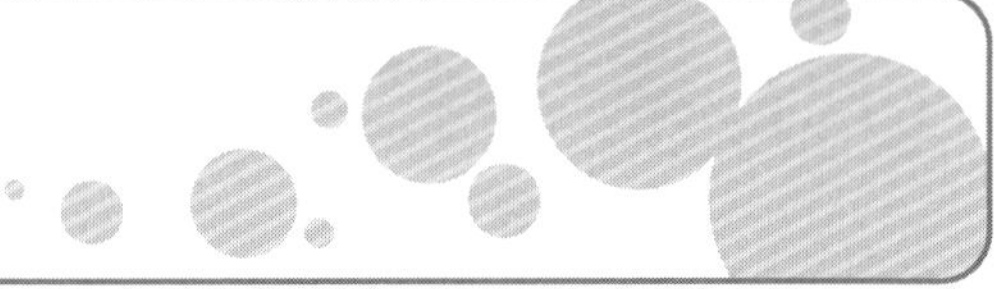

課税物件表

<table>
<tr><th rowspan="2">番号</th><th colspan="2">課税物件</th><th rowspan="2">非課税物件</th></tr>
<tr><th>物件名</th><th>定義</th></tr>
<tr><td>13</td><td>債務の保証に関する契約書（主たる債務の契約書に併記するものを除く。）</td><td></td><td>1　身元保証ニ関スル法律（昭和8年法律第42号）に定める身元保証に関する契約書</td></tr>
</table>

1．債務の保証の意義

債務の保証とは、主たる債務者がその債務を履行しない場合に保証人がこれを履行することを債権者に対し約することをいい、連帯保証を含みます。ただし、他人の受けた不測の損害を補てんする損害担保契約は、債務の保証に関する契約には該当しません（基通別表1 第13号文書1）。

2．債務の保証に関する契約の意義

債務の保証に関する契約とは、第三者（保証人）が債権者との間において、債務者の債務を保証することを約するものをいいますので、第三者が債務者に対しその債務の保証を行うことを約するものは含みません。第三者が債務者の委託に基づいて債務者の債務の保証をすることについての保証委託契約書は、委任に関する契約書に該当しますので、課税文書には該当しません（基通別表1 第13号文書2）。

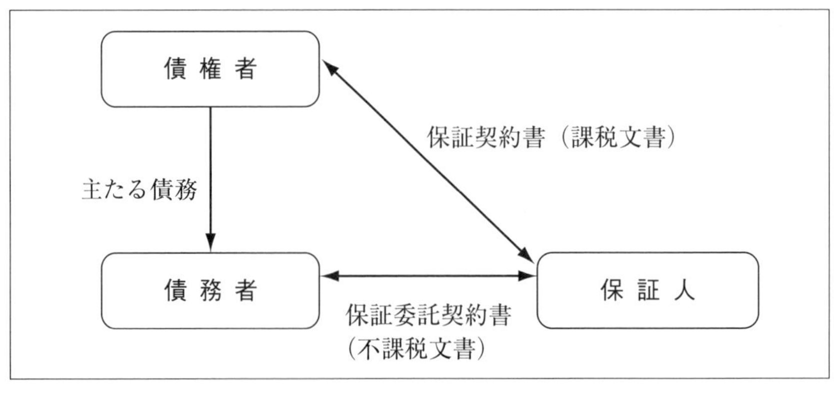

3．主たる債務の契約書に併記するもの

主たる債務の契約書に併記した債務の保証に関する契約書は、債務の保証を約することを証明していますが、その主たる債務の契約書が課税文書に該当しない場合であっても、第13号文書としての課税文書としては取り扱わないことになります（基通別表1 第13号文書3）。

なお、主たる債務の契約書に併記した保証契約を変更したり、または補充したりした場合には課税文書に該当します。また、契約の申込書に債務保証内容を併記した場合も課税文書に該当することになります（基通別表1 第13号文書3）。

設　例	結　論
消費貸借契約書 債務者が返済期限までに返済することができなかったときは、保証人において全額弁償します。	主たる債務の契約書は「消費貸借契約書」です。その契約書に債務の保証内容を併記したとしても第13号文書には該当しません。

4．文書事例

① 販売物品の保証書

物品製造業者または物品販売業者が自己の製造した物品や販売物品について品質を保証することを約して交付する品質保証書は課税文書には該当しません(基通別表1 第13号文書5)。

② 取引についての保証契約書

特定の第三者の取引について事故が発生した場合には一切の責任を負担することを、その第三者の取引先に約することを内容とする契約書は、損害担保契約書であることが明らかである場合を除き、第13号文書として取り扱われます（基通別表1 第13号文書6）。

5．非課税物件

身元保証契約書は非課税文書に該当します。身元保証契約書は、入学および入院の際などに作成する身元保証書を含みます（第13号文書　非課税物件）。

[14] 第14号文書

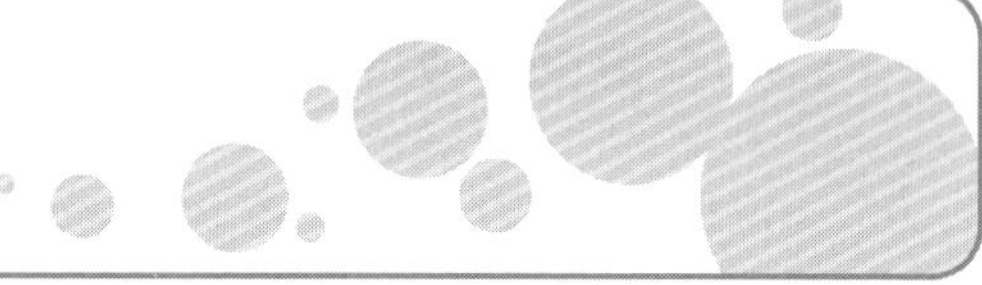

課税物件表

番号	課税物件		非課税物件
	物件名	定義	
14	金銭又は有価証券の寄託に関する契約書		

1．寄託の意義

寄託とはある物を保管することを約してその物を受け取ることによって成り立つ契約をいいます(民法657)。なお第14号文書は、保管する物が金銭または有価証券に限られますので、物品の寄託に関する契約書は課税文書には該当しません(基通別表1 第14号文書1)。また、消費寄託とは、受寄者が受寄物を消費することができ、これと同種、同等、同量の物を返還する寄託で、この消費寄託に関する契約も第14号文書に該当します(民法666)。

2．文書事例

① 敷金の預り証

家屋等の賃貸借にあたり、家主等が受け取る敷金について作成する預り証は、第14号文書としないで、第17号文書として取り扱われます。

② 現金自動預金機等から打ち出される紙片

現金自動預金機等を利用して預金を行う場合に、預金の預入れ事実を証明するために、その預金機等から打ち出される預入年月日、預入額、預入後の預金残額および口座番号等の事項を記載した紙片は第14号文書に該当します。

③ 預金口座振替依頼書

預金契約をしている金融機関に対して、電信電話料金、電力料金、租税等を預金口座振替の方法により支払うことを依頼する場合に作成する預金口座振替依頼書は、預金の払い戻し方法の変更を直接証明する目的で作成するものではありませんので、第14号文書には該当しません。

(基通別表1 第14号文書3～7)

3．非課税物件

非課税物件はありません。

[15] 第15号文書

課税物件表

番号	課税物件		非課税物件
	物件名	定義	
15	債権譲渡又は債務引受けに関する契約書		1 契約金額の記載のある契約書のうち、当該契約金額が1万円未満のもの

1．債権譲渡の意義

債権とは、特定の相手方にある一定の行為を要求する権利のことをいい、債権を持つ者を債権者といいます。債権譲渡とは、債権をその同一性を失わせないで旧債権者から新債権者へ移転させることをいいます（基通別表1 第15号文書1)。

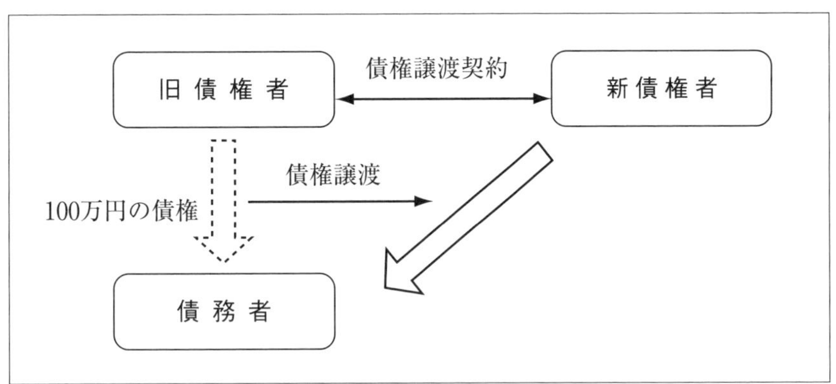

2．債務引受けの意義

債務とは、債権に対応する相手方の義務をいい、債務を負担する者を債務者といいます。債務の引受けとは、債務をその同一性を失わせないで債務引受人に移転することをいい、従来の債務者もなお債務者の地位にとどまる重畳的債務引受けもこれに含まれます（基通別表1 第15号文書2)。

3．債務引受けに関する契約の意義

債務引受けに関する契約とは、第三者が債権者との間において債務者の債務を引き受けることを約するものをいい、債権者の承諾を条件として、第三者と債務者との間において債務者の債務を引き受けることを約するものも含まれます。ただし、第三者と債務者との間において、第三者が債務者の債務を履行することを約する文書は、委任に関する契約書に該当しますので課税文書には該当しません（基通別表1 第15号文書3)。

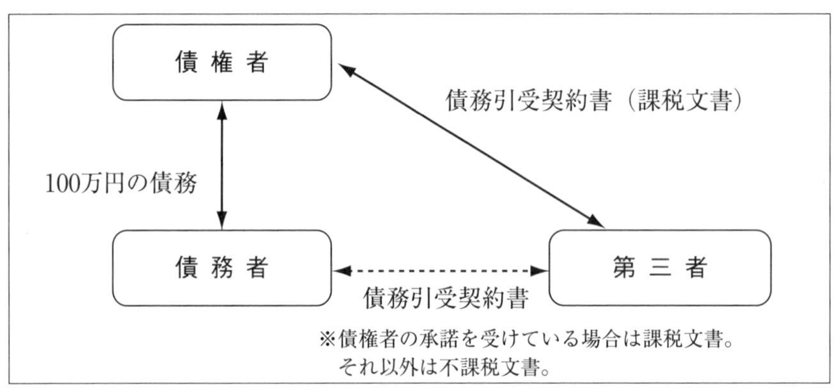

4．文書事例

① 債権譲渡通知書

債権譲渡契約をした場合に、譲渡人が債務者に通知する債権譲渡通知書および債務者がその債権譲渡を承諾する旨の記載をした債権譲渡承諾書は、課税文書に該当しません（基通別表1 第15号文書4)。

② 電話加入権の譲渡契約書

電話加入権の譲渡契約書は第15号文書に該当します（基通別表1 第15号文書5)。

5．非課税物件

契約金額の記載のある契約書のうち、その契約金額が1万円未満のものは非課税文書に該当します。

[16] 第16号文書

課税物件表

番号	課税物件		非課税物件
	物件名	定義	
16	配当金領収証又は配当金振込通知書	1　配当金領収証とは、配当金領収書その他名称のいかんを問わず、配当金の支払を受ける権利を表彰する証書又は配当金の受領の事実を証するための証書をいう。 2　配当金振込通知書とは、配当金振込票その他名称のいかんを問わず、配当金が銀行その他の金融機関にある株主の預貯金口座その他の勘定に振込済みである旨を株主に通知する文書をいう。	1　記載された配当金額が3千円未満の証書又は文書

1．配当金の範囲

配当金とは、株式会社の剰余金の配当（中間配当を含む。）をいいます（基通別表1 第16号文書4）。

2．配当金領収証

配当金領収証は、配当金領収書その他名称のいかんにかかわらず、配当金の支払を受ける権利を表彰する証書または配当金の受領の事実を証するための証書をいいます（第16号文書定義）。

3．配当金の支払を受ける権利を表彰する証書

会社が株主の具体化した利益配当請求権を証明した証書で、株主がこれと引換えにその証書に記載された取引銀行等のうち、株主が選択する銀行等でその配当金の支払いを受けることができるものをいいます（基通別表1 第16号文書1）。

4．配当金の受領の事実を証するための証書

会社が株主に配当金の支払いをするに当たり、あらかじめその会社が株主に送付する証書のうち、配当金の支払いを受ける権利を表彰する証書以外のもので、株主が取扱銀行等から配当金の支払をうけた際、その受領事実を証するために使用するものをいいます。ただし、株主が会社から直接配当金の支払いを受けた際に作成する受領書は、第16号文書ではなく、第17号文書（金銭の受取書）に該当します（基通別表1 第16号文書2)。

5．配当金振込通知書

会社が株主に対して株主の預貯金口座等へ配当金振込みの事実を通知する文書をいい、その文書が「振り込みます。」または「振り込む予定です。」等となっていても配当金振込通知書に該当します（基通別表1 第16号文書5)。

6．源泉所得税額等が記載されている配当金領収証

源泉徴収義務者または特別徴収義務者が作成する受取書等に源泉徴収税額または特別徴収税額が含まれている場合に、その税額が記載されているときは、全体の記載金額からその税額を控除した金額を記載金額として判定します（基通32)。

7．非課税物件

記載された配当金額が3千円未満の証書または文書は非課税文書となります。

[17] 第17号文書

課税物件表

番号	課税物件		非課税物件
	物件名	定義	
17	1　売上代金に係る金銭又は有価証券の受取書 2　金銭又は有価証券の受取書で1に掲げる受取書以外のもの	1　売上代金に係る金銭又は有価証券の受取書とは、資産を譲渡し若しくは使用させること（当該資産に係る権利を設定することを含む。）又は役務を提供することによる対価（手付けを含み、金融商品取引法（昭和23年法律第25号）第2条第1項（定義）に規定する有価証券その他これに準ずるもので政令で定めるものの譲渡の対価、保険料その他政令で定めるものを除く。以下「売上代金」という。）として受け取る金銭又は有価証券の受取書をいい、次に掲げる受取書を含むものとする。 イ　当該受取書に記載されている受取金額の一部に売上代金が含まれている金銭又は有価証券の受取書及び当該受取金額の全部又は一部が売上代金であるかどうかが当該受取書の記載事項により明らかにされていない金銭又は有価証券の受取書 ロ　他人の事務の委託を受けた者（以下この欄において「受託者」という。）が当該委託をした者（以下この欄において「委託者」という。）に代わつて売上代金を受け取る場合に作成する金銭又は有価証券の受取書（銀行その他の金融機関が作成する預貯金口座への振込金の受取書その他これに類するもので政令で定めるものを除く。ニにおいて同じ。）	1　記載された受取金額が5万円未満の受取書 2　営業（会社以外の法人で、法令の規定又は定款の定めにより利益金又は剰余金の配当又は分配をすることができることとなつているものが、その出資者以外の者に対して行う事業を含み、当該出資者がその出資をした法人に対して行う営業を除く。）に関しない受取書 3　有価証券又は第8号、第12号、第14号若しくは前号に掲げる文書に追記した受取書

			ハ　受託者が委託者に代わつて受け取る売上代金の全部又は一部に相当する金額を委託者が受託者から受け取る場合に作成する金銭又は有価証券の受取書 ニ　受託者が委託者に代わつて支払う売上代金の全部又は一部に相当する金額を委託者から受け取る場合に作成する金銭又は有価証券の受取書	

（注）第17号文書は第17号の1文書と第17号の2文書に区分されますが、第17号の1文書に該当する場合には記載金額によって適用される印紙税額が異なります。第17号の2文書に該当する場合には一律200円の定額税率が適用されますので、上記「物件名」で「売上代金に係る」に該当するかどうかが重要な判定基準となります。

1．金銭または有価証券の受取書の意義

金銭または有価証券の受取書とは、金銭または有価証券の引渡しを受けた者が、単にその受領事実を証明するため作成し、その引渡者に交付する証拠証書をいいます。このため、「受取書」「領収証」「領収書」「レシート」はもちろんのこと、受取事実を証明するために請求書や納品書などに「代済」「相済」「了」などと簡略な文言を記入したもの、さらに、お買上げ票などと称するものであっても、その作成目的が金銭または有価証券の受取事実を証するものであるときは、第17号文書に該当します（基通別表1 第17号文書1）。

2．相殺の事実を証明する領収書

売掛金等と買掛金等とを相殺する場合において作成する領収書等と表示した文書で、その文書に相殺による旨を明示しているものは、第17号文書には該当しません。また、金銭または有価証券の受取書に相殺金額を含めて記載してあるものについては、その文書の記載事項により相殺であることが明らかにされている金額は、記載金額として取り扱いません（基通別表1 第17号文書20）。

3．有価証券の意義

有価証券とは、財産的価値のある権利を表彰する証券であって、その権利の移転、行

使が証券をもってなされることを要するものをいい、金融商品取引法に定める有価証券に限りません。具体的には次のようなものが印紙税法上の有価証券に該当します（基通60）。

株券、国債証券、地方債証券、社債券、出資証券、投資信託の受益証券、貸付信託の受益証券、特定目的信託の受益証券、受益証券発行信託の受益証券、約束手形、為替手形、小切手、貨物引換証、船荷証券、倉庫証券、商品券、プリペイドカード、社債利札等

ただし、次のようなものは有価証券に該当しません（基通60（注））。

① 権利の移転や行使が必ずしも証券をもってなされることを要しない単なる証拠証券
（例）借用証書、受取証書、運送状
② 債務者が証券の所持人に弁済すれば、その所持人が真の権利者であるかどうかを問わず、債務を免れる単なる免責証券
（例）小荷物預り証、下足札、預金証書
③ 証券自体が特定の金銭的価値を有する金券
（例）郵便切手、収入印紙

（参考）電子記録債権は有価証券（財産的価値のある権利を表彰する証券）には該当しませんので、売買取引等において売上代金を電子記録債権で受領した場合に交付する受取書に「上記金額を電子記録債権で受領しました。」と記載している場合には、第17号の1文書には該当しないとされます。ただし、売上代金を電子記録債権で受領する場合であっても「上記金額を電子記録債権で受領しました。」というような受取書に電子記録債権を受領した旨の記載がないときは、第17号の1文書に該当することとされます（国税庁質疑応答事例印紙税「電子記録債権の受領に関する受取書」）。

4．売上代金

売上代金とは、資産を譲渡もしくは使用させること（その資産にかかる権利を設定することを含む。）または役務を提供することによる対価をいい、手付金も含みます。ただし、次の金融取引については、資産の譲渡等の対価に該当しますが、印紙税法上売上代金から除かれています（第17号文書　定義、法令28）。

〈印紙税法上の売上代金から除かれるもの〉
① 国債、地方債、社債券、株券、投信信託等の受益証券等の譲渡対価
② 一定の有価証券に表示されるべき権利の譲渡対価
③ 合名会社、合資会社、合同会社の社員の持分、協同組合等の組合員・会員の持分、その他法人の出資者の持分の譲渡対価
④ 株主、優先出資者、特定社員等の権利の譲渡対価
⑤ 保険料
⑥ 公債、社債および預貯金の利子など

5．資産を使用させることによる対価

資産を使用させることによる対価とは、たとえば土地や建物の賃貸料、建設機械のリース料、貸付金の利息、著作権・特許権等の無体財産権の使用料等、不動産、動産、無体財産権その他の権利を他人に使わせることによる対価をいいます。なお、債務不履行となった場合に発生する遅延利息は、資産を使用させることによる対価には含まれません（基通別表1 第17号文書12)。

6．資産に係る権利を設定することによる対価

資産に係る権利を設定することによる対価とは、たとえば家屋の賃貸借契約に当たり支払われる権利金のように、資産を他人に使用させるに当たり、その資産について設定される権利の対価をいいます。なお、家屋の賃貸借契約に当たり支払われる敷金、保証金等と称されるものであっても、後日返還されないこととされている部分がある場合には、資産にかかる権利を設定することによる対価に含まれます（基通別表1 第17号文書13)。

7．役務を提供することによる対価

役務を提供することによる対価とは、たとえば、土木工事、修繕、運送、保管、印刷、宿泊、広告、仲介、興行、技術援助、情報の提供等、労務、便益その他のサービスを提供することによる対価をいいます（基通別表1 第17号文書14)。

8．対価性の意義

対価とは、ある給付に対する反対給付の価格をいいます。したがって、反対給付に該当しないもの、たとえば、借入金、担保物（担保有価証券、保証金、証拠金等)、寄託物（寄託有価証券、預貯金等)、割戻金、配当金、保険金、損害賠償金（遅延利息及び違約金を含む。)、各種補償金、出資金、租税等の納付受託金、賞金、各種返還金等は、売上代金に該当しません（基通別表1 第17号文書15)。

生協の組合員が出資した場合に受領書を作成した場合には、売上代金には該当しないため第17号の1文書に該当しませんが、第17号の2文書には該当します。ただし、非課税物件欄により組合員出資金の受領書は営業に関しない受取書として非課税文書となりますので注意が必要です。

9．文書事例

① 仮受取書

仮受取書と称するものであっても、それが金銭または有価証券の受領事実を証明するために作成されたものであれば、後に本領収書を作成するか否かにかかわらず、第17号文書に該当します。

② 振込済通知書

売買代金等が預貯金の口座振替または口座振込みの方法により債権者の預貯金口座に振り込まれた場合に、債権者が債務者に対して預貯金口座への入金があった旨を通知する「振込済みのお知らせ」は、金銭の受取書として第17号文書に該当します。

③ 入金通知書、当座振込通知書

銀行が被振込人に対し交付する入金通知書、当座振込通知書または当座振込報告書等は、課税文書に該当しません。なお、被振込人あてのものであっても、振込人に対して交付するものは、金銭の受取書として第17号文書に該当します。

④ 現金販売のお買上げ票

商店が現金で物品を販売した場合に買受人に交付するお買上票等と称する文書で、金銭の受領事実が明らかにされているものや金銭登録機によるもの、もしくは特に当事者間において受取書としての了解があるものは、金銭の受取書として第17号文書に該当します。たとえば、一般小売店において使用するＰＯＳレジから打ち出される帳票で、販売代金を現金で受領した際に顧客に交付するものは、領収書、仕切り書、納品書などその名称にかかわらず、金銭の受取書として第17号文書に該当します。

⑤ 支払通知書受領書

文書の受取書であるような形式をとる「支払通知書受領書」等と称する文書であっても、金銭または有価証券の受領事実を証明するために作成されるものは、第17号文書に該当します。また、金銭等の支払者が作成するような形式をとる「支払通知書控」等と称する文書であっても、金銭または有価証券を受領するに際し、その受取人から支払人に交付する文書であることが明らかなものは、第17号文書に該当します。

⑥ 租税過誤納金等の受取書

国税および地方税の過誤納金とこれに伴う還付加算金を受領（納税者等の指定する金融機関から支払を受ける場合を含む。）する際に作成する受取書は、課税文書には該当しません。

⑦ 災害義援金の受取書

新聞社、放送局等が、災害その他の義援金の募集に関して作成する受取書は、課税文書には該当しません。

（基通別表1 第17号文書3～35）

10. 非課税物件

第17号文書に関しては次の3つの受取書について非課税の取り扱いを受けることになります（第17号文書　非課税物件）。

(1) 記載された受取金額が5万円未満の受取書

(2) 営業（会社以外の法人で、法令の規定または定款の定めにより利益金または剰余金の配当または分配をすることができることとなっているものが、その出資者以外の者に対して行う事業を含み、その出資者がその出資をした法人に対して行う営業を除く。）に関しない受取書

① 営業に関しない受取書

営業とは、おおむね営利を目的として同種の行為を反復継続して行うことをいいます。この営業に関しない受取書とは、商法の「商人」に該当しない者が作成する受取書をいうものとされます（商法4）。

イ 商人である個人が行う行為

商人である個人が行う行為は営業に該当します。ただし、医師等や弁護士等が行う行為は営業には該当しないため、それらが作成する受取書は、営業に関しない受取書として課税文書とはなりません。

営業に関しない受取書例

（イ）医師等

医師、歯科医師、歯科衛生士、歯科技工士、保健師、助産師、看護師、あん摩・マッサージ・指圧師、はり師、きゅう師、柔道整復師、獣医師等がその業務上作成する受取書。

（ロ）弁護士等

弁護士、弁理士、公認会計士、計理士、司法書士、行政書士、税理士、中小企業診断士、不動産鑑定士、土地家屋調査士、建築士、設計士、海事代理士、技術士、社会保険労務士等がその業務上作成する受取書。

（ハ）農業従事者等

店舗その他これらに類する設備を有しない農業、林業または漁業に従事する者が、自己の生産物の販売に関して作成する受取書。

（基通別表1 第17号文書24～26）

ロ　法人が行う行為

(イ) 会　社

会社が行う行為は営業に該当します。

(ロ) 公益法人

公益法人は公益を目的として営利を目的としていませんので、収益事業に関して作成するものであっても、営業に関しない受取書に該当します（基通別表1 第17号文書22）。

(ハ) 人格のない社団

公益および会員相互間の親睦等の非営利事業を目的とする人格のない社団が作成する受取書は、営業に関しない受取書に該当します。その他の人格のない社団が収益事業に関して作成する受取書は、営業に関しない受取書には該当しないものとして第17号文書として課税文書となります（基通別表1 第17号文書23）。

(ニ) 法人組織の病院等

営利法人組織の病院等または営利法人の経営する病院等が作成する受取書は、営業に関しない受取書には該当しませんので課税文書となります。ただし、医療法第39条に規定する医療法人（利益金または剰余金の分配ができない。）が作成する受取書は、営業に関しない受取書に該当するため非課税文書となります（基通別表1 第17号文書27）。

(ホ) 会社以外の法人で、法令の規定または定款の定めにより利益金または剰余金の配当または分配をすることができないもの

これらが作成する受取書は、営業に関しない受取書として非課税文書となります。

(ヘ) 会社以外の法人で、法令の規定または定款の定めにより利益金または剰余金の配当または分配をすることができることとなっているもの

出資者以外の者に対して行う事業は営業となりますので、出資者以外の者に対して作成した受取書は課税文書として取り扱われます。

また、出資者に対して行ったり、出資者がその法人に対して行う事業は営業には該当しませんので、その受取書は非課税文書となります。適用を受けることができる法人はおおむね次の法人とされています（基通別表1 第17号文書21）。

㋑ 貸家組合、貸家組合連合会
㋺ 貸室組合、貸室組合連合会
㋩ 事業協同組合、事業協同組合連合会
㋥ 事業協同小組合、事業協同小組合連合会

㋭ 火災共済協同組合、火災共済協同組合連合会
㋬ 信用協同組合、信用協同組合連合会
㋣ 企業組合
㋠ 協業組合
㋷ 塩業組合
㋦ 消費生活協同組合、消費生活協同組合連合会
㋸ 農林中央金庫
㋾ 信用金庫、信用金庫連合会
㋻ 労働金庫、労働金庫連合会
㋕ 商店街振興組合、商店街振興組合連合会
㋵ 船主相互保険組合
㋟ 輸出水産業協同組合
㋹ 漁業協同組合、漁業協同組合連合会
㋞ 漁業生産組合
㋡ 水産加工業協同組合、水産加工業協同組合連合会
㋥ 共済水産業協同組合連合会
㋤ 森林組合、森林組合連合会
㋶ 蚕糸組合
㋰ 農業協同組合、農業協同組合連合会
㋒ 農事組合法人
㋖ 貿易連合
㋨ 相互会社
㋔ 輸出組合（出資のあるものに限る。以下同じ。）、輸入組合
㋗ 商工組合、商工組合連合会
㋳ 生活衛生同業組合、生活衛生同業組合連合会

なお、これら以外の法人については、その法人にかかる法令の規定または定款の定めにより判断する必要があるとされます（基通別表1 第17号文書21（注））。

生協は、組合員との取引による受取書を作成した場合は非課税文書とされますが、組合員以外との取引により受取書を作成した場合には第17号文書に該当することになります。

(3) 有価証券、預貯金証書など特定の文書に追記した受取書

11. 記載金額

(1) 記載金額を他の文書から引用している場合

第17号の1文書に、売上代金として受け取る有価証券の受取書にその有価証券の発行

者の名称、発行日、記号、番号その他の記載があることにより、当事者間においてその売上代金にかかる受取金額が明らかであるときは、その受取金額が受取書の記載金額となります。また売上代金として受け取る金銭もしくは有価証券の受取書にその売上代金にかかる受取金額の記載のある支払通知書、請求書その他これらに類する文書の名称、発行日、記号、番号その他の記載があることにより、当事者間においてその売上代金にかかる受取金額が明らかであるときも、その受取金額が受取書の記載金額となります（通則4ホ（三））。

(2) 源泉徴収税額等が記載されている文書の記載金額

源泉徴収義務者または特別徴収義務者が作成する受取書等の記載金額に源泉徴収税額または特別徴収税額が含まれていて、それらの税額が区分されているときは、記載金額はそれらの税額を除いた金額となります（基通32）。

(3) 消費税等

① 消費税および地方消費税の金額が区分記載されている契約書、領収書

消費税および地方消費税の金額が区分記載されている場合または税込価格および税抜価格が記載されていることにより、その取引にあたり課されるべき消費税額が明らかである場合には、その税額は記載金額には含まれません（消費税法の改正等に伴う印紙税の取り扱いについて（平元3.10間消3-2））。

② 消費税額等の金額のみが記載された金銭または有価証券の受取書

消費税額等のみを受領した際に交付する金銭または有価証券の受取書は、記載金額のない第17号の2文書として取り扱われます（消費税法の改正等に伴う印紙税の取り扱いについて（平元.3.10間消3-2））。

③ 受取金額の記載の中に営業に関するものと関しないものがある場合

記載金額が５万円以上の受取書であっても、内訳等で営業に関するものと関しないものとが明確に区分できるもので、営業に関するものが５万円未満のものは、記載金額５万円未満の受取書として取り扱われます（基通別表1 第17号文書28）。

[18] 第18号文書

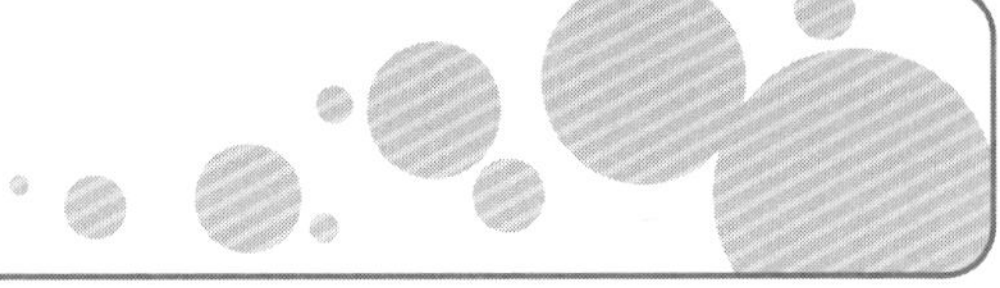

課税物件表

番号	課税物件		非課税物件
	物件名	定義	
18	預貯金通帳、信託行為に関する通帳、銀行若しくは無尽会社の作成する掛金通帳、生命保険会社の作成する保険料通帳又は生命共済の掛金通帳	1 生命共済の掛金通帳とは、農業協同組合その他の法人が生命共済に係る契約に関し作成する掛金通帳で、政令で定めるものをいう。	1 信用金庫その他政令で定める金融機関の作成する預貯金通帳 2 所得税法第9条第1項第2号（非課税所得）に規定する預貯金に係る預貯金通帳その他政令で定める普通預金通帳

1．預貯金通帳の意義

預貯金通帳とは、預金または貯金業務を行う銀行その他の金融機関等が、預金者または貯金者との間における継続的な預貯金の受払い等を連続的に付け込んで証明する目的で作成する通帳をいいます（基通別表1 第18号文書1）。

2．生命共済の掛金通帳の意義

生命共済の掛金通帳とは、農業協同組合または同連合会が死亡または生存を共済事故とする共済（建物その他の工作物または動産について生じた損害を併せて共済事故とするものを除く。）契約に関して作成する掛金通帳をいいます（法令29）。なお、「死亡または生存を共済事故とする共済」とは、人の死亡もしくは生存のみを共済事故とする共済または人の死亡もしくは生存と人の廃疾（はいしつ）もしくは傷害等とを共済事故とする共済（以下「生命事故共済」という。）をいい、第18号文書（生命共済の掛金通帳）に該当します。なお、生命事故共済の掛金と生命事故共済以外の共済の掛金とを併せ付け込む通帳は、第19号文書に該当します（基通別表1 第18号文書12）。

3. 非課税物件

次の通帳は非課税文書となります。

① 信用金庫等の作成する預貯金通帳

② 所得税法第9条第1項第2号（非課税所得）に規定する預貯金通帳（こども銀行の代表者名義で預け入れる預貯金通帳）または所得税法第10条の障害者等の少額預金の利子所得等の非課税の規定によりその利子について所得税が課されない普通預金通帳（法令30）

[19] 第19号文書

課税物件表

番号	課税物件		非課税物件
	物件名	定義	
19	第1号、第2号、第14号又は第17号に掲げる文書により証されるべき事項を付け込んで証明する目的をもつて作成する通帳（第18号に掲げる通帳を除く。）		

1．第19号文書の意義

第19号文書とは、課税物件表の第１号、第２号、第14号または第17号の課税事項のうち１または２以上の課税事項を付け込み証明する目的で作成する通帳で、第18号文書に該当しないものをいいます。したがって、これらの号によって証明されるべき事項以外の事項を付け込み証明する目的で作成する通帳は、第18号文書に該当するものを除き、課税文書には該当しません（基通別表1 第19号文書1）。なお、第18号文書と第19号文書に該当する場合には、第19号文書として取り扱われます（基通11②）。

2．作成の時期

第19号文書は、最初に一定事項の付け込みをした時が作成の時期とされます（基通44②（3））。

3．みなし作成

課税文書である通帳を1年以上にわたり継続して使用する場合には、その文書を作成した日から1年を経過した日以後最初の付け込みをした時に、新たな課税文書を作成したものとみなされます（法4②）。

4．その他の文書の作成とみなされる場合

第19号文書である通帳に次の事項の付け込みがされた場合には、その付け込みがされた事項にかかる記載金額がその各号に掲げる金額であるときには、その部分は通帳への付け込みではなく、その各号に規定する課税文書が作成されたものとみなされます（法4④）。

① 第1号文書により証明されるべき事項が付け込みをされた場合
記載金額が10万円超 → 第1号文書となります。
② 第2号文書により証明されるべき事項が付け込みをされた場合
記載金額が100万円超 → 第2号文書となります。
③ 第17号の1文書により証明されるべき事項が付け込みをされた場合
記載金額が100万円超 → 第17号の1文書となります。

5．文書事例

① 金銭または有価証券の受取通帳
金銭または有価証券の受領事実を付け込み証明する目的で作成する受取通帳は、その受領事実が営業に関しないものまたは付け込み金額のすべてが５万円未満のものであつても、課税文書に該当します（基通別表1 第19号文書2）。
② クレジット代金等の支払通帳
クレジット会社等から顧客に対する債権の受領業務を委託されている金融機関が、その債権の受領事実を連続的に付け込み証明するために作成する通帳は、第19号文書に該当します（基通別表1 第19号文書4）。
③ 積金通帳
積金通帳は課税文書には該当しません（基通別表1 第19号文書5）。
④ 消費貸借通帳
会社等が従業員に金銭を貸し付けるにあたり、従業員ごとに口座を設けて貸付け事実を継続または連続して付け込み証明する通帳は課税文書に該当します。

6．非課税物件

非課税物件はありません。

[20] 第20号文書

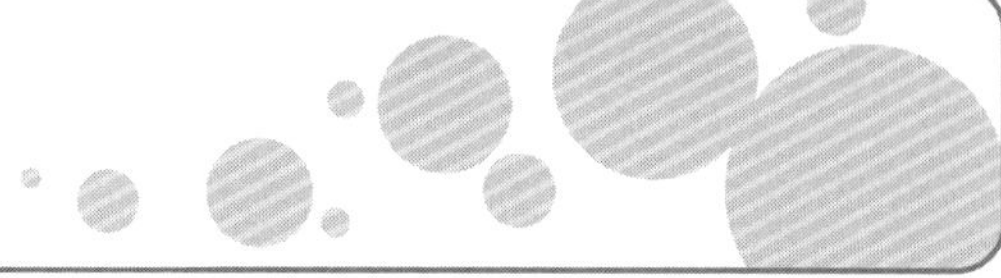

課税物件表

番号	課税物件		非課税物件
	物件名	定義	
20	判取帳	1 判取帳とは、第1号、第2号、第14号又は第17号に掲げる文書により証されるべき事項につき2以上の相手方から付込証明を受ける目的をもつて作成する帳簿をいう。	

1. 判取帳の意義

判取帳とは、課税物件表の第１号、第２号、第14号または第17号の課税事項につき２以上の相手方から付け込み証明を受ける目的をもって作成する帳簿をいいます。このため、これらの号以外の号によって証明されるべき事項につき２以上の相手方から付け込み証明を受ける目的をもって作成する帳簿は、課税文書に該当しません（基通別表1 第20号文書1）。第19号文書は付け込み証明を受ける相手は1人ですが、第20号文書は複数ということになります。

2. 作成の時期

第20号文書は、最初に一定事項の付け込みをした時が作成の時期とされます（基通44②（3））。

3. みなし作成

課税文書である通帳を1年以上にわたり継続して使用する場合には、その文書を作成した日から1年を経過した日以後最初の付け込みをした時に、新たな課税文書を作成したものとみなされます（法4②）。

4．その他の文書の作成とみなされる場合

第20号文書である通帳に次の事項の付け込みがされた場合には、その付け込みがされた事項にかかる記載金額がその各号に掲げる金額であるときには、その部分は通帳への付け込みではなく、その各号に規定する課税文書が作成されたものとみなされます（法4④）。

① 第1号の1文書により証明されるべき事項が付け込みをされた場合
記載金額が10万円超 → 第1号文書となります。
② 第2号文書により証明されるべき事項が付け込みをされた場合
記載金額が100万円超 → 第2号文書となります。
③ 第17号文書により証明されるべき事項が付け込みをされた場合
記載金額が100万円超 → 第17号の1文書となります。

5．金銭または有価証券の判取帳

金銭または有価証券の受領事実を付け込み証明する目的で作成する判取帳は、その受領事実が営業に関しないもの、またはその付け込み金額のすべてが５万円未満のものであっても、課税文書に該当します（基通別表1 第20号文書2）。

6．非課税物件

非課税物件はありません。

第3章

文書事例

課税文書判定の流れ ▶▶▶▶

本章は、生協に関係する文書事例を取り上げ、それぞれが印紙税法の課税対象となるかどうかを判定し、その理由を解説したものです。文書事例では、次の「課税文書判定の流れ」により印紙税法の課税対象となるかどうかを判定しています。ただし、実際の課否判定にあたっては、本章で取り上げた文書内容とは異なる場合もありますのでその取り扱いには十分注意してください。

1 課税文書判定の流れ

本書の文書事例の印紙税の課否判定は､次のような流れに沿って行っていきます。

課税文書判定手順

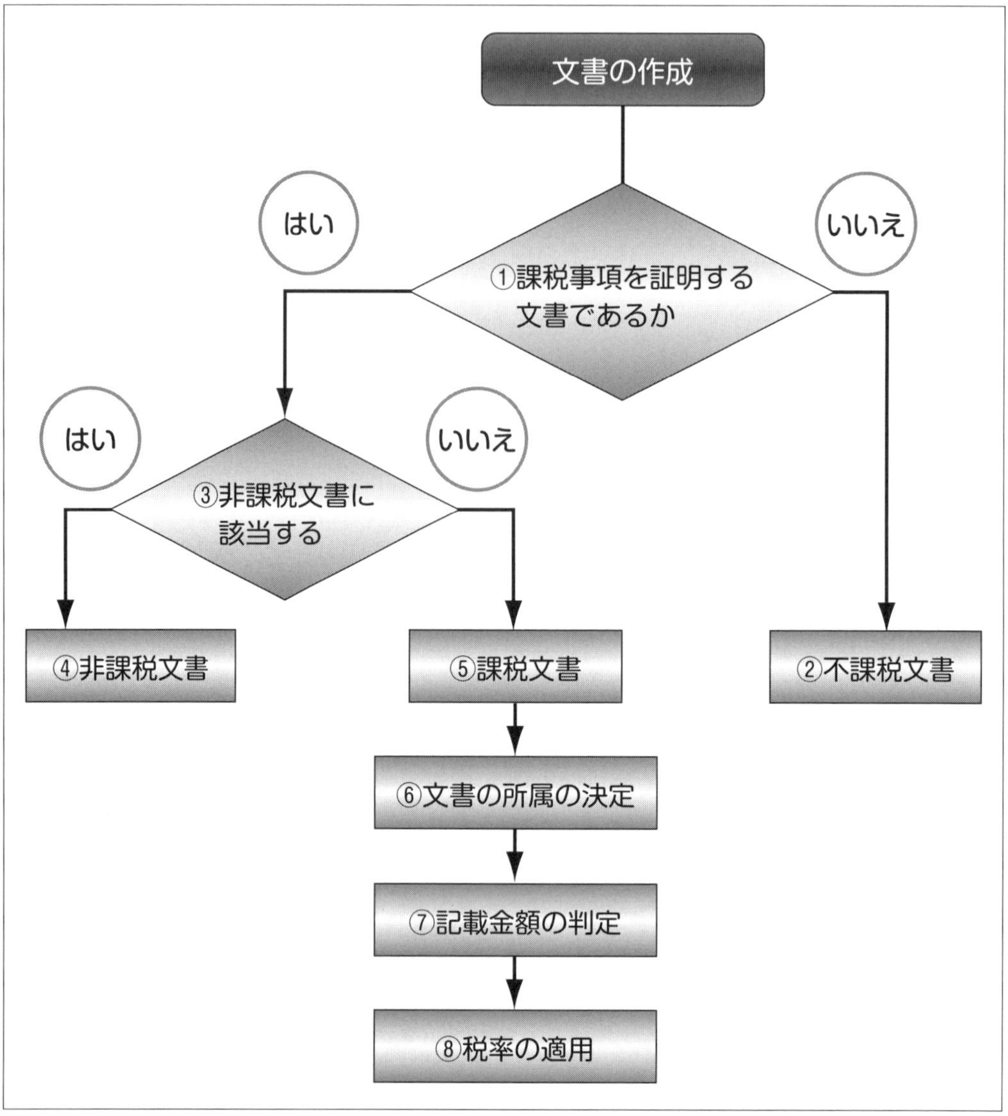

文書の作成

①課税事項を証明する文書であるか

はい

③非課税文書に該当する

はい → ④非課税文書

いいえ → ⑤課税文書 → ⑥文書の所属の決定 → ⑦記載金額の判定 → ⑧税率の適用

いいえ → ②不課税文書

2 課税文書判定の解説

1．課税物件表による当てはめ（課税文書判定手順①、②）

印紙税は、課税物件表により課税文書とされているもののみが課税対象となります。契約書等により課税事項（課税物件表により課税文書として証明されるもの）の抽出を行いますが、そのためには契約書等の文面の読み込みが重要です。契約書等によって証明される個々の事項について、課税物件表の当てはめを行いますが、一つの文書が複数の課税物件に該当する場合もあります。課税事項を証明するものがない（課税物件表に当てはまるものがない。）場合には、不課税文書となります。

2．非課税文書の判定（課税文書判定手順③、④）

課税物件表の非課税物件欄において非課税とされる場合の文書、国または地方公共団体等が作成した文書、特別の法律により非課税とされる文書等は、課税文書から除かれます。

3．文書の所属の決定（課税文書判定手順⑤、⑥）

課税文書については、最終的に課税物件表の第何号に該当するのかを決定しなければなりません。一つの文書であっても、複数の課税物件に該当する課税事項があれば、通則2および3に基づき、文書の所属を決定しなければなりません。

4．記載金額の判定（課税文書判定手順⑦）

記載金額は通則4に基づいて決定します。

5．税率の適用（課税文書判定手順⑧）

決定された課税物件表の号数と記載金額に基づいて、課税文書の税率を適用します。

生協の商品事業全般に関する文書

文書事例１

商品取引基本契約書

ポイント

商品売買に関する基本契約書

文書例

商品取引基本契約書

○○○株式会社（以下「甲」）と○○○生活協同組合（以下「乙」）は甲乙間の商品の取引に関し、つぎのとおり基本契約（以下「本契約」）を締結する。

（目的）
第１条　甲乙は、本契約および本契約に基づく個別契約（第２条第２項の覚書などを含む。）の履行において、法令を順守するとともに信義に従い誠実な取引関係を維持するように努める。
（個別契約・取引条件）
第２条　乙の発注する商品の種類、範囲、名称、品質規格、包装規格、単価、数量、受渡し条件（納入場所など）、その他特約事項等については、取引の都度、個別契約にて決定する。
　２　前項の個別契約・取引条件その他の細部については注文書、注文書控、覚書などで定める。
　３　甲乙は、取引にあたっては、前２項の取引条件を順守する。
　４　個別契約に定める内容が本契約に定める内容と異なる場合、個別契約に定める内容が優先して適用される。
（個別契約の成立）
第３条　個別契約は、乙が提出する注文書と甲の提出する注文書控の交換によって行い、乙に注文書控を交付した時点で成立する。ただし、甲乙双方の合意により簡易かつ迅速な方法によりこれに代えることを妨げない。
　２　甲は、乙の発注内容に異議がある場合には、注文書到着後納品前に乙に通知するものとし、この通知のない場合は乙の発注どおり承諾し、個別契約が成立したものとする。
（個別契約の変更）
第４条　乙は、発注数量の変更等その他必要があると認めるときは、甲乙協議の上、個別契約の内容を変更することができる。
（出荷伝票の指定）
第５条　～省略～
（納品）
第６条　甲は、本契約による商品を、乙の指定する手続きにより、乙または乙の会員に納入する。乙の指定する手続きおよび会員名簿は、別紙による。
　２　商品の納入に要する運賃その他の一切の費用は、原則として甲の負担とする。

ただし、乙が、それらについて特別な指示を行った場合には、甲乙協議して別に定めることができる。なお、協議の上乙が甲の配送業務を代行する場合には、その物流費用を甲が負担する。

3　甲は、納期に全部または一部を納入できないときまたはそのおそれのあるときは、ただちに、その理由および納入することができる時期等を乙に通知し、甲乙協議の上、対策を決定する。

4　前項により、乙が損害を被ったときは、乙は、甲に対し、その補償を請求できる。

ただし、その損害につき乙の責めに帰すべき事由があるときは、その範囲において甲は義務を免除されるものとし、または不可抗力もしくは第三者の責めに帰すべき事由があるときは甲乙協議の上、甲の負担割合を決定する。

（検品及び受渡し）第７条、（納入商品の所有権および危険負担の移転時期）第８条

～省略～

（納入商品の品質保証）

第９条　甲は、乙への納入商品に関し、以下の事項を保証する。

(1) 原材料、品質、機能、表示その他納入商品に関する一切の事項について関係諸法規、各自治体条例および乙の定める品質基準に合致する商品であること。

(2) 製造物責任法第２条第２項に規定された欠陥にいう欠陥のない商品であること。

(3) 知的財産権（特許権、実用新案権、意匠権、商標権、著作権、ノウハウ）等に関し、第三者の権利を制限していないこと。

(4) ～ (6) ～省略～

2　甲は、商品の製造過程または第三者との仕入販売その他により、前項各号に違反し、またはそのおそれがある事実を知った場合には、ただちに、乙に通知する。

3　甲または乙が必要と判断した商品に関しては、乙の指定する検査機関の品質保証書または検査合格書等を保管し、乙の請求のあるときは、すみやかに乙に提出するものとする。

なお、甲は、必要のあるときは、乙に対し、検査機関の紹介等を依頼することができる。あるいは、乙が承諾した場合には、甲が、納入商品のサンプルを無償提供することにより、乙が検査を行い、これに代えることができ、その場合は当該検査に要する費用は、甲が負担するものとする。

（警告・指示説明の表示）第10条、（工場立入調査）第11条、（納入商品の品質等改善勧告）第12条　～省略～

（製造物責任）

第13条　甲から仕入れた商品の欠陥に起因して、組合員（消費者）の生命・身体・財産に損害が発生した場合、乙は甲に対し求償できる。

2　乙が前項による賠償をするときは、事前に甲と確認または通知して行う。

3　～省略～

（欠陥の通知）第14条、（苦情の通知）第15条、（瑕疵などによる返品）第16条　～省略～

（瑕疵担保責任等）

第17条　乙は、商品受渡し後６か月以内に納入商品に甲の責めに帰すべき隠れた瑕疵を発見した場合には、甲に対しその旨を遅滞なく通知し、甲に対して甲の負担において補修もしくは代品と交換させ、または代金の減額を請求することができる。

2　甲は、納品遅れ、品質不良、欠陥の存在により本契約に違反し、乙に損害を与えた場合には、ただちに乙に対し損害の全額を賠償する。

3　本条第1項および前項の場合、乙は損害賠償請求権を確保するため、必要に応じて甲に対する商品代金の支払いを停止することができる。

（代金決済）

第18条　乙の甲に対する代金の支払いは、乙の仕入確定額に基づくものとし、支払条件は別途定める。

2　前項の支払いは、甲が予め乙に指定した商品代金決済口座に、乙が前項に定める支払い指定日（銀行休業日の場合は翌営業日）までに、銀行振込で履行する。

3　甲および乙は、相互に支払を受けるべき金銭債権を有するときは、対当額にて相殺することができる。相殺の意思表示は、互いの本契約記載の住所、もしくは、所在地宛、意思を表示したときに効力を生じたものとみなす。

（債権譲渡などの禁止）

第19条　甲および乙は、書面による相手方の事前の同意なしに、相手方に対する債権を第三者に譲渡しまたは担保に供してはならない。

（守秘義務）

第20条　甲および乙は、相互にこの商品取引によって知り得た相手方の営業上の秘密を、ほかに漏えいまたは開示してはならない。

2　甲は、本契約にもとづき乙の保有する個人情報の提供を受けたものを開示もしくは漏えいしたり、契約以外の事項に使用してはならない。

3　前項に違反したことにより乙または乙の会員が損害を被ったときは、乙はその損害の賠償を甲に請求することができる。

4　甲と乙とは、本契約に基づき、甲または乙が相手に対し、書面により、指定した機密事項につき、機密保持に関する契約書または覚書等を締結する。ただし、既知の事項、もしくは、当事者が公開した機密は、これを除外する。

（契約締結に伴う提出書類と重要事項の変更通知義務等）第21条、（通知義務）第22条

～省略～

（契約の解除）

第23条　甲と乙は、下記のいずれかに該当する事実が生じた場合には、あらためて解除の意思表示をすることなく、当然に未履行の契約が解除され、対当額にて相殺されたることとみなすことを相互に確認する。

(1) 本契約の条項または本契約に基づく覚書など個別契約に違反し、相当期間を定めてした催告をしたにもかかわらず是正しないとき。

(2) 差し押さえ、仮差押え、滞納処分、その他公権力の処分を受け、または会社更生手続き開始、民事再生手続き開始、破産もしくは競売の申し立てを受け、または自らこれを申し立てたとき。

(3) 監督官庁より営業停止または営業免許もしくは営業登録の取り消し処分を受けたとき。

(4) ～ (6) ～省略～

（損害賠償責任）

第24条　甲または乙は、前条の各号の一つにでも該当する事由があるときは、または、本契約もくしくは個別契約に違反することにより、相手方に損失を与えたときは、その損害のすべてにつき責任を負う。

（免責事項）

第25条　天災地変その他の不可抗力により、商品の受け渡しが遅延または不能となった場合における損害賠償は免責されるものとする。

（契約期間）
第26条　本契約の有効期間は20X1年４月１日から20X2年３月31日までとする。ただし、契約期間満了の３か月前までに甲乙いずれかから、なんらの申し出がないときは本契約は自動的に１か年延長する。その後の期間満了についても同様とする。
（印紙税の負担）
第27条　本契約証書に添付する印紙の費用については、甲乙折半して負担する。
（下請代金支払遅延等防止法）
第28条　甲が下請代金支払遅延等防止法第２条第８項における「下請事業者」に該当する場合で、第７条第１項、第11条の定めのほか、本契約の定める事項と同法の定める事項の間に差異が生じた場合は、本契約は同法にしたがって修正または変更された契約として、甲乙間で効力を有するものを確認する。
（契約に定めのない事項）第29条、（管轄裁判所）第30条　～省略～

本契約の証として、本書２通を作成し、甲乙それぞれ記名押印の上、各１通を保管する。

20X1年４月１日

甲
〇〇〇株式会社　印
乙
〇〇〇生活協同組合　印

印紙税の取り扱い

(1) 判　定

「商品取引基本契約書」（本契約書）は、課税物件表の第7号文書に該当するため課税文書となります。

(2) 根　拠

①　契約の概要

本契約書は甲と乙が商品の売買取引に関しての基本的事項を約した契約書です。

②　課税事項の抽出・課税物件表の当てはめ、文書の所属の決定

本契約書は、営業者の間において、売買に関する2以上の取引を継続的に行うために作成される契約書であり、その2以上の取引に共通して適用される取引条件のうち、対価の支払方法を定めたものとなります（法令26一）。したがって、第7号文書に該当します。

③　記載金額の判定および税率の適用

第7号文書に該当しますので、収入印紙は4千円となります。

文書事例２

リベート契約の前提となる商品取引基本契約書

ポイント

① リベート契約の前提となる商品取引基本契約

文書例

商品取引基本契約書

生活協同組合○○○（以下「甲」という。）は、○○○（以下「乙」という。）に対して、甲の設立の趣旨、経営方針、及び商品取引にあたっての基本方針を示した。乙はこれらに理解を示すとともに取引にあたっては甲に協力することを約した。よって、甲と乙とは取引条件等に関し、以下のとおり商品取引基本契約を締結する。

（目的）
第１条 乙は、この契約並びにこの契約に基づく個別契約および覚書等（以下「この契約等」という。）の定めるところに従い、甲に対して乙の製品またはその取扱商品を売渡し、甲はこれを買い受けることを約定する。
（取引条件）
第２条 甲が発注する商品の種類、名称、品質規格、包装規格、単価、数量、納期および納入場所などの受け渡し条件その他の取引条件の特約事項等については、取引の都度決定する。
２ 前項の取引条件の特約事項等については、必要により別途「商談結果一覧表」または覚書等により定める。
３ 欠品・遅延時のペナルティ、返品に関する取り決め、リベート、仕入割戻金、仕入値引きその他の取引条件およびそれらに付随する事項の詳細は別途「商談結果一覧表」または覚書等にて定める。
４ 乙は取引にあたって前３項の取引条件を厳守しなければならない。
（納入商品の所有権移転時期および危険負担）第３条、（納入商品の具備すべき条件）第４条、（納入商品の品質保証）第５条、（工場等立入調査）第６条、（納入商品の品質等改善勧告）第７条、（契約締結に伴う提出書類と重要事項の変更通知義務等）第８条、（納品伝票の指定）第９条、（納入運賃）第10条、（瑕疵による返品）第11条 ～省略～
（差引明細書の交付）
第12条 甲は毎月20日に締切り、乙が提出した請求書について、甲が作成した請求照合表と照合し支払額を確定する。ただし、請求書と照合表に差額がある場合は差引明細書を交付する。
２ 前項の差引明細書が乙の記録と異なる場合は乙の申し出に基づき甲乙協議して解決する。
（代金決済）
第13条 甲の乙に対する代金の決済は請求照合表に基づき、20日から起算して60日後に支払う。

2　前項の支払は乙が予め甲に提出した支払指示書により前項に定める支払指定日（銀行休業日においては翌営業日）に甲がその金融機関に振り込みを依頼して行う。ただし、甲乙協議の上、その一部または全部を別に定める支払方法によることがある。

（債権譲渡の禁止）第14条、（損害賠償）第15条、（免責事項）第16条、（解約）第17条、（契約の解除）第18条、（期限の利益の喪失）第19条、（守秘義務）第20条、（管轄裁判所）第21条　～省略～

（契約期間）

第22条　この契約の有効期間は、20X1年４月１日から20X2年３月31日までとする。ただし、期間満了の３か月前までに甲乙いずれから、何等の申し出がない場合は、この契約は自動的に１年延長するものとする。その後の期間満了についても同様とする。

（この契約等に定めのない事項等）第23条、（連帯保証人）第24条　～省略～

この契約の証として、本証２通を作成し、甲乙署名捺印の上、各１通を保管する。

20X1年3月20日

甲

生活協同組合○○○　　印

乙

○○○　　印

印紙税の取り扱い

(1) 判　定

「商品取引基本契約書」（本契約書）は課税物件表の第7号文書に該当するため、課税文書となります。

(2) 根　拠

①　契約の概要

本契約書は、甲と乙との間で、継続的に商品の売買を行うことを約したものです。

②　課税事項の抽出・課税物件表の当てはめ、文書所属の決定

本契約書は、甲と乙との営業者の間で、商品の売買に関する取引を継続して行うことを約したものであり、第13条に定められている代金決済として対価の支払方法を定めているものであるため課税物件表の第7号文書に該当します（法令26①一）。

③　税率の適用

本契約書は第7号文書に該当しますので収入印紙は4千円となります。

文書事例３

代金決済に関する覚書

ポイント

① 基本契約と覚書の関係
② 対価の支払方法

文書例

代金決済に関する覚書

生活協同組合○○○（以下「甲」という。）と、○○○（以下「乙」という。）とは、甲乙間で20X1年３月31付け締結の「商品取引基本契約書」（以下「原契約」という。）の第XX条（代金決済）に関し、以下のとおり覚書（以下「本覚書」という。）を締結する。

（対象商品）
第１条　本覚書の対象商品は農産物および農産加工品とする。
（代金決済方法）
第２条　甲乙は、原契約第13条（代金決済）第1項に関して、本覚書第1条の対象商品（以下「対象商品」という。）についての甲から乙に対する代金決済方法を次のとおりとする。
　甲は、対象商品の代金を毎月20日締切・締切後翌月20日までに全額乙の指定する銀行口座に振込にて支払う。なお、支払期限日が銀行休業日の場合は、その翌営業日とする。
（有効期限）
第３条　本覚書は、これを締結した日よりその効力を発生する。

以上合意の証として本書２通を作成し、記名押印の上、甲乙各１通を保有する。

20X1年３月31日

（甲）
生活協同組合○○○　　印
（乙）
○○○　　印

印紙税の取り扱い

(1) 判　定

「代金決済に関する覚書」（本覚書）は課税物件表の第7号文書に該当するため、課税文書となります。

(2) 根　拠

①　契約の概要

本覚書は、生協甲と乙との間で、原契約にもとづく代金決済に関してその補充を約したものです。

②　課税事項の抽出・課税物件表の当てはめ、文書所属の決定

本覚書は、営業者である甲と乙との間において、商品の売買に関する2以上の取引を継続して行うために作成される契約書で、当該2以上の取引に共通して適用される取引条件のうち重要事項である目的物の種類、対価の支払方法を定めたものであり、課税物件表の第7号文書に該当します（法令26①一）。

③　税率の適用

本覚書は第7号文書に該当しますので収入印紙は4千円となります。

文書事例4

取引条件等に関する覚書

ポイント

① 基本文書と覚書の関係

② 債務不履行の場合の損害賠償の方法

文書例

取引条件等に関する覚書

生活協同組合○○○（以下「甲」という。）と、○○○（以下「乙」という。）とは、20X1年３月31付け締結の「商品取引基本契約書」（以下「原契約」という。）に基づき以下のとおり合意した。

（取引条件）
第１条　原契約第２条に基づき、取引条件を下記のとおりとする。

記

① 乙は、甲に商品を遅滞なく正確に納品し、甲は、その代金を乙に支払うものとする。
② 取引商品名、仕様内容および納入価格は別途定めるものとする。
③ 納入価格については、消費税額を含まないものとする。
④ 取引数量は、納品伝票で明示する。
⑤ 納期は納品伝票で明示する。

（欠品および納期遅れ）
第２条　原契約第２条に基づき、欠品および納期遅れのペナルティおよび損害賠償について下記のとおりとする。

記

① 指定納品日に納品できなかった場合のペナルティは、納品できなかった商品の荒利益高を補償することを原則とする。
② 指定納品日に納品できなかった場合で甲による代替商品の手配が発生したときには、それに要した一切の人件費および経費を損害賠償として請求するものとし、損害賠償金額は甲が算出し乙はそれに従わなければならない。
③ 前号の場合で、代替商品の荒利益高が納品すべき発注商品の荒利益高より低い場合は、その差額に納品すべき発注商品の数量を乗じた額を損害賠償に加算するものとする。
④ ペナルティ金額および損害賠償金額は、仕入代金と相殺できる。
⑤ 乙は、以下の場合には免責される。
　～省略～

（返品）第３条、（仕入割戻し金額等および要員派遣）第４条　～省略～
（有効期間）
第５条　この覚書の有効期間は契約の日より、20X2年３月31日までとする。ただし、期間満了の３か月前までに甲乙のいずれより何等の申し出がない場合、期間満了と同時にさらに１年間継続するものとし以後も同様とする。
(2) 原契約が解約または解除された場合は、この覚書も失効するものとする。

以上合意の証として本書２通を作成し、記名押印の上、甲乙各１通を保有する。

20X1年３月31日

（甲）
生活協同組合○○○　　印
（乙）
○○○　　印

印紙税の取り扱い

(1) 判　定

「取引条件等に関する覚書」（本覚書）は課税物件表の第7号文書に該当するため、課税文書となります。

(2) 根　拠

①　契約の概要

本覚書は、生協甲と乙との間で、原契約にもとづく商品取引に関し、取引条件、欠品や納期遅れの場合のペナルティ等を約したものです。

②　課税事項の抽出・課税物件表の当てはめ、文書所属の決定

本覚書は、営業者である甲と乙との間において、商品の売買に関する2以上の取引を継続して行うために作成される契約書で、当該2以上の取引に共通して適用される取引条件のうち債務不履行の場合の損害賠償の方法を定めたものであり、課税物件表の第7号文書に該当します（法令26①一)。債務不履行の場合の損害賠償の方法とは、債務不履行の結果生ずべき損害賠償として給付される金額、数量等の計算、給付の方法等を定めたものをいいます。(基通別表第1 第7号文書12)。本覚書の第２条の①、②、③がそれに該当します。

③　税率の適用

本覚書は第7号文書に該当しますので収入印紙は4千円となります。

文書事例5

商品取引覚書（リベート契約）

ポイント

① リベート契約文書の注意点

文書例

商品取引に関する覚書

○○○株式会社（以下「甲」）と○○○生活協同組合（以下「乙」）は、商品取引基本契約書の定めに基づき、特別手数料について、下記の通り覚書を締結する。

（対象品目）
第１条　この覚書の対象は、甲が乙に納品する全商品とする。
（特別手数料）
第２条　甲は乙に対して、甲が納品する商品を乙が販売することに対し特別手数料を支払う。
　２　特別手数料は、乙の甲からの当月分（前月21日～当月20日）の仕入高の３％とする。
　３　特別手数料に対する消費税の扱いは、外税とする。
（契約期間）
第３条　本覚書の有効期限は、20X1年４月21日から20X2年４月20日までとする。ただし、期間満了の３か月前までに甲乙いずれかにより何らかの申し出のないときは、この契約は自動的に１か年延長するものとする。その後の期間満了についても同様とする。
（その他）
第４条　～省略～

この契約の証として、本書２通を作成し、甲乙それぞれ記名押印の上、各１通を保管する。

20X1年４月１日

甲
○○○株式会社　　印

乙
○○○生活協同組合　　印

（注）原契約書は印紙税法上第7号文書に該当するものとします。

印紙税の取り扱い

(1) 判　定

「商品取引に関する覚書」(本覚書) は不課税文書となります。

(2) 根　拠

① 契約の概要

本覚書は、甲と生協との間で、生協が甲からの仕入高に対して一定率での割戻しを行うことを約した契約書です。

② 不課税文書となる理由

原契約書は第7号文書に該当し、本覚書はその原契約書を補充するものです。ただし、補充事項が割戻金等の計算方法を規定したものであり第7号文書 (法令26一) の重要な事項には該当しませんので、本覚書は不課税文書となります。

(補足) 本覚書第2条 (特別手数料) 第2項において「特別手数料は、乙の甲からの当月分 (前月21日～当月20日) の仕入高の3%とする」という文言がありますが、「仕入高」としてしか記載されておらず、具体的な取扱数量 (金額) を証明したものとはいえず重要な事項を証明したものではありませんので、不課税文書となります。

文書事例6

達成リベート契約書1

ポイント

① リベート契約の印紙の可否
② リベートの対象物と売買の目的物の種類との相違
③ 重要事項である「取扱数量」とは

文書例

達成リベート契約書

生活協同組合○○○（以下「甲」という。）と、○○○（以下「乙」という。）とは、乙が甲に支払う達成リベートについて、下記のとおり締結する。なお、下記の基準に従って算出された金額に消費税を加算するものとする。

1　対象商品・条件・料率
　対象商品　　①1201企画（11/29～12/4納品）○○煮込み
　　　　　　　②1202企画（12/5～12/11納品）○○スペアリブ
　　　　　　　③1205企画（12/24～12/28納品）○○煮込み
　対象商品の売上前年実績対比
　　　　　　　①5,000パック以上
　　　　　　　②9,000パック以上
　　　　　　　③10,000パック以上
　料率（税抜き）
　　　　　　　①　10円/1パック
　　　　　　　②　20円/1パック
　　　　　　　③　30円/1パック
2　対象期間
　上記各商品毎に対象期間を記載
3　締切日
　対象期間満了日
4　支払日
　翌月末日
5　支払方法
　甲の指定する金融機関の口座振り込み

以上のとおり合意したので、その証として本書２通を作成し、記名押印の上、甲乙各１通を保有する。

20X1年11月30日

（甲）

生活協同組合○○○　印
（乙）
○○○　印

（注）原契約書は「文書事例2　リベート契約の前提となる商品取引基本契約書」とします。

印紙税の取り扱い

(1) 判　定

「達成リベート契約書」（本契約書）は、課税事項を証明するものには該当せず不課税文書となります。

(2) 根　拠

①　契約の概要

本契約書は、甲と乙との間で、売買における継続的な取引について、乙が甲に支払うリベートに関する事項を証することを約したものです。

②　不課税文書となる理由

本契約書は、「1　対象商品・条件・料率」の「対象商品の売上前年実績対比　①5,000パック以上　②9,000パック以上　③10,000パック以上」と記載されていますが、取扱数量を定めるものには該当しないため不課税文書となります。

リベートの対象となる「①1201企画○○煮込み」「②1202企画○○スペアリブ」「③1205企画○○煮込み」の売上前年実績対比として「①5,000パック以上」「②9,000パック以上」「③10,000パック以上」となっていますが、前年実績が不明なため取引数量を表わしているとは言えず、第7号文書とはなりません。

文書事例７

達成リベート契約書２

ポイント

① リベート契約の印紙の可否
② リベートの対象物と売買の目的物の種類との相違
③ 重要事項とは

文書例

達成リベート契約書

生活協同組合○○○（以下「甲」という。）と、○○○（以下「乙」という。）とは、乙が甲に支払う達成リベートについて、下記のとおり締結する。なお、下記の基準にしたがって算出された金額に消費税を加算するものとする。

1　対象商品・条件・料率
①リベート対象商品
1201企画（11/29～12/4納品）○○煮込み
1202企画（12/5～12/11納品）○○スペアリブ
1205企画（12/24～12/28納品）○○煮込み
②リベート対象商品の売上前年実績比率
1201企画　前年比　１０５％以上
1202企画　前年比　１０６％以上
1205企画　前年比　１０８％以上
③リベート料率
1201企画　供給高の２％
1202企画　供給高の３％
1205企画　供給高の５％
2　対象期間
上記各商品に対象期間を記載
3　締切日
対象期間満了日
4　支払日
翌月末日
5　支払方法
甲の指定する金融機関の口座振り込み

以上のとおり合意したので、その証として本書２通を作成し、記名押印の上、甲乙各１通を保有する。

20X1年11月30日

（甲）
生活協同組合○○○　印
（乙）
○○○　印

（注）原契約書は「文書事例2　リベート契約の前提となる商品取引基本契約書」とします。

印紙税の取り扱い

(1) 判　定

このような「達成リベート契約書」（本契約書）は、売買における継続的な取引について、乙が甲に支払うリベート額の計算方法およびリベートの支払い時期並びに支払い方法を定めたものであり、課税物件表の第7号文書の重要事項には該当しないため不課税文書となります。

(2) 根　拠

①　契約の概要

本契約書は、甲と乙との間で、売買における継続的な取引について、乙が甲に支払うリベートに関する事項を証することを約したものです。

②　不課税文書となる理由

本契約書は、原契約書である「商品取引基本契約書」のリベートに関する事項について、リベートの計算方法、リベートの支払い時期、支払い方法を規定したものですが、売買に関する継続的取引である課税物件表の第7号文書の重要事項については規定されていないため不課税文書となります。

取扱数量は具体的に取り決めたものをいいますが、本契約書の1②のように「前年比105％以上」と定めたものは具体的に取扱数量を決められません。また、目的物の種類とは取引の対象の種類をいいますが、本契約書に記載されている「○○煮込み」「○○スペアリブ」などはあくまでリベートの対象となる商品を特定したものにすぎないので、「目的物の種類」には該当しません。

文書事例8

割戻契約書

ポイント

① リベート契約
② 目的物の種類、取扱金額

文書例

割戻金契約書

生活協同組合○○○（以下「甲」という。）と○○○株式会社（以下「乙」という。）とは、甲が取り扱っている乙の製品の販売に関し、乙が甲に期間契約割戻金（以下「割戻金」という。）を支払うことにつき、以下のとおり取り決める。

記

1　対象品目
　１群　　A
　２群　　B
　３群　　A類（C，D，E）
2　対象期間
　20X1年３月１日より20X1年８月31日まで
3　割戻金の算出方法
　割戻金は、対象期間中の甲への売上高（取引数量に特約価格を乗じて求める。以下「売上高」という。）に、本契約に定める割戻率を乗じた金額から、甲乙の合意に基づく考慮額を差し引いて算出する。
4　基本割戻率
　基本割戻金の割戻率はつぎのとおりとする。
　　1.5％
5　達成割戻金
　売上高が、以下の販売目標を上回った場合、乙は第６項に基づき達成割戻金を支払う。なお、達成判定は商品群毎に行う。

（単位千円）

	商　品	金　額
１群	A	100,000
２群	B	50,000
３群	A類	20,000
合　計		170,000

6　達成割戻率
　達成割戻金の割戻率はつぎのとおりとする。
　　１群　　１％
　　２群　　１％
　　３群　　１％
7　割戻金の支払時期・方法

乙は甲に対して対象期間終了後金額を確認の上、対象期間終了後３か月以内に振込みまたは小切手にて支払う。

８　その他

(1) 本契約期間中に対象品目の価格改定および割戻金制度変更があった場合、甲乙協議の上、基本割戻率および達成割戻率を変更することができる。

(2) 本契約に記載の金額はすべて消費税抜きであり、割戻金は消費税を加算して支払う。

(3) 不可抗力もしくは乙の責に帰すべき事由により、対象品目の商品が納入できないか、またはその納入が遅延する場合、本契約の取扱いについては信義誠実の原則により、甲乙協議の上その処理を決定する。

(4) 本契約は相互信頼に基づき誠実に履行するものとし、また契約締結の事実および内容については、本契約期間中はもちろんその終了後といえども、他に漏洩してはならない。

以上のとおり合意したので、この契約締結の証として、本書２通を作成し、各自記名押印の上、各１通を保有する。

20X1年２月20日

（甲）

生活協同組合○○○　　　　　　印

（乙）

○○○株式会社　　　　　　印

印紙税の取り扱い

(1) 判　定

このような「割戻金契約書」（本契約書）は、課税物件表の第7号文書に該当するため課税文書となります。

(2) 根　拠

①　契約の概要

本契約書は、甲と乙との間において、乙が甲に割戻金（リベート）を支払うことを約したものです。

②　課税事項の抽出・課税物件表の当てはめ、文書所属の決定

本契約書は、甲と乙との営業者の間において、売買に関する2以上の取引を継続的に行うために作成される契約書で、当該2以上の取引に共通して適用される取引条件のうち、契約書の「５　達成割戻金」において、目的物の種類及び取扱金額を定めていますので、課税物件表の第7号文書に該当します（法令26①一、基通別表1 第7号文書9）。

③　税率の適用

本契約書は第7号文書に該当しますので収入印紙は4千円となります。

第3章　文書事例

文書事例9

販売協力金覚書

ポイント

① リベート契約
② 目的物の種類、取扱数量、対価の支払方法

文書例

販売協力金覚書

生活協同組合○○○（以下「甲」という。）と○○○株式会社（以下「乙」という。）とは、乙が製造および仕入れた商品を甲に販売するにあたり、販売協力金の支払いに関し、つぎのとおり覚書を締結する。

（目的）
第１条　乙は甲に対し、乙の製造販売する商品を、○○会社を通して甲が購入する実績をもとに販売協力金を支払うものとする。
（対象期間）
第２条　乙が甲に対し、販売協力金を支払対象とする取引期間は、下記のとおりとする。
20X1年４月１日より20X1年９月30日まで
（支払条件）
第３条　乙は甲に対し、支払条件を満たした場合に販売協力金を支払うものとする。
提案内容の各階層の重複支払いはしないものとする。

提案内容

対象製品	対　象	基　準	目標数量	前年比	販売協力金
○○○	店舗／宅配	納入ケース数	5,000ケース～5,499ケース	100％以上105％未満	10円/ケース
			5,500ケース～5,999ケース	105％以上110％未満	15円/ケース
			6,000ケース	110％以上	20円/ケース

（販売協力金の支払い時期）
第４条　乙が甲に対し支払う販売協力金の金額は、甲より乙に対する請求に基づき、甲乙確認の上、乙より甲に対し、20X1年12月末までに甲の銀行口座に振込み支払うものとする。
（信義誠実）
第５条　～省略～

以上のとおり合意したので、この覚書締結の証として、本書２通を作成し、各自記名押印の上、各１通を保有する。

20X1年３月31日

（甲）

生活協同組合○○○　　　　　　　　　　　印

（乙）

○○○株式会社　　　　　　　　　　　　　印

印紙税の取り扱い

(1) 判　定

このような「販売協力金覚書」（本覚書）は、課税物件表の第7号文書に該当するため課税文書となります。

(2) 根　拠

① 契約の概要

本覚書は、甲と乙との間において、乙が甲に割戻金（リベート）を支払うことを約したものです。

② 課税事項の抽出・課税物件表の当てはめ、文書所属の決定

本覚書は、甲と乙との営業者の間において、売買に関する2以上の取引を継続的に行うために作成される契約書で、当該2以上の取引に共通して適用される取引条件のうち、「(支払条件）第3条」において、目的物の種類及び取扱数量を定めたものですので、課税物件表の第7号文書に該当します（法令26①一）。なお、「(販売協力金の支払い時期）第4条」はリベートの支払方法を定めたものであり、売買に関する対価の支払い方法を定めたものではないので、課税事項には該当しません。

③ 税率の適用

本契約書は第7号文書に該当しますので収入印紙は4千円となります。

文書事例10

微生物検査に関する業務委託契約書

ポイント

① 検査業務委託契約（委任契約）

文書例

微生物検査に関する業務委託契約書

生活協同組合○○○（以下「甲」という。）と○○○（以下「乙」という。）は、以下のとおり合意した。

（目的）
第1条 甲は、乙に対し、下記の業務を委託し、乙はこれを受託した。

記

(1) 微生物検査、研究技術についての助言および指導
(2) 微生物による食品事故の調査、是正改善についての助言および指導
(3) 微生物に関する、技術および情報ネットワーク作りに関する助言および指導

2 乙は、前項の業務を、甲の指定する日時・場所に出向いて行う。

（乙の義務）
第2条 乙は、前条の業務を行うにあたり、甲の最善の利益を図るべく善管注意義務を負う。

（有効期間）
第3条 この契約の有効期間は、20X1年4月1日より20X2年3月31日までとする。

（料金）
第4条 業務委託料金は、月額XXX円とする。
2 前項の料金に消費税がかかる場合は、甲の負担とする。

（交通費、宿泊費およびその他の実費）
第5条 前条の業務委託料金には、乙が甲の指定する場所に出向く際の交通費、宿泊費その他の経費は含まない。
2 乙が本契約に基づく業務を行うにあたって発生した経費は甲の負担とし、乙がこれを立て替えて支払った場合には、甲は、前条の業務委託料金と併せて、次条の条件により支払う。

（支払条件）
第6条 甲は、前月21日から当月20日までの業務委託料金および乙が立て替えて支払った経費を、毎月末日限り、乙の指定する口座に振り込んで支払う。

（情報提供および守秘義務）
第7条 甲は、乙に対し、業務委託を行う上で必要と思われる甲の情報を提供する。
2 甲乙は、この契約により生じる相手方の機密を、この契約の有効期間中はもちろんのこと、契約の失効後といえども他に漏洩してはならない。

（契約の解除および解約）第8条、（合意管轄）第9条 ～省略～

本協定の証として、本書２通を作成し、各自記名押印の上、各１通を保有する。

20X1年３月31日

（甲）
生活協同組合○○○　印
（乙）
○○○　印

印紙税の取り扱い

(1) 判　定

「微生物検査に関する業務委託契約書」（本契約書）は、不課税文書となります。

(2) 根　拠

①　契約の概要

本契約書は、微生物検査、研究技術等についての助言指導を乙に委託することを約したものです。

②　不課税文書となる理由

本契約書は、微生物検査等についての助言指導を乙に委託することを約したものです。受託者である乙の知識や経験に基づく助言指導内容を依頼したもので、委任に関する契約に該当し、課税物件表の課税事項のいずれにも該当しないため不課税文書となります。

文書事例11

年末予約品作業に関する覚書

ポイント

① 2以上の課税事項に該当する場合の文書の所属
② 3か月以内の取引の場合

文書例

年末予約品作業に関する覚書

○○○生活協同組合（以下「甲」という。）と○○○（以下「乙」という。）とは、20X1年３月31日締結の物流業務委託契約書（店舗事業）（以下「原契約」という。）に基づき、店舗年末予約品の仕分・配送業務を委託するにあたり、以下のとおり合意したのでここに覚書を締結する。

記

（業務委託の内容）
第１条　乙は、店舗年末予約品の入荷検品および店別仕分作業と店舗への配送を行うものとする。
（業務委託料金）
第２条　委託料金は以下のとおりとする。なお、消費税は外税とする。
(1) 入荷検品および店別仕分作業
　イ　冷蔵品　１点当たり　XX円
　ロ　冷凍品　１点当たり　XX円
　ハ　クリスマスケーキ（冷蔵）１点当たり　XX円
　ニ　ドライアイス投入費、作業費10キロ当たり　XX円
(2) 店舗への配送
　イ　予約品（クリスマスケーキ含む。）１かご車当たり　XX円
　ロ　積載オーバーによる別便配送費　実費
　ハ　○○店配送費　午後便（予約・計画送品便）　XX円
　ニ　○○店配送費　高速代（片道）　XX円
　ホ　小型店　臨時配送費（１便当たり）　XX円
（備品の費用負担）
第３条
(1) ドライアイスおよび封印用シッパーの費用は甲が負担する。
(2) ゴミおよび産廃品についての作業費用は甲が負担する。
（商品不足等の処理）
第４条　～省略～
（店舗年末予約作業に関する期間）
第５条　期間は、20X2年12月21日から20X3年１月20日までとする。
（業務委託料金の支払い）

第６条　乙は原契約書11条に基づく20X3年１月度請求時に「店舗年末予約作業費」として甲に請求し、甲は従前の方法により乙に支払うものとする。

本契約締結の証として、本書２通を作成し、各自記名押印の上、各１通を保有する。

20X2年11月30日

（甲）
〇〇〇生活協同組合　印
（乙）
〇〇〇　印

印紙税の取り扱い

(1) 判　定

「年末予約品作業に関する覚書」（本覚書）は、課税物件表の第1号の4文書に該当するため課税文書となります。

(2) 根　拠

①　契約の概要

本覚書は、甲が乙に対して甲の店舗年末予約品の入荷点検、店別仕分作業、店舗への配送を行うことを委託し、乙がこれを受託することを約したものです。

②　課税事項の抽出・課税物件表の当てはめ、文書所属の決定

イ　課税事項の抽出・課税物件表の当てはめ

本覚書は、乙が甲の店舗年末予約品の入荷検品および店別作業を甲より請け負ったものであり、課税物件表の第2号文書である請負に関する契約書に該当します。さらに、本覚書は、乙が甲の店舗年末予約品を甲の店舗に配送することを約していますので、課税物件表の第1号の4文書の運送に関する契約書にも該当します。

なお、本覚書は営業者の間において、運送または請負に関する2以上の取引を継続して行う取引にも該当し、目的物の種類、単価、対価の支払方法を定めていますが、契約期間が3か月以内ですので第7号文書には該当しません（課税物件表　第7号文書）。

ロ　文書所属の決定

本覚書は第1号の4文書および第2号文書に該当し、いずれも単価の記載はありますが契約金額の算定はできません。このため契約金額の記載がないものとして、本覚書は第1号の4文書に該当することとなります（通則3ロ）。

③　税率の適用

本覚書は第1号の4文書に該当し、契約金額の記載がありませんので収入印紙は200円となります。

生協の店舗宅配事業に関する文書

文書事例12

宅配納品書（お届け明細書兼請求書）

ポイント

① 組合員へのお届け明細が請求書を兼ねている文書

文書例

○○○CO-OP
お届け明細書

8月3週企画　配達XX 20XX年8月XX日（木）　★
組合員名　　　　様
組合員コード
宅配グループ
XXXX センター　4日目　XXX コース　28 番目

注文番号	区分	商品名	規格	数量	金額
		■■■■■ 配達商品 ■■■■■			
0522	冷蔵	美味新鮮　あらびきウインナー	344g	1	XXX
0416	冷凍	国産若鶏のぼんじり塩焼き	120g	1	XXX
0451	冷凍	讃岐でつくった水餃子	225g（15コ）×2	1	XXX
0611	冷凍	北海たこ唐揚げ	180g	1	XXX
0633	冷凍	フライパンでできる赤魚の照り煮	220g（4切）・タレ3	1	XXX
2683	冷凍	北海道プチコロッケ　ア・ラ・カルト	320g（4種×4コ）	1	XXX
		＊＊ 小計 ＊＊			X,XXX
			外税対象額		X,XXX
			外税消費税		XXX
		＊＊ お買上金額合計 ＊＊		6	X,XXX
		■■■■■ 注文書内訳 ■■■■■			
		08月XX日配達金額（本体額）	X,XXX円		
		＊＊ 合計 ＊＊	X,XXX円		
		■■■■■ 宅配サービス料 ■■■■■			
		07月5週企画宅配サービス料			XXX
		08月1週企画宅配サービス料			XXX
		08月2週企画宅配サービス料			XXX
		08月3週企画宅配サービス料			XXX

■■■■■ 請求書 ■■■■■
引落予定日　20XX／08／XX（金）

利用日	利用形態		利用金額
20XX.08.XX	宅配	商品代金	X,XXX円

利用金額合計	X,XXX円
今回相殺額	
未相殺額	
請求金額	X,XXX円

■■■■■ 次回引落し予定金額 ■■■■■
引落予定日　20XX／08／XX（金）

利用日	利用形態		利用金額
20XX.08.XX	宅配	商品代金	X,XXX円
利用金額合計			X,XXX円
次回引落し予定金額			X,XXX円

印紙税の取り扱い

(1) 判　定

「お届け明細書兼請求書」（本文書）は、納品書兼請求書であり、課税事項を証明するものではありませんので、不課税文書となります。

(2) 根　拠

①　文書の概要

本文書は、生協が組合員に配達した商品の明細および請求金額を記載したものです。

②　不課税文書となる理由

本文書は、生協が組合員に配達した商品の明細を記載した納品書です。納品書は課税事項を証明するための文書には該当しません。また、請求金額を記載していますが、組合員の受領を証明したものではありませんので第17号文書には該当しません。本文書は、課税物件表の課税事項のいずれにも該当しないため不課税文書となります。

文書事例13

加工委託契約書

ポイント

① 請負契約
② 記載金額の判定

文書例

業務委託契約書

○○○生活協同組合（以下「甲」）と○○○（以下「乙」）は、甲の乙への業務委託契約（以下「本契約」）をつぎのとおり締結する。

（目的）
第１条　甲は、水産、畜産の夜間加工、包装、およびそれに付随する業務を乙に委託し、乙はこれを受託した。
（委託業務の内容）
第２条　契約の委託業務内容は別紙１のとおりとし、乙は甲の基準に則り、かつ別紙遵守事項を厳守し、業務を遂行しなければならない。
（委託料金）
第３条　本契約の委託料金は別紙２のとおりとする。委託料金は契約期間中といえども経済情勢の変更、公租公課の変更、その他の理由により著しく不適当となったときは、甲乙協議の上、改定することができる。
（施設、機器賃借料、光熱費、消耗品の請求）
第４条
(1) 乙は甲に委託された業務の遂行上必要な施設、機器の使用について賃借料を支払う。明細は別紙２のとおりとする。
(2) 光熱費、消耗品の使用については実費を支払うものとする。
（料金の請求および支払方法）
第５条　乙は、本契約第３条の委託料金は甲の管理月度に合わせ、毎月20日に当月分を締切り、当月25日に甲に対して甲の指定する請求書で請求するものとする。甲は検収分につき翌月末日までに乙の指定する銀行口座に振り込むものとする。ただし末日が銀行の休日にあたる場合は、翌営業日とする。なお、乙は振込み手数料を負担する。
（作業場所）
第６条　～省略～
（乙の責任と報告）
第７条　乙は甲より受託した業務を乙の責任において行うものとし、甲が請求した場合は遅滞なく、その業務の状況を甲に報告するものとする。
（使用人の管理・指導・監督業務）
第８条　～省略～

（作業中の事故および第三者への損害）
第９条
（1）甲は、乙または乙の使用人についての業務中の労働災害、病気などについては一切の責任を負わない。
（2）乙または乙の使用人が本契約にかかわる業務中の第三者に対する事故、損害については、乙が責任を持って処理を行う。
（3）～省略～
（再委託の制限）
第10条　～省略～
（機密の保持）
第11条　乙または乙の使用人は、本契約の履行によって知り得た甲の業務上の機密を本契約期間中、および本契約終了後、5年間は第三者に漏えいしてはならない。
（秩序の維持）
第12条　～省略～
（損害賠償）
第13条
（1）乙は、本契約業務を行うにあたり、乙または乙の使用人の故意、または過失（作業時間の遅れ、商品、備品の破損等）により、甲に損害をおよぼしたときは、その損害について、甲に対し賠償の責を負うものとし、その金額については甲が見積り、甲乙協議の上定める。
（2）甲は前項の賠償額の全部または一部を委託料金と相殺することができる。
（3）乙は自己の責に帰することのできない事由、または天災地変等により本契約業務を遂行することができなかった場合については免責されるものとする。
（履行不能の処理）
第14条　～省略～
（債務不履行と契約解除）
第15条
（1）乙が次の各号に該当した場合、甲は勧告の上、相当の期間において是正されない場合、本契約の全部または一部を解除することができる。
① 乙が本契約を履行しないか、履行の見込みがないとき。
② 乙が自己の責に帰すべからざる理由によるか否かを問わず、本契約の履行が不可能となったとき。
③ 相手の信用を毀損する行為、あるいは相手方に対し直接、間接に損害を被らせる行為があったとき。
④ 甲または乙が第三者より差し押さえ、仮差押え、仮処分、強制執行、競売、解散、破産、民事再生法、会社更生法等の申し立てを受け、もしくは自ら申立てを行ったとき。
⑤～⑨　～省略～
（変更の届出）
第16条　甲および乙は、代表者等の商業登記簿の登記事項を変更した場合、ただちに相手側に通知しなければならない。
（債権債務譲渡の禁止）第17条、（途中解約）第18条、（管轄裁判所）第19条　～省略～
（契約期間）
第20条　本契約の期間は、20X1年４月１日より20X2年３月31日までとし、期間満了３か月前までに、甲乙いずれかにより異議の申し出がない場合、本契約は自動的に1年間継続されるものとし、以後も同様とする。
（期間内の契約変更）第21条、（定めのない事項等）第22条　～省略～

この契約の証として、本書２通を作成し、甲乙それぞれ記名押印の上、各１通を保管する。

20X1年４月１日

甲
〇〇〇生活協同組合　印

乙
〇〇〇　印

別紙１（業務委託内容および業務委託料金）

第一（業務委託実施場所）
業務委託実施場所は下記とする。
(1) 事業所名　〇〇〇
(2) 住所　×××××

第二（委託管理業務）
(1) 原料管理、水産、畜産の夜間加工業務
(2) 上記に付随する業務

第三（委託料金）
(1) 委託料金単価は別紙2のとおりとする。
(2) 作業数量の請求根拠は日々の作業日報において、甲、乙で確認された作業物量をもって請求時の作業物量とする。

第四（施設、機器使用料、水道光熱費、消耗品の請求）
(1) 乙は甲に対し、受託業務に必要な施設、機器の使用料、水道光熱費、消耗品費に消費税を加えた金額を支払うものとする。
(2) 費用の詳細は別紙2のとおりとする。
(3) 甲は作業金額、管理費、作業経費の合計金額に消費税を加えた金額を乙に支払うものとする。

別紙2　業務委託料金

（業務委託料金）

部署等	単価	単位
〈水産〉		
水産値付け	100円	1パック
塩干物盛り付け包装値付け	200円	1パック
単品盛り	300円	1パック
以下省略		

部署等	単価	単位
〈畜産〉		
鶏生肉等盛り付け包装	200円	1パック
畜産包装値付け	100円	1パック
畜産スライス盛り付け包装値付	300円	1パック
以下省略		

（施設、機器使用料、水道光熱費、消耗品費）

水産	機器 リース料	土地建物 使用料	水道光熱費	消耗品費	合計
4月	XX,XXX	XX,XXX	XX,XXX	XX,XXX	XX,XXX
5月	XX,XXX	XX,XXX	XX,XXX	XX,XXX	XX,XXX
以下省略					
合計	XX,XXX	XX,XXX	XX,XXX	XX,XXX	XX,XXX

畜産	機器 リース料	土地建物 使用料	水道光熱費	消耗品費	合計
4月	XX,XXX	XX,XXX	XX,XXX	XX,XXX	XX,XXX
5月	XX,XXX	XX,XXX	XX,XXX	XX,XXX	XX,XXX
以下省略					
合計	XX,XXX	XX,XXX	XX,XXX	XX,XXX	XX,XXX

（注）「業務委託契約書」と「別紙1」と「別紙2」は、一の文書とします。

印紙税の取り扱い

(1) 判　定

「業務委託契約書」（本契約書）は、課税物件表の第7号文書に該当するため課税文書となります。

(2) 根　拠

①　契約の概要

本契約は、生協が乙に水産や畜産の加工および包装等の作業を委託し、乙が決められた作業量を達成した上報酬を受け取ることを約した契約書です。

②　課税事項の抽出・課税物件表の当てはめ、文書の所属の決定

乙が生協の商品の加工、包装等の業務を行い、それに対して生協が報酬（委託料）を支払う契約ですので請負契約であるため第2号文書に該当します。ただし、営業者間において、請負に関する2以上の取引を継続的に行うための契約書であり、2以上の取引に共通して適用される取引条件のうち、目的物の種類、単価、対価の支払方法を定めたものに該当するため第7号文書にも該当します。なお、請負金額は本契約書別紙2の「業務委託料金」をもってしてもその算定を行うことができないため、第2号文書は契約金額のないものとして取り扱われます。

2以上の号の文書に該当する場合で、第2号文書で契約金額の記載がないものと第7号文書の両方に該当する場合には第7号文書となります（通則3イ）。

（補足）別紙２「業務委託料金」について

単価は数値として具体性を有するものに限られます。本契約書の単価は具体性を有しますが、数量が具体的でなく、請負にともなう契約金額の判定はできないものと判断されます。

③　記載金額の判定および税率の適用

第7号文書に該当しますので、収入印紙は4千円となります。

文書事例14

物流業務委託契約書（宅配事業）および宅配事業の委託料金に関する覚書

ポイント

① 原契約書と覚書が一体として作成されている場合
② 2以上の課税文書に該当する場合
③ 記載金額が最低金額と最高金額の両方ある場合

文書例

物流業務委託契約書（宅配事業）

○○○生活協同組合（以下「甲」という。）と株式会社○○○（以下「乙」という。）とは、甲の共同購入・個人宅配における冷蔵および冷凍商品（以下「セット商品」という。）の物流業務を甲が乙に委託するにあたり、つぎのとおり物流業務委託契約（以下「委託契約」という。）を締結する。

（趣旨）
第１条　甲および乙は、それぞれが保有する物流に関する機能およびノウハウを相互に活用して、物流業務の効率化を図ることを前提とした上で、甲は、セット商品の物流業務を乙に委託し、乙はこれを引き受ける。
（委託業務内容）
第２条　甲は乙に対し、下記の業務（以下「本業務」という。）を委託する。
一　対象商品　甲の組合員向けセット商品
二　セット商品の発注業務
三　入荷検品、検収、伝票処理、棚卸業務
四　セット商品用の個人別集品、グループ単位またはシッパー単位への寄せ作業
五　セット商品および帳票類の各デポへの配送業務
六　セット商品の配送に関する容器およびリサイクル品の回収と分別
七　上記各号に付帯する業務として、別途甲乙間で合意の業務
（再委託）
第３条　乙は、甲の書面による事前の承諾を得て、本業務の一部または全部を第三者に再委託することができる。
２　前項の場合においても、乙は受託者として、甲より受託した本業務について、再委託を受けた者と連帯してその責を負うものとする。
（実施場所）第４条、（権利義務の譲渡）第５条　～省略～
（委託契約の期間）
第６条　委託契約の期間は、20X1年４月１日から20X2年３月31日までとする。ただし、本契約書の有効期間満了６か月前までに甲乙の一方より書面による意思表示がない場合には、さらに１年間自動更新するものとし、以後も同様とする。
（委託契約の中途解約）
第７条　委託契約は、契約期間中は甲および乙は、原則として中途解約できない。

2　委託契約を万一、やむをえない事由により甲が中途解約する場合には、甲は中途解約日の６か月前までに書面をもって乙に通知するものとし、かつ解約日に、以下の金員を乙に支払うものとする。

以下　～省略～

（業務委託料）

第８条　業務委託料は、別紙覚書にてこれを定める。

（支払方法）

第９条　乙は業務委託料等を毎月20日に締切り計算の上、当月25日までに甲に請求するものとし、甲は翌月25日までに乙の指定した銀行口座に振り込むものとする。ただし、支払日が銀行休業日にあたる場合には、その翌日の銀行営業日に支払うものとする。なお、振込手数料は乙の負担とする。

（善管注意義務）第10条、（守秘義務）第11条、（契約解除）第12条　～省略～

（期限の利益の喪失）

第13条　甲または乙は、第12条の各号のいずれかに該当する事由があるときは、相手方に対する一切の債務について、自動的に期限の利益を失い、債務のすべてをただちに相手方に弁済しなければならない。

（本件建物の滅失等）

第14条　～省略～

（損害賠償）

第15条　乙は、本件業務を行うにあたり、乙または乙の業務従事者の故意または過失により甲に損害をおよぼした場合には、その損害について甲に対して賠償の責を負うものとし、その金額については甲が見積もり、甲乙協議の上定めるものとする。また、甲は前項の賠償額の全部または一部を委託料金請求債権と対等額で相殺することができる。

（延滞損害金）

第16条　甲または乙が、相手方に対し金銭債務の履行を遅滞した場合は、甲または乙は支払期日の翌日から完済に至るまでの期間について、年14.6％の割合による延滞損害金を相手方に支払うものとする。

（管轄裁判所）第17条、（協議事項）第18条、（特約）第19条　～省略～

委託契約の締結を証するため、本書２通を作成し、甲乙記名捺印のうえ各１通を保有する。

作成日　　　　20X1年４月１日

効力発生日　　20X1年４月１日

甲

○○○生活協同組合　　印

乙

株式会社○○○　　印

宅配事業の委託料金に関する覚書

○○○生活協同組合（以下「甲」という。）と株式会社○○○（以下「乙」という。）とは、20X1年４月１日付けにて締結した「物流業務委託契約書」（以下「原契約」という。）（業務委託料）第8条について以下の通り合意したので、この覚書を締結する。

（変動点単価の決定）
第１条　甲と乙とは、原契約第８条の業務委託料を別紙「20X1年度宅配点単価変動表」に基づく単価計算により算定することを合意する。
（有効期間）
第２条　この覚書の有効期間は20X1年４月１日より20X2年３月31日までとする。
（有効期間中の改定）
第３条　この覚書の有効期間中といえども、原契約第２条に定める業務内容または経済事情に著しい変化があったときは、甲乙協議の上業務委託料の改定を行なうことができる。なお、変更した内容については、別途覚書を締結する。
（以前の覚書・確認書の執行）
第４条　～省略～

以上、確認書締結の証として本書２通を作成し、甲乙記名押印の上、甲乙それぞれ保管するものとする。

作成日　　　　20X1年４月１日
効力発生日　　20X1年４月１日

甲（委託者）
○○○生活協同組合　　　　印
乙（受託者）
株式会社○○○　　　　印

宅配事業の委託料金に関する覚書　別紙

20X1年度宅配点単価変動表

年間取り扱い点数		点あたり単価
基準通過点数	年間取り扱い点数	
51,000,000	50,750,001～51,250,000	12円
51,500,000	51,250,001～51,750,000	11.5円
52,000,000	51,750,001～52,250,000	11円
52,600,000	52,250,001～52,750,000	10円
53,000,000	52,750,001～53,250,000	9円

①20X1年度とは20X1年4月1日より20X2年3月31日とする。
②20X1年度は、年間取り扱い点数52,600,000点（10円）を基本とし、4月度から2月度までの請求および支払業務は点単価10円をもって行う。
③20X2年3月31日時点で実取り扱い点数を上記変動表にあてはめ、3月度の請求および支払で精算する。
④年間実取り扱い点数が上記変動表適用範囲を超える場合には別途協議の上、適用単価を設定する。

（注）「物流業務委託契約書（宅配事業）」と「覚書（別紙含む）」は一の文書とします。

印紙税の取り扱い

(1) 判　定

「『物流業務委託契約書（宅配事業）』および『宅配事業の委託料金に関する覚書（別紙含む）』」（本契約書）は一体として作成されており、課税物件表の第2号文書に該当する課税文書となります。

(2) 根　拠

①　契約の概要

本契約は、甲が乙に、生協の共同購入・宅配事業で取り扱う冷蔵および冷凍商品について、入荷検品、検収、伝票処理、棚卸業務などの業務の一部を委託し、その仕事の完成に対して甲が乙に報酬を支払うことを約した契約書です。

②　課税事項の抽出・課税物件表の当てはめ、文書所属の決定

「物流業務委託契約書（宅配事業）」の第2条において、請負に関する契約事項と運送に関する契約事項を証していますので、第1号の2文書と第2号文書の両方に該当します。また営業者間において、運送または請負に関する2以上の取引を継続して行うために作成される契約書で、その2以上の取引に共通して適用される取引条件のうち、目的物の種類と対価の支払方法および債務不履行の場合の損害賠償の方法を定めてお

り、「宅配事業の委託料金に関する覚書　別紙」では、取扱数量、単価を定めていますので、本契約書は第7号文書にも該当します。

なお、第1号文書または第2号文書に該当する文書で、その文書に係る契約についての単価、数量その他の記載のある覚書（「宅配事業の委託料金に関する覚書」）があることにより、当事者間においてその契約についての契約金額が明らかであるので、その契約金額を第1号文書または第2号文書の記載金額とします。ただし、本契約書の場合第1号の4文書の運送に関する契約については請負金額計算の中に含まれていることから、第1号文書としての記載金額はないものと考えられます。このため、第1号文書の記載金額がないものと第2号文書の記載金額があるものの場合に該当し、第2号文書となります。

さらに、第2号文書に該当して記載金額があるものと第7号文書に該当する場合にも該当しますので、最終的には第2号文書に該当することになります。

③　記載金額の判定および税率の適用

第2号文書としての契約金額は、「宅配事業の委託料金に関する覚書　別紙」により、その最高金額（最高単価12円に対する最高年間取扱数量）が51,250,000点×12円＝615,000,000円、その最低金額（最低単価9円に対する最低年間取扱数量）が52,750,001点×9円＝474,750,009円となり、記載された金額が最低金額と最高金額の両方の場合には最低金額がその文書の記載金額となります（基通26）。したがって、本契約書に記載された契約金額は474,750,009円となり、税率の適用上「1億円を超え5億円以下」に該当するため、収入印紙は10万円となります。

〈参考〉本契約書第13条「期限の利益の喪失」とは

期限の利益とは、債務の履行について期限を定めることをいいます。「期限が来るまでは債務を履行しなくてよい。」という債務者の利益のことです。債務者は債務を履行できなくなった場合、期限の利益喪失条項により期限の利益を喪失し、債務の全額をただちに支払わなければならなくなります。

文書事例15

地域ステーション業務委託契約書

ポイント

① 売買に関する業務の一部委託

文書例

地域ステーション業務委託契約書

○○○（以下「甲」という。）と生活協同組合○○○（以下「乙」という。）とは、以下の通り地域ステーション業務委託契約を締結する。

（目的）
第１条　甲は乙が組合員に商品を供給する地域ステーション業務を受託し、組合員に商品やサービスを提供することで、組合員の願いを実現することを目的とする。
（委託の内容）
第２条　前条の目的を達成するために、甲は以下の作業を行う。
①組合員が注文した商品を乙および乙が配達を委託した者から受取り、その商品の検品・保管・仕分・受渡の作業を行う。
②乙が指定する時間帯に組合員が注文した商品等を引取りに来るまで、商品等の品質を劣化させないように適切に管理するための作業を行う。
③注文書等の配布物を乙から受取り、組合員に配布し、組合員から注文書等の受取りと保管の作業を行う。
④組合員等の生協への加入・脱退・諸届の受付けの作業を行う。
⑤組合員が注文した商品の欠品・遅配・誤配等のイレギュラー発生時の対応と伝達の作業を適切に行う。
⑥前各号に付帯もしくは関連する作業を行う。
⑦その他乙が指定し甲が受諾する作業を行う。
（受け持つ範囲）第３条、（マニュアル等の順守）第４条、（保管の責任）第５条、（保管不能の連絡）第６条、（事故等の連絡）第７条　～省略～
（報酬）
第８条　報酬については、別途覚書にて定める。
（作業の委託禁止）第９条、（機密の保持）第10条、（契約の解除）第11条、（損害賠償）第12条、（協議）第13条　～省略～
（契約期間）
第14条　本契約の契約期間は20X2年３月31日までとする。ただし、有効期間の３か月前までに甲乙いずれからも解約の申し出がない場合は、本契約は同一条件をもってさらに１年間継続するものとし、以降も同様とする。

以上、本契約締結を証するために甲乙記名捺印の上、その原本を乙が保管し、その写しを甲が保管することとする。

20X1年３月20日

甲

　　○○○　　　　　　　　　　　　　印

乙

　　生活協同組合○○○　　　　　　　印

印紙税の取り扱い

(1) 判　定

「地域ステーション業務委託契約書」（本契約書）は課税物件表の第7号文書に該当するため課税文書となります。

(2) 根　拠

①　契約の概要

本契約書は、生協が組合員に商品を供給する業務の一部を乙に委託することを約したものです。

②　課税事項の抽出・課税物件表の当てはめ、文書所属の決定

本契約書（委託の内容）第2条において、生協の商品の検品・保管・仕分・受渡の各作業、商品等の品質管理、商品の欠品・遅配・誤配等の対応等の作業など、生協の売買に関する業務の一部を継続して委託することを約していますので、第7号文書に該当します（法令26①二、基通別表1 第7号文書7）。

③　記載金額の判定および税率の適用

第7号文書に該当しますので、収入印紙は4千円となります。

文書事例16

地域ステーション業務委託契約書の覚書

ポイント

① 原契約書の重要事項を補充する契約書

文書例

覚　書

○○○（以下「甲」という。）と、生活協同組合○○○（以下「乙」という。）とは、地域ステーション業務委託契約書（以下「原契約」という。）の主旨に沿って本覚書を締結する。

第１条　原契約書の第８条に基づく報酬は、以下のとおりとする。
(1) 甲が受持ち、週毎に受渡しをした全組合員の税抜き合計金額に0.5％を乗じて乙が算出（１円未満は切捨て）する。
(2) 報酬の合計金額には、甲自身が注文して配達された金額を含めることができる。
(3) 甲を経由せず直接組合員宅に届く宅配品、ギフト、チケット等甲が配達に関与しない物の利用代金は除外する。
(4) 報酬の変更を申し出る場合は、３か月前までに甲乙いずれかにより申し出、甲乙協議してこれを変更するものとする。

第２条　前条に規定する報酬振込の日は、以下のとおりとする。
(1) 前条の各条項によって乙が算出した金額を、月度毎に20日までに甲の指定する金融機関の口座に振込むこととする。ただし、金融機関が休みの場合は翌営業日までとする。

第３条　本覚書の有効期間は20X2年３月31日までとし、原契約の契約期間および契約が解除または変更された時は、原契約に従う。

20X1年３月20日

甲
○○○　印
乙
生活協同組合○○○　印

（注）第１条の「原契約書」とは「文書事例15　地域ステーション業務委託契約書」を指します。

印紙税の取り扱い

(1) 判　定

本覚書は課税文書に該当し、第7号文書となります。

(2) 根　拠

①　契約の概要

本覚書は、原契約書である「地域ステーション業務委託契約書」の報酬金額の支払方法を補充するものです。

②　課税事項の抽出・課税物件表の当てはめ、文書所属の決定

本覚書第2条において原契約書である「地域ステーション業務委託契約書」の報酬（対価）の支払方法を補充しています。第7号文書のうち売買に関する業務の重要な事項である対価の支払方法を補充しているため、本覚書は第7号文書となります（法令26二、基通18②（1））。

③　記載金額の判定および税率の適用

第7号文書に該当しますので、収入印紙は4千円となります。

（補足）原契約書である「地域ステーション業務委託契約書」および「覚書」が一の文書である場合は、第7号文書として収入印紙は4千円のみとなります。

文書事例17

マンションステーション業務委託契約書

ポイント

① 委任契約
② 地域ステーション業務委託契約書との相違

文書例

マンションステーション業務委託契約書

○○○（以下「甲」という。）と○○○生活協同組合（以下「乙」という。）は、第1条に定めるマンションにおいて、その居住者に対して乙が提供するマンションステーション（以下「本サービス」という。）の導入に関して次の通り契約を締結する。

（契約対象物件の表示）
第１条　名称：○○マンション
住所：○○県○○市○○
戸数：30戸
（サービスの概要）
第２条　本サービスは、本物件居住者が乙の行う宅配事業により購入した商品を乙が建物の共用部まで配達するサービスであり、本物件の居住者のみが利用することができる。
（本サービスの利用者の条件）
第３条　本サービスを利用する居住者は、乙の組合員（以下「利用組合員」という。）となり、以下を自己責任において行う。
(1) 指定場所から各住戸までの運搬は利用組合員にて行い、自身で商品を確認の上、自己の責任において、住戸まで運搬する。
(2) 本サービスの配達日および配達時間等は乙が決定するものとし、利用組合員が個別に指定できない。
(3) 乙は、配達商品の品温管理に関して、概ね配達当日の20時を目安に設定する。利用組合員が20時以降に商品を持ち帰った場合および取り忘れ等があった場合等には、乙は商品および品質の保証は行わない。
(4) その他、詳細については乙の組合員規約による。
（場所の提供）
第４条　甲は、本サービスに必要な場所（受取場所）をセキュリティーエリア内に提供する。
（運用方法）
第５条　甲は、本サービス導入にあたり、以下の事項を行う。
(1) 乙の搬入時にオートロックなどの解除を行う。
(2) 利用組合員が提出する注文用紙などの取りまとめを行い、搬入時に乙に引き渡す。
(3) 個配、班利用配達時に発注者が不在等何らかの理由により受け取れなかった場合は、乙が発注者へ不在票を投函の上、受取場所に配達し、一時的に置くことを甲は承諾する。

(4) 甲は乙の配達が翌日にない場合や上記第４条の指定場所の商品配達の箱の中に残品がある場合など対応すべき内容があった場合、乙にすみやかに連絡を行う。商品などの残品の回収費用は乙が負担する。

(5) 甲は次回の商品の搬入時まで、空き箱（配達用容器）などの管理保管を行う。

(6) 前各号に付帯もしくは関連する作業を行う。

(7) 配達商品の品質および配達商品の受取り・取り忘れ等、その他受取りサービスに起因して発生した事故等については、甲もしくは販売代理人および管理会社は一切その責めを負わない。

(8) その他、詳細については甲、乙協議の上決定する。

（稼働曜日と時間）

第６条　～省略～

（受取場所の提供および業務の対価）

第７条　乙は、受取場所の提供および業務の対価として、甲に対して本サービスの取扱商品利用高（税抜き商品購入高）の１％を支払う。

(1) 金額は日単位に算出し、１円未満は切り捨てる。

(2) 宅配扱い商品など、本サービスを使用せずに商品が利用組合員に受け渡される取り扱い商品利用高は、場所の提供および業務の委託料には含まれない。

(3) 支払いは、前月の11日～当月10日までの分を翌月5日までに、甲の指定する口座に振込む。ただし、振込日が金融機関の休業日にあたる場合は、翌営業日までとする。なお、振込手数料は乙の負担とする。

（守秘義務）第８条、（善管注意義務）第９条　～省略～

（契約期間）

第10条　本契約の期間は、20X1年４月１日から20X3年３月31日までの２年間とする。ただし、期間満了の２か月前までに甲または乙のいずれかにより申し出がない場合は、１年間、自動的に延長されるものとし、以降も同様とする。

（契約の解除）第11条、（協議事項）第12条、（従業員に関する責任）第13条、（管理組合への承継）第14条　～省略～

本契約の証として、本書２通を作成し、甲・乙記名捺印の上、各１通を保有する。

20X1年４月１日

甲

○○○　印

乙

○○○生活協同組合　印

印紙税の取り扱い

(1) 判　定

「マンションステーション業務委託契約書」（本契約書）は委任に関する契約に該当し、委任契約は課税物件表のいずれの号にも該当しないため不課税文書となります。

(2) 根　拠

①　契約の概要

本契約書は、生協が乙に事務処理を委任することを約したものです。

②　不課税文書となる理由

本契約書は、仕事の完成やサービスの完了を目的とする請負に関する契約書には該当しません。また、商品の検品、仕分、保管、品質管理等作業など売買に関する業務を継続して委託する契約書にも該当しません。したがって、本契約書は不課税文書となります。

文書事例18

店舗敷地（一部）の一時使用に関する契約書

ポイント

① 土地の賃貸借契約と建物の賃貸借契約の相違

文書例

店舗敷地（一部）の一時使用に関する契約

貸主 生活協同組合○○○（以下「甲」という。）と借主 ○○○（以下「乙」という。）とは、乙の甲店舗敷地の一部（以下「本件場所」という。）の使用に関して、以下の契約を交わす。

（一時使用目的・乙の営業種目および取扱品目）
第１条　乙の使用目的は、別に定められた営業種目および取扱品目のための一時使用に限り、甲はその取扱品目について指示することができ、乙はその指示に従うものとする。
（乙の使用する店舗）
第２条　乙の使用する、甲の店舗は別に定める。
（使用場所の特定）
第３条　乙の使用する本件場所は、甲がその都合によって乙に対して特定して指示するものとし、乙はその指示に従わなければならない。
（使用の時期）
第４条　乙の本件場所における使用期日は20X1年12月21日から20X1年12月31日までとする。
（使用禁止）
第５条　省　略
（使用料）
第６条　乙が本件場所を使用する際の使用料については、甲が指示した使用期日１日あたり１万円とする。
（支払方法）
第７条　前条に定めた使用料の甲に対する支払方法を甲が定め、乙はその指示に従わなければならない。
（規則等の遵守）第８条、（乙の報告事項）第９条、（事故等の解決責任および損害賠償）第10条、（契約の解除）第11条、（契約終了後の明け渡し）第12条、（明け渡しの違反）第13条、（経費負担）第14条、（裁判管轄）第15条、（反社会的勢力の排除）第16条、（禁止または制限される行為）第17条、（契約の解除）第18条、（契約に定めなき事項）第19条　～省略～

以上のとおり合意したので、この契約成立の証として本書２通を作成し、甲乙各署名押印の上、甲乙各１通を保有する。

20X1年３月31日

（甲）
生活協同組合○○○　印
（乙）
○○○　印

印紙税の取り扱い

(1) 判　定

「店舗敷地（一部）の一時使用に関する契約」（本契約書）は、利用の形態に応じてつぎのように判定されます。

①　店舗敷地の一部として土地を賃貸借するもの

契約書等で地積㎡数を明示するなどしている場合には、土地の賃借権の設定に関する契約書として課税物件表の第１号の２文書となります。

②　店舗敷地の一定の場所で営業させることを約する場合

店舗敷地の一定の場所で営業させることを約したものは、建物の賃貸借に関する契約書として不課税文書となります。

(2) 適　用

契約の概要

本契約書は、生協甲と乙との間で、甲の店舗敷地の一部を乙が賃借してその使用料を支払うことを約したものです。

①　の場合

イ　課税事項の抽出・課税物件表の当てはめ

契約書等で地積㎡数が明示されている場合は土地の賃貸借の設定に関する契約書として課税物件表の第１号の２文書に該当します。

ロ　税率の適用

第1号の2文書の場合の記載金額は、「設定または譲渡の対価たる金額」ですが、この「設定または譲渡の対価たる金額」は、権利金その他名称のいかんを問わず、契約に際して相手当事者に交付し、後日返還されることが予定されていない金額をいい、賃貸料を除く、とされています（基通23（2））。本契約書の使用料は賃貸料に該当するため、契約金額の記載のないものとして、収入印紙は200円となります。

②　の場合

建物の賃貸借に関する契約書に該当する場合には不課税文書となるため、収入印紙は必要ありません。

文書事例19

店舗敷地の一部使用に関する契約（お飾り等販売）

ポイント

① 施設の一部使用に関する契約の具体例

文書例

店舗敷地の一部使用に関する契約

貸主 生活協同組合○○○（以下「甲」という。）と借主 ○○○（以下「乙」という。）とは、乙の甲店舗敷地の一部（以下「本件場所」という。）の使用に関して、以下の契約を交わす。

（乙の営業種目および取扱い品目）
第１条　乙の営業種目および取扱品目は、「別項１」のとおりとし、甲はその取扱品目について指示することができ、乙はその指示に従うものとする。
（乙の使用する店舗）
第２条　乙の使用する、甲の店舗を「別項２」に定める。
（使用場所の特定）
第３条　乙の使用する本件場所は、甲がその都合によって乙に対して特定して指示するものとし、乙はその指示に従わなければならない。
（使用の時期）
第４条　乙の本件使用場所、使用時期および時間は甲が指示するものとし、乙はその指示に従わなければならない。なお、甲の指示内容は「別項３」に定める。
（使用禁止）
第５条　甲による、本件場所の使用禁止指示があった場合は、乙は直ちにその使用を中止し、商品他の撤去をしなければならない。
（使用料）
第６条　乙が本件場所を使用する際の使用料について「別項４」に定める。
（支払方法）
第７条　前条に定めた使用料の甲に対する支払方法を甲が定め、乙はその指示に従わなければならない。
（規則等の遵守）第８条、（乙の報告事項）第９条、（事故等の解決責任および損害賠償）第10条、（契約の解除）第11条　～省略～
（経費負担）
第12条　乙の営業に関して発生する水道光熱費などのすべての経費は乙の負担とし、甲は一切の負担を行わない。
（管轄裁判）第13条、（表明および確約事項）第14条、（契約に定めなき事項）第15条
～省略～

本契約締結の証として、本書２通を作成し、各自記名押印の上、各１通を保有する。

20X1年３月31日

（甲）
生活協同組合○○○　印
（乙）
○○○　印

別項１　「乙の種目、取扱品目」
種目：お飾り等販売
取扱品目
～省略～

別項２　乙使用の店舗
○○店

別項３　乙の店頭使用時期および時間
①12月１日より12月31日まで
②各日の使用時間
午前９時より午後６時まで

別項４　乙の使用料は、以下のとおりとする。
１日あたり　10,000円（消費税等を含む。）

印紙税の取り扱い

(1) 判　定

「店舗敷地の一部使用に関する契約」（本契約書）は、不課税文書となります。

(2) 根　拠

①　契約の概要

本契約書は、甲の店舗施設内の場所を乙に賃借することを約したものです。

②　不課税文書となる理由

本契約書は、「店舗敷地の一部使用に関する契約」とされていますが、実際には生協である甲が乙に甲店舗施設の一部を賃貸することを約したものですので、課税物件表の課税事項のいずれにも該当しないため、不課税文書となります。ただし、店舗の施設外である敷地等を使用場所として特定した場合には土地の賃貸借契約として第１号の２文書に該当する場合がありますので注意が必要です。

文書事例20

物流作業代に関する確認書

ポイント

① 宅配業態の物流費負担契約

文書例

物流作業代に関する確認書

20X1年３月31日

甲（購買者）
〇〇〇生活協同組合　印
乙（販売者）
〇〇〇株式会社　印

甲乙は、宅配業態にかかる商品（以下「宅配商品」という。）の物流費について、以下のとおり確認する。

1　乙は、甲に販売する商品のうち、宅配商品については、宅配センターにおける小分け作業および物流の対価（以下「宅配物流費」）という。）として、以下に記載する費用を甲に対して支払う。

宅配商品売買代金額（消費税を除く。）に対して1.5%

2　宅配物流費の支払条件は、以下のとおりとする。
締日：20日締め
支払日：翌20日
支払方法：甲の指定口座に振り込むものとする。

3　有効期間は、20X1年４月１日より20X2年３月31日までとする。
ただし、期間満了の３か月前までに甲乙いずれよりも何ら申し出がない場合には、１年間自動的に継続するものとし、以後も同様とする。

印紙税の取り扱い

(1) 判　定

「物流作業代に関する確認書」（本確認書）は課税物件表の第7号文書に該当するため、課税文書となります。

(2) 根　拠

①　契約の概要

本確認書は、乙が甲に宅配センターにおける小分け作業を委託し、甲がその業務を請け負うことを約したものです。

②　課税事項の抽出・課税物件表の当てはめ、文書所属の決定

イ　課税事項の抽出・課税物件表の当てはめ

本確認書は、宅配センターにおける宅配商品の小分け作業を甲が請け負うため、請負に関する契約書として課税物件表の第2号文書に該当します。さらに、本確認書は、甲と乙という営業者の間において、請負に関する2以上の取引を継続して行うために作成される契約書であり、その2以上の取引に共通して適用される取引条件のうち、本確認書1で目的物の種類を、本確認書2で対価の支払方法を定めているため、課税物件表の第7号文書にも該当します（法令26①一）。

ロ　文書所属の決定

本確認書は、課税物件表の第2号文書で契約金額の記載のないものであり、かつ課税物件表の第7号文書にも該当しますので、通則3イただし書きにより第7号文書に該当することとなります（通則3イただし書）。

③　税率の適用

本確認書は第7号文書に該当しますので収入印紙は4千円となります。

文書事例21

仕分け作業費用に関する確認書

ポイント

①　継続的取引（請負）に関する契約

文書例

仕分け作業費用に関する確認書

生活協同組合○○○（以下「甲」という。）と、販売者○○○（以下「乙」という。）は、甲乙が締結した「商品取引基本契約」（以下「原契約」という。）に基づき、乙の商品を甲の物流センターを経由して各店舗に納品する際の、仕分け作業費用の一部負担に関し、以下のとおり確認する。

（物流センターにおける仕分け作業についての費用負担）
第１条　本確認書の対象となる商品（以下「対象商品」という。）は、乙が甲に売り渡すＡ商品とする。
２　乙は、原契約の定めに関わらず、乙の指定する甲の物流センターを経由して各店舗に対象商品を納入する場合、当該物流センターにおいて発生する各店舗への仕分け作業費用の一部を負担する。
上記の場合、対象商品の所有権及び危険負担は、乙が上記物流センターへ商品を引き渡し、同所で検収が終了した時点をもって、乙から甲に移転する。
３　乙の負担する仕分け作業費用は以下のとおりとする。
甲乙間の売買代金額（消費税等の額を除く。）の１％。なお、売買代金額は、乙から甲への実質販売金額とする。
（支払方法）
第２条　甲は、前条に基づき算出された金額および消費税相当額の合計額にかかる請求書を遅滞なく乙に送付するものとし、乙は、当該請求金額を以下のとおり甲指定銀行口座に現金を振り込む方法により甲に支払う。なお、振込みに要する費用は乙が負担する。
請求締切日　　毎月20日締
代金支払日　　請求締め切り後、30日以内
（有効期間）
第３条　本確認書の有効期間は20X1年４月１日から原契約が終了するまでとする。
（協議事項）
第４条　～省略～

以上、本確認書の証として、本書２通を作成し、記名押印の上、甲乙各１通を保有する。

20X1年３月30日

（甲）

生活協同組合○○○　　　　印
（乙）
○○○　　　　印

印紙税の取り扱い

(1) 判　定

「仕分け作業費用に関する確認書」（本確認書）は、課税物件表の第7号文書に該当する課税文書となります。

(2) 根　拠

①　契約の概要

本契約書は、生協が乙の商品の各店舗への仕分け作業を請負、その対価の支払いを受けることを約したものです。

②　課税事項の抽出・課税物件表の当てはめ、文書所属の決定

イ　課税事項の抽出・課税物件表の当てはめ

本確認書は、生協と販売者乙との間で、乙の商品を各店舗に仕分けするための作業を生協が請負う第2号文書に該当し、さらに請負に関する2以上の取引を継続して行うために作成されたもので、その取引に共通して適用される取引条件のうち、第1条において目的物の種類を、第2条において対価の支払方法を定めています（法令26①一）ので、継続的取引の基本となる契約書として課税物件表の第7号文書にも該当します。

ロ　文書所属の決定

第2号文書に記載金額がなく、第7号文書にも該当しますので、第7号文書になります（通則3イただし書）。

③　記載金額の判定および税率の適用

第7号文書に該当しますので、収入印紙は4千円となります。

文書事例22

宅配購入注文書

ポイント

① 宅配（共同購入）注文書の取扱い

文書例

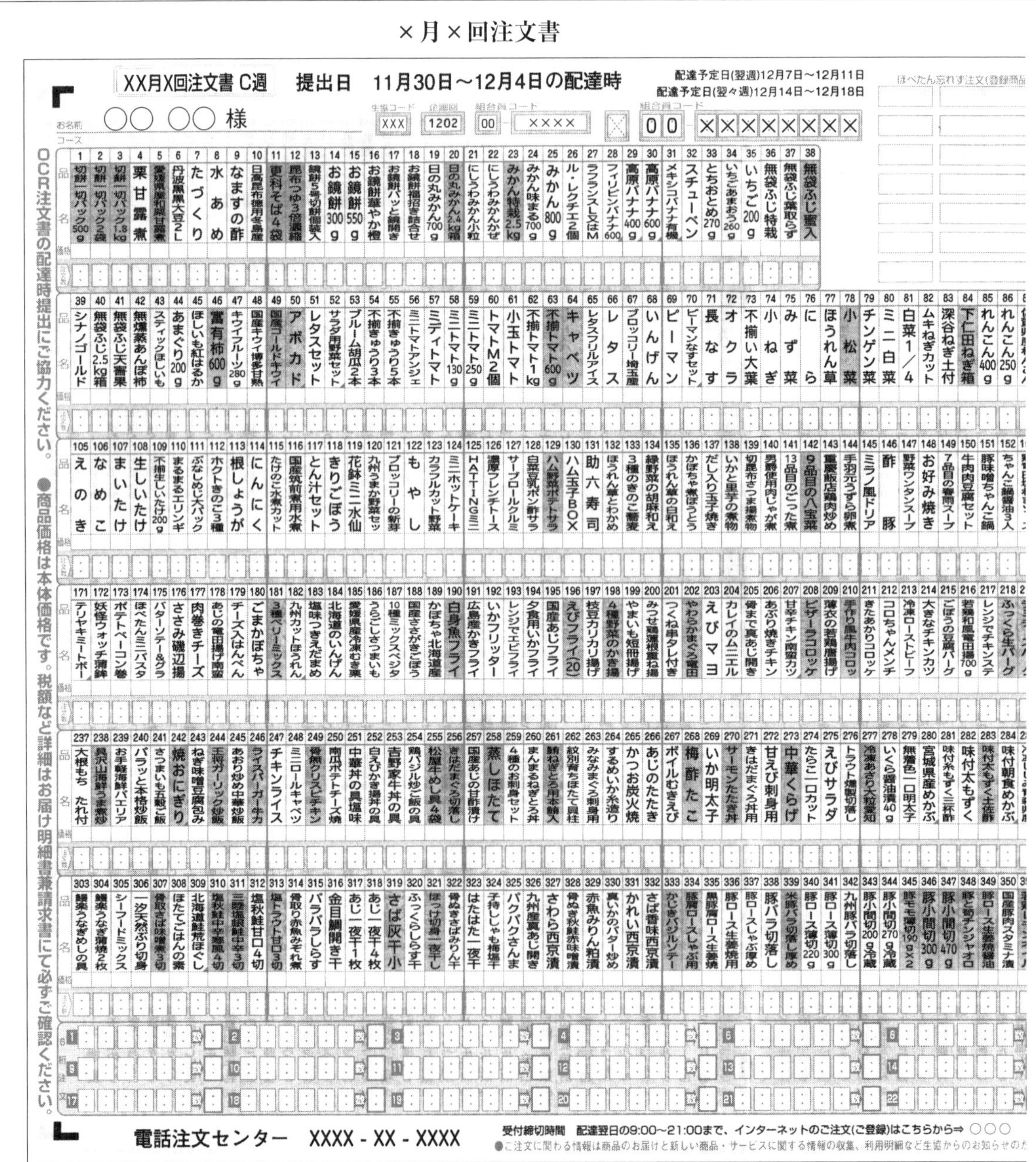

×月×回注文書

XX月X回注文書 C週　提出日　11月30日～12月4日の配達時

配達予定日(翌週)12月7日～12月11日
配達予定日(翌々週)12月14日～12月18日

お名前　○○ ○○ 様
コース

生協コード XXX　企画回 1202　組合員コード 00 - ××××
組合員コード 00 ××××××××

	品名
1	切餅一切パック500g
2	切餅一切パック2袋
3	切餅一切パック1.8kg
4	栗甘露煮
5	愛媛県産和栗甘露煮
6	丹波黒大豆2L
7	たづくり
8	水あめ
9	なますの酢
10	日高昆布徳用冬島産
11	更科そば4袋
12	昆布つゆ3倍濃縮
13	鏡餅5号切餅個装入
14	お鏡餅300g
15	お鏡餅550g
16	お鏡餅華やか橙
17	お鏡餅パッと鏡開き
18	お鏡餅福招き詰合せ
19	日の丸みかん700g
20	日の丸みかん2.4kg箱
21	にしうわみかん小粒
22	にしうわみかんかぜ
23	みかん特栽2.5kg
24	みかん味まる700g
25	みかん800g
26	ル・レクチエ2個
27	ラフランスL又はM
28	フィリピンバナナ600
29	高原バナナ400g
30	高原バナナ600g
31	メキシコバナナ有機
32	スチューベン
33	とちおとめ270g
34	いちごあまおう260g
35	いちご200g
36	無袋ふじ特栽
37	無袋ふじ葉取らず
38	無袋ふじ蜜入
39	シナノゴールド
40	無袋ふじ2.5kg箱
41	無袋ふじ天審果
42	無燻蒸あんぽ柿
43	スティックほしいも
44	あまぐり200g
45	ほしいも紅はるか
46	富有柿600g
47	キウイフルーツ280g
48	国産キウイ博多甘熟
49	国産ゴールドキウイ
50	アボカド
51	レタスセット
52	サラダ用野菜セット
53	ブルーム胡瓜2本
54	不揃きゅうり3本
55	不揃きゅうり5本
56	ミニトマトアンジェ
57	ミディトマト
58	ミニトマト130g
59	ミニトマト250g
60	トマトM2個
61	小玉トマト
62	不揃トマト1kg
63	不揃トマト600g
64	キャベツ
65	レタスフリルアイス
66	レタス
67	ブロッコリー埼玉産
68	いんげん
69	ピーマン
70	ピーマンなすセット
71	長なす
72	オクラ
73	不揃い大葉
74	小ねぎ
75	みず菜
76	にら
77	ほうれん草
78	小松菜
79	チンゲン菜
80	ミニ白菜
81	白菜1／4
82	ムキねぎカット
83	深谷ねぎ土付
84	下仁田ねぎ箱
85	れんこん400g
86	れんこん250g
105	えのき
106	なめこ
107	まいたけ
108	生しいたけ
109	不揃生しいたけ200g
110	まるまるエリンギ
111	ぶなしめじ大パック
112	ホクトきのこ3種
113	根しょうが
114	にんにく
115	たけのこ水煮カット
116	国産筑前煮用水煮
117	とん汁セット
118	きりごぼう
119	花鉢ミニ水仙
120	九州うまか野菜セッ
121	ブロッコリーの新芽
122	もやし
123	カラフルカット野菜
124	ミニホットケーキ
125	HATTINGミニ
126	濃厚フレンチトース
127	サーブロールクルミ
128	白菜豆乳ポン酢サラ
129	ハム野菜ポテトサラ
130	ハム玉子BOX
131	助六寿司
132	ほうれん草とわかめ
133	3種のきのこ[illegible]
134	緑野菜の胡麻和え
135	ほうれん草の白和え
136	かぼちゃ煮ほうとう
137	だし入り玉子焼き
138	いかと里芋の煮物
139	切昆布さつま揚煮物
140	男爵使用肉じゃが煮
141	13品目のごった煮
142	9品目の八宝菜
143	重慶飯店鶏肉炒め
144	手羽元うずら卵煮
145	ミラノ風ドリア
146	酢豚
147	野菜ワンタンスープ
148	お好み焼き
149	7品目の春雨スープ
150	牛肉豆腐セット
151	豚味噌ちゃんこ鍋
152	ちゃんこ鍋醤油3人
171	テリヤキミートボー
172	妖怪ウォッチ蒲鉾
173	ポテトベーコン巻
174	ほぺたんミニパスタ
175	バターソテー&グラ
176	ささみ磯辺揚
177	肉巻きチーズ
178	あじの竜田揚げ南蛮
179	チーズ入はんぺん
180	ごまかぼちゃ
181	3種ベリーミックス
182	九州カットほうれん
183	塩味つきえだまめ
184	北海道のいんげん
185	愛媛県産冷凍むき栗
186	うらごしさつまいも
187	10種ミックスベジタ
188	国産ささがきごぼう
189	かぼちゃ北海道産
190	白身魚フライ
191	広島産かきフライ
192	いかフリッター
193	レンジでエビフライ
194	夕食用いかフライ
195	国産あじフライ
196	えびフライ(20)
197	枝豆カリカリ揚げ
198	4種野菜のかき揚
199	やまいも短冊揚げ
200	みつせ鶏蓮根重ね揚
201	つくね串タレ付き
202	やわらかまぐろ竜田
203	えびマヨ
204	カレイのムニエル
205	骨まで真あじ開き
206	あぶり焼きチキン
207	甘辛チキン南蛮カツ
208	ピザーラコロッケ
209	薄衣の若鶏唐揚げ
210	手作り風牛肉コロッ
211	きたあかりコロッケ
212	コロちゃんメンチ
213	冷凍ローストビーフ
214	大きなチキンカツ
215	ごぼうの豆腐バーグ
216	若鶏和風竜田揚700g
217	レンジでチキンステ
218	ふっくら生バーグ
237	大根もち たれ付
238	具沢山海鮮うま煮炒
239	お手軽海鮮パエリア
240	パラッと本格炒飯
241	さつまいも五穀ご飯
242	焼おにぎり
243	ねぎ味噌豆腐包み
244	王将ガーリック炒飯
245	あおり炒め中華炒飯
246	ライスバーガー牛カ
247	チキンライス
248	ミニロールキャベツ
249	骨無クリスピチキン
250	南瓜ポテトチーズ焼
251	中華丼の具塩味
252	白えびかき揚丼の具
253	吉野家牛丼の具
254	鶏バジル炒ご飯の具
255	松屋牛めし具4袋
256	きはだまぐろ切落し
257	国産あじの甘酢漬け
258	蒸しほたて
259	4種のお刺身セット
260	まんまるねぎとろ丼
261	鮪ねぎとろ用本鮪入
262	紋別育ちほたて貝柱
263	みなみまぐろ刺身用
264	するめいか糸造り
265	かつお炭火焼
266	あじのたたき
267	ボイルむきえび
268	梅酢たこ
269	いか明太子
270	サーモンたたき丼
271	きはだまぐろ丼用
272	甘えび刺身用
273	中華くらげ
274	たらこ一口カット
275	えびサラダ
276	トラウト燻製切落し
277	冷凍あさり大粒愛知
278	いくら醤油漬40g
279	無着色一口明太子
280	宮城県産めかぶ
281	味付糸もずく三杯酢
282	味付太もずく
283	味付太もずく土佐酢
284	味付朝食めかぶ
303	鰻楽うなぎめしの具
304	鰻楽うなぎ蒲焼2枚
305	シーフードミックス
306	一汐天然ぶり切身
307	骨取さば味噌煮3切
308	ほたてごはんの素
309	北海道鮭荒ほぐし
310	塩秋鮭中辛寒風4切
311	三陸塩銀鮭中辛3切
312	塩秋鮭甘口4切
313	塩トラウト甘口3切
314	骨取り赤魚みぞれ煮
315	パラパラしらす
316	金目鯛開き干
317	あじ一夜干1枚
318	あじ一夜干4枚
319	さば灰干小
320	ふっくらしらす干
321	ほっけ切身一夜干し
322	骨ぬきさばみりん干
323	はたはた一夜干
324	子持ししゃも梅塩干
325	パクパクさんま
326	九州産真あじ開き
327	さわら西京漬
328	骨ぬき秋鮭赤味噌漬
329	赤魚みりん粕漬
330	真いかのバター炒め
331	かれい西京漬
332	さば香味西京漬
333	かじきバジルソテー
334	豚肩ロースしゃぶ用
335	黒豚肩ロース生姜焼
336	豚ロース生姜焼用
337	豚ロースしゃぶ厚め
338	豚バラ切落し
339	米豚バラ切落し厚め
340	豚ロース薄切220g
341	豚ロース薄切300g
342	九州豚バラ切落し
343	豚小間切200g冷蔵
344	豚小間切270g冷蔵
345	豚モモ薄切190g×2
346	豚小間切300g
347	豚小間切470g
348	豚と筍チンジャオロ
349	豚ロース生姜焼醤油
350	国産豚肉スタミナ漬

（各品名欄の下に「価格」「注文数」欄）

6桁注文　1～22　数

OCR注文書の配達時提出にご協力ください。●商品価格は本体価格です。税額など詳細はお届け明細書兼請求書にて必ずご確認ください。

電話注文センター　XXXX - XX - XXXX

受付締切時間　配達翌日の9:00～21:00まで、インターネットのご注文(ご登録)はこちらから⇒ ○○○

●ご注文に関わる情報は商品のお届けと新しい商品・サービスに関する情報の収集、利用明細など生協からのお知らせのた

印紙税の取り扱い

(1) 判　定

「×月×回注文書」（本文書）は、課税事項を証明するものではありませんので、不課税文書となります。

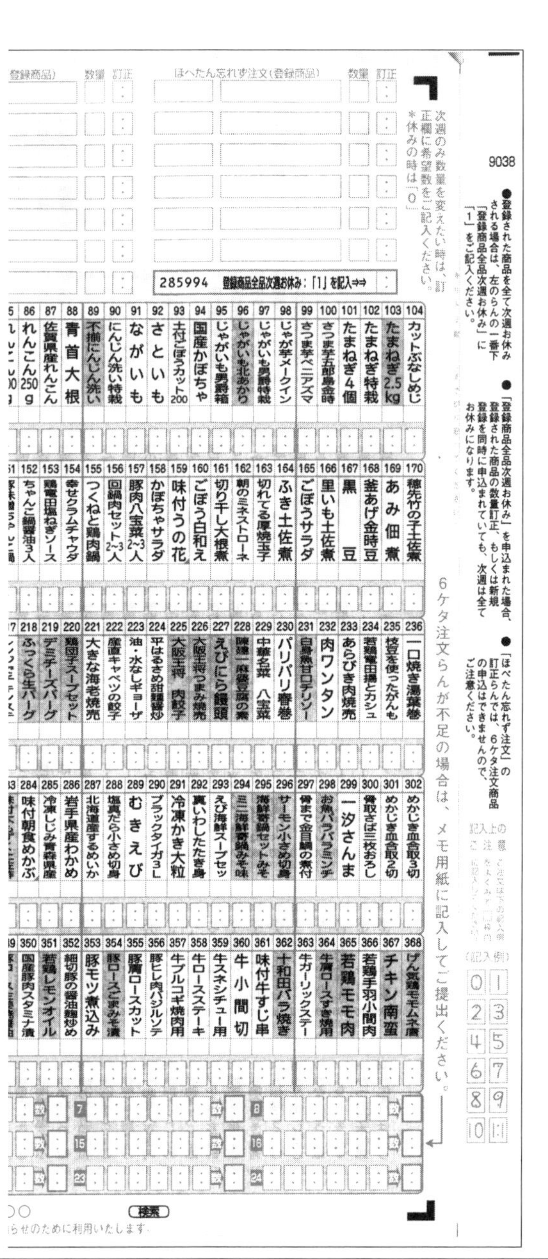

(登録商品)　数量　訂正　ほぺたん忘れず注文(登録商品)　数量　訂正

285994　登録商品全品次週お休み：「1」を記入⇒⇒

次週のみ数量を変えたい時は、訂正欄に希望数をご記入ください。
＊休みの時は「0」

9038

●登録された商品を全て次週お休みされる場合は、左のらんの一番下「登録商品全品次週お休み」に「1」をご記入ください。

●「登録商品全品次週お休み」を申込まれた場合、登録された商品の数量訂正、もしくは新規登録を同時に申込まれていても、次週は全てお休みになります。

●「ほぺたん忘れず注文」の訂正らんでは、6ケタ注文商品の申込はできませんので、ご注意ください。

86	87	88	89	90	91	92	93	94	95	96	97	98	99	100	101	102	103	104
れんこん250g	佐賀県産れんこん	青首大根	不揃にんじん洗い	にんじん洗い特栽	ながいも	さといも	土付ごぼうカット200	国産かぼちゃ	じゃがいも男爵箱	じゃがいも北あかり	じゃがいも男爵特栽	じゃが芋メークイン	さつま芋ベニアズマ	さつま芋五郎島金時	たまねぎ4個	たまねぎ特栽	たまねぎ2.5kg	カットぶなしめじ

152	153	154	155	156	157	158	159	160	161	162	163	164	165	166	167	168	169	170
ちゃんこ鍋醤油3人	鶏竜田塩ねぎソース	幸せクラムチャウダ	つくねと鶏肉鍋	回鍋肉セット2~3人	豚肉八宝菜2~3人	かぼちゃサラダ	味付うの花	ごぼう白和え	切り干し大根煮	朝のミネストローネ	切れてる厚焼玉子	ふき土佐煮	ごぼうサラダ	里いも土佐煮	黒豆	釜あげ金時豆	あみ佃煮	穂先竹の子土佐煮

218	219	220	221	222	223	224	225	226	227	228	229	230	231	232	233	234	235	236
ふっくら生バーグ	デミチーズバーグ	鶏団子スープセット	大きな海老焼売	産直キャベツの餃子	油・水なしギョーザ	平はるさめ甜麺醤炒	大阪王将 肉餃子	大阪王将つまみ焼売	えびにら饅頭	陳建一麻婆豆腐の素	中華名菜 八宝菜	パリパリ春巻	白身魚甘口チリソー	肉ワンタン	あらびき肉焼売	若鶏竜田揚とカシュ	枝豆を使ったがんも	一口焼き湯葉巻

284	285	286	287	288	289	290	291	292	293	294	295	296	297	298	299	300	301	302
味付朝食めかぶ	冷凍しじみ青森県産	岩手県産わかめ	北海道産するめいか	塩真だら小さめ切身	むきえび	ブラックタイガ3L	冷凍かき大粒	真いわしたたき身	えび海鮮スープセッ	三陸海鮮寄鍋みそ味	海鮮寄鍋セットみそ	サーモン小さめ切身	骨まで金目鯛の煮付	お魚バラバラミンチ	一汐さんま	骨取さば三枚おろし	めかじき血合取2切	めかじき血合取3切

350	351	352	353	354	355	356	357	358	359	360	361	362	363	364	365	366	367	368
国産豚肉スタミナ漬	若鶏レモンオイル	細切豚の醤油麺炒め	豚モツ煮込み	豚ロースこうじみそ漬	豚肩ロースカット	豚ヒレ肉バジルソテ	牛プルコギ焼肉用	牛ロースステーキ	牛スネシチュー用	牛小間切	味付牛すじ串	十和田バラ焼き	牛ガーリックステー	牛肩ロースすき焼用	若鶏モモ肉	若鶏手羽小間肉	チキン南蛮	げん気鶏モモムネ肉

6ケタ注文らんが不足の場合は、メモ用紙に記入してご提出ください。

（記入例）　0 1 2 3 4 5 6 7 8 9 10 11

らせのために利用いたします。

(2) 根　拠

①　文書の概要

本文書は、組合員が宅配商品を注文する場合にＯＣＲ用紙である本文書に記入し、生協に提出するものです。

②　不課税文書となる理由

本文書は、単に注文するために記入する文書であり課税物件表の課税事項のいずれにも該当しないため、不課税文書となります。

文書事例23

テナント売上日報（報告書）

ポイント

① テナント業者の売上報告書の取扱い
② テナント売上日報に生協の受領印があるものの取扱い
③ 消化仕入の場合の取扱い

文書例

催事・テナント売上報告書　〔D　お取引先控〕

日報日	店コード	店名	区分	納入者コード	名称
年　月　日			催事・外売・テナント・自販機・外商・カウンター・その他		

担当		Mgr		店長	

レシート貼付欄

《現金・伝票類・過不足》
税込みの総額を記入して下さい。

	科目		枚数	金額
現金在高表	1万円	+		0000
	5千円	+		000
	2千円	+		000
	千円	+		000
	500円	+		00
	100円	+		00
	50円	+		0
	10円	+		0
	5円	+		
	1円	+		
	その他	+		
	現金計	A		
現金外供給高	ポイント券	+		
	生協商品券	+		
	生協お買物券	+		
	その他商品券	+		
	信販商品券	+		
	チケット/クレジット	+		
	売掛／経費他	+		
	L他社クレジット	+		
		+		
		+		
	現金外計	B		
	合計	C	A+B	
	精算レシート	D		
	小口	E		
	理論取扱高	F	D+E	
現金過不足		G	F−C	

《内税供給計算欄》
消費税額＝内税取扱高×8÷108（切捨て）

メモ	内税取扱高	供給高	消費税額

（転記）

《課税・非課税供給》

	単品コード／名称	原価額	供給額	消費税額
1				
2				
3				
4				
5				
6				
7				
8				
9				
10				
	小計	H	I	J
	99分類消費税額（税部門への打刻額）			K
	合計	H	I	J+K

総取扱高（I+J+K）	

（注）4葉構成　イ 生協経理部 控　ロ 生協店舗 控　ハ 生協店舗売場 控　ニ お取引先 控

印紙税の取り扱い

(1) 判　定

「催事・テナント売上報告書」（本日報）のうち生協内部の控え（4葉構成のうちイ～ハ）は課税文書に該当しないため不課税文書となります。

「催事・テナント売上報告書」（本日報）のうち受領印を押印しテナント業者に交付するもの（4葉構成のうちニ）は、第17号の2文書として課税文書となります。

(2) 根　拠

①　文書の概要

本日報（生協内部の控）は、生協店舗内のテナント業者が、売上代金の内訳を生協に報告するものです。

また、本日報（お取引先控）は、生協店舗内のテナント業者が、売上代金の内訳を生協に報告し、生協が金銭の受領事実を証明する目的で受領印等を押印し、テナント業者に交付するものです。

②　生協内部の控えが不課税文書となる理由

本日報は、テナント業者の1日の売上明細等を記載した報告書にすぎませんので、課税事項には該当せず不課税文書となります。

③　受領印を押印し交付した書類

イ　課税事項の抽出・課税物件表の当てはめ、文書所属の決定

本日報は、生協がテナント業者から金銭の受領事実を証明する目的で受領印等を押印したもので、売上代金の預かりを証明するものですので、売上代金以外の金銭又は有価証券の受取書に該当するため第17号の2文書に該当し、課税文書となります（課税物件表 第17号の2文書）。

ロ　税率の適用

本日報は第17号の2文書に該当しますので収入印紙は200円となります。

（補足）契約上、出店者（取引先）が組合員に商品を売り上げたときに、生協が出店者から仕入れて売上げたものとし、その売上代金を生協のものとすることになっている場合（消化仕入）には、出店者に交付する文書はその売上代金が当初から生協のものとなり、同一法人内において事務の整理上作成される文書と認められますので、課税文書には該当しません。なお、このような消化仕入については、出店者と生協との間で売上代金が生協のものとすることが基本契約書等であきらかにされていることが条件となります。

生協の福祉事業に関する文書

文書事例24

居宅介護支援契約書

ポイント

① 介護関連契約書の課税判定

② 主たる債務の契約書に債務保証契約の成立を証する文言等を併記した場合の取扱い

文書例

居宅介護支援契約書

○○○○（以下「利用者」といいます。）と生活協同組合○○（以下「事業者」といいます。）は、事業者が利用者に対して行う居宅介護支援について、つぎのとおり契約します。

（契約の目的）
第１条　事業者は、利用者の委託を受けて、利用者に対し介護保険法令の趣旨にしたがって、居宅サービス計画の作成を支援し、指定居宅サービス等の提供が確保されるよう、サービス提供者との連絡調整その他の便宜をはかります。
（契約期間）
第２条
　１　この契約の契約期間は、契約締結の日から利用者の要介護認定（以下「要介護認定等」といいます。）の有効期間満了日までとします。
　２　契約満了までに、利用者から事業者に対して、文書により契約終了の申し出がない場合、契約は自動更新されるものとします。
（介護支援専門員）
第３条　～省略～
（居宅サービス計画作成の支援）
第４条　事業者は、つぎの各号に定める事項を介護支援専門員に担当させ、居宅サービス計画の作成を支援します。
　１　利用者の居宅を訪問し、利用者および家族に面接して情報を収集し、解決すべき課題を把握します。
　２　当該地域における指定居宅サービス事業者等に関するサービスの内容、利用料等の情報を適正に利用者およびその家族に提供し、利用者にサービスの選択を求めます。
　３　提供されるサービスの目標、その達成時期、サービスを提供する上での留意点等を盛り込んだ居宅サービス計画の原案を作成します。
　４　居宅サービス計画の原案に位置づけた指定居宅サービス等について、保険給付の対象となるか否かを区分したうえで、その種類、内容、利用料等について利用者およびその家族に説明し、利用者から文書による同意を受けます。
　５　その他、居宅サービス計画作成に関する必要な支援を行います。
（経過観察・再評価）第５条、（施設入所への支援）第６条　～省略～

（居宅サービス計画の変更）
第７条　利用者が居宅サービス計画の変更を希望した場合、または事業者が居宅サービス計画の変更が必要と判断した場合は、事業者と利用者双方の合意をもって居宅サービス計画を変更します。
（給付管理）
第８条　～省略～
（要介護認定等の申請に係わる援助）
第９条
　１　事業者は、利用者が要介護認定等の更新申請および状態の変化に伴う区分変更の申請を円滑に行えるよう利用者を援助します。
　２　事業者は、利用者が希望する場合は、要介護認定等の申請を利用者に代わって手続きします。
（サービス提供の記録）
第10条　～省略～
（料金）
第11条　事業者が提供する居宅介護支援に対する料金は「契約書別紙」のとおりです。
（契約の終了）第12条、（契約終了時の措置）第13条、（秘密保持）第14条、（賠償責任）第15条、（身分証携行義務）第16条、（相談・苦情対応）第17条、（善管注意義務）第18条
～省略～
（連帯保証人）
第19条　連帯保証人は、利用者と連帯して、この契約に基づいて生じる利用者の一切の債務について責任を負うものとします。また、事業者と共同して、介護サービスの質、および利用者の在宅生活の質の向上に努めるものとします。
（代理人）第20条、（本契約に定めのない事項）第21条、（裁判管轄）第22条　～省略～
契約締結日　20X1年３月20日
居宅介護支援の提供開始にあたり、本書面に基づいて契約書の説明を行いました。

＜事業者＞
生活協同組合○○　印
＜説明者＞
○○○○　印

私は、本書面に基づいて事業所から居宅介護支援についての契約書の説明および当該契約書の交付を受け、その内容について同意しました。本書２通を作成し、利用者と事業者が１通ずつ保有するものとします。

＜ご利用者＞　住所　○○○…
氏名　○○○○　印
＜代理人＞　住所　○○○…
氏名　○○○　印

（注）第９条は提供するサービス支援の内容を規定したものです。また第19条は債務の保証に関する契約事項を規定したものです。ただし本契約書である「居宅介護支援契約書」（主たる債務の契約書）に債務保証契約の成立を証する文言等を併記（主たる債

務の契約書に併記するもの）したものとなります。
なお、本契約書では代理人と委任者（利用者）の両方の名義が表示されているため、代理人が文書の一方の作成者となります。

印紙税の取り扱い

(1) 判　定

「居宅介護支援契約書」（本契約書）は委任に関する契約書であり、不課税文書となります。

(2) 根　拠

①　契約の概要

本契約書は、生協が介護保険法にもとづいて利用者との間で居宅サービス計画作成支援や要介護認定等の更新申請支援等を行うことを約したものです。

②　不課税文書となる理由

本契約書の第1条および第4条によれば、本契約は仕事の完成を目的とする請負契約ではなく、一定の目的のために事務処理することを目的とする委任契約（法律行為以外の事務を処理する準委任を含む。）に該当します。このため、本契約書は課税物件表に定める課税事項には該当しないため、不課税文書となります。

（補足）本契約書第19条において「連帯保証人」規定がありますが、これは債務の保証に関する契約事項を規定したものです。ただし、主たる債務の契約書である本契約書に併記されたものですので課税物件表の第13号文書には該当しません（課税物件表第13号文書　物件名欄かっこ書、基通別表1　第13号文書3）。

文書事例25

訪問介護・介護予防訪問介護サービス利用契約書

ポイント

① 介護関連契約書の課税判定

文書例

訪問介護・介護予防訪問介護サービス利用契約書

利用者○○○○（以下「利用者」といいます。）と○○○生活協同組合（以下「事業者」といいます。）は、事業者が利用者に対して行う訪問介護・介護予防訪問介護（以下「訪問介護等」）について、つぎのとおり契約します。

（契約の目的）

第１条　事業者は、利用者に対し、介護保険法令の趣旨にしたがって、利用者が可能な限りその居宅において、その有する能力に応じ自立した日常生活を営むことができるよう訪問介護等を提供し、利用者は、事業者に対し、そのサービスに対する料金を支払います。

（契約期間）

第２条

1　この契約の契約期間は、契約締結の日から利用者の要介護認定・要支援認定（以下「要介護認定等」といいます。）の有効期間満了の日までとします。

2　契約満了の２日前までに、利用者から事業者に対して、文書により契約終了の申し出がない場合、契約は自動更新されるものとします。

（訪問介護計画・介護予防訪問介護計画）

第３条　～省略～

（訪問介護等の内容）

第４条

1　利用者が提供を受ける訪問介護等の内容は介護保険適用が認められた範囲のサービスで、契約書別紙に定めたとおりです。事業者は契約書別紙に定めた内容について利用者およびその家族に説明します。

2　事業者は、サービス従業者を利用者の居宅に派遣し、訪問介護計画等にそって契約書別紙に定めた内容の訪問介護等を提供します。

3　第２項のサービス従業者は、介護福祉士、訪問介護員養成研修１～２級課程・介護職員初任者研修を終了した者です。

4　訪問介護計画等が利用者との合意をもって変更され、事業者が提供するサービスの内容または介護保険適用の範囲が変更となる場合は、利用者の了承を得て新たな内容の説明書を作成し、それをもって訪問介護等の内容とします。

（サービスの提供の記録）

第５条　～省略～

（料金）

第６条
　１　利用者は、サービスの対価として契約書別紙に定める利用単位ごとの料金をもとに計算された月ごとの合計額を支払います。
　２　事業者は、当月の料金の合計額の請求書に明細を付して、翌月15日までに利用者に送付します。
　３　利用者は、当月の料金の合計額を翌月末日までに指定された口座に振込み・その他で支払います。
　４　事業者は、利用者から料金の支払いを受けたときは、利用者に対し領収書を発行します。
　５　利用者は、居宅においてサービス従業者がサービスを実施のために使用する水道・ガス・電気・電話ならびに買い物代行や外出介助で生じた交通費の費用を負担します。

（サービスの中止）第７条、（料金の変更）第８条、（契約の終了）第９条、（個人情報保護）第10条、（賠償責任）第11条、（緊急時の対応）第12条、（身分証携行義務）第13条、（連携）第14条、（苦情対応）第15条、（信義誠実の原則）第16条、（裁判管轄）第17条

～省略～

契約書

事業者
　　○○○生活協同組合　　印
契約締結日　　20X1年４月１日

利用者
　　○○○○　　印
代理人
　　○○○○　　印
連帯保証人
　　○○○○　　印

上記の契約を証するため、本書を２通作成し、利用者、事業者が署名押印の上、１通ずつ保有するものとします。

印紙税の取り扱い

(1) 判　定

「訪問介護・介護予防訪問介護サービス利用契約書」（本契約書）は委任に関する契約書であり不課税文書となります。

(2) 根　拠

①　契約の概要

本契約書は、生協が介護保険法にもとづいて利用者との間で訪問介護等のサービスの提供を行うことを約したものです。

② 不課税文書となる理由

本契約書第1条および第4条により、本契約書は仕事の完成を目的とする請負契約ではなく、一定の目的のために事務を処理することを目的とする委任契約（法律行為以外の事務を処理する準委任を含む。）に該当します。このため、本契約書は課税物件表に定める課税事項には該当しないため、不課税文書となります。

文書事例26

携帯ヘルパーシステム利用契約書

ポイント

① 携帯ヘルパーシステム利用契約書とは

文書例

携帯ヘルパーシステム利用契約書

○○○○（以下「甲」という。）と○○○生活協同組合（以下「乙」という。）とは、甲が乙に対して提供する○○システムを利用した携帯ヘルパーシステム（以下「本件システム」という。）の利用に関して、次のとおり本契約を締結する。

（目的）
第１条　乙は、甲が提供する本件システムを使用し、乙の取り扱う訪問介護事業等に利用する。
（利用者の範囲）
第２条　利用者は、乙と雇用契約を結ぶ職員とする。
（利用料金と支払方法）
第３条　乙は甲に対して毎月XXX円（消費税別）を支払うものとする。甲は毎月25日までに乙に対して請求し、乙は翌月20日までに当月分を甲の指定する口座に振り込むものとする。
（乙への報告義務）
第４条　甲は、本件システムの提供について変更もしくは支障が生じた場合には、速やかに乙に報告するものとする。また乙が請求した場合には遅滞なく本件システムの状況について乙に報告するものとする。
（守秘義務）
第５条　甲および乙は、本契約の遂行において知りえた事項を、当該相手方より事前に承諾を得ることなしに、第三者に開示、漏洩してはならない。以下～省略～。
（免責事項）第６条、（契約の解除）第７条　～省略～
（有効期間）
第８条　本契約の有効期間は、20X1年４月１日～20X2年３月31日とする。ただし、期間満了の３か月前までに甲乙いずれからも何らの申し出のないときは、本契約と同一の条件でさらに１年間延長されるものとし、以後も同様とする。
（協議）第９条、（管轄裁判所）第10条　～省略～

以上のとおり合意したので、この契約の成立の証として、本書２通を作成し、各自記名押印の上、各１通を保有する。

20X1年３月31日

（甲）
　　○○○○　　　　　　　　　　印
（乙）
　　○○○生活協同組合　　　　　印

印紙税の取り扱い

(1) 判　定

「携帯ヘルパーシステム利用契約書」（本契約書）は、不課税文書となります。

(2) 根　拠

①　契約の概要

本契約書は、甲と乙との間で、甲が提供する携帯ヘルパーシステムを乙が利用することを約したものです。

〈参考〉「携帯ヘルパーシステム」とは、乙が行う訪問介護サービスにおいて、その介護状況（食欲、体調等）をヘルパーが電子ペン等で記録し、ヘルパーが乙にその情報をメールで送信する仕組み。ヘルパー同士の情報交換や、ヘルパーと被介護者とのコミュニケーションが円滑になります。

②　不課税文書となる理由

本契約書は、「携帯ヘルパーシステム」を利用しそれに対して利用料を支払うことを約したものであり、課税物件表の課税事項のいずれにも該当しないため不課税文書となります。

生協の共済事業、保険代理店等に関する文書

文書事例27

組合員加入および共済に関する業務委託契約書

ポイント

① 委任契約

文書例

業務委託契約書

委託者 ○○○生活協同組合（以下「甲」という。）と受託者 ○○○株式会社（以下「乙」という。）は、組合員加入および共済に関する業務委託契約（以下「この委託」という。）を以下の通り締結する。

(契約の趣旨)
第１条　甲は、次条の内容で、その業務を乙に委託し、乙はこれを受託した。
(業務委託の内容)
第２条　甲が乙に委託する業務の場所は、以下の通りとする。
① 住所
○○県○○市○○
② 甲の事業所コード
事業所コード×××の事業所
２　甲が乙に委託する業務の内容は、以下の通りとする。
① 組合員加入拡大
② ＣＯ･ＯＰ共済に関する業務
③ その他前各号に付帯または付随する作業
(乙の責任と報告)
第３条　～省略～
(使用人)
第４条　乙は、この契約に基づき、その受託業務に従事する使用人に関しては、甲に事前に甲の指定する事項を記入した文書を提出するものとする。
２　～省略～
(責任者) 第５条、(業務中の事故および第三者への損害) 第６条、(遵守事項) 第７条、(再委託の制限) 第８条
～省略～
(委託料金)
第９条　委託料金は、別途『覚書』にて定める。消費税は別途甲の負担とする。
(委託料金の請求、支払いの方法)
第10条　乙は、前条の料金を、前月締切日の翌日より毎月20日（直前の火曜日）までの甲の検収分を締切り、当月25日までに、甲に請求するものとする。なお、乙が受託した業務を完全に履行したことを甲が確認した時点をもって検収とみなす。
２　甲は、乙の請求を確認した場合、翌月20日までに乙の指定する金融機関の口座

に振込んで支払う。なお、乙は、振込に要する手数料を負担する。なお、銀行振込日が金融機関の休業日の場合には、翌営業日とする。

3　甲は、乙の請求が第1項の指定日に遅れた場合または承認できない請求がある場合には、その支払いを翌月度以降に繰り下げることができる。

4　乙は、甲よりの支払いは、甲が経理業務を委託しているA株式会社（以下「A」という。）より行われることを異議なく承諾する。

（履行不能の措置）
第11条　～省略～
（損害賠償）
第12条　乙は、甲より受託した業務に関し、甲に損害を与えた場合は、その損害を賠償しなくてはならない。

2　前項の損害賠償の金額は、甲が算出し、乙はこれに従うことを承認した。

3　甲は、損害賠償額の全部または一部を乙の甲に対する業務委託料金請求債権と対当額で相殺することができる。

（契約解除）第13条、（債権譲渡の禁止）第14条、（途中解約）第15条、（守秘義務）第16条、（管轄裁判所）第17条　～省略～
（契約期間）
第18条　この契約の有効期間は、20X1年9月21日から20X2年9月20日までとする。ただし、期間満了の3か月前までに甲乙いずれから、何らの申し出がない場合は、この契約は自動的に1か年延長するものとし、その後の期間満了についても同様とする。
（定めのない事項等）
第19条　～省略～

以上契約締結の証として本書2通を作成し、記名捺印の上甲乙各一通を保持する。

20X1年9月21日

甲
○○○生活協同組合　印
乙
○○○株式会社　印

印紙税の取り扱い

(1) 判　定

「業務委託契約書」（本契約書）は委任に関する契約書に該当し、不課税文書となります。

(2) 根　拠

①　契約の概要

本契約書は、生協が乙に組合員加入拡大、CO・OP共済に関する業務、その他それらの付帯または付随する作業について事務処理を委託することを約したものです。

第3章　文書事例

② 不課税文書となる理由

本契約書第2条2項において生協が乙に委託する業務の内容を規定しています。その内容は、乙がそれらの仕事の完成を約するものではなく、これらの業務の内容の事務処理を受託する委任契約に該当するため、不課税文書となります。

文書事例28

組合員加入および共済に関する業務委託契約書に関する覚書

ポイント

① 原契約書が不課税文書である場合の補充契約書の取扱い

文書例

業務委託料金に関する覚書

委託者 ○○○生活協同組合（以下「甲」という。）と受託者 ○○○株式会社（以下「乙」という。）とは、甲が乙と20X1年９月21日付けで締結する『業務委託契約書』（以下「原契約書」という。）に基づき、以下の通り覚書を締結する。

（目的）
第１条　甲および乙は、原契約書第９条に基づき、委託料金を定め、相互に確認した。
（委託料金）
第２条　委託料金単価は、以下の通りとする。
　　　組合員加入手続き　　１名につき　1,000円（消費税等を含まない。）
　　　共済有力情報の提供　１名につき　900円（消費税等を含まない。）
　　　共済基本情報の提供　１名につき　800円（消費税等を含まない。）
（契約期間）
第３条　この覚書は、20X1年９月21日から20X2年９月20日とする。
（その他）
第４条　～省略～

以上の通り合意したので、その証として、本証２通を作成し、甲乙記名捺印の上、各１通を保管する。

20X1年９月21日

甲
○○○生活協同組合　印
乙
○○○株式会社　印

（注）本覚書の原契約書は、「文書事例27　組合員加入および共済に関する業務委託契約書」になります。

印紙税の取り扱い

(1) 判　定

「業務委託料金に関する覚書」（本覚書）は不課税文書となります。

(2) 根　拠

①　契約の概要

本覚書は、原契約書である「業務委託契約書」の委託料金を補充するものです。

②　不課税文書となる理由

原契約書である「業務委託契約書」が不課税文書であるため、その補充契約書である本覚書も不課税文書となります。

文書事例29

法人募集代理店委託契約書

ポイント

① 保険募集代理店契約

文書例

生命保険法人募集代理店委託契約書

生活協同組合○○○（以下「甲」という。）と○○○生命保険株式会社（以下「乙」という。）は、生命保険契約の募集に関する業務の委託について、以下の各条項のとおり契約する。
甲と乙は、この契約書の定めるところにしたがうほか、保険業法その他関係法令等を遵守しなければならない。
本契約の証として本書を１通作成し、甲、乙および甲の保証人が記名押印の上、乙がこれを所持する。

20X1年３月20日

（代理店甲）
生活協同組合○○○　印
（保証人）
○○○○　印
（会社乙）
○○○生命保険株式会社　印

（委託業務）
第１条　乙は、甲につぎの業務（以下「代理店業務」という。）を委託し、甲はこれを受託する。
(1) 第３条に定める生命保険契約（以下「保険契約」という。）の締結の媒介（以下「保険募集」という。）
(2) 第１回保険料充当金（同時に前納される保険料充当金を含む。以下同じ。）の受領および乙所定の領収書の発行および交付
(3) 保険契約者（以下「契約者」という。）、被保険者および保険金または給付金の受取人からの保険契約にかかわる申し出の乙への伝達ならびにこれに伴い乙との間に授受される書類の受け渡し。ただし、保険業法第309条に定める保険契約の申し込みの撤回または解除（以下「クーリングオフ」という。）の申し出の受付けを除く。
(4) 保険契約の失効および解約の防止に向けた業務
(5) その他前各号以外の保険契約の保全、契約者に対する情報提供等保険契約の維持管理業務
(6) その他、特に乙からの個別に委託された業務

２　甲は、保険契約の締結権、告知の受領権および保険料の受領権その他の代理権は有さない。

ただし、第１回保険料充当金の受領権および乙から個別に委託された第２回以降保険料の受領権を除く。

（代理店の事務所）

第２条　～省略～

（委託保険契約の種類）

第３条　乙が甲に保険募集を委託する保険契約の種類は、乙の取り扱う保険契約とする。

（自己契約）

第４条　甲は、保険料の割引、割戻等を受けることを目的として、自己を契約とする保険契約その他の保険契約の保険募集を行ってはならない。

２　～省略～

（特定契約等）

第５条　甲は、保険料の実質的割引を目的として、乙が別に定める基準に該当する、甲および甲の代表者と人的または資本的に密接な関係を有する法人（以下「特定関係法人」という。）を契約者とする保険募集を行ってはならない。

２～５　～省略～

（登録義務）

第６条　甲は、代理店募集を行うにあたって法令等の定めるところにより、生命保険募集人として所定の登録を受けなければならない。

２～５　～省略～

（専任募集人）第７条、（業務管理責任者）第８条　～省略～

（他の生命保険会社との委託契約）

第９条　甲は、他の生命保険会社の生命保険募集人として、登録を受けることおよび他の生命保険会社のために代理店業務を行うことはできない。

２～４　～省略～

（教育責任者の配置）

第10条　～省略～

（代理店手数料）

第11条　乙は、甲の代理店業務に対し、乙が別に定める代理店手数料規程にもとづき、手数料を支払う。

２　前項の手数料は、乙が代理店手数料規程に定める日に、甲の指定する銀行口座（「その他の金融機関の口座」、「持参」等を含む。）に振込むものとする。

３　甲は、取り扱っている保険契約について、無効、失効、解約、解除（クーリングオフの場合を含む。）または契約条件の変更、乗換等が生じたときは、乙が別に定める代理店手数料規程に基づき、手数料相当額の一部または全部を乙に戻入れるものとする。

４　乙は、本契約が契約期間の満了、解約または解除により終了した場合、甲に対し、終了日以後の手数料は支払わないものとする。

（費用負担）第12条、（保険募集にあたっての権限明示）第13条、（「ご契約のしおり」の事前配付）第14条、（第１回保険料充当金等の取り扱い）第15条、（文書等の受け渡し・保管義務）第16条、（業務用物品）第17号、（代理店業務の状況報告義務）第18条、（業務上知りえた秘密の保持）第19条、（保険料割戻し等の禁止）第20条、（募集文書等）第21条、（予想配当表示・比較情報の提供）第22条、（代理店業務の再委託等禁止）第23条、（保険仲立人との共同募集の禁止）第24条、（保険仲立人との兼営禁止）第25条、（乗換募集の禁止）第26条、（教育の実施および情報の提供）第27条、（業務の代理または事務の代行）

第28条、（善管注意義務・法令等遵守義務）第29条、（債権譲渡の禁止）第30条、（代理店としての地位の譲渡等禁止）第31条、（地位の不公正利用の禁止）第32条、（保証人）第33条
～省略～
（契約の期限および解約・解除）
第34条　本契約の有効期間は、本契約締結の日から１年間とし、期間満了日の１か月前までに甲、乙のいずれか一方から何らの申し出がないときは、さらに１年間延長されたものとし、以後も同様とする。ただし、つぎに掲げる事由が発生した場合は、自動的に終了する。
(1)～(3)、２～５　～省略～
（損害の賠償）第35条、（管轄裁判所）第36条、（契約の変更）第37条　～省略～

印紙税の取り扱い

(1) 判　定

「生命保険法人募集代理店委託契約書」（本契約書）は、課税物件表の第7号文書に該当するため課税文書となります。

(2) 根　拠

①　契約の概要

本契約書は、乙の生命保険の募集業務を生協に委託することを約したものです（保険代理店契約）。

②　課税事項の抽出・課税物件表の当てはめ、文書所属の決定

本契約書第1条において、生命保険契約の締結の媒介である保険募集業務を委託する内容が約されています。保険募集の業務を継続して委託するため作成される契約書で、委託される業務または事務の範囲が指定され、また本契約書第11条において、対価の支払方法が定められています（法令26二）。したがって、本契約書は課税物件表の第7号文書に該当となります。

（補足）生命保険の代理店には、イ　保険募集を行う募集代理店、ロ　契約見込み者の紹介のみを行う紹介代理店、ハ　保険料の集金のみを行う集金代理店がありますが、ロとハは印紙税法第26条第２号に規定する「保険募集の業務」には該当しませんので不課税文書となります。

③　記載金額の判定および税率の適用

第7号文書に該当しますので収入印紙は4千円となります。

文書事例30

損害保険代理店委託契約書

ポイント

① 保険の募集の業務委託

文書例

損害保険代理店委託契約書

代理店の氏名および代理店の主たる事務所の表示（頭書）

氏名
生活協同組合○○○
主たる事務所の所在場所
○○県○○市○○番

1 損害保険代理店委託契約書

会社○○○（以下「会社」という。）が、この契約書頭書に記載する者（以下「代理店」という。）に、つぎに表示する保険種類の損害保険代理店業務を委託するにつき、会社と代理店は、以下の各条項のとおり契約する（以下「本契約」という。）。

委託保険種類の表示
1 火災保険
2 自動車保険
3 傷害保険
... 以下～省略～

第1章 定款条項

（用語の意義）
第1条 ～省略～

第2章 基本事項および表明保証

（目的）
第2条 本契約書は、会社と代理店との間における権利、義務および責任を規定し、また、代理店による保険募集行為が、適法かつ適切に行われることを目的として締結される。

第3条～第5条 ～省略～

第3章 代理店の委託業務および登録等

（委託業務の範囲）
第6条 会社は、代理店につぎの各号に掲げる業務（以下「委託業務」という。）を委託し、代理店はこれを受託する。

(1) 保険募集。ただし、契約の媒介については、会社が特に書面により指示した場合に限る。
(2) 代理店が取り扱った保険契約の変更・解除等の申し出に対する承認の代理（会社が特に定める場合を除く。）ただし、クーリングオフの申し出の受付を除く。
(3) 保険料の領収または返還および領収した保険料の保管・精算
(4) 保険証券（保険契約証を含む。以下同じ。）の交付。ただし、会社の指示のある場合に限る。
(5) 保険料領収証の発行・交付および返還保険料領収証の受領
(6) 保険の目的の調査
(7) 保険契約の維持・管理（満期管理・満期返戻業務を含む。）に関連する事項
(8) 保険事故発生時の事故状況の確認、会社への通知、保険金請求手続きの援助、事故対応の進展状況の説明、その他円滑な損害調査への援助
(9) 会社の保険商品内容の説明および保険料算出に関する業務
(10) その他会社が特に指示した業務

2～3　～省略～

（代理店の登録）第７条、（代理店への文書通知）第８条、（保険募集従事者等）第９条、（他の保険会社との損害保険代理店委託契約）第10条　～省略～

第４章　保険契約の報告および保険料ならびに手数料の取扱い

（保険契約の報告）第11条、（保険料の徴収）第12条、（割もどし等の禁止）第13条、（保険料領収証等の取り扱い）第14条、（保険料の保管）第15条　～省略～

（代理店手数料等）

第16条　会社は、代理店の取扱保険契約について、会社が別に定める書面（以下「代理店手数料規定」という。）に定める料率（以下「月例払代手率」という。）および方法により計算した手数料（以下「月例払代理店手数料」という。）を代理店に支払う。月例払代理店手数料は、会社または代理店が収入保険料を領収し、かつ計上した場合に、会社計上月の翌月末日までに支払うものとする。

以下～省略～

（経費等の取り扱い）第17条、（保険料の精算）第18条、第５章　保険事故発生時の対応　第19条、第６章　業務記録および業務用物品の取扱い　（代理店業務に関する諸記録）第20条、（業務用物品）第21条、（募集文書等）第22条、第７章　禁止事項、第８章　その他　～省略～

以上のとおり合意したので、この契約締結の証として、本書１通を作成し、各自記名押印の上、会社がこれを所持する。

20X1年３月31日

（会社）
○○○　印
（代理店）
生活協同組合○○○　印
（連帯保証人）
○○○○　印

印紙税の取り扱い

(1) 判　定

「損害保険代理店委託契約書」（本契約書）は課税物件表の第7号文書に該当するため、課税文書となります。

(2) 根　拠

①　契約の概要

本契約書は、会社と代理店との間において、会社が保険代理店に保険業法にもとづく業務の委託等を約したものです。

②　課税事項の抽出・課税物件表の当てはめ、文書所属の決定

本契約書は、取引当事者である会社と代理店間において、保険業法にもとづく保険募集等の業務を継続して委託するため作成される文書で、委託される業務の範囲および対価の支払方法を定めたものであり、課税物件表の第7号文書に該当します（法令26①二）。

③　税率の適用

本契約書は第7号文書に該当しますので収入印紙は4千円となります。

文書事例31

共済生活協同組合連合会の取り組みに関する協定書

ポイント

① 委任に関する契約書
② 保険募集の業務委託契約との相違

文書例

共済生活協同組合連合会の取り組みに関する協定書

○○○生活協同組合（以下「甲」という。）と○○○共済生活協同組合連合会（以下「乙」という。）は、乙の共済制度を甲が組織活動として取り組むにあたり、甲の構成員である共済契約者の委任を受けた甲の事務手続きが円滑に行われることを目的として、つぎのとおり協定します。

（事務手続きの委任）
第１条　甲は、乙に対する共済契約の加入申し込み、共済掛金の払い込み、共済金等の請求、異動の届出、異議の申立て、解約その他一切の事務手続を取りまとめる業務（乙の定める協力団体活動要請の範囲とする。）を甲の構成員である共済契約者からの委任を受けて取り扱います。
（共済事業規約等）
第２条　この協定により取り組む共済制度は、乙の該当共済事業規約および同規則ならびに内規（以下「規約等」という。）にもとづくものとします。
（加入資格）
第３条　甲の構成員が共済に加入しようとするときは、その者の勤務地または居住地の共済生活協同組合連合会の会員である消費生活協同組合の組合員とならなければなりません。ただし、その者がすでに当該消費生活協同組合の組合員である場合には、この限りではないものとします。
（共済掛金の払込方法および払込場所）
第４条　甲は、各共済制度の規約等に定める期日までに、乙または乙の指定した金融機関に甲の被共済者全員分の共済掛金を一括して所定の払込報告書により払い込むものとします。
（団体事務手数料）
第５条　乙は、甲に対し、第１条の事務手続に対する団体事務手数料を乙が受領した共済掛金の中から共済契約者に代わり乙の規定にもとづいて支払います。
（個人情報の管理について）第６条、（通知義務）第７条、（免責事項）第８条、（この協定の解除）第９条、（守秘義務）第10条　～省略～
（有効期間）
第11条　この協定の有効期間は、20X1年４月１日から１年間とします。ただし、期間満了３か月前までに甲、乙いずれか一方から何等の申し出がないときは、本協定は自動的に１年間延長されるものとし、以後も同様とします。

（規定外条項）
第12条　～省略～

この協定の成立を証するため、本協定書２通を作成し、甲乙記名押印の上、各１通を保有します。

20X1年３月31日

（甲）
○○○生活協同組合　印
（乙）
○○○共済生活協同組合連合会　印

印紙税の取り扱い

(1) 判　定

「共済生活協同組合連合会の取り組みに関する協定書」（本協定書）は、不課税文書となります。

(2) 根　拠

①　契約の概要

本協定書は、生協が共済生協連の事務手続を引き受けることを約したものです。

②　不課税文書となる理由

本協定書第1条で事務委任の内容が定められていますので、保険募集の事務を継続して委託されるための契約書（法令26①二）には該当せず、また課税物件表の課税事項のいずれにも該当しないため、不課税文書となります。

文書事例32

CO·OP共済新規加入申込書

ポイント

① CO·OP共済加入申込書の取扱い

文書例

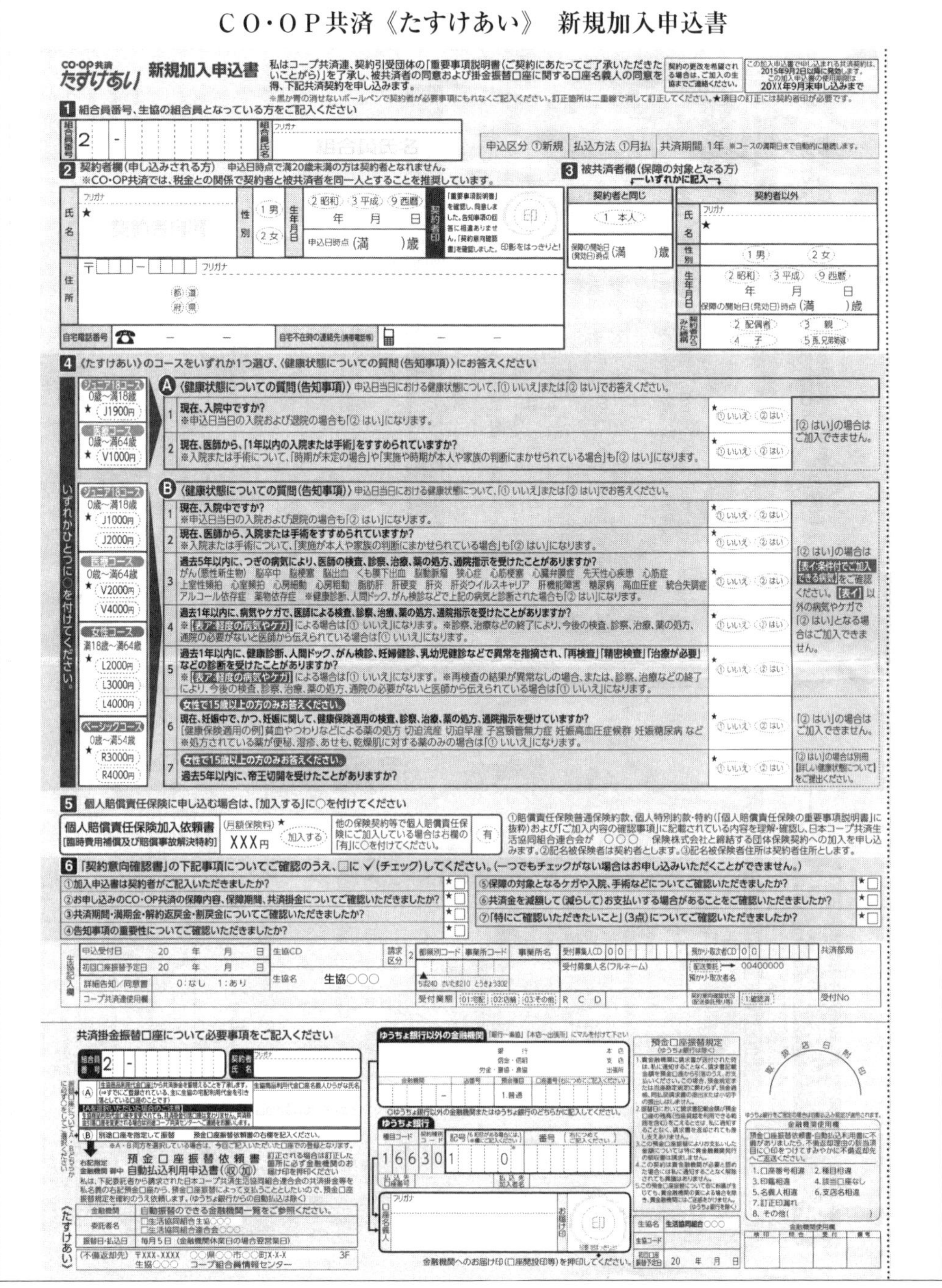

CO·OP共済《たすけあい》 新規加入申込書

CO·OP共済 たすけあい **新規加入申込書**

私はコープ共済連、契約引受団体の「重要事項説明書（ご契約にあたってご了承いただきたいことがら）」を了承し、被共済者の同意および掛金振替口座に関する口座名義人の同意を得、下記共済契約を申し込みます。

契約の更改を希望される場合は、ご加入の生協までご連絡ください。

この加入申込書で申し込まれる共済契約は、2015年9月2日以降に発効します。この加入申込書の使用期限は 20XX年9月末申し込みまで

※黒か青の消せないボールペンで契約者が必要事項にもれなくご記入ください。訂正箇所は二重線で消して訂正してください。★項目の訂正には契約者印が必要です。

1 組合員番号、生協の組合員となっている方をご記入ください

組合員番号	2 -	組合員氏名	フリガナ

申込区分 ①新規	払込方法 ①月払	共済期間 1年 ※コースの満期日まで自動的に継続します。

2 契約者欄（申し込みされる方） 申込日時点で満20歳未満の方は契約者となれません。
※CO·OP共済では、税金との関係で契約者と被共済者を同一人とすることを推奨しています。

氏名	フリガナ ★	性別	1 男 / 2 女	生年月日	2 昭和 3 平成 9 西暦 年 月 日 申込日時点（満 ）歳	契約者印	「重要事項説明書」を確認し、同意しました。告知事項の回答に相違ありません。「契約意向確認書」を確認しました。 印 印影をはっきりと！
住所	〒 - フリガナ 都道府県						
自宅電話番号	☎ - -	自宅不在時の連絡先（携帯電話等）	- -				

3 被共済者欄（保障の対象となる方）
←いずれかに記入→

契約者と同じ	契約者以外	
1 本人	氏名	フリガナ ★
保障の開始日（発効日）時点（満 ）歳	性別	1 男 2 女
	生年月日	2 昭和 3 平成 9 西暦 年 月 日 保障の開始日（発効日）時点（満 ）歳
	契約者からみた続柄	2 配偶者 3 親 4 子 5 孫、兄弟姉妹

4 《たすけあい》のコースをいずれか1つ選び、〈健康状態についての質問（告知事項）〉にお答えください

いずれかひとつに○を付けてください。

コース（A）：ジュニア18コース 0歳～満18歳 ★ J1900円 ／ 医療コース 0歳～満64歳 ★ V1000円

A〈健康状態についての質問（告知事項）〉申込日当日における健康状態について、「① いいえ」または「② はい」でお答えください。

1	**現在、入院中ですか?** ※申込日当日の入院および退院の場合も「② はい」になります。	★ ① いいえ ② はい	「② はい」の場合はご加入できません。
2	**現在、医師から、「1年以内の入院または手術」をすすめられていますか?** ※入院または手術について、「時期が未定の場合」や「実施や時期が本人や家族の判断にまかせられている場合」も「② はい」になります。	★ ① いいえ ② はい	

コース（B）：ジュニア18コース 0歳～満18歳 ★ J1000円 J2000円 ／ 医療コース 0歳～満64歳 ★ V2000円 V4000円 ／ 女性コース 満18歳～満64歳 ★ L2000円 L3000円 L4000円 ／ ベーシックコース 0歳～満54歳 ★ R3000円 R4000円

B〈健康状態についての質問（告知事項）〉申込日当日における健康状態について、「① いいえ」または「② はい」でお答えください。

1	**現在、入院中ですか?** ※申込日当日の入院および退院の場合も「② はい」になります。	★ ① いいえ ② はい	「② はい」の場合は【表イ:条件付でご加入できる病気】をご確認ください。【表イ】以外の病気やケガで「② はい」となる場合はご加入できません。
2	**現在、医師から、入院または手術をすすめられていますか?** ※入院または手術について、「実施が本人や家族の判断にまかせられている場合」も「② はい」になります。	★ ① いいえ ② はい	
3	**過去5年以内に、つぎの病気により、医師の検査、診察、治療、薬の処方、通院指示を受けたことがありますか?** がん（悪性新生物） 脳卒中 脳梗塞 脳出血 くも膜下出血 脳動脈瘤 狭心症 心筋梗塞 心臓弁膜症 先天性心疾患 心筋症 上室性頻拍 心室頻拍 心房細動 心房粗動 脂肪肝 肝硬変 肝炎 肝炎ウイルスキャリア 肝機能障害 糖尿病 高血圧症 統合失調症 アルコール依存症 薬物依存症 ※健康診断、人間ドック、がん検診などで上記の病気と診断された場合も「② はい」になります。	★ ① いいえ ② はい	
4	**過去1年以内に、病気やケガで、医師による検査、診察、治療、薬の処方、通院指示を受けたことがありますか?** ※【表ア:軽度の病気やケガ】による場合は「① いいえ」になります。※診察、治療などの終了により、今後の検査、診察、治療、薬の処方、通院の必要がないと医師から伝えられている場合は「① いいえ」になります。	★ ① いいえ ② はい	
5	**過去1年以内に、健康診断、人間ドック、がん検診、妊婦健診、乳幼児健診などで異常を指摘され、「再検査」「精密検査」「治療が必要」などの診断を受けたことがありますか?** ※【表ア:軽度の病気やケガ】による場合は「① いいえ」になります。※再検査の結果が異常なしの場合、または、診察、治療などの終了により、今後の検査、診察、治療、薬の処方、通院の必要がないと医師から伝えられている場合は「① いいえ」になります。	★ ① いいえ ② はい	
6	女性で15歳以上の方のみお答えください。**現在、妊娠中で、かつ、妊娠に関して、健康保険適用の検査、診察、治療、薬の処方、通院指示を受けていますか?** [健康保険適用の例] 貧血やつわりなどによる薬の処方 切迫流産 切迫早産 子宮頸管無力症 妊娠高血圧症候群 妊娠糖尿病 など ※処方されている薬が便秘、湿疹、あせも、乾燥肌に対する薬のみの場合は「① いいえ」になります。	★ ① いいえ ② はい	「② はい」の場合はご加入できません。
7	女性で15歳以上の方のみお答えください。**過去5年以内に、帝王切開を受けたことがありますか?**	★ ① いいえ ② はい	「② はい」の場合は別冊【詳しい健康状態について】をご提出ください。

5 個人賠償責任保険に申し込む場合は、「加入する」に○を付けてください

個人賠償責任保険加入依頼書 [臨時費用補償及び賠償事故解決特約]	（月額保険料）★ XXX円 加入する	他の保険契約等で個人賠償責任保険にご加入している場合は右欄の「有」に○を付けてください。	有

①賠償責任保険普通保険約款、個人特別約款・特約（「個人賠償責任保険の重要事項説明書」に抜粋）および「ご加入内容の確認事項」に記載されている内容を理解・確認し、日本コープ共済生活協同組合連合会が ○○○ 保険株式会社と締結する団体保険契約への加入を申し込みます。②記名被保険者は契約者とします。③記名被保険者住所は契約者住所とします。

6 「契約意向確認書」の下記事項についてご確認のうえ、□に ✓（チェック）してください。（一つでもチェックがない場合はお申し込みいただくことができません。）

①加入申込書は契約者がご記入いただきましたか? ★□	⑤保障の対象となるケガや入院、手術などについてご確認いただきましたか? ★□
②お申し込みのCO·OP共済の保障内容、保障期間、共済掛金についてご確認いただきましたか? ★□	⑥共済金を減額して（減らして）お支払いする場合があることをご確認いただきましたか? ★□
③共済期間・満期金・解約返戻金・割戻金についてご確認いただきましたか? ★□	⑦「特にご確認いただきたいこと」（3点）についてご確認いただきましたか? ★□
④告知事項の重要性についてご確認いただきましたか? ★□	

生協記入欄

申込受付日 20 年 月 日	生協CD	請求区分 2	都県別コード 事業所コード	事業所名	受付募集人CD 00	預かり・取次者CD 00	共済部局
初回口座振替予定日 20 年 月 日	生協名 生協○○○		▲ ちば240 さいたま210 とうきょう302		受付募集人名（フルネーム）	配送委託 → 00400000 預かり・取次者名	
詳細告知／同意書 0:なし 1:あり							
コープ共済連使用欄			受付業態 01:宅配 02:店舗 03:その他		R C D	契約意向確認状況（配送委託預り等） 1:確認済	受付No

共済掛金振替口座について必要事項をご記入ください

組合員番号	2 -	契約者氏名	フリガナ

振替口座について A・Bどちらかに必ず○をしてご選択ください

Ⓐ 生協商品利用代金口座から共済掛金を振替えることを了承します。（⇒すでにご登録されている、主に生協の宅配利用代金を引き落としている口座のことです） 生協商品利用代金口座名義人ひらがな氏名
【Aを選択いただいた場合のご注意】

Ⓑ 別途口座を指定して振替 預金口座振替依頼書の右欄を記入ください。

※A・B両方を選択している場合は、今回ご記入いただいた口座での登録となります。

右記指定金融機関 御中 **預金口座振替依頼書 自動払込利用申込書**（収）（加）

訂正される場合は訂正した箇所に必ず金融機関のお届け印を押印ください

私は、下記委託者から請求された日本コープ共済生活協同組合連合会の共済掛金等を私名義の右記預金口座から、預金口座振替によって支払うこととしたいので、預金口座振替規定を確約のうえ依頼します。（ゆうちょ銀行からの自動払込は除く）

金融機関	自動振替のできる金融機関一覧をご参照ください。
委託者名	□生活協同組合生協○○○ □生活協同組合連合会○○○
振替日・払込日	毎月5日（金融機関休業日の場合翌営業日）

（不備返却先）〒XXX-XXXX ○○県○○市○○町X-X-X 3F 生協○○○ コープ組合員情報センター

《たすけあい》

ゆうちょ銀行以外の金融機関 「銀行～農協」「本店～出張所」にマルを付けて下さい

銀行 信金・信組 労金・農協・漁協 本店 支店 出張所

金融機関	店番号	預金種目	口座番号（右につめてご記入ください）
-		1.普通	

○ゆうちょ銀行以外の金融機関またはゆうちょ銀行のどちらかに記入してください。

ゆうちょ銀行

種目コード	契約種別コード	記号	番号（右につめてご記入ください）
1 6 6 3 0		1 0	

払込先口座番号 払込先加入者名

口座名義人 フリガナ お届け印 印

金融機関へのお届け印（口座開設印等）を押印してください。

預金口座振替規定（ゆうちょ銀行は除く）

生協名	生活協同組合○○○
生協コード	
初回口座振替予定日	20 年 月 日

取扱店日附印

金融機関使用欄

預金口座振替依頼書・自動払込利用書に不備がありましたら、不備返却理由の該当項目に○印をつけてすみやかに不備返却先へご返送ください。

1. 口座番号相違 2. 種目相違 3. 印鑑相違 4. 該当口座なし 5. 名義人相違 6. 支店名相違 7. 訂正印漏れ 8. その他（ ）

金融機関使用欄

検印	照合	受付	備考

印紙税の取り扱い

(1) 判　定

「ＣＯ･ＯＰ共済《たすけあい》 新規加入申込書」（以下「本文書」）は、課税事項を証明するものではありませんので、不課税文書となります。

(2) 根　拠

①　文書の概要

本文書は、生協の組合員がＣＯ･ＯＰ共済《たすけあい》に新規に加入する場合の申込書です。

②　不課税文書となる理由

本文書の「1　組合員番号、組合員氏名」の記入、「2　契約者」の記入、「3　被共済者」の記入、「4　健康状態についての質問（告知事項）」の記入、「5　個人賠償責任保険に加入する場合」の記入、については申込みに関する事項ですので、課税事項には該当しません。また「預金口座振替依頼書」の記入は、自らの債務を口座振替により支払うこととして、金融機関に対しその口座振替事務を委任するもので事務処理の委託（準委任）に該当しますで、課税事項には該当しません。

以上により、本文書は課税物件表の課税事項のいずれにも該当しないため、不課税文書となります。

生協のその他事業に関する文書

文書事例33

電力受給契約書

ポイント

① 電力会社と結ぶ電力供給契約
② 継続的取引の基本契約書に該当しない場合（「電気の供給」の除外規定）

文書例

電力受給契約書

○○○生活協同組合（以下「甲」という。）と○○○電力株式会社（以下「乙」という。）とは、甲の太陽光発電設備との電力受給について、次のとおり契約します。

1　受給最大電力
　XXXキロワット
2　受給電圧
　標準電圧　XXXボルト
3　受給場所（設置場所）
　○○県○○市○○番地○○
4　受給地点
　甲の構内第一柱に施設した甲の気中開閉器の乙側接続点
5　送電責任分界点
　受給地点と同一とします。
6　電気工作物の財産分界点
　受給地点と同一とします。
7　計量日
　毎月20日
8　連系申込日および設備認定日
　連系申込日　　20X1年３月20日
　設備認定日　　20X1年１月20日
9　料金単価
　(1) 料金単価はつぎのとおりとします。
　　受給電力量１キロワット時につき、XX円（税込み）
　(2) つぎのいずれかに該当する場合には、変更後の契約発電設備にもとづき料金単価を定めます。
　　①　契約発電設備が認定発電設備に該当しなくなった場合
　　②　契約発電設備を変更される場合
10　契約期間
　(1) 契約期間は、つぎのとおりとします。
　　20X1年４月１日から20XX年４月検針日の前日
　(2) つぎのいずれかに該当する場合には、変更後の契約発電設備にもとづき契約期間を定めます。
① 契約発電設備が認定発電設備に該当しなくなった場合
② 契約発電設備を変更される場合
11 発電設備等の系統連系に係る条件
～省略～
12 その他
(1) この契約書に記載のない事項については、乙が定め甲が受領した太陽光発電からの電力受給に関する契約要綱（20X1年４月１日実施。以下「契約要綱」という。）および太陽光発電からの電力受給に関する料金表（以下「料金表」という。）によるものとし、契約期間中に乙が契約要綱または料金表を変更する場合は、変更後の太陽光発電からの電力受給に関する契約要綱および太陽光発電からの電力受給に関する料金表によるものとします。
(2)、(3) ～省略～

本契約締結の証として本書２通を作成し、甲乙それぞれその１通を保有します。

20X1年４月１日

甲
○○○生活協同組合 印
乙
○○○電力株式会社 印

印紙税の取り扱い

(1) 判　定

「電力受給契約書」（本契約書）は、非課税文書に該当します。

(2) 根　拠

① 契約の概要

本契約書は、生協が所有する太陽光発電設備を用いて発電した電気を乙電力会社に供給することを約したものです。

② 非課税文書となる理由

本契約書は、営業者間において売買に関する2以上の取引を継続して行うための契約書で、その2以上の取引に共通して適用される取引条件のうち単価を定めるものに該当します（法令26一）。しかし、そのような継続的取引の基本となる契約書であっても、「電気又はガスの供給に関するものを除く。」（法令26一かっこ書）とされているため、課税文書に該当せず非課税文書となります。

文書事例34

ピーク時間調整契約書

ポイント

① 電力調整需給契約

文書例

ピーク時間調整契約書

生活協同組合○○○（以下「甲」という。）と、○○○○（以下「乙」という。）とは、甲乙間において締結した「○○市○○」における電気需給契約（以下「主契約」という）に付帯して、乙の定める調整期間において甲が行う負荷調整につき、次のとおり契約を締結する。

需給場所	○○市○○　X-X-X
調整内容	ピーク時間調整契約約款「特定規模需要（高圧）」1（対象となるお客さま）（2）による。
調整日	20X1年4月1日から20X2年6月30日まで
契約調整時間	13時00分から16時00分まで
契約調整電力	250　キロワット
割引単価	実績調整電力1キロワット、契約調整時間1時間につき以下の金額とする。 XX円
契約期間	20X1年4月1日から20X2年6月30日までとする。
その他	・甲および乙は、本契約の締結により知りえた情報について、守秘義務を遵守するものとする。ただし、甲および乙の業務運営上特に必要な場合はこの限りではない。 ・本契約書に記載されていない事項は、ピーク時間約款、主契約、乙の業務電力2型約款および乙の電気需給約款による。 ・本契約、ピーク時間約款、主契約、業務用2型約款および需給約款により難い特別な事項は、そのつど甲乙協議によって定める。 ・主契約が契約期間満了により消滅する場合は、主契約の消滅の日に本契約も消滅する。

以上この契約の証として、本書2通を作成し、記名押印の上、甲乙各1通を保有する。

20X1年3月31日

（甲）

生活協同組合○○○　　　印

（乙）

○○○○　　　印

印紙税の取り扱い

(1) 判　定

「ピーク時間調整契約書」（本契約書）は非課税文書となります。

(2) 根　拠

①　契約の概要

本契約は、生協甲と乙との間で、電力供給に関し、調整時間内の調整電力量について電気料金を割引することを約したものです。

②　非課税文書となる理由

本契約は、売買に関し、営業者である甲と乙との間で、売買に関する2以上の取引を継続して行うため、その取引条件のうち、目的物の種類、単価を定める契約に該当しますが、電気の供給に関するものは除かれていますので、本契約書は非課税文書となります（法令26一　後半かっこ書）。

文書事例35

自動販売機設置契約書

ポイント

① 施設の設置契約
② 継続的取引契約

文書例

自動販売機設置契約書

生活協同組合○○○（以下「甲」と称す。）と○○○株式会社（以下「乙」と称す。）とは、乙が所有する自動販売機（以下「自販機」と称す。）の設置に関し、つぎのとおり契約を締結する。

第１条　甲は、乙が自販機を甲経営の下記施設に設置し、甲が乙社から仕入れた次条の商品を販売することを承諾する。
　設置先名称、所在地、設置台数は、別途締結する自販機設置一覧表のとおり。
第２条　自販機による商品の売価および納品価格はつぎのとおりとする。

缶・ペット	１本	売価220円（税込）	納品価格　162円（税込）
カップ	１杯	売価110円（税込）	納品価格　77円（税込）
ブリック	１本	売価100円（税込）	納品価格　70円（税込）

２　乙は、自販機による売上を毎月10日締めで算出し、甲に売上代金を締め月20日までに甲指定の銀行口座へ振り込みにより送金するものとする。なお、乙はその際甲に第１項の納品価格にしたがって算出した売買代金の請求書を発行するものとする。
３　甲は、乙が発行する前項の請求書にもとづき、請求書の到着日の翌々月20日までに乙指定の銀行口座へ前項の売買代金を振り込みにより支払うものとする。
４　振込手数料は甲乙双方の負担とする。
第３条　本契約の有効期間は20X1年９月21日から２か年とし、期間満了の１か月前までに甲または乙より異議の申立てがないときは、自動的に１年間延長するものとし、以後も同様とする。
第４条　甲は、乙の従業員または乙の指定する業者が、商品補充・代金の回収・自販機の保全修理のために設置先へ立ち入ることを許可する。
第５条～第９条　～省略～
第10条　甲および乙は、暴力団をはじめとする反社会的勢力との関係がないことを保証するものとし、相手方が次の各号の一に該当する事由が生じたときは、通知・催告を要せずにただちに本契約を解除することができる。
第11条～第14条　～省略～

以上、本契約の成立を証するため本書２通を作成し、甲乙記名捺印のうえ、各１通を保有する。

20X1年８月31日

甲

生活協同組合○○○　印

乙

○○○株式会社　印

印紙税の取り扱い

(1) 判　定

「自動販売機設置契約書」（本契約書）は課税物件表の第7号文書に該当し課税文書となります。

(2) 根　拠

①　契約の概要

イ　自販機の設置契約

本契約書は、乙が生協の施設に自販機を設置することを約したものです。

ロ　継続的に商品を販売する契約

本契約書は、生協が乙の商品を仕入れた上、乙の自販機で乙の商品を販売することを約したものです。

②　課税事項の抽出・課税物件表の当てはめ、文書所属の決定

イ　自販機の設置契約

乙が生協の施設に自販機を設置することは、施設の設置に関する契約ですので、課税物件表の課税事項のいずれにも該当せず不課税となります。

ロ　継続的に商品を販売する契約

特定の物品等を販売しまたは購入することを委託することに該当しますので、売買の委託にあたります（基通別表1 第7号文書7）。また、営業者間において、売買の委託に関する2以上の取引を継続して行うため作成される文書で、その2以上の取引に共通して適用される取引条件のうち目的物の種類、単価、対価の支払方法を定めるものに該当しますので、第7号文書となります（法令26一）。

③　記載金額の判定および税率の適用

第7号文書に該当しますので収入印紙は4千円となります。

文書事例36

チラシ制作・印刷代に関する覚書

ポイント

① 生協のカタログ・チラシ掲載契約の取扱い
② 2以上の号に該当する場合

文書例

チラシ制作・印刷代に関する覚書

生活協同組合○○○（以下「甲」という。）と、○○○（以下「乙」という。）は、甲乙間にて締結された20X1年11月１日付「商品取引基本契約書」（以下「原契約」という。）第２条第３項、および同日付「取引条件等に関する覚書」第４条第１項にもとづき、乙から甲に売り渡される製品等（以下「商品」という。）の取引から発生するチラシ制作・印刷代・デザイン料（以下「チラシ制作代等」という。）の支払等につき次のとおり合意に達した。

（チラシ制作代等の支払）
第１条　乙は、甲が発行する商品案内冊子（カタログ）において、乙が販売促進を目的とした紙面および販促コマ割への掲載を希望し甲がこれを掲載した場合には、当該商品の甲の本体売価に対して、下記の率のチラシ制作代等を支払うものとする。

商品名	A	0.5%
	B	0.7%
	C	1.0%
	D	1.5%
	E	0.3%

（支払方法）
第２条　甲は前月21日から当月20日までに掲載されたチラシ制作代等の請求書を当月20日までに乙に提出する。
２　乙は前項の請求内容に異議がない場合、翌々月20日に甲の銀行口座に振込送金する方法により支払うものとする。
（有効期間）
第３条　本覚書の有効期間は、20X1年４月１日より20X2年３月31日までとする。ただし、期間満了１か月前までに甲または乙より書面による解約の申し入れのない場合には、本覚書は、さらに１年間自動的に更新され、以後も同様とする。
（別途協議）
第４条　本覚書に定めのない事項および本覚書の解釈につき疑義を生じた事項は、甲乙間の協議により別途決定する。

本覚書締結の証として本書２通を作成し、記名押印の上、甲乙各１通を保有する。

20X1年３月31日

（甲）

生活協同組合○○○　印

（乙）

○○○　印

印紙税の取り扱い

(1) 判　定

「チラシ制作・印刷代に関する覚書」（本覚書）は課税物件表の第7号文書に該当するため、課税文書となります。

(2) 根　拠

①　契約の概要

本覚書は、生協の商品カタログの中の販売促進を目的とする紙面に乙の商品を掲載し、そのチラシ制作・印刷・デザインとしてチラシ制作代等を支払うものです。

②　課税事項の抽出・課税物件表の当てはめ、文書所属の決定

本契約書は、生協が乙の商品をカタログに掲載するための制作・印刷・デザイン作成を請け負うものですので第2号文書に該当します。また、生協と乙との営業者の間で、請負に関する2以上の取引に共通して適用される取引条件のうち、目的物の種類、対価の支払方法を定めたものに該当するため課税物件表の第7号文書にも該当します（令26①一）。

第2号文書と第7号文書の両方に該当する場合で、第2号文書に契約金額の具体的な記載がないときには第7号文書となります（通則3イ）。

③　税率の適用

本覚書は第7号文書に該当しますので収入印紙は4千円となります。

文書事例37

広告掲載に関する契約書

ポイント

① 生協の情報誌への広告掲載契約の取扱い

文書例

広告掲載に関する契約書

株式会社○○○（以下「甲」という。）と、○○○生活協同組合（以下「乙」という。）は、乙発行の会員情報誌１月号（以下「本媒体」という。）に掲載する甲の広告の取扱いに関し、次のとおり本契約を締結する。

（目的）
第１条　本契約は、乙が本媒体に甲の商品・サービス等に関する広告（以下「本件広告」という。）を掲載するにあたり、甲乙間の基本的な取引条件と責任範囲を明確にすることを目的とする。

（契約期間）
第２条　本契約の期間は、20X1年４月１日から20X1年４月30日までとする。

（掲載条件）
第３条　本媒体の発行部数は、10万部とし、乙の組合員等に対して無料で配布するものとする。
　２　本媒体の配布期間は、20X1年４月１日から20X1年４月６日までとする。
　３　本件広告のサイズは、Ａ４サイズ半ページとする。
　４　本件広告の内容、掲載場所（ページ）等の掲載条件については、甲乙別途協議の上決定する。

（掲載情報の提供）
第４条　甲は、本媒体の本件広告の掲載に必要な原稿・写真・イラスト等（以下「原稿等」という。）を、乙指定の形式・態様・方法にて無償で提供する。
　２　乙は、前項により甲から提供された原稿等の情報を本媒体の本件広告の掲載のためのみ使用するものとし、これ以外の目的に使用してはならない。

（広告料）
第５条　甲は、本媒体の本件広告の掲載の対価として金1,000,000円（消費税込）を乙へ支払う。
　２　乙は、前項の金額を本媒体配布終了後甲に請求するものとし、甲は、20X1年４月30日までに乙の指定する銀行口座に振込む方法にて支払うものとする。なお、振込に要する費用は甲の負担とする。

（契約の解除）第６条、（秘密保持）第７条、（損害賠償）第８条　～省略～

（規定外事項）
第９条　本契約の解釈に疑義が生じたり、本契約に定めのない事実が発生したときは、甲乙誠意をもって協議し解決する。

（合意管轄裁判所）
第10条　～省略～

本契約締結の証として、本契約書２通を作成し、甲乙双方が記名押印の上、各１通を保有する。

20X1年３月31日

（甲）
株式会社○○○　印
（乙）
○○○生活協同組合　印

印紙税の取り扱い

(1) 判　定

「広告掲載に関する契約書」（本契約書）は第2号文書に該当し課税文書となります。

(2) 根　拠

①　契約の概要

本契約書は、生協の組合員向け情報誌に甲の商品やサービスの広告を掲載し、その広告掲載料として代金を支払うことを約したものです。

②　課税事項の抽出・課税物件表の当てはめ、文書所属の決定

本契約書は、生協の組合員向け情報誌に広告掲出のための資料（原稿写真イラスト等）を甲が提出し乙がそれにもとづき広告を作成し、その掲載料を甲が乙に支払うことを約したものですので、広告宣伝物の制作請負に関する契約書に該当するため、課税物件表の第2号文書に該当します。なお、契約期間が3か月以内でかつ更新に関する定めのないものですので第7号文書には該当しません（基通別表1　第7号文書2）。

（補足）建物の屋上や壁面などの広告場所を提供するなどの場合は広告掲出契約に該当し、広告場所を提供するものであるため不課税文書となります。

③　税率の適用

第2号文書に該当し、記載金額が100万円以下ですので収入印紙は200円となります。

文書事例38

広告宣伝制作業務に関する請負基本契約書

ポイント

① 生協の広告宣伝物の制作を委託する契約（請負契約）

文書例

広告宣伝制作業務に関する請負基本契約書

生活協同組合○○○（以下「甲」という。）と、○○○株式会社（以下「乙」という。）は、甲が乙に委託する広告宣伝制作業務に関して、以下のとおり契約を締結する（以下「本契約」という。）。

（基本原則）
第１条　甲および乙は、相互の発展と繁栄を図るため信義誠実の原則に従って取引を行うものとする。
（委託業務の内容）
第２条　甲は、甲の店舗で使用する販促ツール（ポップ、ポスターなど）の制作など広告宣伝制作業務（以下「本業務」という。）を乙に委託し、乙はこれを請負う。
（契約の範囲）
第３条　本契約は、甲と乙との間の本業務における取引事項に対して適用する。
２　本業務とは別に別途案件において個別に契約を締結し本契約と異なる事項を定めたときは、本契約の定めにかかわらず個別契約の定めによるものとする。
（本業務契約の成立）
第４条　甲は、業務の内容、委託期間、および料金を定めた発注書を甲が発行することにより業務の委託を行い、乙は注文請書を発行することにより業務を受託し、個別契約が成立するものとする。なお、緊急の場合等において口頭における委託が行われた場合には、甲および乙は、速やかに発注書および注文請書を発行するものとする。また、甲は、業務遂行に関する具体的な指示を委託の都度行うものとする。
（委託業務の取り消し）第５条、（再委託）第６条　～省略～
（納入）
第７条　乙は個別契約で定められた期日までに本件業務により制作したポップ、ポスター等（以下「本件制作物」という。）を甲が指定する納品場所に納入する。
２　乙が個別契約で定められた期日に甲に対し本件制作物の納入ができないことが判明した場合には、直ちに甲に対し書面をもって通知する。この場合、乙は甲が被った損害を賠償しなければならない。
（検査）
第８条　～省略～
（所有権の移転と危険負担）
第９条　納期日または納期日以降の乙が本件制作物を納品した日から５営業日以内に甲

から前条の通知がなかった場合には、本件制作物の所有権と危険は乙から甲に移転する。
（支払条件）
第10条　乙は、当月中に完了した業務を当月末日に締め切って甲に対して請求を行い、甲はこれを翌月末日までに乙の指定する銀行口座に振込んで支払うものとする。ただし、支払期日が銀行休業日の場合には、直前の営業日に支払うものとする。なお、振込手数料は甲が負担するものとする。
（損害賠償）第11条、（機密保持）第12条、（知的財産権）第13条、（不可抗力）第14条、（期間内の解約）第15条、（契約の解除）第16条、（納入物の著作権）第17条　～省略～
（契約期間）
第18条　本契約の契約期間は、契約締結の日から１年間とする。ただし、期間満了日の３か月前までに甲または乙より相手方に対し文書により別段の意思表示がなされない限り、本契約は同一条件でさらに１年間延長し、以後も同様とする。
（協議事項）
第19条　本契約に定めのない事項およびこれらの解釈が生じたときは、甲乙協議の上決定する。
（合意管轄）
第20条　～省略～

本契約締結の証として、本契約書２通を作成し、甲乙双方が記名押印の上、各１通を保有する。

20X1年４月１日

（甲）
生活協同組合○○○　印
（乙）
○○○株式会社　印

印紙税の取り扱い

(1) 判　定

「広告宣伝制作業務に関する請負基本契約書」（本契約書）は課税物件表の第7号文書に該当し課税文書となります。

(2) 根　拠

①　契約の概要

本契約書は、甲の店舗で使用する広告宣伝物を制作することを、乙が請け負うことを約したものです。

②　課税事項の抽出・課税物件表の当てはめ、文書所属の決定

イ　課税事項の抽出・課税物件表の当てはめ

本契約書は、第2条に規定するように広告宣伝物の制作請負に関する契約書で、課税物件表の第2号文書に該当します。さらに、本契約書は、営業者間において、請負に関する2以上の取引を継続して行うために作成される契約書で、その2以上の取引に共通して適用される取引条件のうち、第2条で目的物の種類を、第10条で対価の支払方法を定めているため、課税物件表の第7号文書にも該当します（法令26①一）。

ロ　文書所属の決定

本契約書は、課税物件表の第2号文書で契約金額の記載のないものであり、かつ課税物件表の第7号文書にも該当しますので、第7号文書となります（通則3イただし書）。

③　税率の適用

第7号文書に該当しますので、収入印紙は4千円となります。

文書事例39

灯油配達に関する協定書

ポイント

① 灯油業者との灯油の供給に関する契約の取扱い
② 売買に関する業務

文書例

灯油配達に関する協定書

生活協同組合○○○（以下「甲」という。）と、灯油業者○○○（以下「乙」という。）は、甲の組合員（以下「組合員」という。）の灯油利用に関し以下の協定を締結し、互いに誠意をもって履行することを確認する。

（目的）
第１条　甲乙は、両者の協力の下、各地域での一番安い灯油価格の実現と灯油の安定供給を目的とし、その実現のために努力する。
（業務分担）
第２条　甲乙は、前条の目的を実現するために、以下のとおり、業務分担し、その責任を全うする。
２　甲の業務
①　組合員への灯油購入利用案内
②　新規利用組合員への灯油利用申込書の配布および回収
③　組合員からの依頼による灯油代金の口座引き落とし代行
④　前各事項に付帯または付随する事項
３　乙の業務
①　甲から紹介された組合員への灯油供給案内
②　組合員が必要とする灯油確保
③　組合員への指定された期日および場所での灯油供給
④　前各事項に付帯または付随する事項
（委託の禁止）第３条、（履行不能の措置）第４条　～省略～
（価格決定）
第５条　甲乙は、灯油価格を配達期毎に協議決定するものとする。
２　乙は、甲の希望する基準価格に承諾できず、上記価格協議が整わない場合には、本協定を解除し、いつでも甲との取引関係から離脱することができる。
（価格変更）
第６条　甲乙は、価格を変更する場合には、前条に準じて十分協議の上、双方合意で変更し、実施にあたっては組合員に周知するための必要な猶予期間をおくものとする。
（取扱方法および配送エリア）
第７条　甲乙は、灯油の取扱方法および配送担当地域については、各シーズン毎に別途協議し、定めるものとする。
（灯油代金の決済方法）
第８条　甲乙は、組合員の灯油代金決済方法について、以下のとおり定めた。
２　現金扱いについては、乙の責任により、対象組合員より回収する。
３　前号以外の代金については、以下の手順による。
①　乙は、甲が指定する「灯油利用申込書」に基づき、灯油配達時、組合員の灯油受取確認を行う。
②　乙は、組合員の灯油受取確認後、「口座引き落とし依頼書」を作成し、期日までに甲に提出するものとする。
③　甲は、乙の「口座引き落とし依頼書」の提出によって、組合員の口座より、乙に変わって代金を回収し、乙の指定する金融機関の口座に振り込んで、支払い代行を行う。ただし、振込手数料は乙の負担とする。
④　甲乙は、締日、依頼書提出日、支払日を別途定める。
（事務手数料）
第９条　乙は、甲の業務として定めた事項にかかわる経費および甲の口座引き落とし代行手数料を全額負担するものとする。
（契約締結に伴う提出書類と重要事項の変更通知義務等）第10条、（商品販売および勧誘）第11条、（取材対応）第12条、（守秘義務）第13条、（債権譲渡の禁止）第14条、（損害賠償）第15条、（協定の解除）第16条　～省略～
（有効期間）
第17条　この協定の有効期間は、20X1年12月１日より20X2年11月30日までとする。ただし、契約期間満了３か月前までに、甲乙いずれかにより文書により何等の申し出がない場合は、さらに自動的に１年間延長されるものとし、以後も同様とする。
（合意管轄）第18条、（協議）第19条、（特約事項）第20条　～省略～

上記契約成立の証として、本書２通を作成し、記名押印の上、甲乙各１通を保有する。

20X1年11月30日

（甲）
生活協同組合○○○　　印
（乙）
○○○　　印

印紙税の取り扱い

(1) 判　定

「灯油配達に関する協定書」（本協定書）は、課税物件表の第7号文書に該当する課税文書となります。

(2) 根　拠

①　契約の概要

本協定書は、生協と灯油業者との間で組合員に対する灯油の販売に関する業務の委託を約したものです。

② **課税事項の抽出・課税物件表の当てはめ、文書所属の決定**

本協定書第2条において、生協と灯油業者との間で灯油の売買に関する業務を継続して委託するためその委託する業務を定め、また本協定書第8条において対価の支払方法を定めていますので、継続的取引の基本となる契約書に該当するため、課税物件表の第7号文書となります。

③ **記載金額の判定および税率の適用**

第7号文書に該当しますので、収入印紙は4千円となります。

文書事例40

配食サービス販売委託契約書

ポイント

① 継続的取引（売買に関する業務の委託）に関する契約

文書例

『配食サービス』販売委託契約書

生活協同組合○○○（以下「甲」という。）と、○○○（以下「乙」という。）は、つぎのとおり契約を締結した。

（目的）
第１条　甲は、甲が仕入れる商品（ごはん弁当、おかず、惣菜等）の販売と左記に付随・関連する業務を乙に委託し、乙はこれを受諾した。
（業務の内容）
第２条　本契約に基づく業務の内容はつぎのとおりとし、乙はこれを受託し自己の裁量と責任で完遂する。
(1)　業務内容：配食センターの利用者に対する商品の販売、空箱の回収、配布物の配布と利用者からの申込み物の回収および左記に付随・関連する業務。業務可能時間は、10：00～18：00を基本とする。
(2)　上記（1）に付随・関連する業務
２　甲は、乙に対して、販売業務遂行にあたり、指揮命令をしないものとする。
３　販売先エリア、販売件数は、甲乙双方の確認により決定したものを契約内容とする。
４　乙は、自己裁量により新規販売先を開拓できるものとする。
（受託業務の遂行方法）
第３条　受託業務の具体的な遂行方法は、別紙１のとおりとする。
（車両・備品）
第４条　～省略～
（物品の使用貸借）
第５条　乙は必要に応じ、車両ネームプレート等について甲から借りることができる。貸与の物品、方法期間、賃料等については、別紙覚書にて定めることとする。
（指定講習会参加）
第６条　～省略～
（販売価格）
第７条　乙は甲の指定する販売価格に基づき商品を販売する。
（委託料金）
第８条　委託料金は別紙にて定める。
２　甲は前項の委託料を乙の指定する金融機関口座に振り込む。その際、締日と支払日は、別途甲乙協議の上、決定する。

3　支払日が金融機関の休業日にあたる場合には、その前日に支払うものとする。
4　振込手数料は甲負担とする。

（瑕疵担保）
第９条　～省略～

（新規売買契約の委託）
第10条　乙は、甲の受託者として、甲のために、利用者と新規売買契約を締結する。
2　乙が利用者と締結した契約の効力は、甲と利用者との間に直接生じる。
3　乙が契約に使用する配食サービス申込書は、第３条により定めたものを利用するものとする。
4　乙が利用者と締結した契約の効力は、乙が利用者と契約を締結したときに生じる。
5　乙は、新規売買契約が成立した数量、契約の相手方を甲の管轄事業所に告知しなければならない。

（機密保持）第11条、（再委託）第12条、（解約申し入れ）第13条、（契約解除）第14条、（損害賠償）第15条、（不可抗力）第16条　～省略～

（有効期間）
第17条　本契約の有効期間は、20X1年４月１日から20X2年３月31日までの１年間とし、契約期間満了の２か月前までに、甲または乙いずれかより相手方に対し更新しない旨の意思表示がない限り、本契約は有効期間満了日よりさらに１年更新され、以後も同様とする。

（協議）
第18条　～省略～

本契約締結の証として、本契約書を１通作成し、甲乙それぞれ署名捺印のうえ、甲が原本を保管し、乙はその写しを保管するものとする。

20X1年３月30日

（甲）
生活協同組合○○○　　　　印

（乙）
○○○　　　　印

別紙１

1　基本的な考え方
～省略～

2　新規売買契約
（1）配食サービス売買契約条件
①配食サービスは登録制とし、登録は生協の組合員および員外利用登録した法人・団体のみとする。
②商品代金の支払いは、利用者の登録口座から引き落としとする。前月21日～当月20日期間で週間販売が終了した商品代金をまとめて、翌月第２週金曜日に引

第３章　文書事例

き落としとする。
③新規売買契約後、翌々週の月曜日から販売開始とする。
(2) 問い合わせ対応
①甲は、利用問い合わせ情報について、担当エリアの乙に売買契約を委託する。
②乙は、利用取り合わせ情報に基づき、甲指定の日までに、アポイント、新規売買契約を完了させる。
③乙は、甲より委託された新規売買契約について、指定期日までに対応できない場合、甲にその代行を依頼することができる。その場合、新規売買報酬は発生しないこととする。
(3) 状況別の必要な手続き一覧
～省略～
(4) 新規売買契約の方法
①乙は、利用問い合わせ者に対し、あらかじめ電話でアポイントをとってから訪問を行う。
②乙は利用者の利用意思を確認した後、生協未加入の場合「新規加入兼配食サービス申込書」、組合員の場合「諸変更兼配食サービス申込書」を利用者に記入してもらう。
③乙は利用者が新規加入の場合、出資金500円以上お預かりする。
④乙は利用者が口座未登録の場合、利用者に口座登録用紙を記入してもらう。
⑤乙は利用者に「配食サービス利用の手引き」を説明し、配布する。
⑥乙は回収した帳票類や出資金を甲に提出する。
3　商品の受取り
(1) 乙は、約束した時間帯に配食センターへ商品を受け取りに行く。
(2) 乙は、販売作業表で商品ごとに数量を確認し、甲より商品を受け取る。
(3) 乙は、以後、商品販売が終了するまで商品の品質管理を行う。

(注)「『配食サービス』販売委託契約書」と「別紙１」は一の文書とします。

印紙税の取り扱い

(1) 判　定

「『配食サービス』販売委託契約書」(本契約書) は課税物件表の第7号文書に該当するため課税文書となります。

(2) 根　拠

①　契約の概要

本契約書は、生協が乙との間で、生協が行う配食サービス事業にかかる業務の委託内容を約したものです。

②　課税事項の抽出・課税物件表の当てはめ、文書所属の決定

本契約書は、生協と乙との間において、生協の配食サービス業務（本契約書第2条、第10条、別紙1）を継続する売買の委託を行うために作成された契約書で、目的物の

種類、対価の支払方法（本契約書第8条）の内容を定めたものです（法令26①二）。したがって継続的取引の基本となる契約書に該当し、課税物件表の第7号文書となります。

③　記載金額の判定および税率の適用

第7号文書に該当しますので収入印紙は4千円となります。

文書事例41

配食サービスに関する業務委託契約書

ポイント

① 配食サービスと付随する契約

文書例

配食サービスに関する業務委託契約書

生活協同組合○○○（以下「甲」という。）と、○○○（以下「乙」という。）とは、甲の行う配食サービスに関する業務委託につき、その基本事項について、以下のとおり契約を締結する。

（契約の趣旨）
第１条　甲は、次条の内容で、その業務を乙に委託し、乙はこれを受託する。
（業務委託の内容）
第２条　本契約に基づく業務の内容は、つぎのとおりとする。
(1) 甲の配食センター利用者（以下「利用者」という。）に対する商品の配達、空箱の回収業務。
(2) 利用者へ献立表および各種宣伝物の配布と各種申込書の回収業務。
(3) 配達商品の検品と車両への積み込み業務。
(4) 毎週の締切日までに次週注文の有無を利用者に確認する業務。
(5) 商品の欠品、誤配等イレギュラー発生時の一次対応業務。
(6) 新規利用者の手続き業務。
(7) その他前各号に付帯または付随する作業。
(8) その他甲乙協議し決定した作業。
２　乙は甲の営業日に応じて、業務を請け負うものとする。
３　本条第１項各号に定める業務の範囲および業務処理の基準は別紙に定める。なお、別紙に定めるもののほかは、甲乙間でその都度協議の上、決定する。なお、年間稼働日数・基本稼働日については、甲乙協議の上、その３か月前までに決定するものとする。
（契約業務の履行）
第３条　～省略～
（委託条件）
第４条　甲は乙に第２条の業務を委託するものとし、その他の委託条件は別紙にて定める。
２　乙は甲が指定した12：00～18：00の時間内にお届け作業を完了する。指定時間内を超える場合、甲が予め指定した場所に遅延連絡をする。
（契約履行の報告）
第５条　～省略～
（配送車両・備品）

第６条　受託業務の遂行に乙が必要である車両・備品・携帯電話（通信・通話料を含む。）等は、乙が自己の負担によりこれを準備するものとする。ただし、乙の申し出により甲が必要と認めたときは、甲の所有にかかる配達施設および備品等を有償で貸与することがある。

２　乙に有償貸与する施設・備品の内容は別紙に定める・

３　甲は、その所有にかかる下記の備品を乙に無償で貸与し、乙はこれを借り受ける。
備品：車両ネームプレート、名札、エプロン

（責任者）第７条、（使用人の確保および教育研修）第８条、（関係法令上の責任）第９条、（遵守事項）第10条、（再委託の制限）第11条　～省略～

（委託料金および請求と支払）

第12条　委託料金は、別紙にて定める。なお、消費税等は、別途甲の負担とする。

２　乙が、甲の委託した作業で、甲の指定するペナルティ項目に抵触した場合は、甲は別紙にて定めるペナルティを乙に請求できる。なお、甲は、ペナルティ額を委託料金と対当額で任意に相殺できる。

３　乙は、委託料金を甲の月単位（当月21日から翌月20日）の実績で計算し、毎月末までに請求する。

４　甲は乙の請求を承認した場合、翌月20日までに乙の指定する金融機関の口座に振り込む。

５　甲・乙は、この配送委託料について、効率のよい配送業務となるようにともに協力し、コスト削減に寄与することとする。

（遅延損害金）

第13条　甲または乙は、本契約に基づく相手方に対する債務の弁済を怠ったときは、弁済すべき金額に対し完済まで年率6.0％の割合（１年に満たない端数期間については、１年を365日とする日割り計算）による遅延損害金を相手方に支払う。

（守秘義務）第14条、（個人情報保護）第15条　～省略～

（土地建物の使用）

第16条　甲は、甲が所有する、または使用する後記表示の配送施設（土地・建物など）（以下「配送施設」という。）を、乙に有償で使用許可し、乙は本契約を遂行する上でこれを使用することを約束した。

２　配送施設の使用にあたっては、その詳細を別紙にて定める。

（損害賠償）

第17条　乙は、甲より委託した業務に関し、乙の責に帰すべき理由により甲に損害を与えた場合は、その損害を賠償しなければならない。

２　損害賠償の算出にあたっては、施設、機械器具等の損害については当該資産を原状に復するために拠出する額とし、取扱商品の損害については売価額のみによるものとする。また、契約不履行の場合は、それにより生じた有形無形の一切の損害額とし、甲が算出し、乙と協議の上、決定する。ただし、天災地変、もしくはこれに準ずる自然現象による損害についてはこの限りではない。

（第三者への損害賠償）第18条、（不可抗力）第19条、（契約解除）第20条、（債権譲渡の禁止）第21条、（途中解約）第22条　～省略～

（契約期間）

第23条　本契約の有効期間は、20X1年４月１日から20X2年３月31日までとする。ただし、期間満了の３か月前までに甲乙いずれから、何等の申し出がない場合は、本契約は自動的に１年延長するものし、その後の期間満了についても同様とする。

2　本契約の内容については、契約期間内であっても、甲乙協議の上、変更を行う事ができる。

（この契約等に定めのない事項等）

第24条　～省略～

この契約の証として、本証２通を作成し、甲乙署名捺印の上、各１通を保管する。

20X1年３月20日

甲

生活協同組合○○○　　　　印

乙

○○○　　　　印

別紙１　（業務委託の範囲）

～省略～

別紙２（遵守事項等）

～省略～

別紙３（委託条件・料金）

（委託条件）第１、（該当センター）第２　～省略～

（業務委託料金）

第３　第12条の委託料金は以下のとおりとし、以下により算出された金額の合計額により乙は甲に請求する。

（1）基本委託料金　　配送１件あたり　XX円

①甲が委託した利用者への商品お届け１件あたり上記基本委託料を支払う。

（2）乙の使用人による新規利用手続きの受付作業に対して、１件あたり1,000円の委託料を支払うものとする。ただし、以下の条件を満たすものとする。

①乙の受け付けた新規利用者が過去１年以内に利用経験のない方であることが甲により確認できた場合とする。

②乙の受け付けた新規利用者の初回利用企画の確定、口座登録用紙の回収（既登録者を除く）が甲により確認できた場合とする。

（ペナルティ）

第４　～省略～

（最低補償）

第５　甲は、上記第３（1）により算出された基本委託料金の合計額が、以下の場合、乙に委託料金を追加して支払うものとする。

（1）１日あたりの委託料金が、配達稼働台数×（XX円）未満の場合、配達稼働台数×（XX円）を最低補償として支払う。

①配達に使用する車両台数は、甲乙協議の上、合意の上でこれを決定する。

②生協のチラシカタログ利用者への配達により発生する委託料金は、最低補償の条件としての合計金額に含まないものとする。

（2）最低補償の適用期間は、20X1年４月１日から20X2年３月31日までとする。
（消費税等）第６、（振込手数料）第７　～省略～

別紙４　配送施設の使用に関して

（使用の目的）
第１　乙は、本契約を遂行するために限り、甲の配送施設（駐車場、事務所、休憩仮眠室等）を有償で使用できるものとする。
（使用の範囲）
第２　～省略～
（使用料金）
第３　乙は、配送施設の使用にあたっては、甲に使用料を支払う。
（1）乙が、甲に支払う使用料は、稼働車両台数で算出した「共益費」および、夜間駐車車両台数で算出した「施設内車両駐車料」と定める。
（2）共益費は、稼働車両数１台あたり月極額XX円、とする。このときの稼働車両数は、甲の定める月度ごとに甲乙確認を行う。
（3）施設内車両駐車料は、乙の使用する車両を甲の施設内に、業務終了後から翌朝まで駐車する場合に、１台あたり月極額XX円とする。甲の施設内への駐車車両台数は、甲の定める月度ごとに甲乙確認を行う。
（4）乙が甲との業務委託を締結するにあたり必要とする準備期間においては、別途甲乙協議の上、使用範囲と使用料金を定める。
（禁止事項）第４、（損害賠償）第５、（位置変更と退去要請）第６、（明け渡し）第７
～省略～

（注）「配食サービスに関する業務委託契約書」と「別紙1～4」は一の文書とします。

印紙税の取り扱い

(1) 判　定

「配食サービスに関する業務委託契約書」（本契約書）は課税物件表の第7号文書に該当する課税文書となります。

(2) 根　拠

①　契約の概要

本契約書は、甲と乙との間で、乙が継続的に甲の指定する場所に商品を配送することや空箱回収を行うことなどを約したものです。さらに、乙の配送車両を甲の配送施設で有償で使用できることを約したものです。

②　課税事項の抽出・課税物件表の当てはめ、文書所属の決定

本契約書は、甲と乙との営業者間で、運送および請負に関する2以上の取引を継続して行うことを約したものであり、2以上の取引に共通して適用される取引条件のうち、目的物の種類、単価、対価の支払方法、債務不履行の場合の損害賠償の方法を定

第3章　文書事例

めているので課税物件表の第7号文書に該当します（法令26①一）。

（補足）本契約では乙が甲の配送施設を有償で利用できることを約していますが（別紙4配送施設の使用に関して）、これは施設の貸付けに該当します。課税物件表の課税事項のいずれにも該当しないため、課税文書にはなりません。

③　税率の適用

本契約書は第7号文書に該当しますので収入印紙は4千円となります。

文書事例42

斡旋取引基本契約書

ポイント

① 委任契約（斡旋）

文書例

斡旋取引基本契約書

株式会社○○○（以下「甲」という。）と、○○○生活協同組合（以下「乙」という。）は、甲のサービスまたは商品（以下「サービス等」という。）の斡旋に関して、つぎのとおり、契約を締結する。

（目的）
第１条　乙は、本契約の定めるところに従い、乙の指定する組合員（以下「組合員」という。）に対し、甲のサービス等を斡旋する。
２　甲は、乙の設立の趣旨および経営方針に賛同するとともに、取引に当たってはこれを尊重することを約す。
（取引条件）
第２条　乙は、組合員に対して甲のサービス等の宣伝を行い、甲のサービス等の提供の斡旋を希望する組合員の情報を甲に伝達する。
２　甲は、乙からの前項の情報を得た場合、当該組合員との間で、甲のサービス等の具体的内容等について相談し、当該サービス等の提供にあたっては、善良な管理者の注意をもって、誠実に対応する。
３　甲は、乙の組合員の間で取り交わした契約書の写しを乙に提出しなければならない。
４　甲は、組合員に対して、甲のサービス等を提供することを強制してはならない。
（斡旋手数料、媒体掲載料）
第３条　甲は第２条に基づき乙から斡旋を受けた組合員との間で契約を締結した場合には、別表１の契約金額の15％相当額を乙に対して斡旋手数料として支払うものとする。
２　甲は、乙から斡旋された組合員のサービス等の利用実績について毎月末日までの分を翌月10日までに乙に通知した上で前項に定める斡旋手数料（消費税別）を翌月25日までに乙の指定した金融機関の口座に振り込んで支払う。振込手数料は甲の負担とする。
３　甲は、乙が発行する定期発行チラシに掲載を希望した際には、別に定める掲載料を支払うものとする。
（苦情対応）第４条、（乙の商標権等の使用の禁止）第５条、（守秘義務）第６条、（法令等の遵守）第７条、（反社会的勢力の排除）第８条、（損害賠償）第９条、（解約）第10条、（契約の解除）第11条、（個人情報）第12条、（管轄裁判所）第13条　～省略～
（契約期間）

第14条　本契約の有効期間は、20X1年４月１日から20X2年３月31日までとする。ただし、期間満了の３か月前までに甲乙いずれかから、なんらの申し出がないときは、本契約は自動的に１年間延長するものとし、その後も同様とする。
(契約に定めのない事項)
第15条　～省略～

本契約書の締結の証として、本書２通を作成し、甲乙記名押印の上、甲乙各１通を保有する。

20X1年３月31日

(甲)
株式会社○○○　印
(乙)
○○○生活協同組合　印

印紙税の取り扱い

(1) 判　定

「斡旋取引基本契約書」(本契約書) は不課税文書となります。

(2) 根　拠

①　契約の概要

本契約書は、生協が甲のサービス等の斡旋を行い、斡旋手数料を受け取ることを約したものです。

②　不課税文書となる理由

本契約書は斡旋契約のため委任に関する契約書に該当し、課税物件表の課税事項のいずれにも該当しないため不課税文書となります。

文書事例43

生協の葬祭事業業務提携契約書

ポイント

① 生協の葬祭事業の業務提携契約

文書例

業務提携契約書

生活協同組合○○○（以下「甲」という。）と、葬祭業者○○○（以下「乙」という。）は、乙が行う葬祭サービス事業（以下「本件事業」という。）に関し、以下のとおり業務提携契約を締結する。

（本契約の目的）
第１条　本契約は、甲の組合員に対し、乙が運営する葬祭を斡旋することにより、甲の組合員に対して質の高い葬祭サービスを円滑に提供することを目的とする。
（提携業務の内容）
第２条　甲は、甲の組合員に対して、乙を本件事業の提携者として紹介し、情報提供の承諾を得た組合員を乙に紹介する。
（紹介手数料）
第３条　乙が、前条第１項に基づき甲から紹介を受けた甲の組合員との間に、本件業務に関する契約を締結したときは、乙は、甲に対し、以下の紹介手数料（消費税別途）を支払う。

項目	手数料（率）
葬儀施行	XX%
香典返し	XX%
引出物	XX%
料理	XX%
生花	XX%
花環	XX%
籠盛	XX%

（契約期間）
第４条　本契約の有効期間は、20X1年４月１日より１年間とする。
　２　期間満了の３か月前までに、甲乙いずれからも契約終了の意思表示がない場合には、この契約は自動的に１年間延長され、以降も同様とする。
（事業地域）
第５条　本件事業の対象地域は○○県内とする。
（紹介手数料の支払方法）
第６条　乙は、甲から紹介された甲の組合員の本件事業の利用実績を、毎月末日までの分を翌月20日までに甲に通知した上で、第３条に定める紹介手数料に消費税を付加した金額を、翌月末日までに甲の指定した金融機関の口座に振り込んで支払う。振込手数料は乙の負担とする。

2　乙が、前項の支払期日までに、甲が紹介した組合員から料金の支払いを受けられなかった場合には、乙は、甲に対して、当該契約にかかる紹介手数料の支払い期限の延期を申し出ることができ、甲がこれを了承した場合には、支払期限を変更する。

（乙の遵守事項）第７条、（機密保持）第８条、（苦情への対処）第９条、（損害賠償）第10条、（契約の解除）第11条、（合意管轄裁判所）第12条　～省略～

（契約の補充）

第13条　本契約に定めのない事項、解釈上疑義が生じたときは、民法および慣習に従い、甲乙の協議により解決する。

本契約締結の証として本書２通を作成し、記名押印の上、甲乙各１通を保有する。

20X1年３月31日

（甲）

生活協同組合○○○　　印

（乙）

○○○　　印

印紙税の取り扱い

(1) 判　定

「業務提携契約書」（本契約書）は不課税文書となります。

(2) 根　拠

①　契約の概要

本契約書は、生協と葬祭業者である乙との間で、組合員への葬祭サービス取引が成立するように、情報提供、紹介を行うことを約したものです。

②　不課税文書となる理由

生協が、葬祭業者と組合員との取引が成立するように情報提供や紹介を行い、斡旋しその斡旋手数料を受け取る契約は委任に関する契約に該当し、課税物件表の課税事項のいずれにも該当しないため不課税文書となります。

文書事例44

ペットに関する火葬・霊園の紹介契約書

ポイント

① ペット火葬・霊園紹介契約の性格

文書例

ペットに関する火葬・霊園の紹介契約書

生活協同組合○○○（以下「甲」という。）と、○○○（以下「乙」という。）とは、ペットに関する火葬・霊園サービス（以下「本サービス」という。）の紹介手数料に関し、次のとおり契約（以下「本契約」という。）する。

（基本原則）
第１条　甲および乙は、相互利益の尊重と協調の精神に則り、本契約を誠実に履行するものとする。
（委託）
第２条　乙は、本契約の定めるところにより、本サービスの受付を甲に委託し、甲はこれを引き受ける。
（商標）
第３条　甲は、本サービスおよび会場内で乙が指定する乙の商標を表示する。商標表示の態様・方法などは、乙が書面により指示する。
２　甲は、乙の書面による承諾なくして乙の商標の態様を変更してはならない。
３　甲は、本サービス以外の製品に乙の商標を添付・使用してはならない。
４　甲は、乙の商標を付した本サービスを乙以外の第三者に販売してはならない。
（受注・発注）
第４条　甲は、依頼があった内容を指定の用紙に記入後FAXにて乙に送信する。急ぎの場合も電話での発注後必ず、依頼書をFAX送信するものとする。
乙は、受注の確認、成約状況、完了確認を行いFAXにて随時甲に対して返信するものとする。
（作業）
第５条　乙は、甲からの依頼業務に対し適切に業務を遂行するものとし、業務上の過失責任をすべて負うものとする。甲は、乙の業務上の商品事故、その他の問題に対して一切責任を負わないものとする。
（集金）
第６条　乙は、乙の責任において作業完了後、依頼当事者（以下「ユーザー」という。）から直接料金を集金するものとし、万が一未収金が発生しても、甲は乙とユーザーとの契約金額に対して一切責任は負わないものとする。
（組合員特典）
第７条　～省略～
（手数料）

第８条　乙の甲に対する支払手数料は、ユーザーの利用代金（税込）のXX％とする。
（手数料支払い）
第９条　支払手数料は、作業後集金の完了をもって発生するものとし、未収金の場合は発生しないものとする。売掛の場合は、集金完了後手数料が発生し完了当月の支払いに振り込むものとする。支払手数料は、毎月20日締め翌月20日までに甲指定の口座に振り込むものとし、乙は振込み手数料を負担するものとする。
（紹介データ管理の公開）第10条、（広告宣伝について）第11条、（秘密保持）第12条、（アフターサービス）第13条、（解約）第14条　～省略～
（契約期間）
第15条　本契約の有効期間は20X1年４月１日から20X2年３月31日までの１年間とする。ただし、期間満了の１か月前までに甲乙いずれからも何等の申し出がない場合は、本契約と同一条件でさらに１年間継続されるものとし、その後の期間満了時においても同様とする。
（管轄裁判所）第16条、（協議事項）第17条　～省略～

以上この契約の証として、本書２通を作成し、記名押印の上、甲乙各１通を保有する。

20X1年３月31日

（甲）
生活協同組合○○○　印
（乙）
○○○　印

印紙税の取り扱い

(1) 判　定

「ペットに関する火葬・霊園の紹介契約書」（本契約書）は不課税文書となります。

(2) 根　拠

①　契約の概要

本契約書は、生協甲と乙との間で、甲の組合員がペットの火葬等を行う場合、そのサービス提供を乙に紹介することを約したものです。

②　不課税文書となる理由

本契約は、甲がその組合員にペットの火葬等を業者に紹介するもので委任に関する契約であり、課税物件表の課税事項のいずれにも該当しないため不課税文書となります。

文書事例45

リース契約書

ポイント

① リース物件の賃貸借契約

文書例

リース契約書

契約ＮＯ　XXXXXX
20X1年３月31日

借主（甲）

貸主（乙）

上記の者は、つぎのとおりリース契約を締結し、その証として本書２通を作成し、各自記名捺印の上、甲、乙が各１通を保有する。

契約要目表

(1) リース物件
　○×△　A○○○　×式
(2) リース期間
　リース物件借受証に記載の検査完了日を起算日として48か月
(3) リース料（総額）
　X,XXX,XXX円（消費税等額　XXX円）
　リース料（各回）
　毎月　XX,XXX円（消費税等額　XX円）
(4) リース料の支払条件
　第１回　振込　第２回以降　口座振替
　支払日　物件借受日翌々月５日　約定日　毎月５日
(5) 前払リース料
　支払日　20X1年４月10日
　支払金額　XXX円
(6) 引渡予定日
　20X1年６月21日
(7) 売主（使用権設定者）
(8) 引渡・設置場所

○○県○○市XX番地X-X
(9) 規定損害金
基本額　XXX円、逓減月額　XXX円
(10) 損害保険
動産総合保険
(11) 再リース料（年額）
XX,XXX円（消費税等額抜き）
(12) 再リース規定損害金
基本額　XXX円、逓減月額　XXX円
(13) 特約事項
～省略～

リース約款
～省略～

印紙税の取り扱い

(1) 判　定

「リース契約書」（本契約書）は不課税文書となります。

(2) 根　拠

①　契約の概要

本契約書は、甲が乙のリース物件を賃借し使用することを約したものです。

②　不課税文書となる理由

本契約書は、リース物件の賃貸借に関するもので、土地の賃貸借に関するものではないため、第1号の2文書には該当しません。また、課税物件表の課税事項のいずれにも該当しないため不課税文書となります。

文書事例46

リース契約解除合意書

ポイント

① リース物件の契約を解除した場合の契約書

文書例

契約解除合意書

生活協同組合○○○（以下「甲」という。）と、○○○（以下「乙」という。）とは、甲乙間で締結したリース契約の解除に関して次のとおり合意します。

（リース契約の解除）
第１条　甲と乙とは、甲乙間で締結した別表第１項記載のリース契約（以下「リース契約」という。）の全部または一部について、別表第２項記載の解除日（以下「解除日」という。）をもって解除することに同意します。
（物件の返還および費用の負担）
第２条　甲は、別表第３項記載の対象物件（以下「物件」という。）を、通常の損耗および乙が認めた場合を除き原状に復したうえ、別表第４項記載の引渡期限までに乙または乙の指定する者が定める場所に送付することにより返還します。なお、物件の原状回復および返還に要する費用は甲の負担とします。
（リース料の支払）
第３条　甲は、解除日時点でリース契約に基づく未払いのリース料がある場合、リース契約記載の支払方法により乙に支払います。
（前払リース料の処理）
第４条　リース契約に基づき甲が乙に前払リース料を支払っている場合は、別表第６項記載のとおりとします。
（解除損害金の支払）第５条、（遅延損害金）第６条、（期限の利益喪失）第７条、（特記条項）第８条　～省略～

以上のとおり合意したので、その証として本書２通を作成し、記名押印の上、甲乙各１通を保有する。

20X1年３月31日

（甲）
生活協同組合○○○　　印
（乙）
○○○　　印

別　表

1	リース契約	200X年９月１日付契約書（契約番号　XXXXXXX）
2	解除日	20X1年１月31日
3	対象物件	別表記載のとおり。
4	引渡期限	別表第２項記載の解除日の翌日
5	リース料等	20X1年２月15日までのリース料等は以下のとおり。 月額リース料　　XXX円　消費税額　XX円 月額リース料合計　XXX円
6	前払リース料の処理	なし。
7	解除損害金および支払方法	～省略～
8	特記条項	なし。

（注）「契約解除合意書」と「別表」は一の文書とします。

印紙税の取り扱い

(1) 判　定

「契約解除合意書」（本合意書）は不課税文書となります。

(2) 根　拠

①　契約の概要

本合意書は、生協甲と乙との間で、両者が締結したリース契約を解除することを約したものです。

②　不課税文書となる理由

印紙税法に規定する「契約書」は、契約当事者の間において、契約の成立、更改または内容の変更もしくは補充の事実を証明する目的で作成される文書をいい、契約の消滅の事実を証明する目的で作成される文書は含みません（基通12）。このため、本合意書は契約の解除（消滅）を証した文書ですので不課税文書となります。

文書事例47

自動車リース契約承継契約書

ポイント

① リース契約の地位を第三者に承継した場合の契約書

文書例

自動車リース契約承継契約書

20X1年4月1日

賃貸人　　　　　　甲　　　　　　　　　　印
承継人（新賃借人）乙　　　　　　　　　　印
借受人（旧賃借人）丙　　　　　　　　　　印

上記の者は、以下のとおり約し、その証として、本書3通を作成し、当事者記名押印のうえ、甲、乙、丙が各1通を保有する。

第1条　甲、乙、丙は、本日現在、甲、丙間で成立している別表（1）記載の自動車リース契約（以下「原契約」という。）に基づき、丙が甲に対し別表（2）記載のとおりのリース料債務（以下「リース料債務」という。）を負担していることを確認する。

第2条　乙は、原契約における丙の地位（権利、債務の一切）を別表（3）記載の期日（以下「本継承日」という。）をもって承継し、原契約の目的リース物件（以下「自動車」という。）を甲から同日付で借り受ける（以下本条の承継を「本承継」という。）。

2　前項にかかわらず、乙は本承継に伴う自動車にかかる自動車保険の取扱い（自動車保険料の差額の精算、割引・割増率の適用条件等）については、当該自動車保険の約款および保険会社の取扱い規定に従うことを確認する。

3　甲は、第1項を承認する。

第3条　乙は、丙から原契約の契約証書の写しの交付を受けたこと、およびその内容を承認したことを確認のうえ、本承継の結果、甲に対して原契約に基づく一切の債務を直接に負担し、原契約の各条項に従ってこれを履行する。

2　前項により、乙は、本承継日以降の支払分のリース料債務およびこれに対する別表（4）記載の消費税額、地方消費税額を別表（5）記載のとおり甲に対し支払う。

3　甲が原契約に基づき丙から借り受けている前払リース料がある場合、別表（6）記載のこの前払リース料に関する丙の権利についても、本承継契約に基づき乙に承継されるものとする。

4　本承継に伴い、乙、丙間に清算が必要となる場合においても、乙、丙間で別途取り決めるものとし、乙、丙は、甲に対し何ら異議を申し述べない。

第4条　甲は、本承継に伴い、乙が乙の責任と負担により、自動車の保管場所を別表（7）の記載のとおりに、また自動車にかかる自動車検査証上の使用者登録名義についてもこれを丙から乙に変更することを承認する。

第5条　別表（8）に特約条項を定めたときは、甲、乙、丙は、その条項が本承継契約と一体となり、これを補完しまたは修正することを異議なく承認する。

別表

(1) 原契約の表示	リース開始日　　20XX年５月１日　契約番号XXXXX
(2) リース債務の表示	リース債務残額　金　　3,000,000円 <内訳> 第○回（支払期日：20X1年５月31日）から第○回（最終回）（支払期日：20X3年５月31日）まで合計○回のリース料（１回あたり金XXX円）の合計額。ただし、甲が受け入れている前払リース料がある場合でも、前払リース料を控除していない債務残額。
(3) 本承継日	20X1年５月１日（第○回リース料支払後）
(4) 消費税額、地方消費税額	各回リース料に対する各支払期日時点の税法所定の税率による消費税額、地方消費税額
(5) 乙の承継後の支払方法	XXX
(6) 前払リース料	金　XXX円
(7) 変更後の自動車保管場所	○○○
(8) 特約条項	～省略～

（注）「自動車リース契約承継契約書」と「別表」は一の文書とします。

印紙税の取り扱い

(1) 判　定

「自動車リース契約承継契約書」（本契約書）は、課税物件表の第15号文書に該当するため課税文書となります。

(2) 根　拠

①　契約の概要

本契約書は、甲と乙と丙との間において、丙が甲と契約しているリース契約にかかる権利および債務の一切を丙から乙に承継し、甲がこれを承認したことを約したものです。

②　課税事項の抽出・課税物件表の当てはめ、文書所属の決定

本契約書は、丙の債務をその同一性を失わせないで債務引受人である乙に移転することを約したものです（基通別表1 第15号文書2)。また、「債務引受けに関する契約」は、第三者（乙）が債権者（甲）との間において債務者（丙）の債務を引き受けることを約するものをいい、債権者（甲）の承諾を条件として第三者（乙）と債務者（丙）との間において債務者の債務を引き受けることを約するものも含まれます（基通別表1 第15号文書3)。

したがって、本契約書は課税物件表の第15号文書に該当します。

③　税率の適用

本契約書は第15号文書に該当し、収入印紙は200円となります。

文書事例48

地位承継契約書

ポイント

① リース契約における借主を変更した場合

文書例

地位承継契約書

20X1年３月20日

（新借主）
　丙生活協同組合

（貸主）
　乙リース株式会社

（旧借主）
　甲生活協同組合

上記の者は、貸主および旧借主間における要目表（以下「表」という。）（2）に記載する承継前の契約対象で特定されるリース契約または再リース契約（以下「対象契約」という。）の地位承継に関し、以下のとおり契約（以下「本契約」という。）を締結する。なお本契約締結の証として本書３通を作成し、各自記名（または署名）捺印の上、新借主、貸主および旧借主が各１通を保有する。

要目表

<table>
<tr><td>（1）</td><td>地位承継日</td><td colspan="2">20X1年３月21日</td></tr>
<tr><td rowspan="6">（2）</td><td rowspan="6">対象契約</td><td>契約日</td><td rowspan="5">別紙のとおり（省略）</td></tr>
<tr><td>承継前の契約番号</td></tr>
<tr><td>承継後の契約番号</td></tr>
<tr><td>リース物件</td></tr>
<tr><td>契約期間</td></tr>
<tr><td>契約金額（税抜き）</td><td>1,500,000円</td></tr>
<tr><td rowspan="3">（3）</td><td rowspan="3">契約金額等の支払条件</td><td>支払期日</td><td>リース契約：毎月５日
再リース契約：借受日翌月５日</td></tr>
<tr><td>支払方法</td><td>口座振替</td></tr>
<tr><td>負担区分</td><td>旧借主：20X1年４月分（20X1年４月５日支払分）まで
新借主：20X1年５月分（20X1年５月５日支払分）以降</td></tr>
<tr><td>（4）</td><td>承継後の設置場所</td><td colspan="2">変更なし</td></tr>
</table>

(5)	旧借主による連帯保証	なし
(6)	特約事項	以下余白

契約条項

（地位承継）
第1条
1　新借主は、旧借主の対象契約上の地位（これに基づく一切の権利および義務を含む。）を表（1）記載の地位承継日（以下「承継日」という。）をもって、旧借主から承継し、貸主はこれを承諾する。
2　前項の地位承継に伴い、旧借主は、対象契約に係る権利義務関係から脱退する。
3　対象契約の規定は、第1項の地位承継により何ら修正されず、承継日以降、その性質を変更することなく新借主と貸主との間で適用される。
（契約書の引渡）
第2条　旧借主は、承継日までに、旧借主が保有する対象契約に係る契約書（対象契約に付随する変更契約書および覚書等を含む。）の原本を新借主に引き渡す。
（契約金額）
第3条
1　対象契約に基づくリース料または再リース料（これらに課される消費税等額（消費税および地方消費税の総称をいう。）を含み、以下「契約金額等」という。）の精算については、次の各号に定めるとおりとする。
①　対象契約がリース契約の場合
新借主は、第1条の地位承継により、契約金額等を、表（3）記載の支払条件に従い貸主に対し支払う。
②　対象契約が再リース契約の場合
～省略～
2　表（3）記載の支払方法が口座振替の方法による場合、新借主は、口座振替に伴う事務手続の都合により、口座振替の方法により支払うことができない契約金額等を、当該支払期日までに貸主指定の銀行口座に振り込むことにより支払う。
（本物件の引渡しおよび瑕疵担保責任）
第4条
1　旧借主は、旧借主の費用と責任において、承継日に対象契約に係る表（2）記載のリース物件（以下「本物件」という。）を、表（4）記載の設置場所において新借主に引き渡す。
2　新借主は、本物件の引渡しを受けたときは、直ちに添付書式による「地位承継に伴うリース物件借受証」を貸主に交付する。
3　貸主は、本物件の状況、損傷の有無、数量、性能不良、その他一切の瑕疵につき、何らの担保責任を負わない。
（解除）
第5条　～省略～
（旧借主による連帯保証）
第6条
表（5）記載の旧借主による連帯保証欄に［有］と記載されている場合には、次の各号が適用される。

① 第1条第2項を削除する。

② 旧借主は、第1条の地位承継により新借主が対象契約に基づき貸主に対し負担する契約金額等、規定損害金、その他一切の債務につき、新借主と連帯して保証債務を負い、その履行の責に任じる。

③ 旧借主は、貸主がその都合によって、担保もしくは他の保証を変更、解除しても免責を主張しない。

④ 旧借主がこの保証債務を履行した場合、代位によって貸主から取得した権利は、貸主の同意がなければこれを行使しない。もし貸主の請求があれば、旧借主は、その権利または順位を貸主に無償で譲渡する。

（新借主の連帯保証人）

第7条

1 新借主の連帯保証人は、第1条の地位承継により新借主が対象契約に基づき貸主に対し負担する契約金額等、規定損害金、その他一切の債務につき、新借主と連帯して保証債務を負い、その履行の責に任じる。

2 新借主の連帯保証人は、貸主がその都合によって、担保もしくは他の保証を変更、解除しても免責を主張しない。

3 新借主の連帯保証人がこの保証債務を履行した場合、代位によって貸主から取得した権利は、貸主の同意がなければこれを行使しない。もし貸主の請求があれば、新借主の連帯保証人は、その権利または順位を貸主に無償で譲渡する。

（特約事項）

第8条 ～省略～

印紙税の取り扱い

(1) 判　定

「地位承継契約書」（本契約書）は第15号文書に該当します。

(2) 根　拠

① 文書の概要

本契約書は、リース会社乙とのリース契約の地位（一切の権利および義務を含む。）を、旧借主である甲から新借主である丙に承継することを約したものです。

② 課税事項の抽出・課税物件表の当てはめ、文書所属の決定

本契約書は、新借主である丙が、旧借主である甲のリース料に係る債務を引き受けることを約した契約で、債権者乙の承諾を条件として債務者甲の債務を引き受けるものです。したがって本契約書は、課税物件表の第15号文書に該当し課税文書となります。

③ 税率の適用

本契約書は第15文書に該当しますので収入印紙は200円となります。

文書事例49

リサイクル回収品送り状、受領書

ポイント

① リサイクル回収品の文書の取り扱い

文書例

リサイクル回収品送り状

イ 出荷元控　　20X1年４月１日　　輸送係サイン

届け先	出荷元
品名	数量
牛乳パック	10箱
食品トレイ	100袋
ペットボトル	50袋
合計	

運送料１万円未満

リサイクル回収品送り状

ロ 届け先控　　20X1年４月１日　　輸送係サイン

届け先	出荷元
品名	数量
牛乳パック	10箱
食品トレイ	100袋
ペットボトル	50袋
合計	

運送料１万円未満

リサイクル回収品受領書

ハ 出荷元保管　　20X1年４月１日　　受領印

届け先	出荷元
品名	数量
牛乳パック	10箱
食品トレイ	100袋
ペットボトル	50袋
合計	

運送料１万円未満

（注）３葉構成　イ　送り状（出荷元控）　ロ　送り状（届け先控）　ハ　受領書（出荷元保管）

印紙税の取り扱い

(1) 判　定

ロとハは不課税文書、イは課税文書となります（基通別表1 第1号の4文書2・3)。

(2) 根　拠

①　文書の概要

「リサイクル回収品送り状」（本文書）は、生協が運送業者に委託して、リサイクル回収品を届け先まで運送するために作成したものです。

②　課税文書および不課税文書となる理由、税率の適用

本文書のうちイの「送り状（出荷元控)」は、生協が運送業者にリサイクル品（物品）を所定の場所に運ぶために、出荷元、届け先、運送者（搬出業者確認サイン）等を記載し運送契約の成立を証する事実が具体的に記載され、運送引受けの証となるものですので第1号の4文書に該当します。ただし、契約金額の記載がありませんので収入印紙は200円となります。

本文書のうちロの「送り状（届け先控)」は届け先に送付される連絡文書にすぎませんので不課税文書となります。また本文書のうちハの「受領書（出荷元保管)」は物品の受領書ですので不課税文書となります。

文書事例50

クレジットカード加盟店契約書（債権譲渡方式）

ポイント

① 債権譲渡方式と立替払い方式との相違

文書例

加盟店契約書

生活協同組合連合会○○○（以下「甲」という。）と○○○株式会社（以下「乙」という。）とは、甲および甲の会員生協（以下「丙」という。）がクレジットカードによりクレジットカード保有者に対して信用販売を行うことに関して次のとおり契約を締結する。

（定義）
第１条　本契約において、以下に掲げる用語の意義は、各号に定めるところによる。
　(1) 信用販売
　会員と甲または丙との間における、乙所定の方法によりカードを対価の支払手段とする取引をいう。
　(2) 丙
　丙の範囲および甲より乙への丙に関する報告事項等については、以下のとおりである。
　①丙の範囲
　甲に加盟する以下の生活協同組合をいう。
　生活協同組合Ａ
　Ｂ生活協同組合
　生活協同組合Ｃ
　②カードによる信用販売を取り扱う丙の範囲は別途定め、乙に書面にて報告し、乙の承認を得るものとする。追加変更等が生じた場合には、甲は速やかに乙に書面で通知する。
　③②で定める甲から乙への報告書面については、丙の名称・所在地・業種・電話番号を明記するものとする。ただし、報告書面の様式は別途甲乙間で定める。
　④甲は、丙が本契約で定めるところに従い信用販売を行うこと、および乙と取引することについてすべて責任を負うものとし、乙に対して一切迷惑をかけないものとする。
(3) カード
下記①から③に記載したクレジットカード等（デビットカード、プリペイドカード、その他支払手段として用いられるカード等の証票その他の物または番号、記号その他の符号を含む。）のうち、乙が指定するものをいう。
　①加盟店と会員の間の取引の決済機能を有する乙が発行するクレジットカード等
　②提携組織（以下で定義）に加盟している日本国内および日本国外の会社が発

行するクレジットカード等

③乙と提携関係にある日本国内および日本国外の会社が発行するクレジットカード等

(4) 会員

カードを正当に所持する者をいう。

(5) CAT等

CAT（クレジットオーソリゼーションターミナル）端末機その他カードの有効性をチェックする機器をいう。

(6) 売上債権

信用販売により甲および丙が会員に対し取得する金銭債権をいう。

(7) 提携組織

乙が加盟または提携する組織をいう。

(8) 提携組織の規則等

提携組織が定める規則、ルール、規範、基準、レギュレーション、ガイドライン等、および提携組織の指示、命令、要請等（提携組織の指示等にもとづく乙から甲に対する指示等を含む。）をいう。

(9) 営業秘密等

本契約の履行上知りえた相手方の技術上または営業上その他の秘密をいう。

(10) 第三者

甲乙丙以外のすべての者をいう。

(11) 個人情報、(12) 個人情報管理責任者　～省略～

（表明・保証）

第２条　～省略～

（加盟店契約の代理）

第３条

1　甲は、乙が丙との間に加盟店契約およびこれに付随する契約を締結することおよびこれらにもとづく権利の行使、義務の履行につき、丙から包括的委任を受け丙を代理して乙と契約する。

なお、本契約の締結をもって、乙と丙の加盟店契約は締結されたものとする。代理権の有無・範囲について乙に確認の義務はなく、甲の責任において処理するものとする。

2　甲は、乙と丙との加盟店契約によって生ずる丙の乙に対する一切の債務につき連帯して保証する。

3　甲は、丙の代理権を有しないことによって、乙に生じた一切の損害を賠償しなければならない。

（契約の遵守）

第４条　甲は、丙に対して本契約を徹底させ遵守させるものとする。

（地位の譲渡の禁止）

第５条

1　甲および丙は、本契約上の地位を第三者に譲渡（合併・会社分割等の組織再編行為によるものであるかを問わない。）できないものとする。

2　甲および丙は、乙に対する債権を第三者に譲渡、質入れできないものとする。

（信用販売）

第６条

1　甲および丙は、会員が、カードを提示して物品の販売、サービスの提供、その他甲および丙の営業に属する取引を求めた場合は、本契約に従い、現金で取引を行う顧客と同様に、店頭において信用販売を行うものとする。

2　乙の提携関係または加盟関係に変動が生じたときは、乙からの通知により、信用販売を行うカードの範囲も変動するものとする。

3　甲および丙は、本契約に従い信用販売を行うとともに、乙が定める規定、ルールおよび指示等を遵守するものとする。

4　本契約は、甲および丙が店頭において行う販売について適用されるものとし、甲および丙が、通信販売、カタログ販売、コンピュータ通信による販売等、店頭販売以外の態様の取引により信用販売を行う場合は、別途契約しなければならない。

(信用販売の種類)

第7条　信用販売の種類は、1回払い販売とする。

(信用販売の方法)

第8条

1　甲および丙は、会員からカードの提示による信用販売の要求があった場合、ＣＡＴ等を利用して、その取扱契約にもとづきすべての信用販売においてカードの有効性を確認し、信用販売の承認をえるものとする。その際、取扱契約に従い、カードの真偽、売上票に署名を求め当該カード裏面の署名と同一であること、または、会員が正しい暗証番号を入力したことを確認するとともに、写真入りカードの場合には、利用者が当該カード面の写真と同一であることもあわせて確認して信用販売を行うものとする。また、何等かの理由でＣＡＴ等の使用ができない場合は、信用販売を行わないものとする。

2　売上票に記載できる金額は、当該販売代金並びにサービス提供代金のみとし、現金の立替、過去の売掛金の精算等は行わないものとする。

3　甲および丙は、売上票の金額訂正、分割記載、取扱日付の不実記載等は行わないものとする。金額に誤りがある場合には、当該売上票を破棄して新たに本条の手続きにより、売上票を作成しなおすものとする。

4　甲および丙は、乙所定の売上票以外は使用できないものとする。ただし、乙が事前に承認した売上票については使用できるものとする。また、売上票は甲および丙の責任において保管し、他に譲渡できないものとする。

5　甲および丙は、有効なカードを提示した会員に対して、商品の販売代金並びにサービス提供代金について手数料等を上乗せする等現金客と異なる代金の請求をすること、およびカードの円滑な使用を妨げる何らの制限をも加えないものとする。また正当な理由なくして信用販売を拒絶し、代金の全額または一部に対して直接現金支払いを要求する等、会員に対して差別的取扱いは行わないものとする。

6　前５項にかかわらず、甲および丙は、乙が必要または適当と認めて、信用販売の方法を変更し、変更後の内容を通知した場合には、甲乙協議の上、これを行うことができない合理的な理由がある場合を除き、甲および丙は、変更後の方法により信用販売を行うものとする。

(不審な取引の通報)

第９条　～省略～

(信用販売の円滑な実施)

第10条

1　甲および丙は、信用販売を行うあるいは信用販売の勧誘を行う場合には、割賦販売法、特定商取引に関する法律、消費者契約法等の関連法定を遵守するものとする。また、乙が関連法令を遵守するために必要な場合には、乙の要請により、甲および丙は必要な協力を行う。

2　甲および丙は、信用販売を行った場合、直ちに商品またはサービス等を会員に引渡しまたは提供するものとする。ただし、売上票記載の売上日に引渡しまたは提供することができない場合は、会員に書面をもって引渡し時期等を通知するものとする。

3　甲および丙は割賦販売法第２条第３項に定められる信用販売を行った場合、割賦販売法第30条の２の３第４項およびその施行規則に定める事項などを記載した書面を遅滞なく会員へ交付するものとする。また、甲および丙は、本項に定める以外の割賦販売法その他の法令上甲および丙に課される会員に対する書面交付義務を遵守するものとする。

4　甲および丙は、当該売上債権の譲渡手続を行った後に会員が割賦販売法および特定商品取引に関する法律に定める信用販売の申込の撤回または信用販売の解除（「クーリングオフ」）を行った場合には、直ちに乙に対し当該信用販売の取り消しの手続きを行うものとする。

5　甲および丙は、商品またはサービス等を複数回にわたり引渡しまたは提供する場合において、当該売上債権の譲渡手続きを行った後に会員が当該信用販売を解除、解約したときは、直ちに乙に届け出るとともに、当該会員と当該信用販売の精算について協議し合意した精算方法を乙に連絡するものとする。

6　甲および丙は、商品またはサービス等を複数回にわたり引渡しまたは提供する場合において、甲または丙の事由により引渡しまたは提供が困難となったときは、直ちにその旨を会員および乙へ連絡するものとする。

7　甲または丙が、信用販売の取り消しまたは解約等を行う場合には、直ちに乙所定の方法にて当該債権譲渡の取り消しを行うこととし、乙は第13条に準じて処理するものとする。

8　甲および丙は、前項により債権譲渡を取り消した売上債権の譲渡代金が乙より支払済みである場合には、直ちにこれを返還するものとする。また、この場合、乙は第18条第３項を準用することができるものとする。

（信用販売の責任）第11条、（無効カードの取扱い）第12条　～省略～

（売上債権の譲渡）

第13条

1　甲および丙は、第８条にもとづく売上債権を信用販売を行った日から15日以内（休日を含む。）に当該売上債権を集計し、乙所定の売上集計票を添付して乙宛に送付して譲渡するものとする。ただし売上データギャザリング対応型またはデータキャプチャー対応型のＣＡＴ等を使用して信用販売を行った場合には、その取扱契約にもとづき債権譲渡および売上票の提出を行うものとする。

2　前項の請求期限以降に支払請求された売上債権について、乙が当該売上債権の回収ができなかった場合、および乙が加盟または提携する組織に加盟している若しくは乙と提携関係にある日本国内および日本国外の会社が、正当な理由により乙からの当該売上債権の支払請求を拒否または異議を唱えた場合若しくは当該会社が当該売上債権の回収ができなかった場合は、甲が一切の責任を負うものとし、乙の申し出により第18条の規定に従うものとする。

3　甲および丙は、信用販売を行った日から2か月以上経過した売上債権の支払請求を拒否されても異議を申し立てないものとする。

4　第1項の債権譲渡は、当該売上票が乙に到着したときにその効力を発生するものとする。

5　甲および丙は、売上債権および売上債権を乙に譲渡することにより発生する金銭債権を第三者に譲渡できないものとする。

（商品の所有権の移転）

第14条

1　甲または丙が会員に信用販売した商品の所有権は、乙が第15条の規定にもとづき当該代金を甲に支払った時に乙に移転するものとする。ただし、第18条の規定にもとづき当該債権が買い戻され買戻し金額が充当された場合、当該商品の所有権は直ちに甲または丙に移転するものとする。

2　～省略～

（支払方法）

第15条

1　乙が債権譲渡を受けた売上債権の締切日および甲への支払方法は毎月15日と月末に締切り、15日締切分は当該月末に、月末締切分は翌月15日に支払うものとし、甲は甲の責任と費用で丙に分配する。万一、丙への分配がなされなかったとしても、それにより乙は何らの責任を負担しないものとし、甲はこれによって乙に生じた一切の損害を賠償しなければならない。

2　前項による支払は、各支払期日における合計額から第19条に定める手数料を差し引いた金額を甲が別途指定した預金口座へ振り込むものとする。

3　甲または丙が本契約に違反した売上票を乙に譲渡した場合その他、甲または丙が本契約に違反した信用販売を行った場合には、乙は当該代金の支払いを拒絶できるものとする。

4　～省略～

（会員との紛議とカード利用代金等）第16条、（会員との紛議に関する措置等）第17条
～省略～

（買戻しの特約）

第18条

1　甲および丙は、下記のいずれかに該当した場合、乙の申し出により遅滞なく当該売上債権を買戻すものとする。乙は、下記の何れかの事由が存在すると合理的に判断する場合には、甲および丙に対し、当該事由の存否を照会することができ、甲および丙は速やかに、当該事由の不存在を証明しなければならない。甲がこの証明を行わない場合には、甲は、乙の申し出により遅滞なく当該売上債権を買戻すものとする。

(1)　乙に譲渡した売上債権にかかる売上票が正当なものでないこと、その他売上票の記載内容が不実不備であった場合

(2)　第8条乃至第10条に定める手続きによらず信用販売を行った場合

(3)　第12条第1項、第2項の規定に違反して信用販売を行った場合

(4)　第13条第2項の事態が発生した場合

(5)　第15条第4項の調査に対して乙が合理的と認める協力がない場合

(6)　第16条第1項の会員との紛議が解決されない場合

(7)　会員がクーリングオフ、中途解約を行ったにもかかわらず信用販売の取り消

しを行わない場合

(8) 会員が、第10条第5項に定める信用販売の解除、解約を行った場合

(9) その他本契約の規定に違反して信用販売が行われたことが判明した場合

2　第10条第6項の販売を行った甲または丙が会員に対して商品またはサービス等の提供が困難になった場合において、この事態を理由に会員が未提供の商品またはサービス等に相当する代金の支払いを拒否したとき、会員の乙に対する支払いが滞ったとき、または会員が乙に対して当該代金の返還を求めたときは、甲および丙は乙の申し出により遅滞なく当該売上債権を買戻すものとし、当該買戻代金について甲および丙は連帯して責任を負担するものとする。

3　前2項の場合、甲は当該売上債権および他の売上債権の譲渡に伴い生ずる第15条第2項に規定する振込金から買戻し金額を差引充当すること、並びに買戻し金額に不足が生じる場合は、次回以降の振込金を順次買戻し金額に充当することを承諾するものとする。この充当は、対象となる次回以降の振込金に該当する甲または丙による信用販売の売上債権が含まれるか否かおよびその金額のいかんにかかわらず、乙の甲に対する支払金額全額を対象として行うことができるものとする。

4　前項の手続きを行ったにもかかわらず、乙が買戻しを請求した日から2か月以上経過した残金がある場合、甲および丙は乙の請求により連帯してその残金を一括して支払うものとする。なお、買戻しを請求した日とは、乙が口頭または文書により甲に通知した日とする。

(手数料の支払い)

第19条　甲は、カードによる信用販売額のX.XX%に相当する手数料(円未満の端数切捨て)を乙に支払うものとする。ただし、提携組織の規則等の変更、関連法令の変更または金利変動等の金融情勢の変化その他相当の事由がある場合には、乙は、甲に対する通知により、甲乙協議の上、手数料率を合理的範囲で改定することができる。

(加盟店の標識)第20条、(提携組織の規則等の遵守)第21条、(甲および丙の禁止行為)第22条、(状況報告)第23条、(営業秘密等の守秘義務等)第24条、(個人情報の守秘義務)第25条、(カード番号等の管理)第26条、(委託の場合の個人情報等の取扱い)第27条、(委託の場合のカード番号等の管理)第28条、(委託先への個人情報の提供)第29条、(第三者からの申立て)第30条、(個人情報安全管理措置)第31条、(届出事項の変更)第32条、(契約解除等)第33条、(損害賠償)第34条、(加盟店情報の取得・保有・利用)第35条、(加盟店情報交換センターへの登録・共同利用の同意)第36条、(乙が加盟する加盟店情報交換センター、共同利用の範囲および目的等について)第37条、(個人情報の開示・訂正・削除)第38条、(契約不成立時および契約終了後の加盟店情報の利用)第39条　～省略～

(有効期間・解約)

第40条

1　本契約の有効期間は、20X1年4月1日から1年間とする。ただし、有効期間満了の3か月前までに甲乙いずれからも何ら意思表示がないときは、有効期間満了後1年間自動的に延長し、以後も同様とする。

2　～省　略～

(契約終了後の処理)第41条、(合意管轄裁判所)第42条、(協議事項および準用規定)第43条　～省略～

本契約締結の証として、本書2通を作成し、甲乙記名押印のうえ各1通を保有する。

20X1年３月31日

甲

生活協同組合連合会○○○　印

乙

○○○株式会社　印

印紙税の取り扱い

(1) 判　定

「加盟店契約書」（本契約書）は、課税物件表の第7号文書に該当するため課税文書となります。

(2) 根　拠

①　契約の概要

本契約書は、生協が組合員に対しクレジットカードにより信用販売を行うために、生協とクレジット会社との間で加盟店契約を締結し、組合員への供給債権（売上債権）をクレジット会社に譲渡することを約したものです。

②　課税事項の抽出・課税物件表の当てはめ、文書の所属の決定

生協が組合員に対してクレジット販売を行うために、生協とクレジット会社との間で加盟店契約を締結し、供給債権（売上債権）をクレジット会社に譲渡する契約は債権譲渡に関する契約であり、第15号文書に該当します。また、債権譲渡は、債権の売買です。本契約では、生協とクレジット会社という営業者の間で、売買に関する2以上の取引を継続して行うために作成する契約書に該当し、その2以上の取引に共通して適用される取引条件のうち、債権という目的物の種類、対価の支払方法を定めていますので第7号文書にも該当します（法26①一）。

第3号文書から第17号文書に該当し、その課税文書のうち2以上の号に掲げる文書に該当する場合には、その2以上の号のうち最も号数の少ない号に掲げる文書となります（通則3ハ）。したがって本事例の場合には第7号文書と第15号文書の両方に該当するため、最終的には第7号文書となります。

③　税率の適用

第7号文書に該当しますので、収入印紙は4千円となります。

文書事例51

クレジットカード加盟店契約書（立替払い方式）

ポイント

① 債権譲渡方式と立替払い方式との相違

文書例

包括代理加盟店（クレジットカード加盟店）契約書

生活協同組合○○○（以下「甲」という。）と○○○株式会社（以下「乙」という。）とは、甲および丙（第4条で定義）が会員に対して通信販売・通信取引の方法により信用取引を行うことに関し、次のとおり契約を締結する。

（加盟店）
第1条
1　本契約を承認のうえ、乙に加盟を申込み、乙が加盟を認めた甲、および甲をして乙に加盟を申込み、乙が加盟を認めた丙を加盟店とする。なお、本契約に基づき、甲および乙ならびに丙間で成立した契約を本契約という。
2　甲および丙は、本契約に基づきカードによる信用取引を行う店舗･施設（以下「カード取扱店舗」という。）を指定のうえ、予め乙に届出し承認を得るものとする。乙の承認のないカード取扱店舗での信用取引はできないものとする。
3　甲丙および乙は、本契約上の地位を第三者に譲渡（合併・会社分割等の組織再編行為によるものであるかを問わない）できないものとする。ただし、相手方から書面による事前の承諾を得た場合はこの限りではない。

（定義）
第2条　本契約において、以下に掲げる用語の意義は、当該各号に定めるところによるものとする。
(1) 信用取引
会員と甲または丙との間における、乙所定の方法によりカードを対価等の支払手段とする取引をいう。
(2) カード
下記①から③に記載したクレジットカード等（デビットカード、プリペイドカード、その他支払手段として用いられるカード等の証票その他の物または番号、記号その他の符号を含む。）のうち、乙が指定するものをいう。
①甲または丙と会員の間の取引の決済機能を有する乙が発行するクレジットカード等
②提携組織（以下で定義）に加盟している日本国内および日本国外の会社が発行するクレジットカード等
③乙と提携関係にある日本国内および日本国外の会社が発行するクレジットカード等
(3) 会員

第3章　文書事例

カードを正当に所持する者をいう。

(4) 商品

甲が会員に提供する商品をいう。ただし、本条 (5) で定める「出資金」は、本条 (4) の「商品」には含まれない。

(5) 出資金

消費生活協同組合法第16条および甲所定の規約の定めにより、甲の組合員（以下「組合員」という。）になろうとする者が甲に支払う出資金額をいう。

(6) 利用代金

本条 (4)「商品」の代金および本条 (5)「出資金」をいう。

(7) 利用代金債権

信用取引により甲および丙が会員に対し取得する金銭債権をいう。

(8) 立替払い

会員からの立替払い委託に基づき、乙が会員に替わって甲および丙に通信販売・通信取引における利用代金を支払うことをいう。

(9) 立替払い委託

会員が、信用取引において利用するカードを発行する会社（以下「カード発行会社」という。）が会員に対して定める「会員規約」その他の規約、規程等を承認のうえ、甲および丙に対する通信販売・通信取引における利用代金の立替払いを乙に委託することをいう。

(10) 立替払い請求

甲および丙が、乙に対して利用代金債権にかかる代金を立て替えて支払うよう請求することをいう。甲の立替払い請求と同時に、会員に対する乙の求償権が発生するものとする。

(11) 提携組織

乙が加盟または提携する組織をいう。

(12) 提携組織の規則等　～省略～

(13) 営業秘密等

本契約の履行上知りえた相手方の技術上または営業上その他の秘密をいう。

(14) 第三者

甲、乙および丙以外の全ての者をいう。

(15) 個人情報、(16) 個人情報管理責任者　～省略～

（表明・保証）

第３条

1　甲丙および乙は、相手方に対し、本契約締結にあたり、本契約締結日時点および本契約の有効期間中において、以下の事項が真実かつ正確であることを表明し、保証する。

(1) 行為能力　(2) 内部手続　(3) 適法性等　(4) 有効な契約　(5) 非詐害性　(6) 提供情報の正確性

内　容　～省略～

2　甲丙および乙は、相手方に対し本契約締結にあたり、自ら（役員･従業員を含み、以下本項において同じ）が、暴力団、暴力団員、暴力団員でなくなった時から５年を経過しない者、暴力団準構成員、暴力団関係企業、総会屋等または特殊知能暴力集団等、その他これらに準ずる者（以下これらを「暴力団員等」という。）または (1) の各号のいずれにも該当しないこと、自らまたは第三者を利用して (2)

の各号のいずれかに該当する行為を一切行わないことを確約し、故意過失を問わず、かかる表明・保証に違反し、あるいはかかる確約に違反した場合には、本契約に基づく取引が停止されること、また直ちに相手方より本契約が解約されることがありえることを異議なく承諾するとともに、これにより自らに損害が生じた場合でも相手方に何らの請求は行わず、一切自らの責任とし、さらに、かかる表明・保証、確約に違反して相手方に損害が生じた場合には、その一切の損害を賠償しなければならないものとする。

(1)、(2) ～省略～

（丙の範囲）

第4条

1　甲は乙に対し、カードにより会員に信用取引を行うことを希望する法人、個人または団体（以下「加盟希望者」という。）があるときは、加盟希望者を代理して乙所定の申込を行う。

2　乙は、甲の申込により加盟を認め、本契約の適用を受ける加盟希望者を加盟店（本契約において「丙」という。）とする。

3　乙は、前項に定める承認後といえども、本契約において丙が遵守すべきものとして定められた条項を遵守しなかった場合は、いつでも当該丙について、本契約に基づくカードによる信用取引の取扱を拒否することができる。

4　甲は、前項の丙の範囲について追加、削除等があった場合および丙について組織変更等があった場合は、乙に対し、丙を代理して乙へ所定の手続きを行う。

5　甲は、丙が本契約に定めるところに従い信用取引を行うこと、および乙と取引することについてすべて責任を負うものとし、乙に対して一切迷惑をかけないものとする。

（加盟店契約の代理）

第5条

1　甲は、乙が丙との間に加盟店契約およびこれに付随する契約を締結することならびに加盟店契約に基づく権利の行使、義務の履行につき、丙から包括的委任を受け丙を代理して乙と契約する。なお、本契約の締結をもって、乙と丙の加盟店契約は締結されたものとする。代理権の有無・範囲について乙に確認の義務はなく、甲の責任において処理するものとする。

2　甲は、乙と丙との加盟店契約によって生ずる丙の乙に対する一切の債務につき、連帯して保証する。

3　甲は、丙の代理権を有しないことによって、乙に生じた一切の損害を賠償しなければならない。

4　甲は、本人兼丙の代理人として本契約を締結するものとする。

5　甲は、丙をして本契約上の義務を遵守させなければならない。

（業務委託の禁止）

第6条　甲および丙は、乙の事前の書面による承諾のある場合を除き、本契約に基づいて行う業務を第三者に委託できないものとする。

（広告の作成）

第7条　～省略～

（対象となる利用代金）

第8条　本契約の対象となる利用代金は次のものをいう。

(1) 甲および丙への出資金

(2) 乙が予め承認した甲および丙の販売する商品の代金
(3) その他前2号に付随して発生する費用のうち乙が予め承認した費用

(取扱商品)
第9条　～省略～
第10条　信用取引の種類は、1回払いのみとする。
(改善措置)
第11条　～省略～
(信用取引の方法)
第12条

1　甲および丙は、信用取引の申込みを受けたときは、申込データに基づき、遅滞なく全件について、乙の定める方法によりカードの会員番号、カードの有効期限、利用代金額、会員認証手続を実行したときはその結果等を乙に通知して、信用取引の承認を得るものとする。ただし、乙より要求を受けた場合は、会員氏名等、その他の申込情報を通知するものとし、甲は会員情報の保護義務を負うものとする。乙の承認が得られなかった場合はカードによる信用取引を行わないものとする。

2　乙の承認が得られた場合であっても、甲および丙において、当該カードの利用が無効カード、偽造カード、第三者による不正利用、その他正当な利用でないことを知り、もしくは知りうる状況にあった場合には、甲および丙はカードによる信用取引を行わないものとする。

3　甲および丙は、有効なカードで申込みを行った会員に対して、利用代金について手数料等を上乗せする等現金客と異なる代金の請求をすること、およびカードの円滑な使用を妨げる何らの制限をも加えないものとする。また正当な理由なくして信用取引を拒絶し、代金の全額または一部（税金、送料等を含む。）に対して直接現金支払いを要求する等、会員に対して差別的取扱いは行わないものとする。

4　前3項にかかわらず、甲および丙は、乙が必要または適当と認めて、信用取引の方法を変更し、変更後の内容を通知した場合には、これを行うことができない合理的な事由がある場合を除き、甲および丙は、変更後の方法により信用取引を行うものとする。

5　乙の承認は、当該信用取引の申込者が会員本人であることを保証するものでないことを、甲および丙は承諾するものとする。

(暗号化措置等）第13条、(加入申込書の提出）第14条、(信用取引の円滑な実施）第15条　～省略～
(商品の配達等)
第16条

1　甲および丙は、会員から商品の信用取引の申込みを受け付けたときは、甲および丙の規定に基づき、会員の指定した場所に商品を配達して引渡すものとする。引渡しが遅延したり品切れが生じた場合は、甲および丙は、甲および丙に規定に基づき、当該会員に対し連絡を行うものとする。

2　甲および丙は、原則として商品配達時に、商品の名称、数量、代金額、送料、税金および代金支払方法等その他割賦販売法第30条の2第4項に定める事項等を記載した書面を会員に交付するものとする。

3　甲および丙は、商品の配達については、受注・配達履歴を7年間保管するものとする。

（信用取引の責任）第17条、（無効カードの取扱い）第18条、（不正申込みの場合の処理）第19条　～省略～

（立替払いの請求）

第20条

1　甲および丙は、会員との間に正当に成立した取引に関する契約に基づく利用代金債権であって、乙の承認を得たものについて、乙に立替払い請求するものとし、乙はこれを立替払いすることによって会員に対する立替金債権を取得するものとする。

2　甲および丙は乙に対し、第22条第１項に定める期日までに立替払い請求をする。

3　甲および丙は、利用代金確定日から２か月を経過して立替払い請求の手続きが行われた利用代金について、乙が無条件でその立替払い請求を拒否することができることを承諾するものとする。

4　甲および丙は、利用代金債権および立替払いを乙に請求できる権利を第三者に譲渡し、もしくは利用代金債権を第三者に立替えて支払わせることはできないものとする。

（商品等の所有権および出資金代金の請求権の移転）

第21条　～省略～

（利用代金の支払い）

第22条

1　乙は、甲および丙から立替払い請求された利用代金債権の立替払い代金を甲のみに支払うものとし、利用代金債権の締切日および甲への支払い方法は次のとおりとし、甲は甲の責任と費用で丙に分配する。万一、丙への分配がなされなかったとしても、それにより乙は何ら責任を負担しないものとし、甲はこれによって生じた一切の損害を賠償しなければならない。

信用取引の種類	取扱期間	締切日	支払日
１回払い	通年	15日	当月末日
		月末日	翌月15日

2　前項の支払いは、各支払日における合計額から第29条に定める手数料を差し引いた金額を甲指定の下記預金口座へ振り込むものとする。なお、締切日または支払日の当日が乙または金融機関の休業日の場合には、前営業日までとする。

金融機関名　　　　○○銀行　　○△支店

預金種目　　普通預金　　　口座番号　XXXXXX

3～6　～省略～

（返品）

第23条　～省略～

（出資金の返還）

第24条　甲は、脱退を理由として会員へ出資金を返還する場合、甲と会員との間で現金にて返還を行うこととし、当該カードによる精算は行わないこととする。

（会員との紛議と利用代金等）第25条、（会員との紛議に関する措置等）第26条、（支払請求の特約）第27条、（立替払い金の返還）第28条　～省略～

（手数料の支払い）

第29条　甲は、甲および丙ごとの支払請求した利用代金に対して別紙記載の手数料率に相当する額を手数料として乙に支払うものとする。ただし、乙は提携組織の規則等の変更、関連法令の変更または金利変動等の金融情勢の変化その他相当の事由がある場合には、甲乙の合意により、手数料率を合理的範囲で改定することができるものとする。
（提携組織の規則等の遵守）
第30条　～省略～
（直接請求の禁止）
第31条　甲および丙は、会員に対し直接利用代金を請求し、または受領してはならないものとする。
（加盟店の禁止行為）第32条、（状況報告）第33条、（証明書の提出と管理）第34条、（営業秘密等の守秘義務等）第35条、（個人情報の守秘義務等）第36条、（カードの会員番号等の管理）第37条、（委託の場合の個人情報等の取り扱い）第38条、（委託の場合のカードの会員番号等の管理）第39条、（委託先への個人情報の提供）第40条、（第三者からの申立）第41条、（個人情報安全管理措置）第42条、（加盟店情報の取得・保有・利用）第43条、（加盟店情報交換センターへの登録・共同利用の同意）第44条、（乙が加盟する加盟店情報交換センター、共同利用の範囲および目的等について）第45条、（個人情報の開示・訂正・削除）第46条、（加盟店情報の取得、保有、利用に不同意等の場合）第47条、（契約終了後の加盟店情報の利用）第48条、（届出事項の変更等）第49条、（契約解除等）第50条、（損害賠償）第51条　～省略～
（有効期間・解約）
第52条
1　本契約の有効期間は、契約締結日から３年間とする。ただし、有効期間満了の６か月前までに甲乙いずれからも何らの意思表示のないときは、有効期間満了後３年間自動的に延長し、以後も同様とする。
2　～省略～
（契約の終了）第53条、（協議事項および準用規定）第54条　～省略～

本契約締結の証として、本書２通を作成し、甲乙記名押印のうえ各１通を保有する。

20X1年３月31日

甲
生活協同組合○○○　印
乙
○○○株式会社　印

印紙税の取り扱い

(1) 判　定

「包括代理加盟店（クレジットカード加盟店）契約書」（本契約書）は、不課税文書となります。

(2) 根　拠

①　契約書の概要

本契約書は、生協甲がクレジット会社の加盟店となり、組合員に対して商品のクレジット等販売をし、販売代金をクレジット会社から立替払いを受けることを約したものです。

② 不課税文書となる理由

本契約書は、生協甲が組合員に商品の売買を行うにあたり、クレジット会社とクレジットカード等の取り扱いおよび立替金の請求支払に関して約したもので、クレジット会社と継続的な商品売買を約したものではありませんので不課税文書となります。

文書事例52

子育てサポーター業務委託契約書

ポイント

① 請負と委任

文書例

子育てサポーター業務委託契約書

生活協同組合○○○（以下「甲」という。）と○○○（以下「乙」という。）は、子育てサポーターの業務委託に関してつぎの通り契約を締結する。

（目的）

第１条　乙は甲の要請に基づき、業務として以下の活動を行うものとする。

(1) 組合員活動中の一時保育
(2) 子育て教室の運営
(3) 子育てひろばへの出張講習
(4) 子育てサポーター連絡会への参加
(5) その他の子育て支援活動

（契約の期間）

第２条　委託契約の期間は、20X1年４月１日から20X2年３月31日とする。

（委託料）

第３条　甲は乙に、委託した業務に対する委託料を下記のとおり支払うものとする。ただし、業務の内容や量に応じて委託料を変更する場合がある。その場合は、甲乙合意の下で委託料を決定する。

(1) 組合員活動中の一時保育	１回（２時間程度）	2,000円
(2) 子育て教室の運営	１回	2,000円
(3) 子育てひろばへの出張講習	１回	2,500円
(4) 子育てサポーター連絡会への参加	１回	1,000円

２　交通費は、(1)～(4)については、実費を甲から乙に支払うものとする。

３　第１条(5)その他の子育て支援活動、の委託料・交通費は、甲が作成した別表のとおり定めるものとする。

４　それぞれの業務に必要な打ち合わせ、準備の時間に対しては、委託料は支払われないものとする。ただし、一時保育の幼児受入時間、引渡し時間については、委託料が支払われるものとする。

５　委託料は、毎月１日から月末までの金額をまとめて、翌月25日に支払うものとする。

（注意義務）第４条、（守秘義務）第５条、（損害事故の責任）第６条、（契約の解除）第７条、（契約の更新）第８条、（契約に定めのない事項）第９条　～省略～

本契約は２通作成し、甲乙それぞれ署名・捺印し各自１通ずつ保管する。

20X1年３月20日

甲

生活協同組合○○○　印

乙

○○○　印

印紙税の取り扱い

(1) 判　定

「子育てサポーター業務委託契約書」（本契約書）は、委任に関する契約書に該当するため不課税文書となります。

(2) 根　拠

① 契約の概要

本契約書は、生協が組合員活動中の一時保育、子育て教室の運営等委任に関する事務処理を乙に委託することを約したものです。

② 不課税文書となる理由

本契約書第1条（目的）で、子育てサポーターの業務委託内容を規定しています。本契約は、なんらかの仕事の完成やサービスの完了を約し、その結果に対し報酬を支払うことを約する請負に関する契約ではなく委任契約と考えられます。このため本契約書は、不課税文書となります。

文書事例53

業務委託契約書（ユニセフ協会への支援業務委託）

ポイント

① ユニセフ協会への支援の業務を生協が個人に委託

文書例

ユニセフ協会支援活動に関する業務委託契約書

委託者 生活協同組合○○○（以下「甲」という。）と、受託者 ○○○（以下「乙」という。）とは、甲のユニセフ協会（以下「丙」という。）支援活動に関して以下のとおり業務委託契約を締結する。

（趣旨）
第１条　甲は、協同組合の精神に則り、かつ、重要な社会貢献活動として、世界の子どもたちのためにユニセフ（国連児童基金）支援活動を推進している。それは甲の組合員活動や事業活動として行われている。甲は、その一環として、協力団体と任務分担しながら、丙の活動を支援している。甲はその支援活動に関する業務全般を乙に委託し、乙はこれを受託した。
（業務委託事項）
第２条　第１条の「丙の支援活動に関する業務全般」は概ね丙事務局の業務とし、以下のとおりとする。
(1) ユニセフ協会の事業推進のための諸会議運営
(2) 広報・学習・募金の事業計画起案および推進業務
(3) 各分野からなる役員との調整業務
(4) 受付・経理等の事務管理業務
(5) ボランティアのコーディネイト業務
(6) 上記各号に関連する業務
(7) その他事務局全般に関する業務
（定期報告）
第３条　乙は前条の支援活動に関する業務の状況に関して、甲に対し定期報告を行うものとする。
（業務委託料等）
第４条　甲は乙に、第１条に関する業務の委託料として以下を支払う。
(1) 月額業務委託料は、XXX円とする。
（守秘義務）
第５条　～省略～
（業務委託料の支払い方法）
第６条　甲は、毎月25日（ただし、金融機関が休業日の場合はその前日に支払うものとする。）に前月21日から当月20日までの月額委託料を乙の指定する口座に支払うものとする。

（委託業務中の事故）第７条、（契約解除）第８条、（改廃の申し出）第９条　～省略～
（契約期間）
第10条　この契約の期間は、20X1年４月１日より20X2年３月31日までの期間とする。
　２　前項の定めにかかわらず、期間満了の１か月前までに、甲乙いずれかの文書による更新の申し出によって協議し、合意の上で契約を更新することができる。
（誠実協議）
第11条　～省略～

以上合意の証として本契約書２通を作成し、記名押印の上、甲乙各１通を保有する。

20X1年３月31日

（甲）
生活協同組合○○○　　　印
（乙）
○○○　　　印

印紙税の取り扱い

(1) 判　定

「ユニセフ協会支援活動に関する業務委託契約書」（本契約書）は、不課税文書となります。

(2) 根　拠

①　契約の概要

本契約は、生協甲が行うユニセフ協会への支援業務全般を乙に委託することを約したものです。

②　不課税文書となる理由

本契約書は、生協甲が行うユニセフ協会への支援業務全般について、その目的にしたがって事務を処理することを乙に委託したものですので、仕事の完成を約した請負には該当しません。また、課税物件表の課税事項のいずれにも該当しないため不課税文書となります。

文書事例54

生活支援サービス高齢者見守り事業協定書

ポイント

① 地方自治体との契約書
② 高齢者見守りサービス契約

文書例

生活支援サービス高齢者見守り事業協定書

○○市（以下「甲」という。）と○○○生活協同組合（以下「乙」という。）とは、甲が行う○○市生活支援サービス高齢者見守り事業（以下「生活あんしんサポート事業」という。）について相互に協力するため、次のとおり協定を締結する。

（目的）
第１条　この協定は、甲および乙が相互に協力することにより、生活あんしんサポート事業を推進させることを目的とする。
（協力事項）
第２条　甲および乙が、前条の目的を達成するため実施する事項は、次の各号のとおりとする。
(1) 乙は、事業を実施するにあたって、利用者の同意を前提として緊急時に利用者の指定する緊急連絡先に連絡する等、見守り事業を実施すること。
(2) 甲は、乙の事業内容等、本事業について○○市民等への周知を行うこと。
(3) その他生活あんしんサポート事業推進に資すること。
（協定の変更）
第３条　甲、乙のうちどちらかが本協定の内容の変更を申し出たときは、その都度協議の上、その変更を行うものとし、その内容は別途書面により定めるものとする。
（期間）
第４条　本協定の有効期間は、20X1年４月１日～20X2年３月31日とする。

本協定の証として、本書２通を作成し、各自記名押印の上、各１通を保有する。

20X1年３月31日

（甲）
○○市　印
（乙）
○○○生活協同組合　印

印紙税の取り扱い

(1) 判　定

「生活支援サービス高齢者見守り事業協定書」（本協定書）は、不課税文書となります。

(2) 根　拠

①　契約の概要

本協定書は、甲と乙との間で、甲が行う「生活あんしんサポート事業」に乙が協力することを約したものです。

〈参考〉「生活あんしんサポート事業」とは、地方自治体である甲が、高齢者等が在宅で日々の生活を快適に過ごすことができるように、「買い物代行・同行」「食材・食事宅配」「日常生活支援サービス」等を実施する事業者と提携し、高齢者等に生活支援情報を提供するとともに、見守りを行う事業をいいます。

②　不課税文書となる理由

本協定書は、地方自治体である○○市が実施する事業を協力して行うことを約したもので、請負契約には該当しません。また、課税物件表の課税事項のいずれにも該当しないため不課税文書となります。

生協のＩＴ関係業務に関する文書

文書事例55

ソフトウエア保守サービス基本契約書

ポイント

①　ソフトウエア保守の契約の特徴

文書例

ソフトウエア保守サービス基本契約書

○○○生活協同組合（以下「甲」という。）と○○○株式会社（以下「乙」という。）とは、ソフトウエア保守サービスの実施につき、つぎのとおり基本契約を締結します。

（本サービスの委託）
第１条　甲は、つぎの各号に定める本サービス（以下「本サービス」という。）を乙に委託し、乙はこれを受託します。
(1)　本サービス内容　　　別紙１のとおりとします。
(2)　対象サーバ　　　　　<別途規定>
(3)　契約期間　　　　　　20X1年４月１日から20X2年３月31日
(4)　作業時間帯　　　　　９：30〜12：00、13：00〜17：30（土曜日、日曜日、祝祭日、および乙の年末年始の休日を除きます。）

（契約期間および契約更新）
第２条　本契約の契約期間は、第１条第３号に従うものとします。
ただし、甲乙いずれか一方から契約期間満了日の30日前までに書面による契約内容の変更、もしくは解約の通知がない限り、契約満了日において自動的に更新が行われ、効力はさらに１年間継続し以後同様に契約は継続されます。

（支払条件）
第３条　乙は甲に別紙表１に記載されたサービス料金等を保守契約開始前月初めに請求し、甲は乙に保守契約開始前月末日までに現金で一括支払うものとします。

（資料情報等の提供）
第４条　甲は、本サービスの履行に必要な資料情報等について乙から収集または作成依頼があり、かつ甲がその必要性を認めた場合には、甲の費用で資料情報等を収集または作成し、乙に無償で提供するものとします。

（再委託）第５条、（据付場所の移転）第６条、（機密保持）第７条、（責任の制限）第８条、（サービス対象外の事項）第９条、（甲の責任）第10号、（中途解約）第11号、（解除）第12条、（疑義解釈）第13条、（合意管轄）第14条　〜省略〜

本契約締結の証しとして本書２通を作成し、甲および乙記名押印のうえ各１通を保管するものとします。

20X1年３月１日

（甲）
〇〇〇生活協同組合　印
（乙）
〇〇〇株式会社　印

別紙１

<サービス内容>

1　技術質問に対する回答
サービスサポート対象のプログラム製品（以下「プログラム製品」）の使用方法等に関する甲からの問い合わせに対し回答いたします。

2　障害対応のための技術支援
プログラム製品の障害発生時に、必要な情報をいただいた上で復旧のための技術支援を行います。

3　基本情報の提供
プログラム製品のリリース情報および修正情報、各種技術情報、製品情報等の基本情報を甲の要請に基づき提供いたします。

4　プログラム更新版の提供
甲の要請に基づき、プログラム製品の開発元の基準により更新版を提供いたします。

<サービスの提供時間・方法>

1　サービスは全てオフサイトベースの、e-mail・ファックス・郵便・電話等の手段により提供いたします。

2　サービスの提供は、平日（月曜日から金曜日）9：30から12：00、13：00から17：30といたします。ただし、祝祭日、年末年始の乙の休業日を除きます。

表１　サービス料金

項目	摘　要	数量	金額　円
1	×××　更新保障パック年間サポート	1	150,000
2	××　追加同時３ユーザーライセンス　年間サポート	1	20,000
3	××B　追加50同時ユーザーライセンス　年間サポート	1	200,000
4	×　ロードバランス機能　年間サポート	1	30,000
合計（消費税別）			400,000

（注）「ソフトウエア保守サービス基本契約書」と「別紙１」は一の文書とします。

第３章　文書事例

印紙税の取り扱い

(1) 判　定

「ソフトウエア保守サービス基本契約書」（本契約書）は、課税物件表の第2号文書に該当し課税文書となります。

(2) 根　拠

①　契約の概要

本契約書は、生協が乙にソフトウエアの保守サービスに関する業務を委託し、生協がそのサービス内容に応じて料金を支払うことを約したものです。

②　課税事項の抽出・課税物件表の当てはめ、文書の所属の決定

本契約書の「別紙1　<サービス内容>」の「2　障害対応のための技術支援」においてプログラム製品の障害が発生した場合にそれを修正等するための業務の請負に関する契約を証明していますので、第2号文書に該当します。

（補足）「別紙1　<サービス内容>」の「1　技術質問に対する回答」「3　基本情報の提供」は何ら課税事項を証するものではありません。また、本契約書の「別紙1　<サービス内容>」の「4　プログラム更新版の提供」は、更新版の購入が義務づけられていないため売買に該当せず、不課税となります。

③　記載金額の判定および税率の適用

第2号文書に該当し記載された契約金額400,000円は「1万円以上100万円以下のもの」に該当しますので、収入印紙は200円となります。

文書事例56

システム開発委託契約書

ポイント

①　ソフトウエア保守サービス契約との相違

文書例

システム開発委託契約書

○○○生活協同組合（以下「甲」という。）と○○○株式会社（以下「乙」という。）とは、甲のＡＡシステム（以下「本プログラム」）開発にかかる業務を、甲が乙に委託することに関し、以下のとおり、契約を締結する。

（目的）
第１条　甲は、乙に対し、本プログラムの開発（以下「本業務」という。）を委託し、乙は、これを受託する。
（業務の内容）
第２条　本業務の内容は、つぎのとおりとする。
①　取引先や社内管理等を含む一連の資料を作成することを目的とする、つぎにあげる一連の作業を行うための本プログラムの開発
イ　取引先の状況や社内商品情報を入力し、特定のデータ（以下「特定データ」という。）を抽出する作業
ロ　抽出した特定データに対し、資料の作成に必要な追加情報を付加する作業
ハ　抽出した特定データおよび追加された付加情報を必要に応じて加工・集計・変換し、資料作成のためにエクセル上に出力する作業
ニ　エクセル上に出力されたデータを必要に応じて集計・加工・変換し、エクセル上での必要な設定を行う作業
②　本プログラムの詳細は、別途乙が甲に交付する開発項目一覧、および仕様書に定めるものとする。
（納入）第３条、（検収）第４条　～省略～
（本プログラムの使用権）
第５条
①　乙は、本プログラムを甲が使用することができる独占的、譲渡不能の使用権を許可するものとする。ただし、乙は、従前から保有する本プログラムに含まれるソースおよびノウハウ等を他の同種のサービス提供のために利用することができる。
②　本業務遂行の過程で発生した発明、ノウハウ等に関する権利は甲に帰属し、乙は、本プログラムを甲の承認の下使用することができる。
③　前二項で定める本プログラムの使用範囲を変更する場合には、別途使用許諾契約を甲乙間で協議の上締結する。
（対価および支払条件）
第６条

① 本システム開発費用、納入物の所有権移転および本プログラムの使用権の対価として、甲は乙に別途個別契約書で取り決めた費用を支払うものとする。また、追加開発にて発生した費用については、甲乙協議の上別途決定するものとする。
② 甲は、前項の対価に消費税および地方消費税相当額を加算のうえ、甲乙協議の上決定した期日までに、乙指定の銀行口座に振り込むものとする。

（資料等の提供）第７条、（資料等の管理）第８条、（瑕疵担保責任）第９条、（権利侵害に関する紛争処理）第10条、（知的財産権）第11条、（地位の譲渡および債権譲渡の禁止）第12条、（秘密保持義務）第13条、（報告）第14条、（損害賠償）第15条、（解除）第16条、（再委託）第17条、（管轄裁判所）第18条、（協議）第19条　～省略～

以上本契約の成立の証として、本契約書２通を作成し、甲乙記名押印のうえ各自１通を保有する。

20X1年４月１日

（甲）
○○○生活協同組合　　印
（乙）
○○○株式会社　　印

印紙税の取り扱い

(1) 判　定

「システム開発委託契約書」（本契約書）は、課税物件表の第2号文書に該当し課税文書となります。

(2) 根　拠

① 契約の概要

本契約書は、生協が乙に対し、生協の業務管理に必要なシステム開発を委託しその対価を支払うことを約したものです。

② 課税事項の抽出・課税物件表の当てはめ、文書の所属の決定

本契約書は、生協の「ＡＡシステム」というプログラム開発作成を乙が請け負い、本契約書第2条において、その請負内容を定めていますので第2号文書に該当します。なお、本契約にはシステム開発の使用権に関する契約事項も含まれていますが、課税物件表の課税要件には該当しません。

③ 記載金額の判定および税率の適用

第2号文書に該当し、記載された契約金額がありませんので、収入印紙は200円となります。なお、当該契約書が2以上の取引を継続して行うための契約に該当しますと、契約金額の記載がないため第7号文書になりますので注意が必要です。

文書事例57

ソフトウエア作業請負に関する覚書

ポイント

① 原契約書の補充契約
② 契約金額（消費税が区分されている場合）

文書例

覚　書

○○○生活協同組合（以下「甲」という。）と株式会社○○○（以下「乙」という。）は、20X1年４月１日付「システム開発委託契約書」に基づき、つぎのとおり覚書を締結する。

（請負条件）
第１条　甲と乙はソフトウエアの作業請負に関し、つぎの事項について確認する。

記

1	作業名称および作業内容	○○第１次システム開発対応
2	作業施行場所	○○および乙の事務所内
3	作業期間	20X1年４月１日から20X1年９月30日まで
4	納品日・納品物	20X1年９月30日 ①　システム仕様書一式 ②　システム部会資料一式（議事録含む） ③　マニュアル一式 ④　○○第１次システム（インストール作業含む）一式 ⑤　サーバー一式（レンタル）
5	検収予定日	20X1年９月30日

（請負金額）
第２条　甲が本契約に関し、乙に支払う請負金額はつぎのとおりとする。
一式　　54,000,000円（消費税８％（4,000,000円）を含む）
（請負金額の支払）
第３条　20X1年10月31日に上記54,000,000円全額を一括で支払う。

本契約の成立を証するため、本契約書２通を作成し記名押印の上、甲乙各１通を保持する。

20X1年９月30日

（甲）
○○○生活協同組合　　印
（乙）
株式会社○○○　　印

（注）本覚書の原契約書は「文書事例56　システム開発委託契約書」とします。

印紙税の取り扱い

(1) 判　定

「覚書」（本覚書）は、課税物件表の第2号文書に該当しますので課税文書となります。

(2) 根　拠

①　契約の概要

本覚書は、原契約として生協が乙にシステム開発を委託し、その原契約を補充するために作業場所、作業期間、納品日、請負金額等の詳細を約定したものです。

②　課税事項の抽出・課税物件表の当てはめ、文書の所属の決定

本覚書は、原契約書である「システム開発委託契約書」を補充する契約書です（基通18①）。原契約書が課税物件表の第2号文書のみの課税事項を含む場合で、その課税事項の内容のうち重要事項である「請負の期日」「契約金額」「支払期日」「支払方法」を補充していますので、本覚書は原契約書と同じく第2号文書に該当します（基通18②（1））。

③　記載金額の判定および税率の適用

本覚書第2条（請負金額）において、請負金額は54,000,000円（消費税8％（4,000,000円）を含む。）とされ、消費税額等が区分記載されているため、消費税額等の金額は記載金額に含めないことになります（平元.3.10間消3-2）。その結果、本覚書に記載された契約金額は50,000,000円となり、「1千万円を超え5千万円以下」に該当しますので、収入印紙は2万円となります。

文書事例58

情報提供契約書

ポイント

① 情報提供契約

文書例

情報提供契約書

生活協同組合○○○（以下「甲」という。）と○○○株式会社（以下「乙」という。）とは、甲のＰＯＳシステム導入店のＰＯＳデータを乙に提供するにあたり、つぎのとおり契約を締結する。

（提供の方法および提供店舗）
第１条　甲は乙に対して、下記に記した甲の店舗の単品別サマリーＰＯＳデータを、それぞれ日別に通信回線による伝送を通じて提供する。
　ＰＯＳデータ提供店舗　　A店、B店、C店、D店、E店　　以上５店舗
（提供データの内容）
第２条　提供データの詳細は、別途定める仕様書のとおりとする。
（提供のタイミング）
第３条　甲は乙に対して、データ日付の翌日までにオンラインで提供する。
（提供データの商品分類）
第４条　甲が乙に提供するＰＯＳデータは、第１条で定めた提供店舗のソースマーキングされた商品全品とする。ただし一部商品分類のＰＯＳデータの送信を、乙の意向により取りやめたり、再開することができる。
（データ使用の範囲）
第５条　乙は、甲より入手したデータを、個店名が特定できないよう集計・加工したうえで、小売業以外の特定の第三者へ提供することができるものとする。
２　乙がデータを第三者へ提供する場合、当該データが提供先以外へ漏えいされないよう、乙は第三者との間で取り決めをしなければならない。
３　ただし、甲の事前了承を得たものについては、この限りではない。
（契約の金額）
第６条　乙は、本契約に基づく上記、店舗分のＰＯＳデータ提供料として、本契約期間中１か月あたり合計金額　500,000円（消費税別）を甲に支払うものとする。
（請求書）
第７条　～省略～
（支払方法）
第８条　乙は、本契約期間中の当該月のＰＯＳデータ提供料を、翌々月15日に甲が指定した銀行口座に振込む。ただし、15日が銀行の休業日の場合には、翌営業日とする。
２　乙の責めによらない理由によりデータの提供が行われなかった場合、乙は支払いを中止することができる。

（契約の期間）
第９条　この契約は、20X1年４月１日より20X2年３月31日までとする。
　２　契約内容の改訂または終結を希望する場合には、契約終了の90日前までに一方に対して文書で申し入れを行うものとする。
　３　双方とも申し入れのない場合は、自動的に契約期間を１年間延長し、その後も同様とする。
（契約の解除）第10条、（機密の保持）第11条、（疑義）第12条　～省略～

以上、契約の証として本書２通を作成し、甲乙それぞれ１通づつ保有するものとする。

20X1年３月20日

（甲）
生活協同組合○○○　印
（乙）
○○○株式会社　印

印紙税の取り扱い

(1) 判　定

「情報提供契約書」（本契約書）は、不課税文書となります。

(2) 根　拠

①　契約の概要

本契約書は、乙が生協甲のＰＯＳデータ情報提供を受け、これに対して乙が提供料を支払うことを約したものです。

②　不課税文書となる理由

本契約書は、情報をユーザーへ配信する目的で使用することを許諾したもので、配信する情報の著作権等を譲渡するものではありませんので、第１号の１文書に該当しません。また、課税物件表の課税事項のいずれにも該当しないため、不課税文書となります。

文書事例59

情報提供契約書の覚書

ポイント

① 原契約書の変更契約

文書例

情報提供契約書の覚書

生活協同組合○○○（以下「甲」という。）と○○○株式会社（以下「乙」という。）とは、20X1年３月20日に締結した契約書に基づく甲のＰＯＳシステム導入店のＰＯＳデータを提供するにあたり、下記の条項を変更することを確認し、本覚書を取り交わす。

（過去データの提供）
第１条　甲は乙に対して、20X1年３月20日に締結した契約書に基づく５店舗について、以下の期間の過去データを日別サイクルで提供するものとする。
　データ期間
　　20XX年３月20日から20X1年３月19日
　提供店舗
　　Ａ店、Ｂ店、Ｃ店、Ｄ店、Ｅ店　　　計５店舗
（過去データ提供料）
第２条　過去データ提供料として1,500,000円（消費税別）を支払うものとする。

本覚書に記載されていない項目については、すべて20X1年３月20日締結の契約書に準拠する。
以上、合意の証として本書２通を作成し、甲乙それぞれ１通保有する。

20X1年４月１日

（甲）
生活協同組合○○○　印
（乙）
○○○株式会社　印

（注）本覚書の原契約書は「文書事例58　情報提供契約書」となります。

印紙税の取り扱い

(1) 判　定

「情報提供契約書の覚書」（本覚書）は、不課税文書となります。

(2) 根　拠

①　契約の概要

本覚書は、原契約書である「情報提供契約書」のＰＯＳデータ情報の提供について、その提供期間を変更し、乙がその変更分の提供料として生協に代金を支払う契約です。

②　不課税文書となる理由

契約内容の変更とは、すでに存在している原契約書の同一性を失わせないで、その内容を変更することをいいます（基通17）。ただし、本件の場合、原契約書が不課税文書であるため、その変更契約書である本覚書も不課税文書となります。

文書事例60

ＰＯＳ情報サービス契約書

ポイント

①　Ｗｅｂ上のＰＯＳ情報のサービス提供の契約

文書例

ＰＯＳ情報サービスに関する契約書

生活協同組合○○○（以下「甲」という。）と○○○株式会社（以下「乙」という。）とは、「ＰＯＳ情報サービス」に関し、つぎのとおり契約を締結する。

（目的）
第１条　甲と乙とは、甲が乙に対して提供する商品販売関連情報を、乙が「ＰＯＳ情報サービス」としてＷｅｂ上に公開し甲と取引関係にある乙のユーザーがこれを利用することによって、甲に対して商品供給の方法、時期、売場づくりなどに対して、より精度の高い提案を行うことを可能にし、もって、甲の組合員に対する供給サービスの品質向上に資することを目的として本契約を締結する。

（定義）
第２条　本契約における各用語の定義はつぎのとおりとする。

１　商品販売関連情報
甲の各事業所におけるＰＯＳ実績データ（供給実績データ）、客数データ、商品基本情報、分類コード体系情報、事業所基本情報などの情報をいう。

２　ＰＯＳ情報システム
甲から乙に送信集積される商品販売関連情報を乙が構築し、運営するＷｅｂシステムをいう。

３　ＰＯＳ情報サービス
乙が自ら管理運営するＰＯＳ情報システムにより、甲および乙のユーザーに対して提供するサービスをいう。ただし、当該Ｗｅｂサービスは、甲、乙および乙のユーザーにおける閉鎖的なＷｅｂサイト提供サービスとする。

４　乙のユーザー
甲に対して商品を納入するなど甲との間で一定の取引が存在し、かつ、甲がこれを承認することで乙との間でＰＯＳ情報サービス利用契約を締結し、ＰＯＳ情報サービスの提供を受けることができる地位にある者をいう。

５　商品販売関連情報のデータ
１の商品販売関連情報のコンテンツをいう。以下、単にデータということがあり、また、甲の本部から送信されるデータを送信データ、乙がＰＯＳ情報システムにおいてＷｅｂ上に表示しているデータを表示データという。

（ＰＯＳ情報サービスの仕様）
第３条　乙は、甲に提供するＰＯＳ情報サービスに関して、その内容を定めた仕様書を甲に提出し、その内容に従い適切にこれを実施しなければならないものとする。

なお、仕様書に記載された項目について変更が必要となった場合、乙は、甲の事前の許諾を得て、当該変更の内容を仕様書に反映させることができるものとする。

（運営管理および乙の業務）

第４条　乙は、ＰＯＳ情報サービスの提供に必要な商品販売関連情報データの格納、管理およびメンテナンス、ならびに、つぎの業務を行うものとする。ただし、第８号および第９号に定める業務については、甲乙別途協議により、その内容および対価を定める。

①　ＰＯＳ情報サービスの安定的な稼働に関する業務
②　甲および乙のユーザーへのＩＤ発行とその使用状況管理
③　甲および乙のユーザーのうち甲が認める者が利用するＩＤの無償付与
④　乙のユーザー管理業務
⑤　乙のユーザー登録の事前審査を甲に求める業務
⑥　乙のユーザーに対するヘルプデスクの運用および甲への報告
⑦　⑤⑥の内容について甲の確認を得る業務
⑧　加入ＩＤのログ管理および甲と協議のうえでのログの分析および甲への提出
⑨　甲および乙のユーザーの要望に応じたシステム、ハードウエアの追加開発

（甲の協力）

第５条　甲は、乙が前条の業務を行うにあたり、つぎのとおり協力する。

①　販売関連業務の提供
②　甲自らがＰＯＳ情報サービスに基づくデータを活用し、販売情報の分析および加工とその活用
③　乙のユーザーに対する甲の要望の提出
④　乙のユーザーから甲に対する各種提案の受領および検討
⑤　ＰＯＳ情報システムの広報活動
⑥　乙のユーザーになろうとする者に対するユーザー登録のための審査および承認ならびに乙の審査業務の補助・指導
⑦　ＰＯＳ情報サービスの内容および運用に関する助言および改善指導
⑧　サービス加入ＩＤのログ検証

（対価）

第６条　甲と乙とは、第４条の乙の業務の対価は無償とする。ただし、第９号に定める業務については、甲乙別途協議の上定める。

２　乙は、乙のユーザーとの間のＰＯＳ情報サービス利用契約の対価を以下のとおりとする（ただし、甲仕様のみ）。

①　額払：１契約あたり月額　XXX,XXX円/税抜き（契約は１年契約とする。）
②　一括払：１契約あたり年間　X,XXX,XXX円/税抜き

３　乙のユーザーは、甲との取引においておおむね１年以上の実績があり、今後継続の予定があるメーカー、問屋とし、その数は無制限とする。甲は最低サービス加入契約ユーザー数を保証するものではない。

４　ＰＯＳ情報サービスの利用期間は加入月から12か月間とし、乙は、乙のユーザーに対し第２項の登録費用を月額または、一括前払いにて当該利用期間開始の日の前日までに支払うことを求める。また、利用期間満了の１か月前までに乙は乙のユーザーに対し継続更新の確認書を送付し、利用継続の意思確認をするものとする。

５　乙は、前項に従い受領した当該利用期間に対する登録費用の一部を紹介手数料

として甲に対して支払うものとする。その紹介手数料の額は、当該利用期間に対する登録費用を支払った契約ユーザー数（以下「期首有償契約数」という。）に対し、下記の基準のとおりとする。なお、計算期間は４月１日から翌年３月末日とし、４月１日時点の加入者数を対象とする。

(1) 加入ユーザーＩＤ数　100未満　0%
(2) 加入ユーザーＩＤ数　100以上200未満　10%
(3) 加入ユーザーＩＤ数　200以上400未満　15%
(4) 加入ユーザーＩＤ数　400以上　20%

（ライセンスの許諾）第７条、（ハードウエアの所有権）第８条、（コンテンツの帰属）第９条、（機密保持）第10条、（第三者の権利侵害）第11条、（業務再委託）第12条　～省略～

（契約期間と解約）

第13条　本契約における契約期間は20X1年４月１日から20X2年３月31日までとする。ただし、契約期間満了の６か月前において双方または一方から書面による申し出がない限り、同一条件にてさらに１年間延長されるものとし、以後同様とする。

２　前１項による契約期間の延長または終了にあたり、乙は甲に対して一切の延長または終了のための費用を請求することはできないものとする。ただし、甲の要望により発生した業務に関する費用は、甲の負担とする。

（解除）第14条、（契約終了後の対応）第15条、（損害賠償）第16条、（免責事項）第17条、（権利の譲渡禁止）18条、（裁判管轄）第19条、（契約の解釈）第20条　～省略～

以上、契約の証として本書２通を作成し、甲乙記名押印の上、各１通を保有するものとする。

20X1年３月20日

（甲）
生活協同組合〇〇〇　印
（乙）
〇〇〇株式会社　印

印紙税の取り扱い

(1) 判　定

「ＰＯＳ情報サービスに関する契約書」（本契約書）は、不課税文書となります。

(2) 根　拠

①　契約の概要

本契約書は、甲が乙に商品販売関連情報を提供し、乙がその情報をＰＯＳ情報として加工等をした上Ｗｅｂ上で甲と取引関係にある乙の契約ユーザー等に提供することを約したものです。

②　不課税文書となる理由

本契約書は、甲の商品販売管理情報を、乙のＰＯＳ情報システムを利用して甲と取引関係にあり甲の承認する乙契約ユーザーへＷｅｂ上で提供する目的で作成されたものですので、情報の著作権等を譲渡するものではありませんから、第１号の１文書に該当しません。また、課税物件表の課税事項のいずれにも該当しないため不課税文書となります。

文書事例61

ＬＡＮ型通信網サービスの提供契約書

ポイント

① 通信サービス契約

文書例

ＬＡＮ型通信網サービスの提供契約書

生活協同組合○○○（以下「甲」という。）と、○○○（以下「乙」という。）とは、乙が甲に提供する電気通信サービスおよびその他に関連して、本契約書（以下「本書」）を締結するものとする。なお、提供する電気通信サービスの提供条件等は、別紙に記載のとおりとする。

提供サービスおよび提供条件等
乙が別に定める「ＬＡＮ型通信サービス契約約款」（以下「契約約款」という。）に基づく電気通信サービス

（適用）
第１条　乙は、本書に定める条件に従い、頭書に記載の提供サービスを甲に提供する。
（構成）
第２条　頭書に定める契約約款は、本書の一部を構成するものとし、本書に定める事項以外については、契約約款の定めが適用される。
２　本書に定める条件と契約約款の定めが相違または矛盾する場合は、本書の定めが優先して適用される。
（守秘義務）第３条、（権利義務の譲渡等）第４条　～省略～
（変更）
第５条　本書に定める内容は、両当事者による書面での合意によってのみ変更することができるものとする。なお、甲または乙のいずれか一方の当事者から本書の変更の申込みがあった場合、相手方当事者は合理的な考慮を払うものとする。
２　乙は前項の定めにかかわらず、契約約款の規定に従い、契約約款を変更できるものとする。前項の定めは、契約約款に定める変更に関する規定の適用を妨げるものではない。
（契約期間）
第６条　本書の有効期間は、両当事者間で別段の合意がなされる場合を除き、20X1年10月１日から20XX年９月30日までとする。なお、本書のいずれかの当事者が、その相手方の当事者に対して書面をもって契約期間満了の２か月前までに、契約を終了する旨の別段の意思表示を行わない場合、本書は契約期間満了の日の翌日から更に１年間延長され、本書に記載のある全条項が有効に存続するものとし、以降も同様とする。
（準拠法）第７条、（存続条項）第８条、（反社会的勢力の排除）第９条、（協議）第10条

～省略～

以上のとおり合意したので、その証として本書２通を作成し、記名押印の上、甲乙各１通を保有する。

20X1年10月１日

（甲）

生活協同組合○○○　　印

（乙）

○○○　　印

別紙

「ＬＡＮ型通信網サービスに係る提供条件等」

１　提供するサービスの種類

契約約款に定める「ＬＡＮ型通信網サービス」第３種サービスに係るもの（以下「○○サービス」）。

２　対象回線

本書の対象となる回線（以下「対象回線」。）は、○○サービスにおける以下の回線とする。なお、対象回線ＩＤについては、当社にて決定後、別途当社から契約者に通知する。

中継局設備	品目	１Ｇｂ／ｓまで	１契約
契約者回線	品目	100Ｍｂ／ｓ	２回線

３　提供するサービス内容

(1) 契約約款に基づきサービスを提供する。

(2) 本別紙第２項で定める契約者回線２回線の月額料金を20X1年10月１日から20X2年１月31日までの期間においては、本別紙第３項の規定にかかわらず、０円を適用する。

４　途中解約等に伴う料金額

～省略～

（注）「LAN型通信網サービスの提供契約書」と「別紙」は一の文書とします。

印紙税の取り扱い

(1) 判　定

「ＬＡＮ型通信網サービスの提供契約書」（本契約書）は、不課税文書となります。

(2) 根　拠

①　契約の概要

本契約書は、甲と乙との間で、乙が電気通信サービスを甲に提供することを約したものです。

②　不課税文書となる理由

本契約書は、通信サービスの提供内容等を定めただけであり課税物件表の課税事項のいずれにも該当しないため不課税文書となります。

文書事例62

「ＬＡＮ型通信網サービスの提供契約書」の一部変更に係る契約書

ポイント

① 通信サービス契約の変更

文書例

「ＬＡＮ型通信網サービスの提供契約書」の一部変更に係る契約書

生活協同組合○○○（以下「甲」という。）と、○○○（以下「乙」という。）とは、20X1年３月31日に「ＬＡＮ型通信網サービス提供契約書」（以下「原契約書」）を締結している。このたび「原契約書」第５条第１項の定めに基づき両当事者が協議した結果、以下のとおり合意したため、本書を締結する。

（提供サービスおよび提供条件等）
第１条　原契約書　別紙　を本書　別紙に差し替えるものとする。
（本書の有効期間）
第２条　本書は、本書の締結日にかかわらず、20X1年11月５日より「原契約書」が解約されない限り、「原契約書」の契約期間において有効に存続するものとする。
（その他）
第３条　本書に定めのない事項は、原契約書によるものとする。

以上のとおり合意したので、その証として本書２通を作成し、記名押印の上、甲乙各１通を保有する。

20X1年11月５日

（甲）
生活協同組合○○○　印
（乙）
○○○　印

別紙

「ＬＡＮ型通信網サービスに係る提供条件等」

１　提供するサービスの種類
契約約款に定める「ＬＡＮ型通信網サービス」第３種サービスに係るもの（以下「○○サービス」）。
２　対象回線
本書の対象となる回線（以下「対象回線」。）は、○○サービスにおける以下の回線とする。なお、対象回線ＩＤについては、当社にて決定後、別途当社から契約者に通知する。

中継局設備	品目	１Ｇｂ／ｓまで	１契約
契約者回線	品目	100Ｍｂ／ｓ	３回線

３　提供するサービス内容

(1)　契約約款に基づきサービスを提供する。

(2)　本別紙第２項で定める契約者回線２回線の月額料金を20X1年10月１日から20X2年１月31日までの期間においては、本別紙第３項の規定にかかわらず、０円を適用する。

４　途中解約等に伴う料金額

～省略～

(注)「文書事例61　LAN型通信網サービスの提供契約書」を原契約書とします。

印紙税の取り扱い

(1) 判　定

「『ＬＡＮ型通信網サービスの提供契約書』の一部変更に係る契約書」(本変更契約書)は、不課税文書となります。

(2) 根　拠

①　契約の概要

本変更契約書は、甲と乙との間で、原契約書の一部を変更することを約したものです。

②　不課税文書となる理由

原契約書が不課税文書であるため、本変更契約書も不課税文書となります。

文書事例63

ＳＭＳ送信サービス利用契約書

ポイント

① 情報提供サービス（ショートメールサービス）契約

文書例

ＳＭＳ送信サービス利用契約書

生活協同組合○○○（以下「甲」という。）と、○○○（以下「乙」という。）は、乙が第１条に定義する各種サービス（以下「本サービス」という。）について、以下のとおり、「ＳＭＳ　送信サービス」利用契約（以下「本契約」という。）を締結する。

（定義）
第１条　本契約において、次の各号に掲げる用語の意義は当該各号に定めるところによる。
１　本サービスは、乙が著作権および使用許諾権を有する以下の商品を指すものとする。
サービス名「ＳＭＳ　送信サービス」
２　本サービスは、電話回線およびインターネットを通じて利用者に提供するものであり、利用者は携帯電話を通じて本サービスを利用するものとする。
３　本サービスは、ユーザID、パスワードおよび管理画面URLなど、乙が発行する情報に従い利用できるものとする。
４　本サービスは、携帯電話より参加可能な企画参加型を主催する事業者（以下「契約者」という。）に対して専用の電話番号による一斉着信の受付プラットフォームを提供する。
５　前項での本サービスでは、音声自動応答システムによる発信者の同意にもとづきショートメッセージサービス（以下「SMS」という。）を契約者より送信する。
６　本サービスは前項のほか、契約者が事前にSMSの送信をすることの承諾を得た利用者または自社会員などに対して、契約者からの情報を一斉送信するサービス（以下「プッシュ型送信サービス」という。）を提供する。
（基本合意）
第２条
１　乙は甲に対し、本契約第15条の契約期間中に限り、本契約第３条の手続きにしたがい申込み、本サービスの利用が発生した場合には、乙は甲に対し本契約第５条に定める方法で請求し、甲はこれを支払うものとする。
２　本サービスに関するすべての権利は乙に帰属し、甲は本契約にもとづき本サービスの紹介を行うもので、著作権、所有権などの権利は取得しない。
（受付、業務内容）
第３条
１　甲は乙所定の利用申込書に所定の事項を記入捺印し提出するものとし、乙はこれを受けて、提供するサービスに該当する電話番号の発番、ユーザID、パスワードの発行など本サービスを利用するための措置をとるものとする。なお、「利用申込書」とは、本サービス利用契約に関し、サービス利用契約を締結してサービス利用者になろうとするものが、乙に対してサービス利用の申込みを行うために提出する乙が定める書式による申込書をいう。

2　甲は本サービスの利用を申し込む前に、その内容が「ＳＭＳ　送信サービス利用約款」、「ＳＭＳ　送信サービスご利用ガイドライン」にもとづいたものであるかの確認を行うものとする。

3　甲が前第１項の手続きにもとづき「利用申込書」を乙に差し入れた場合でも、当該利用申込み内容等が、前第２項の「ＳＭＳ　送信サービス利用約款」、「ＳＭＳ　送信サービスと利用ガイドライン」に照らし、乙が不適切と判断した場合には、乙は当該利用を拒むことができる。また、利用中においても、当該「利用申込書」に虚偽や違反等があり乙が不適切と判断される場合は、利用中であっても甲へ事前の催告なくこれを中止することができる。これらの場合において、甲は乙に対して何等の異議および請求をしないものとする。

（納品の確認）
第４条　～省略～
（販売価格および請求等）
第５条　本サービスにおける、利用料金および支払方法等は以下のとおりとする。

1　SMS送信サービスシステムは、契約締結時初期費用無料、月額基本料金無料、送信サービス費用１通18円とする。

2　SMS・IVR（自動音声応答）送信サービスシステムは、システム設定時初期費用XX円、システム月額費用XX円、１通送信ごとにX円とする。ただし、当該IVRの設定において、甲の持ち込み音声での設定や別途階層の作成等が必要となる場合には、別途見積りによるものとする。

3　乙は毎月15日に締めたものを当月の20日までに甲に請求書として郵送にて発送するものとする。

4　甲は、前第３項で乙より請求を受けた金額につき、請求月の翌月末日までに、乙が指定する銀行口座に振込みによって行うものとし、振込み手数料は請求書に甲の負担と明記がある場合のみ甲の負担とする。

5　契約期間中、経済情勢や競業の状況等によって前項の価格の見直しが必要になった場合は、甲乙協議の上、再設定できるものとする。

（禁止事項）第６条、（地位譲渡等の禁止）第７条、（情報サービスの提供）第８条、（保守サポート）第９条、（秘密保持）第10条、（保証責任）第11条、（損害賠償責任）第12条、（反社会的勢力の排除・解除）第13条、（解除）第14条、（解約）第15条　～省略～
（契約期間）
第16条

1　本契約の有効期間は20X1年４月１日から20X2年３月31日までの１年間とする。ただし、甲または乙が、期間満了の30日前までにその相手方に対し書面によって更新しない旨の通知をしないときは、本契約は期間満了の日の翌日から同一の条件をもってさらに１年間更新されるものとし、その後の期間満了時においても同様とする。

（契約の変更）第17条、（管轄裁判所）第18条、（準拠法）第19条、（規定外事項）第20条　～省略～

以上この契約の証として、本書２通を作成し、記名押印の上、甲乙各１通を保有する。

20X1年３月31日

（甲）

生活協同組合○○○　印

（乙）

○○○　印

印紙税の取り扱い

(1) 判　定

「ＳＭＳ　送信サービス 利用契約書」（本契約書）は、不課税文書となります。

(2) 根　拠

①　契約の概要

本契約書は、甲と乙との間で、乙がSMSによる情報提供サービスを行い、甲がそれに対する対価を支払うことを約したものです。

〈参考〉「ＳＭＳ　送信サービス」とは、消費者向けマーケティング、特にダイレクトマーケティングなどにおいて携帯電話にメッセージを送ることで、顧客へのプロモーションやコミニュケーション手段として活用する方法。

②　不課税文書となる理由

本契約は、乙の情報提供サービスを継続的に受けることに対して甲が対価を支払います。本情報提供サービスは、無体財産権の譲渡には該当せず、また請負契約にも該当しません。また売買に関する契約にも該当せず、課税事項のいずれにも該当しないため、不課税文書となります。

文書事例64

インターネットサービス利用覚書

ポイント

① インターネット利用契約

文書例

インターネットサービス利用に関する覚書

生活協同組合○○○（以下「甲」という。）と、○○○（以下「乙」という。）とは、乙の提供する「△△△インターネットサービス」（以下、「本サービス」という。）を甲が利用するにあたり、つぎのとおり覚書を締結する。

（対象サービス）
第１条　本サービスは、別表「対象サービスの範囲」に記載の内容で構成する。
（本サービスの利用者）
第２条
　1　本サービスの利用者は、甲の指定により、本サービスに関わる事務手続きを行う事務取扱者に限る。
　2　事務取扱者は、以下の要件をすべて満たす場合に本サービスの利用ができる。
　～省略～
　3　事務取扱者は、本サービス利用に際して、乙の発行するIDおよびパスワードを保有している場合に限り本サービスを利用できる。
（IDおよびパスワードの付与）第３条、（本人確認）第４条　～省略～
（本サービスの内容の変更・廃止）
第５条
　1　乙は、本サービスの内容をいつでも変更または廃止できるものとする。
　2　本サービスの内容の変更または廃止については、本サービスのサイト上に掲示し、本覚書別表「対象サービス範囲」を差し替えることにより告知する。
（本サービスの利用時間・一時中断等）
第６条
　1　事務取扱者が本サービスを利用できる時間は乙所定内の時間とし、利用できない時間についてはサイト上で掲示する。なお、乙の都合により、利用時間中であっても事務取扱者に予告なく利用を制限または変更する場合がある。
　2　乙は本サービス提供のための装置を保守点検、設備更新、運営上の必要、災害および装置の故障等の事由により本サービスの提供を中断することがある。
　3　本サービス利用中に無アクセス時間が乙所定の時間を経過した場合、セッションは自動的に切断されるものとする。
（事務取扱者に対する通知）第７条、（事務取扱者およびユーザー情報登録事項の変更）第８条、（事務取扱者の責任）第９条、（事務取扱者情報の取扱い）第10条、（免責事項）第11条　～省略～

（有効期間）
第12条　本覚書の有効期間は、20X1年４月１日から20X2年３月31日までとする。ただし、期間満了の３か月前までに甲または乙から別段の意思表示がない場合は、同一の条件をもってさらに１年間継続するものとし、その後も同様とする。
（協議）
第13条　～省略～

以上この契約の証として、本書２通を作成し、記名押印の上、甲乙各１通を保有する。

20X1年３月31日

（甲）
生活協同組合○○○　印
（乙）
○○○　印

別表

対象サービスの範囲

サービス名	サービス内容
1　契約紹介	インターネットを媒介として、○○契約に関する契約情報を表示するサービスをいう。
2　データ交換	インターネットを媒介として、甲乙間で各種データを受渡しするサービスをいう。
3　問い合わせ掲示板	インターネットを媒介として、甲乙間で問い合わせなどを送信することができるサービスをいう。

印紙税の取り扱い

(1) 判　定

「インターネットサービス利用に関する覚書」（本覚書）は、不課税文書となります。

(2) 根　拠

①　契約の概要

本覚書は、甲と乙との間で、乙のインターネットサービスの提供を受けることを約したものです。

②　不課税文書となる理由

本覚書は、インターネットサービスの利用に関するものであり、課税物件表の課税事項のいずれにも該当しないため不課税文書となります。

文書事例65

インターネット口座振替契約サービス取扱契約書

ポイント

① インターネットによる口座振替サービス契約

文書例

インターネットサービス口振契約サービスの取扱に関する契約書

生活協同組合○○○（以下「甲」という。）と、○○○（以下「乙」という。）とは、乙所定のインターネット口振契約サービスにおいて乙が甲に提供するサービス（以下「本サービス」という）に関し、以下のとおり合意し、本契約を締結する。

（意義）
第１条　本契約において使用される以下の用語は、以下の意味を有する。
(1)「顧客」とは、甲の顧客で、乙のキャッシュカード発行済の当座預金、普通預金を保有する個人または乙が提供する○○契約をしている個人をいう。
(2)「サイト」とは、甲または乙がインターネット等のネットワーク上でサービス提供のために顧客に表示する画面をいう。
(3)「端末」とは、乙所定のブラウザソフトを備えた機器をいう。

（預金口座振替に関する契約の締結）
第２条
1　甲は、本契約を締結するにあたっては、乙との間で「磁気テープ交換による預金口座振替に関する契約書」または「フロッピーディスク交換による預金口座振替に関する契約書」（以下あわせて「預金口座振替に関する契約」という）を締結するものとする。
2　甲は、預金口座振替に関する契約に定めた預金口座振替依頼書の受理等の方法に加えて本サービスの取扱ができるものとする。

（本サービスの内容）
第３条
1　本サービスは、以下の手続きにしたがい、乙が顧客より預金口座振替契約の申込を受け付け、当該申込の受付の有無に関する情報（以下「受付結果」という）並びに当該顧客と乙間の預金口座振替契約に関する情報（以下「契約情報」という）を乙から甲に通知するサービスをいう。
(1) 甲および乙は、それぞれが提供するサイトを相互に連係させる。
(2) 甲は、顧客の端末による操作にしたがい当該顧客を特定するための情報等（以下「引継情報」という）を乙に対して送信する。
(3) 乙は、前号に基づき甲から受領した引継情報が甲により送信されたものであることを乙所定の方法により確認し、かつ当該引継情報が乙所定の様式と一致した場合には、乙のサイト上で当該顧客の本人確認を行い、当該顧客の端末に引継情報に基づく画面を表示する。

(4) 当該顧客は当該引継情報に基づき、乙に対して預金口座振替の依頼を行い、乙は所定の手続きにより預金口座振替契約の申込を受け付ける。

(5) 乙が前号に基づき預金口座振替契約の申込を受け付け、乙所定の手続きが完了した時点をもって当該顧客、乙間で預金口座振替契約が成立したものとする。

(6) 乙は、当該顧客の端末による操作にしたがい、受付結果を甲に対して送信する。預金口座振替契約が成立した場合は、加えて契約情報も甲に対して送信する。

(7) 前号にかかわらず、以下の場合、乙は受付結果および契約情報を甲に対して送信しない。

①当該顧客の作為、不作為を問わず、当該顧客による本項 (2) 号乃至 (6) 号の操作が中断された場合

②通信機器・回線・コンピュータ等の障害もしくは回線の不通が発生した場合

(8) 預金口座振替契約が成立した場合、乙は本項 (6) 号の通知に加えて、契約情報を甲に対して乙所定の書面により通知する。

2　本サービスの取扱時間は、乙所定の時間内とする。ただし、乙はこの取扱時間を甲に事前に通知することなく変更する場合がある。

(甲の手数料等)

第４条

1　本サービスの初期契約料は、XXX円（税抜）とする。

2　本サービスの取扱手数料は、乙による顧客の預金口座振替契約受付１件に対してXX円（税抜き）とする。

3　乙は、本条第１項および第２項に規定する契約料、手数料およびそれにかかわる消費税を、乙所定の引落日に、普通預金規定、当座預金規定にかかわらず、通帳、払戻請求書、キャッシュカードあるいは当該小切手の提出なしに、甲の次の手数料引落口座から自動的に引き落とす。

支店名　：○○

口座の種類：○○

口座番号：XXXXXX

口座名義：XXX

(地位の譲渡、質入、業務委託) 第５条、(機密保持) 第６条、(届出事項の変更) 第７条、(免責) 第８条　～省略～

(期間)

第９条

1　本契約の有効期間は契約日から起算して１年間とする。ただし、契約期間満了の３か月前までに甲乙双方のいずれかからも解約の意思表示がないときは、期間満了日の翌日から１年間継続される。また継続後も同様とする。

2　前項にかかわらず、乙は３か月前に書面をもって相手方に通知することにより、本契約を解除することができる。

3　預金口座振替に関する契約がすべて終了したときは、本契約も終了するものとする。

(契約の解除) 第10条、(契約の終了) 第11条、(契約の変更) 第12条、(本契約に定めのない事項) 第13条、(準拠法・管轄) 第14条　～省略～

以上この契約の証として、本書２通を作成し、記名押印の上、甲乙各１通を保有する。

20X1年３月31日

（甲）
生活協同組合○○○　印
（乙）
○○○　印

印紙税の取り扱い

(1) 判　定

「インターネットサービス口振契約サービスの取扱に関する契約書」（本契約書）は、不課税文書となります。

(2) 根　拠

①　契約の概要

本契約は、甲と乙との間で、インターネットにより甲の組合員が乙と預金口座振替契約を締結した場合に、乙が甲にその締結情報等のサービスを提供することを約したものです。

②　不課税文書となる理由

本契約は、乙に対し、販売代金を積極的に集金委託せず、また、金融機関の事務の委託でもありません。インターネットサービスの利用に関するものであり、課税物件表の課税事項のいずれにも該当しないため不課税文書となります。

文書事例66

電子商談サービス契約書

ポイント

①　電子商談サービスシステムの利用契約書

文書例

電子商談サービス（フリーパッケージ）契約書

生活協同組合○○○（以下「甲」という。）と○○○（以下「乙」という。）とは、次のとおり電子商談サービス（以下「本サービス」という。）のフリーパッケージ契約（以下「本契約」という。）を締結するものとする。

（契約種類）
第１条　本契約に基づき、甲および乙は、乙の提供する本サービスに関して、フリーパッケージ契約を締結する。なお、フリーパッケージとは、第６条サービス内容の第２項に記載する。
（契約期間）
第２条　本契約は、20X1年４月１日より開始し20X3年３月31日に終了する。
（サービス利用料（基本利用料））
第３条　甲は本契約の基本利用料として、乙にXXX円（税別）を支払うものとする。
（成功報酬額）
第４条　甲は本契約による削減額が、XXX円（税別）を超過した場合に15%を乗じた金額を成功報酬として、乙に税込み総額を別途支払うものとする。
（削減額）
第５条　本契約に関する削減額とは現行取引額と本サービス利用にて得る入札最安値総額の差をいう。なお現行取引額が不明な場合、本サービス利用の直近（１か月以内）で取得する見積価格を現行取引額とする。
　また、見積取得にあたり、本サービスの電子見積を利用した場合も同等に取り扱うものとする。
（サービス内容）
第６条
　１　乙は、契約期間中、従量制（X%）手数料の支払いを免除する。
　２　契約期間内における甲の電子商談回数および取引量は無制限とする（これを「フリーパッケージ」という。）。また、登録ID数はXXIDまでと制限する。
　３　乙は、各月末において契約開始日からの本サービス利用に基づく削減額を計算し、累計額を表示した報告書を甲に交付する。
（契約の更新および終了）
第７条　契約期間満了の３か月前までに、書面による終了または修正の意思表示がない場合には、本契約の期間は、期間満了の翌日よりさらに12か月間、自動的に延長されるものとし、以降も同様とする。ただし、削減額が一定金額に満たず契約期

　　間を延長する場合は甲乙にて別途協議するものとする。
（支払方法）
第８条　サービス基本料および成功報酬額は乙が定める指定期日までに、上記税込み総額を乙指定の銀行口座へ振り込むものとする。なお、支払手数料にかかる費用は甲が振込時に負担するものとする。
（機密保持）第９条、（権利義務譲渡禁止）第10条　～省略～
（契約内容の変更）
第11条　本契約の修正・変更は、甲乙間の書面による合意がない限り効力を生じない。
（解除）第12条、（協議）第13条、（合意管轄）第14条　～省略～

本契約締結の証として、本書２通を作成し、各自記名押印の上、各１通を保有する。

20X1年３月31日

（甲）
生活協同組合○○○　　印
（乙）
○○○　　印

印紙税の取り扱い

(1) 判　定

「電子商談サービス契約書」（本契約書）は、不課税文書となります。

(2) 根　拠

①　契約の概要

本契約書は、甲が乙の提供する電子商談サービスシステムを利用することを約したものです。

〈参考〉電子商談サービス
電子商談とは、主にインターネットにより商談（入札）を行う仕組みです。電子入札に参加するためには事前の「企業登録」が必要です。商談開催期間内であればいつでも入札が可能となります。ただし、入札が即契約となるのではなく、入札後、生協の商品バイヤー等と商談を行い、取引を実施するかどうかを決定します。

②　不課税文書となる理由

本契約書は、甲が乙の提供する電子商談サービスのシステムを利用することを約したものであり、何らかの仕事の完成を請け負ったものではありません。本契約は、課税物件表の課税事項のいずれにも該当しないため不課税文書となります。

生協の管理業務等に関する文書

文書事例67

不動産売買契約書

ポイント

① 不動産の譲渡契約
② 契約金額（消費税額が区分されている場合）
③ 手付金の取り扱い

文書例

土地建物売買契約書

売主 生活協同組合○○○（以下「甲」という。）と買主 ○○○（以下「乙」という。）は、以下の土地建物につき、つぎのとおり売買契約を締結する。

（売買）
第１条　甲は、標記の物件（A）（以下「本物件」という。）を標記の代金（B１）をもって乙に売渡し、乙はこれを買い受けた。
（A）売買の目的物の表示（登記簿の記録による）
土地　所在　○○県○○市○○町○丁目
　　　地番　○番○
　　　地目　山林
　　　地積　1,000㎡
建物　所在　○○県○○市○○町○丁目○番地○
　　　家屋番号　○番○
　　　種類　倉庫　事務所
　　　構造　鉄骨造・亜鉛メッキ鋼板葺２階建て
　　　床面積　１階　○○㎡　２階　○○㎡
（B１）売買代金総額　１億円（建物にかかる消費税3,200,000円は含まない。）
（手付）
第２条　乙は甲に手付として、この契約締結と同時に標記の金額（B２）を支払う。
２　手付金は、残代金支払いのときに、売買代金の一部に充当する。
（B２）手付金　契約締結時支払い　１千万円
（測量図の引渡しおよび境界の明示）第３条、（地積更正登記）第４条　～省略～
（売買代金の支払時期およびその方法）
第５条　乙は、甲に売買代金を標記の期日（B３）、（B４）までに現金または預金小切手で支払う。
（B３）中間金　第１回　20X1年７月31日まで　３千万円
　　　　　　　第２回　20X1年10月31日まで　３千万円
（B４）残代金　20X1年12月20日まで　３千万円
（売買代金の清算）
第６条　～省略～

(所有権移転の時期)
第7条　本物件の所有権は、乙が売買代金の全額を支払い、甲がこれを受領したときに、甲から乙に移転する。
(引渡し)
第8条　甲は、乙に本物件を売買代金全額の受領と同時に引き渡す。
(所有権移転登記の申請) 第9条、(物件状況の告知) 第10条、(付帯設備の引渡し) 第11条　～省略～
(負担の消除)
第12条　甲は、本物件の所有権移転の時期までに、抵当権等の担保権および賃借権等の用益権その他乙の完全な所有権の行使を阻害する一切の負担を消除する。
(印紙代の負担)
第13条　この契約書に貼付する収入印紙は、甲乙が平等に負担するものとする。
(公租・公課の負担) 第14条、(収益の帰属・負担金の分担) 第15条、(手付解除) 第16条、(引渡し前の滅失・毀損) 第17条　～省略～
(契約違反による解除)
第18条　甲または乙がこの契約に定める債務を履行しないとき、その相手方は、自己の債務の履行を提供し、かつ、相当の期間を定めて催告したうえ、この契約を解除することができる。
　2　前項の契約解除に伴う損害賠償は、標記の違約金によるものとする。
　違約金の額　　売買代金の5%相当額
　3　違約金の支払いは、つぎのとおり、遅滞なくこれを行う。
　　①　甲の債務不履行により乙が解除したときは、甲は、受領済の金員に違約金を付加して乙に支払う。
　　②　乙の債務不履行により甲が解除したときは、甲は、受領済の金員から違約金を控除した残額をすみやかに無利息で乙に返還する。この場合において、違約金の額が支払済の金員を上回るときは、乙は甲にその差額を支払うものとする。
　4　乙が本物件の所有権移転登記を受けまたは本物件の引渡しを受けているときは、前項の支払いを受けるのと引換えに、その登記の抹消登記手続き、または本物件の返還をしなければならない。
(反社会的勢力の排除) 第19条、(融資利用の場合) 第20条、(瑕疵担保責任) 第21条、(諸規約の承継) 第22条、(協議事項) 第23条、(訴訟管轄) 第24条　～省略～

下記甲と乙は標記の物件の売買契約を締結し、この契約を証するため契約書2通を作成、甲乙が署名押印の上、各自その1通を保有する。

20X1年4月1日

(甲)
生活協同組合○○○　　印
(乙)
○○○　　印

(注) 第12条「負担の消除」…通常、買主は負担のない土地建物の購入を希望します。土地建物に何らかの負担がついている場合に、売主にその負担の抹消義務を負わせることをいいます。

第3章　文書事例

印紙税の取り扱い

(1) 判　定

「土地建物売買契約書」（本契約書）は、課税物件表の第1号の1文書に該当し課税文書となります。

(2) 根　拠

①　契約の概要

本契約書は、甲が乙に土地および建物を譲渡することを約したものです。

②　課税事項の抽出・課税物件表の当てはめ、文書の所属の決定

本契約書第1条において土地建物（不動産）の譲渡であることが明記されていますので、不動産の譲渡に関する契約書に該当し第1号の1文書となります（第1号の1文書）。

③　記載金額の判定および税率の適用

イ　記載金額の判定

契約金額は、本契約書第1条に規定されている売買代金総額1億円となります。消費税額は「売買代金総額　1億円（建物にかかる消費税3,200,000円は含まない。）」と区分記載されていますので、消費税額等の金額は記載金額に含めないで判定します（平元3.10間消3-2）。なお第2条の手付金は、記載金額には該当しません。

ロ　税率の適用

第1号の1文書に該当し記載された契約金額が「5千万円超1億円以下」ですので、収入印紙は6万円となります。ただし、2014年（平成26年）4月1日から2018年（平成30年）3月31日の間に作成された場合には、収入印紙は3万円となります。

(注)「不動産の譲渡に関する契約書」の印紙税率は、経過措置がありますので注意が必要です。

文書事例68

建物賃貸借契約書

ポイント

① 建物賃貸借の取り扱い
② 保証金・敷金の取り扱い
③ 抵当権設定契約の取り扱い
④ 記載金額の判定

文書例

建物等賃貸借基本契約書

賃貸人 ○○○株式会社（以下「甲」という。）と賃借人 生活協同組合○○○（以下「乙」という。）は、第２条記載の建物および駐車場（以下「本件建物」という。）につき、下記のとおり賃貸借基本契約（以下「本件契約」という。）を締結する。

（本件契約の目的）
第１条　甲は、第２条記載の本件建物を乙に賃貸し、乙はこれを賃借する。
　２　乙は、本件建物を店舗などの事業を行う施設として使用する。
　３　第２条記載の本件土地は本件建物と一体不可分として乙は駐車場等として専用使用できるものとする。
（本件土地および本件建物の概要）
第２条
（1）本件土地（敷地）
所在地　○○県○○市○○
面積　1,000㎡（333.3坪）
（2）本件建物
構造と規模　鉄筋鉄骨造り
建築面積　XXX㎡（XX坪）
延床面積　XXX㎡（XX坪）
１階　XXX㎡（XX坪）
２階　XXX㎡（XX坪）
（3）駐車場用地面積　XXX㎡（XX坪）
（賃貸借期間）
第３条　賃貸借期間は、20X1年４月１日より20XX年３月31日までの満10年間とする。
　２　本件契約が期間満了したときには、契約を更新することができる。
　３　期間満了と同時に本件契約を終了させようとするときは、甲または乙は満了６か月前までに相手方に対し、その旨を書面により通知しなければならない。
　４　賃貸借開始日はオープン日とする。
（賃料）

第４条　賃料は賃貸借開始日より発生し、建物賃料は月額2,000,000円、駐車場賃料は月額500,000円（合計2,500,000円）とし、毎月末日（金融機関の休業日の場合には翌営業日）までに翌月分の賃料を甲の指定する下記金融機関口座に乙は振り込むものとする。ただし、賃料の計算期間が１か月に満たないときは、１か月を30日と定め、日割り計算とする。なお、賃料にかかる消費税は、乙が別途上乗せして支払う。

振込先　　○○銀行　　○○支店　　普通口座　　XXXX

２　賃料は、諸般の経済情勢の変化、公租公課等を考慮し、３年毎に両者誠意をもって協議する。

（保証金・敷金）

第５条　乙は本件契約による債務を保証するために、消費税を含む所定の工事費総額金100,000,000円（設定監理料・測量、地質調査等を含む。）を、つぎのとおり甲に預託する。

(1)　建築費　95,000,000円の預託時期

本件契約締結時	10％	9,500,000円
上棟時	10％	9,500,000円
建物引渡時	50％	47,500,000円
建物引渡し１か月後	30％	28,500,000円

(2)　設計監理料・測量、地質調査等　5,000,000円については、別時期とする。

２　前項の預託金のうち、金85,000,000円を保証金、月額賃料の６か月分の金15,000,000円を敷金とし、それぞれにつき、以下のとおりと定める。

(1)　保証金は無利息とし、本件契約の開始日より８年間96回の均等分割返済により、賃料相殺にて甲は乙に返還する。

(2)　敷金は無利息とし、本件契約が終了し、かつ乙が本件建物の明け渡しを完了した日から30日以内に、甲から乙に返還するものとする。ただし、賃料、諸経費その他本契約に定める乙の債務が残存する場合には、甲は任意に敷金の一部または全部をその弁済に充当することができる。

(3)　甲が差し押さえ、滞納処分、手形・小切手を不渡りとするなど信用不安にいたったときは、敷金に対し期限の利益を失い、乙は催告しないで賃料との相殺ができる。

３　甲は本件債務の履行を担保するために、その所有にかかる本件土地建物に、乙を抵当権者として順位１番の抵当権を設定する。なお、手続きに必要な費用は、乙の負担とする。

（公租公課・保険料）第６条、（費用の負担）第７条、（修繕費の負担）第８条、（改築または改装）第９条、（修復）第10条、（付保険義務）第11条、（損害賠償）第12条、（立入点検）第13条、（禁止行為）第14条、（契約の解除）第15条、（中途解約）第16条、（原状回復）第17条、（協力）第18条、（規定外事項）第19条、（管轄裁判所）第20条　～省略～

上記契約成立および互いの誠実に履行する証として本書２通を作成し、記名押印の上、甲乙各１通を保有する。

20X1年５月20日

賃貸人（甲）

○○○株式会社　　印

賃借人（乙）

生活協同組合○○○　　印

印紙税の取り扱い

(1) 判　定

このような「建物等賃貸借基本契約書」（本契約書）は課税物件表の第1号の2および3文書に該当する課税文書となります。

(2) 根　拠

①　契約の概要

イ　建物を賃貸借する契約

本契約書は、甲の所有する土地の上にある建物を生協が賃貸借することを約したものです。

ロ　駐車場用地として使用する契約

本契約書は、甲の所有する土地の一部を生協が駐車場として賃貸借することを約するものです。

ハ　保証金・敷金を差し入れる契約

本契約書は、生協が甲の建築費相当額を保証金および敷金として差し入れた上、甲は生協にその保証金および敷金を一定の条件で返還することを約したものです。

ニ　抵当権設定の契約

本契約書は、甲が生協から差し入れられた保証金および敷金の物的担保として、甲の土地建物に、生協を抵当権者とする抵当権を設定したものです。

②　課税事項の抽出・課税物件表の当てはめ、文書所属の決定

イ　建物を賃貸借する契約

建物を賃貸借する契約は、課税物件表の課税事項のいずれにも該当しないため不課税となります。

ロ　駐車場用地として使用する契約

駐車場使用を目的として土地を賃貸借する契約は、地上権または土地の賃貸借の設定または譲渡に関する契約書として、課税物件表の第1号の2文書に該当します。

ハ　保証金・敷金を差し入れる契約

保証金や敷金は、債務の担保として、債権者にあらかじめ交付される金銭とされます。賃貸借契約の場合、保証金や敷金は、賃借人に責任のある損害により発生する債務を契約期間中に担保するための金銭で本来の保証金で、印紙税法上課税事項には該当しません。ただし、保証金や敷金として受領した金銭で、賃貸借期間に関係なく賃借人に返還することとなっているものは、消費貸借に関する契約と考えら

第3章　文書事例

れます（基通別表1 第1号の3文書7）。本契約書第5条2項の（1）の規定は消費貸借に関する契約条項と考えられますので、課税物件表の第1号の3文書に該当します。

ニ　抵当権設定の契約

本契約書第5条3項では、甲が生協より受領した保証金および敷金の消費貸借契約について、本件土地建物に抵当権を設定する契約をしています。抵当権設定契約は課税物件表の課税事項のいずれにも該当しないため不課税となります。

以上により、**ロ**は課税物件表の第1号の2文書に、**ハ**は課税物件表の第1号の3にそれぞれ該当し、いずれも同一号に所属する第1号文書となります。

③　記載金額の判定および税率の適用

イ　記載金額の判定

地上権または土地の賃借権の設定対価たる金額は、賃貸料を除き、権利金その他名称のいかんを問わず、契約に際して相手方当事者に交付し、後日返還されることが予定されていない金額をいうとされます（基通23（2））。本契約書第4条の駐車場賃料は賃貸料に該当するため、第1号の2文書の記載金額はないものとされます。

また、甲が生協から受領した分割返還することを約した保証金85,000,000円は、第1号の3文書の記載された契約金額に該当します。

したがって、本契約書に記載された契約金額は85,000,000円となります。

ロ　税率の適用

記載された金額が「5千万円超1億円以下」に該当しますので、収入印紙は6万円となります。

文書事例69

土地賃貸借基本契約書（事業用定期借地権設定契約）

ポイント

① 定期借地権設定契約
② 記載金額の取り扱い

文書例

土地賃貸借基本契約書（事業用定期借地権設定契約）

賃貸人 株式会社○○○（以下「甲」という。）と賃借人 ○○○生活協同組合（以下「乙」という。）は、第２条記載の土地（以下「本件土地」という。）につき、下記のとおり事業用定期借地権設定契約（以下「本件契約」という。）を締結する。

（本件契約の目的）
第１条　甲は、第２条記載の本件土地に乙が建物（以下「本件建物」という。）を所有することを目的とし、借地借家法（以下「法」という。）第24条に定める事業用借地権（以下「本件借地権」という。）を設定する。

２　本件借地権については、契約の更新がないこと、および本件借地権の契約期間を超える存続期間の建物を建築しても、その存続期間は延長されない。また、契約に伴う建物の買取請求権がないことをあらかじめ確認した。

３　本件借地権については、法第３条から８条まで、および法13条、18条並びに民法619条の適用はないものとする。

（本件土地および本件建物の概要）
第２条

(1) 本件土地（敷地）
　所在地　○○県○○市○○
　面積　2,000㎡（実測および土地登記簿謄本）

(2) 本件建物
　構造と規模　鉄筋鉄骨コンクリート
　延床面積　XXX㎡（XX坪）
　１階　XXX㎡（XX坪）
　２階　XXX㎡（XX坪）

（賃貸借期間）
第３条　賃貸借期間は20X1年４月１日より20XX年３月31日までの20年間とする。

２　乙は賃貸借期間を経過し、更地返還がなされないときは、甲による原状回復強制執行について異議のないことをあらかじめ承諾した。

（賃料）
第４条　土地賃料は月額1,000,000円（非課税）とし、毎月末日までに翌月分の賃料を甲の指定する下記金融機関口座に乙は振り込むものとする。ただし、支払日が金融機関休業日の場合には、その翌営業日までに振り込むものとする。また、賃料の計

第３章　文書事例

算期間が1か月に満たないときは、1か月を30日と定め、日割り計算とし、賃料の計算期間は、毎月1日より、毎月末の30日間とする。

2　賃料は、諸般の経済情勢の変化、公租公課等を考慮し、3年毎に両者誠意をもって協議する。

（敷金）

第5条　乙は甲に対して本件契約締結日に敷金5,000,000円を預託する。

2　上記、敷金は乙が甲に契約満了まで無利息にて預託する。

3　契約満了時、甲は乙に対し債権を有するときは、敷金をもって相殺することができる。相殺明細は、別途甲より乙に対し書面発行する。また契約期間中においても同様とする。ただし、乙は相殺により不足した敷金をただちに補填しなければならない。

4　甲は、本件債務の履行を担保するために、その所有にかかわる土地に、乙を抵当権者として、順位1番の抵当権を設定する。なお、手続きに必要な費用は乙の負担とする。

5　甲は、契約終了後乙が本件土地を原状回復し、甲に返還したときはただちに乙に敷金を無利息一括返還しなければならない。

6　乙は、敷金の返還請求権を第三者に譲渡または担保してはならない。

（公租公課・保険料）第6条、（費用の負担）第7条、（修繕費の負担）第8条、（改装または大規模な改修）第9条、（修復）第10条、（付保険義務）第11条、（立入点検）第12条、（禁止行為）第13条、（契約の解除）第14条、（中途解約）第15条、（原状回復義務等）第16条、（公正証書による契約締結）第17条、（各費用の負担）第18条、（協力）第19条、（規定外事項）第20条、（管轄裁判所）第21条　～省略～

上記契約成立および互いの誠実に履行する証として本書2通を作成し、記名押印の上、甲乙各1通を保有する。

20X1年3月20日

賃貸人（甲）
株式会社○○○　印
賃借人（乙）
○○○生活協同組合　印

印紙税の取り扱い

(1) 判　定

「土地賃貸借基本契約書（事業用定期借地権設定契約）」（本契約書）は、課税物件表の第1号の2文書に該当しますので課税文書となります。

(2) 根　拠

①　契約の概要

本契約書は、甲の所有する土地の上に、生協が建物を所有することを目的として事業用定期借地権を設定するものです。

② **課税事項の抽出・課税物件表の当てはめ、文書所属の決定**

本契約書第1条における事業用借地権を設定する契約事項は、土地の賃借権の設定に関する契約に該当するため課税物件表の第1号の2文書となります。

〈参考〉第１条第３項「本件借地権については、法第３条から８条まで、および法13条、18条並びに民法619条の適用はないものとする。」について

イ．借地借家法３条から８条まで、および13条、18条並びに民法619条の表題は次のとおりです。
法第３条（借地権の存続期間）、法第４条（借地権の更新後の期間）、法第５条（借地契約の更新請求等）、法第６条（借地契約の更新拒絶の要件）、法第７条（建物の再築による借地権の期間の延長）、法第８条（借地契約の更新後の建物の滅失による解約等）、法第13条（建物買取請求権）、法第18条（借地契約の更新後の建物の再築の許可）、民法第619条（賃貸借の更新の推定等）。
ロ．借地借家法23条には事業用定期借地権について次のように規定されています。
（事業用定期借地権等）
第23条　専ら事業の用に供する建物（居住の用に供するものを除く。次項において同じ。）の所有を目的とし、かつ、存続期間を30年以上50年未満として借地権を設定する場合においては、第９条及び第16条の規定にかかわらず、契約の更新及び建物の築造による存続期間の延長がなく、並びに第13条の規定による買取りの請求をしないこととする旨を定めることができる。
2　専ら事業の用に供する建物の所有を目的とし、かつ、存続期間を10年以上30年未満として借地権を設定する場合には、第３条から第８条まで、第13条及び第18条の規定は、適用しない。
3　前２項に規定する借地権の設定を目的とする契約は、公正証書によってしなければならない。

③ **記載金額の判定および税率の適用**

本契約書において土地の賃借権の設定の対価の記載がありませんので、契約金額の記載のないものに該当し収入印紙は200円となります。

（補足）本契約書第4条で土地の賃料およびその支払方法が規定されていますが、賃貸料は土地の賃借権の設定の対価には該当しません（基通23（2））。

文書事例70

不動産売買変更契約書

ポイント

① 不動産譲渡の変更契約

文書例

不動産売買変更契約書

売主 生活協同組合○○○と、買主 ○○○は、20X1年10月15日付で締結した末尾表示の不動産（以下「本物件」といい、そのうちの土地を「本土地」といい、そのうちの建物を「本建物」という。）の不動産売買契約（以下、「原契約」という。）の変更について、以下の条項に基づき不動産変更契約（以下「本変更契約」という。）を締結した。

（売買代金）
第１条
1　売主および買主は、原契約第３条第１項に定められた売買代金を、下記のとおり変更する。
変更前　　金　　1億1千万円
変更後　　金　　1億5百万円
2　本土地について原契約第６条の実測による面積と末尾記載の面積が相違する場合、1坪あたり金XX円の割合で、本変更契約第２条の売買代金の残代金支払時に加減精算するものとする。ただし、当該測量面積と末尾記載面積の差異が１平方メートル未満の場合は精算を行わないものとする。

（残代金）
第２条　買主は、売買代金の残代金として、金XXX円を20X2年２月20日（以下「決済日」という。）までに、銀行振込（電信扱い）または当事者の合意するその他の方法により売主に支払うものとする。

（その他）
第３条　売主および買主は、本変更契約に定めがない事項は、原契約の定めるとおりとする。

本変更契約の成立を証するため、本変更契約書２通を作成し、売主および買主が署名押印または記名押印の上、各自１通を保有する。

20X1年３月31日

（売主）
生活協同組合○○○　　　　印
（買主）
○○○　　　　印
（媒介者/宅地建物取扱業者）
△△△　　　　印

不動産の表示
　土地
　　所在　：
　　地番　：
　　地目　：
　　地積　：
　建物
　　所在　：
　　家屋番号：
　　種類　：店舗
　　構造　：鉄骨造亜鉛メッキ鋼板板葺２階建
　　床面積　：１階　　㎡　２階　　㎡（登記記録記載面積）

印紙税の取り扱い

(1) 判　定

「不動産売買変更契約書」（本変更契約書）は、課税物件表の第1号の1文書に該当するため課税文書となります。

(2) 根　拠

①　契約の概要

本変更契約書は、甲が乙に不動産の売買を約した契約書（原契約書）の金額を変更することを約したものです。

②　課税事項の抽出・課税物件表の当てはめ、文書所属の決定

本変更契約書は、すでに存在している契約（以下「原契約」）の同一性を失わせないで、その内容を変更することを約していますので、「契約の内容の変更を証すべき文書」に該当します（通則5、基通17）。また、本変更契約書の第1条において「売買代金を変更する」ことが規定されています。これは「印紙税法基本通達　別表第2 重要な事項の一覧表」に規定する「第1号の1文書」の重要事項である「契約金額」の変更に該当するため、第1号の1文書になります。

③　税率の適用

イ　変更契約書の記載金額

変更前の契約書が作成されていることが明らかです。本変更契約書に変更金額が記載されていて、さらに変更前の契約金額を減少させるものになりますので記載金額のない文書となります（通則4二、基通30②）。

ロ　税率の適用

本変更契約書は第1号の1文書に該当し、契約金額の記載のないものですので収入印紙は200円となります。

（補足）変更金額の取扱い

契約金額を変更する変更契約書の記載金額は、つぎのようになります(通則4二、基通30)。

1　変更前の契約書が作成されていることが明らかである場合

変更前の契約書が作成されていることが明らかである場合には、つぎの取り扱いになります。ただし、変更契約書に「変更前契約書」等の名称が記載されていても、現実に「変更前契約書」が作成されていない場合には、つぎの「変更前の契約金額が記載された契約書が作成されていることが明らかでない場合」に該当するものとして取り扱われます（基通30②（注))。

なお、変更前の契約書が作成されていることが明らかな場合とは、変更契約書に、変更前契約書の名称、文書番号または契約年月日など変更前契約書を特定できる事項の記載のあることや、変更前契約書と変更契約書が一体となって保管されていることで、変更前契約書の作成が明らかな場合をいいます（基通30②)。

(1) 変更金額が記載されているとき（変更前の契約金額と変更後の契約金額が記載されていることにより、変更金額を明らかにすることができるときを含む。)

①　変更前の契約金額を増加させる場合

変更前の契約金額を増加させる場合には、その増加額が記載金額となります(基通30②(1))

設　例	結　論
土地売買契約変更契約書 201X年９月10日付け土地売買契約書の売買金額1,000万円を100万円増額する。	土地売買契約変更契約書は第１号の１文書に該当します。 記載金額は100万円で収入印紙は500円となります。 ※2014（平成26）年４月１日から2018（平成30）年３月31日まで、軽減措置があります。
土地売買契約変更契約書 201X年９月10日付け土地売買契約書の売買金額1,000万円を1,100万円に増額する。	

②変更前の契約金額を減少させる場合

変更前の契約金額を減少させる場合には、記載金額はないものとなります（基通30②（2））

設　例	結　論
土地売買契約変更契約書 201X年９月10日付け土地売買契約書の売買金額を100万円減額する。	土地売買契約変更契約書は第１号の１文書に該当します。 記載金額はないものとされ収入印紙は200円となります。

(2) 変更後の契約金額のみ記載、変更金額が明らかでない場合

変更後の契約金額のみが記載され変更金額が明らかでない場合には、変更後の契約金額が記載金額となります。

設　例	結　論
土地売買契約変更契約書 201X年９月10日付け土地売買契約書の売買金額を900万円に変更する。	土地売買契約変更契約書は第１号の１文書に該当します。 記載金額は900万円となり収入印紙は5千円となります。 ※2014（平成26）年４月１日から2018（平成30）年３月31日まで、軽減措置があります。

文書事例71

駐車場賃貸借契約書

ポイント

① 駐車場への車両保管契約

文書例

駐車場賃貸借契約書

<自動車保管場所>

所在地	○○県△○市○X丁目１-２ ○○駐車場内　　１～３号、６～８号
車種及びナンバー	○○　　XXX
賃料総額	１か月　金　　10,000円也（消費税含む）×６台
保証金（預り金）	なし
振込み先	○○銀行○○支店　普通預金　XXXXX 名義人　　○△商事株式会社
支払時期	前月の末日までに当月分を振り込む
備考	賃料の振込手数料は契約者負担とする。

貸主（以下「甲」）と借主○○○生活協同組合（以下「乙」）は、下記条項を双方承諾の上本契約を締結する。

第１条　賃貸借の期間は、20X1年４月１日より20X2年３月31日までとする。ただし期間終了の場合、必要があれば当事者合議の上本契約を更新することができる。

第２条　２か月賃料滞納の場合は、甲は強制解約として、乙は即時明け渡す。

第３条　車は契約場所以外に置かない。通路は常時十分にあけておき他車の出入りを妨げないこととする。

第４条　乙は甲に無断で契約の車以外の物等を放置してはならない。また賃借権の譲渡及び転貸はしてはならない。

第５条～第８条　～省略～

第９条

１　乙の都合により本契約を解除する時は１か月前に通告するものとし、期間満了と同時に乙は完全に明け渡す。

以下～省略～

この契約の証として、本契約書を２通作成し甲乙双方記名捺印をし、各１通を保持する。

20X1年３月20日

賃貸人（甲）

住所

氏名　　　　　　　　　　　　　　　　　　　　　印
賃借人（乙）
住所
氏名　○○○生活協同組合
代表理事　　　　　　　　　　　　　　　　　　印
仲介業者

住所
名称
代表者　　　　　　　　　　　　　　　　　　　印

印紙税の取り扱い

(1) 判　定

「駐車場賃貸借契約書」（本契約書）は、不課税文書に該当します。

(2) 根　拠

①　契約の概要

本契約書は、生協と駐車場賃貸人との間で、駐車場賃貸に関する内容を約したものです。

②　不課税文書となる理由

駐車場の一定の場所に駐車する場合の賃貸借契約書は、駐車場という施設の貸付けにすぎず、地上権または土地の賃借権の設定に関する契約に該当しません。このため、課税物件表に掲げる課税文書のいずれにも該当しないため不課税文書となります。

文書事例72

駐車場用地賃貸借契約書

ポイント

① 土地を駐車場として賃貸借する場合の契約書

文書例

駐車場用地賃貸借契約書

賃貸人	○○○生活協同組合
賃借人	○○○株式会社
1　土地の表示	
a　所在	○○県○○市…
b　地番	XXX
c　地目	雑種地
d　地積	700㎡
e　所有者	○○○生活協同組合
f　特記事項	なし
2　賃貸借内容	
a　賃貸借期間	20X1年4月1日～20X4年3月31日
b　賃料対象期間	賃料対象期間は営業開始日から営業終了日までとする。 20X1年5月1日～20X4年3月1日
c　賃料	月額　　金　1,000,000円
d　賃料の支払方法	当月末日までに翌月分を標記2e記載の賃料振込口座に振り込む方法により支払う。ただし、初回支払い賃料は、営業開始日の属する月の翌月末日までに支払うものとする。
e　賃料振込口座	○△銀行　○○支店 普通口座　　XXXXXX 口座名義　　○○○生活協同組合
f　特約事項	第21条

賃貸人と賃借人とは、標記表示の土地（以下「本件土地」という。）に関する賃貸借契約（以下「本契約」という。）を締結し、その証として本契約書2通を作成し、賃貸人・賃借人署名押印のうえ、各自その1通を保有するものとする。

20X1年3月1日

賃貸人（甲）

○○○生活協同組合　　　　　印

賃借人（乙）

○○○株式会社　　　　　印

覚　書

（目的）

第１条　賃貸人は本件土地を駐車場用地として賃借人に貸与し、賃借人は時間貸し駐車場事業および月極駐車場事業を運営する目的でこれを借り受ける。賃借人は本契約の規定に従い賃貸人に対して本件土地の賃料を支払うものとする。

（承諾事項）

第２条　賃貸人は本件土地に対し賃借人または賃借人の指定する業者が次に掲げる行為をすることを承諾する。

⑴　コイン式無人時間貸し駐車機器の設置

⑵　時間貸し駐車場事業および月極駐車場事業に関する看板類の設置

⑶　アスファルト、砕石による舗装（ただし、賃借人が必要と判断した場合）

⑷　フェンス、場内照明燈の設置（ただし、賃借人が必要と判断した場合）

⑸　自動販売機およびこれに付属する設備の設置

⑹　カーシェアリング事業の用に供することを目的とするカーシェアリング車両の駐車およびカーシェアリング事業に関する看板類の設置

⑺　電気通信事業の用に供することを目的とする電気通信設備およびこれに付属する設備の設置

⑻　本件土地の近隣で賃借人が運営する時間貸し駐車場事業および月極駐車場事業の広告・誘導看板の設置ならびに賃借人の不動産仲介事業に関する広告看板の設置

⑼　時間貸し駐車場事業および月極駐車場事業の運営上必要となるものの設置

２　賃貸人は、賃借人または賃借人の指定する業者が、賃貸借期間開始日前であっても、時間貸し駐車場の営業活動および月極駐車場利用者募集等のための告知等を行うことを承諾する。

３　賃貸人は、賃借人または賃借人の指定する業者が本件土地に立ち入り、時間貸し駐車場事業、月極駐車場事業、カーシェアリング事業および電気通信事業の運営上必要となる管理・運営・工事業務を行うことを承諾する。

４　賃貸人は本契約締結時までに、本件土地に存する工作物・埋設物等の賃借人が時間貸し駐車場事業および月極駐車場事業を運営するに際し支障となる可能性がある知りうる限りの情報を、すべて賃借人に開示するものとする。

（目的外利用）

第３条　賃貸人は、賃借人が本件土地の一部または全部を建築物の設置を伴わずに第三者に対し一時使用させることをあらかじめ承諾する。ただし、使用期間は14日を超えない期間とし、賃借人は賃貸人に対して事前に書面で通知するものとする。また、建築物の設置を伴う場合または30日を超える場合は、賃借人・賃貸人間で別途協議するものとする。

（賃貸借期間）

第４条　賃貸借期間は、標記２ａ記載の期間とする。ただし、期間満了日の２か月前までに賃貸人・賃借人双方別段の書面による意思表示がない場合は、自動的に同一条件で１年間更新されるものとし、その後も同様とする。

（賃料対象期間）

第５条　賃貸借期間の開始日は営業開始日とし、終了日は営業終了日とする。なお、賃貸借期間が更新された場合は、賃貸借期間終了日より起算して14日前を賃料対象期間の終了日とする。

2　標記２ｂ記載の営業開始日または営業終了日を変更する場合は、賃借人は賃貸人に対して書面をもって通知するものとする。

（賃料）

第６条　本契約に基づく賃料は、標記２ｃに、またその支払方法は標記２ｄに記載のとおりとする。なお、賃料の支払いに要する費用は賃借人の負担とする。

2　１か月未満の日数の賃料については、当該月月額賃料の当該月日数による日割計算により算出するものとする。なお、日割計算にあたっては、１円未満の端数については四捨五入する。

3　賃貸人および賃借人は、賃料等に関する請求書および領収書は発行しないものとする。

4　省　略

（諸費用の負担）

第７条　第２条第１項各号の行為に要する費用、駐車場の運営に関する電気料等は賃借人の負担とする。

2　本件土地に対する公租公課、町内会費、商店会費およびその他所有者として負担すべき費用は、本件土地所有者または賃貸人の負担とする。

（契約の解約）第８条、（契約の解除）第９条、（不可抗力による契約の終了）第10条、（明け渡し）第11条、（管理責任）第12条、（変更の通知）第13条、（権利の証明等）第14条　～省略～

（印紙代）

第15条　本契約書が印紙税法上課税文書に該当する場合、貼付する印紙代は賃貸人・賃借人各自の負担とする。

（管轄裁判所）第16条、（個人情報保護指針）第17条、（反社会的勢力の排除）第18条、（消費税等相当額の取り扱い）第19条　～省略～

（駐車場利用サービス券）

第20条　本件駐車場で賃借人が運営する駐車場利用に関し、賃借人は賃貸人に駐車場利用サービス券（以下「駐車サービス券」という。）を無償にて発行するものとする。また、一回に発行するサービス券は500枚を限度とし、賃貸人は駐車サービス券の在庫状況に応じて賃借人に発行依頼するものとする。

2　駐車サービス券の有効期間は、発行日から６か月を経過する日が属する月の末日とする。なお、賃貸人は、駐車サービス券について賃借人に買取請求しないものとする。

3　賃貸人は、駐車サービス券を、本駐車場利用者以外の第三者に譲渡、貸与または担保の用に供してはならないものとする。また、賃貸人は、駐車サービス券の管理・使用等について善良な管理者としての注意義務を負い、万一、賃貸人の過失により駐車サービス券を紛失または毀損した場合は、賃借人はこれを補償しないものとする。

4　本契約が終了した場合、賃貸人は賃借人に対し、すみやかに未使用の駐車サービス券を返還するものとする。

（特約事項）

第21条　賃借人は賃貸人に対し、賃借人が本件土地で運営する駐車場（以下「本件駐車場」という。）における賃貸人の店舗利用者等に対する駐車場利用料金の割引処理のために、後記別表１記載の認証機（以下「認証機」という。）を無償で貸与し、賃貸人はこれを借り受けるものとする。なお、認証機の取扱いについては、次の各号のとおりとする。

以下～省略～

（規定外事項）

第22条　～省略～

<別表１>賃借人が賃貸人に貸与する認証機

型番　　○○型××

数量　　５基

（注）「駐車場用地賃貸借契約書」と「覚書」は一の文書とします。

印紙税の取り扱い

(1) 判　定

「駐車場用地賃貸借契約書」（本契約書）は、第1号の2文書に該当し課税文書となります。

(2) 根　拠

①　文書の概要

土地の賃貸人である甲生協が賃借人である乙にコイン式無人時間貸し駐車機器の設置等のために、賃貸することを約したものです。

②　課税事項の抽出・課税物件表の当てはめ、文書所属の決定

本契約書は、地目および地積を表示していることから土地の賃貸借の設定に関する契約書であり、覚書により賃借人が賃貸人の土地を使用収益することを内容とするものです。したがって第1号の2文書に該当し、課税文書となります（第1号の2文書）。

③　税率の適用

本契約書は、第1号の2文書に該当します。設定の対価たる金額が記載金額としての対象となりますが賃借料は除かれます。本契約は記載金額のない契約書として収入印紙は200円となります（基通23（2））。

文書事例73

人材派遣基本契約書

ポイント

① 労働者派遣法に基づく人材派遣契約

文書例

人材派遣基本契約書

○○○生活協同組合（以下「甲」という。）と株式会社○○○（以下「乙」という。）は、つぎのとおり労働者派遣に関する基本契約を締結する。

（目的）
第１条　本契約は、乙が自己の雇用する労働者（以下「派遣労働者」という。）を当該雇用関係のもとに甲へ派遣し、甲の指揮命令を受けて労働に従事させることを目的とする。
（個別契約）
第２条　個別具体的な派遣期間、従事する業務、人数、就業条件など労働者派遣法により派遣契約に定めるべき事項、その他派遣就業に必要な事項については、甲と乙が労働者派遣確認書（以下「個別契約」という。）を締結し決定する。
（適用範囲）
第３条　本契約は、特に定めのない限り、本契約有効期間中に甲乙間で締結されるすべての個別契約に適用する。
２　本契約は、紹介予定派遣契約（乙が派遣労働者を甲に職業紹介することを予定して行う労働者派遣）にも適用する。
（法令遵守）
第４条　甲および乙は、労働基準法、労働者派遣法、その他の法令を遵守し、適正な派遣労働者の就業に必要な措置を講じなければならない。
（派遣料金）
第５条　甲は乙に対し、労働者派遣の対価として、個別契約で定める派遣料金を支払うものとする。
２　甲が、派遣労働者を所定就業時間を超えて、または所定就業日以外に就業させたときは、個別契約で定める割増料金を支払うものとする。
３　甲の責に帰すべき事由により、所定の就業日に派遣労働者が就業することができなかった場合も、乙は甲に派遣料金を請求することができる。
４　派遣労働者の甲の業務への遅刻・欠勤等による不就労については、その時間分の派遣料金を乙は甲に請求できない。
（派遣料金の支払方法）
第６条　前条の派遣料金は、毎月20日に締めきり、翌月10日までに乙の指定する口座に甲が振り込んで支払うものとする。
（適正な派遣労働者の選定等）

第７条　乙は、甲の求める業務に対し、適正な能力、経験、人格を備える派遣労働者を選定し派遣するように努めるものとする。

２　乙は、派遣労働者が甲の指揮命令に従い、甲の職場における諸規則等を遵守するように、教育・指導その他必要な措置を講ずるものとする。

（適正な就業の確保等）

第８条　甲は、派遣労働者の就業にあたり、派遣先責任者および指揮命令者をとおして、良好な職場環境の提供、適切な業務指導を行い、派遣労働者が効率的な業務を行なえるように必要な措置を講ずるものとする。

（派遣労働者からの苦情の処理）第９条、（派遣先責任者）第10条、（指揮命令等）第11条、（派遣労働者の交代）第12条、（守秘義務）第13条、（重責業務の事前通知）第14条、（雇用の禁止）第15条、（損害賠償）第16条、（契約の解除）第17条、（個別契約の解除に当たって講ずる措置）第18条　～省略～

（有効期間）

第19条　本契約の有効期間は、20X1年４月１日から20X2年３月31日までとする。ただし、本契約が満了する１か月前までに、甲または乙から本契約を更新しない旨の通知がないときはさらに１年間更新するものとし、以降同様とする。

２　個別契約に定める派遣期間中に本契約の有効期間が満了したときは、当該個別契約の期間の満了まで本契約の有効期間を延長する。

（協議解決）

第20条　～省略～

以上、本契約締結の証として本書２通を作成し、甲乙記名捺印のうえ、各自１通保有する。

20X1年３月10日

甲

〇〇〇生活協同組合　　印

乙

株式会社〇〇〇　　印

（注）紹介予定派遣

本契約書の第３条第２項に規定する紹介予定派遣とは、労働者派遣事業の適正な運営の確保及び派遣労働者の保護等に関する法律（以下「労働者派遣法」）第２条第６号に規定するもので、労働者派遣のうち、派遣元事業主が、派遣労働者・派遣先に対して職業紹介を行う（ことを予定している）ものをいいます。紹介予定派遣は、労働者派遣期間中に、派遣先は派遣労働者の業務遂行能力等が直接雇用するのに相応しいか見定め、派遣労働者は派遣先における仕事が自分に合うかどうか等を見定めることができます。派遣就業が終了する前でも職業紹介（①派遣就業開始前又は派遣就業期間中の求人条件の明示、②派遣就業期間中の求人・求職の意思の確認及び採用内定）ができます。また、紹介予定派遣に限り、派遣就業開始前の面接、履歴書の送付等が可能になっています。

印紙税の取り扱い

(1) 判　定

「人材派遣基本契約書」（本契約書）は、不課税文書となります。

(2) 根　拠

①　文書の概要

本契約書は、甲が乙との間において、労働者派遣することを約したものです。

②　不課税文書となる理由

本契約は、労働者派遣法に基づいて、甲生協が乙より派遣労働者を受け入れることを約したものです。これは、派遣労働者が、派遣先である甲生協の指揮命令を受けて甲生協のために労働を提供するという委任契約に該当するため不課税文書となります。

文書事例74

人材派遣個別契約書

ポイント

① 労働者派遣法に基づく人材派遣個別契約

文書例

重責業務に関する覚書

○○○生活協同組合（以下「甲」という。）と株式会社○○○（以下「乙」という。）は、20X1年３月10日に締結した人材派遣基本契約書第14条に基づき、以下の条項により覚書を締結する。
（注）重責業務とは、現金や有価証券などの貴重品を取扱い、自動車を使用した業務など派遣労働者の故意または重過失により、重大な経済的損失が生じる業務をいう。

（派遣先の通知義務）
第１条　甲は、派遣労働者を、現金や販売商品を取扱い、派遣労働者の故意または重過失により、経済的損失が生じる業務に従事させるときは、契約前に派遣労働者が従事する業務の内容と範囲、ならびに事故発生時の対応等を当覚書にて明確にするものとする。
（業務の内容等について）
第２条　就業場所・部署　　甲生活協同組合　　各店舗
　　　業務内容（範囲）　　接客、レジ、品出し、雑務等
（事故発生時の対応について）
第３条　乙の派遣労働者が甲の業務上の指揮命令および諸規定に違反し、もしくは故意または重過失により甲に損害を与えたときは、甲・乙協議のうえ乙は甲にその損害を賠償するものとする。ただし、その補償額はX,XXX,XXX円を限度とする。

以上、本覚書の成立を証するため本書２通を作成し、甲乙記名捺印のうえ、各自１通保有する。

20X1年３月20日

甲
○○○生活協同組合　　　印
乙
株式会社○○○　　　印

労働者派遣確認書

20X1年３月20日

1	業務内容	レジチェッカー
2	派遣先名称	甲生活協同組合　　Ａ店
3	就業場所	①　部署　　レジ ②　住所　　○○市XX—XXX ③　ＴＥＬ　XXX-XXX-XXX ④　指揮命令者　　○○○○
4	派遣人員	１人
5	派遣期間	20X1年４月１日～20X2年６月30日
6	派遣料金	①　基本料金　　XX,XXX円（派遣労働者１人、実働時間１時間あたり） 請求および支払方法　　毎月20日締切　　翌月10日支払
7	割増料金	①　残業：所定就業時間を超える場合、または週40時間を超える場合は、基本料金の25％割増とする。また、法定時間外労働（労働１日８時間、または週40時間を超える）が１か月60時間を超過する場合は、超過分は基本料金の50％割増とする。 ②　深夜残業：22：00を超える場合は基本料金の50％割増とする。また、法定時間外労働が１か月60時間を超える場合は、超過分は基本料金の75％割増とする。 ③　休日出勤：基本料金の35％割増とする。
8	勤続に関する料金変更	派遣労働者が勤続１年に達した月より基本料金をXX円加算した料金に変更する。以後勤続３年まで同様の加算とする。
9	就業時間	所定：９時00分～18時00分 実働：８時間 残業：18時00分～15分単位 休憩：12時00分～13時00分 残業…有（就業時間外の労働は１日４時間、１か月42時間、１年320時間の範囲内とする。ただし、臨時の受注業務に対応する際は、１日・１か月（年間６回まで）・１年の各時間の２倍を限度として延長する場合がある。） 休日労働…有（法定休日労働は最大１か月４日までとする。） 就業日：就業日は、次の休日を除く会社の所定労働日とする。 休日：週休２日シフト制
10	安全衛生	派遣元および派遣先は、派遣労働者を業務に従事させる前に安全衛生教育を実施する。
11	責任者	派遣業務専門派遣先責任者：店長　○×○ 派遣業務専門派遣元責任者：営業部　○△○○
12	苦情処理	派遣先苦情申出先：店長　○×○

	派遣元苦情申出先：営業部　○△○○
13　勤怠管理	派遣先から派遣元に月１回ＦＡＸで通知されるタイムカードにより管理するものとする。
14　貸与品	
15　給食等	
16　消費税	消費税は別途申し受けるものとする。
17　派遣労働者の福祉の増進	
18　雇用の禁止	派遣先は、本確認書に定める派遣期間中は派遣元の許可なしに、派遣労働者と直接交渉してはならない。
19　備考	
派遣先	派遣元

（注）「重責業務に関する覚書」と「労働者派遣確認書」は一の文書とします。

印紙税の取り扱い

(1) 判　定

「重責業務に関する覚書」（本覚書）は、不課税文書となります。

(2) 根　拠

①　文書の概要

本覚書は、甲生協が乙との間において、派遣労働者を重責業務に従事させることを約した個別契約書です。

②　不課税文書となる理由

本覚書は、労働者派遣法に基づいて甲が乙より派遣労働者を受け入れ、その個別契約として派遣労働者を重責業務に従事させることを約したものです。派遣労働者が、派遣先である甲生協の指揮命令を受けて甲生協のために労働を提供するという委任契約に該当するため不課税文書となります。

文書事例75

労働者派遣契約書

ポイント

① 労働力提供契約

文書例

労働者派遣契約書

派遣先 ○○○生活協同組合（以下「甲」という。）と派遣元 株式会社○○○（以下「乙」という。）は、つぎの派遣条件に基づき労働者派遣契約を締結する。

1 派遣先
(1) 名称 ○○○生活協同組合
(2) 就業部署 事業部
(3) 所在地 ○○県○○市○○
(4) 指揮命令者 ○○○○
(5) 責任者 事業部部長
○○○○
(6) 苦情処理の申出先 ○○○部 ○○○○
2 派遣元
(1) 名称 株式会社○○○
(2) 所在地 ○○県○○市○○
(3) 責任者 ○○○○
(4) 許可番号 XXXX
(5) 苦情処理の申出先 ○○○部 ○○○○
3 派遣条件
(1) 業務内容
法人組合員向け会報誌の編集、企画。付随業務として、業務付随する取材、電話応対、打ち合わせ参加。
(2) 派遣期間
20X1年４月１日～20X2年３月31日
(3) 派遣人員
１名
(4) 就業時間
平日 9：00～17：00（休憩時間 12：00～13：00）
契約時間 7時間00分
(5) 就業曜日
月曜、火曜、水曜、木曜、金曜
(6) 休日
土曜、日曜、国民の祝日に関する法律に定められた休日、年末年始

(7) 時間外勤務
派遣元の36協定により、1日15時間、月間45時間、年間360時間以内とする。月60時間を超える時間外労働は50%増しとする。実働8時間以降を時間外扱いとする。
(8) 休日勤務
派遣元の36協定により、法定休日労働は4週につき4日の勤務を上限とする。
(9) 安全衛生
派遣元は労働安全衛生および労働関係諸法規にそって、快適な職場環境と当該派遣労働者の健康管理に努めること。
(10) 解約措置
～省略～
(11) 福利厚生
～省略～
(12) 派遣料金

時給	XXX円
法定内	XXX円／h
時間外	XXX円／h
深夜	XXX円／h
休日勤務	XXX円／h
休日法定内	XXX円／h
休日時間外	XXX円／h
休日深夜	XXX円／h
法定休勤務	XXX円／h
法定休深夜	XXX円／h
月60時間超	XXX円／h

(13) 支払条件
末締め　翌月末日支払い
(14) 苦情処理に関する事項
～省略～

20X1年3月20日

(甲)
○○○生活協同組合　印
(乙)
株式会社○○○　印

印紙税の取り扱い

(1) 判　定

「労働者派遣契約書」(本契約書)は、不課税文書に該当します。

(2) 根　拠

①　契約の概要

本契約書は、生協と派遣会社との間で労働者派遣に関する内容を約したものです。

②　不課税文書となる理由

「労働者派遣事業の適正な運営の確保及び派遣労働者の就業条件の整備等に関する法律」に基づき派遣会社と派遣先の法人間で派遣契約を結んだ場合には、派遣元である派遣会社からの派遣労働者は、派遣先の法人の指揮監督の下で指示された業務に従事します。このため、派遣会社が派遣先の法人の一定の仕事の完成を請け負うような契約ではなく労働力を提供する契約であり、業務を委託する契約ではありません。

したがって、課税物件表に掲げる課税文書のいずれにも該当しないため不課税文書となります。

文書事例76

屋内軽作業業務委託契約書

ポイント

① 業務委託契約による屋内作業の委託

文書例

屋内軽作業業務委託契約書

委託者 ○○○生活協同組合（以下「甲」という。）と受託者 株式会社○○○（以下「乙」という。）は、次の業務委託契約を締結する。

（信義誠実の義務）
第1条 甲および乙は、信義に従い、この契約を誠実に履行するものとする。
（委託業務の内容）
第2条 甲は、次に掲げる業務（以下「委託業務」という。）を乙に委託し、乙はこれを受託する。
(1) 業務名　屋内軽作業
(2) 業務内容　別紙
(3) 委託場所　別紙
(4) 委託日　別途ローテーションによる
(5) 業務時間　別紙
（委託期間）
第3条 委託の期間は、20X1年4月1日から20X2年3月31日までとする。
（委託料）
第4条 別紙による委託料日額（消費税を含む。）
（委託料の支払い）
第5条 報酬の支払いは、次のとおりとする。
(1) 乙は、当該作業月の就業報告書の実績に基づき、その請求書を甲に提出する。
(2) 甲は、速やかに請求書の内容を審査し、請求のあった日から起算して20日以内に支払うものとする。
（善管注意義務および権利義務の譲渡等の禁止）第6条、（損害賠償責任）第7条、（契約の解除）第8条、（定めのない事項等の処理）第9条 ～省略～

以上、本契約の成立を証するため本書2通を作成し、甲乙記名捺印のうえ、各自1通保有する。

20X1年3月20日

甲
○○○生活協同組合　印

乙
株式会社○○○　　　　　　　　　印

別紙

委託業務の内容と確認事項

第１条　委託業務の内容

(1) 業務内容および委託時間と委託料

委託場所	業務内容	業務時間	委託料（日額）
○○店	商品搬入・陳列・調理および店内清掃	8：00～11：00 8：30～11：30	XX,XXX円
○△店	商品搬入・陳列・調理および店内清掃	7：00～10：00 7：30～10：30	XX,XXX円
○×店	商品搬入・陳列・調理および店内清掃	7：00～9：00	XX,XXX円

(2) 甲乙との合意に基づいた上記各業務に関連し、また、危険の伴わない業務上必要なその他の業務

第２条　確認事項

本契約は、「甲・乙」の間において雇用関係の生じない委託契約である。

(注)「屋内軽作業業務委託契約書」と「別紙」は一の文書とします。

印紙税の取り扱い

(1) 判　定

「屋内軽作業業務委託契約書」(本契約書) は、第7号文書に該当する課税文書となります。

(2) 根　拠

①　文書の概要

本契約書は、甲が店舗の商品搬入等の作業を乙に委託し、乙がこれを受託することを約したものです。

②　課税事項の抽出・課税物件表の当てはめ、文書所属の決定

本契約書は、乙が甲の店舗での商品搬入・陳列等を行うことを受託したもので、請負に関する契約書に該当します。また、営業者である甲乙間において、請負に関する2以上の取引を継続して行うために作成される契約書で、当該2以上の取引に共通して適用される取引条件のうち、目的物の種類、単価、対価の支払方法を定めていますの

で第7号文書にも該当します（法令26①一）。

本契約書には委託料の日額の記載はありますが、委託料は当該作業月分の就業報告書の実績に基づくことから契約金額の算定は不可能であるため、契約金額の記載がないものとなります。所属の決定にあたっては、第2号文書で契約金額の記載のないものと第7号文書の両方に該当する場合には、第7号文書に該当することとなります（通則3イただし書）。

③　税率の適用

本契約書は第7号文書に該当しますので、収入印紙は4千円となります。

文書事例77

役員就任承諾書

ポイント

① 役員の委任契約

文書例

○○○生活協同組合　殿

役員就任承諾書

20X1年６月20日開催の第XX回通常総代会において、

わたくしは、甲生活協同組合の理事に選任されました

ので、その就任を承諾いたします。

20X1年６月20日

住所　　○○県○○市○○町○○

氏名　　○○　○○　印

印紙税の取り扱い

(1) 判　定

「役員就任承諾書」（本承諾書）は、不課税文書となります。

(2) 根　拠

①　契約の概要

本承諾書は、生協の理事に選任されたことを承諾したものです。

②　不課税文書となる理由

本承諾書は、総代会において選任された理事が、就任を承諾する際に作成し生協に提出するものです。

生協と役員の関係は民法上の委任関係（「委任は、当事者の一方が法律行為をすることを相手方に委託し、相手方がこれを承諾することによって、その効力を生ずる。」（民法第643条））に該当しますので、本承諾書は委任に関する契約書であり不課税文書となります。

文書事例78

業務委託契約書（研修講師）

ポイント

① 単発の講師業務委託契約

文書例

業務委託契約書

20X1年３月31日

（甲）
生活協同組合○○○　印
（乙）
○○○　印

生活協同組合○○○（以下「甲」という。）は、この契約に定める条件でメンタルヘルス研修に関する業務を○○○（以下「乙」という。）に注文し、乙はこれを受注する。本契約に定めのない事項および本契約の内容等に疑義が生じた場合には、そのつど甲乙双方が民法をはじめとする法令等を踏まえ、誠意をもって協議するものとする。

1　委託業務内容
メンタルヘルス研修
2　実施日時
20X1年８月X日　　10時～17時
3　実施場所
事業所内会議室
4　実施講師
○○○○氏
5　報酬額（税込）
200,000円（交通費別途請求）
6　支払条件
本委託業務終了後、委託業務にかかる費用について、当月末締めで乙から請求書を受領し、翌月末乙の指定する銀行口座へ振り込むものとする。振込手数料は甲が負担するものとする。
7　特記事項
(1) 著作権
研修に使用する教材の著作権は乙にあることを認め、乙の事前の承認なく、教材の全部または一部を方法の如何を問わず一切複製・加工などを行わないことに同意する。ただし、甲の情報を元に作成したものについてはその限りではない。
(2) 機密保持

～省略～
(3) 天災地変
～省略～

20X1年４月１日

本契約書は２通作成し、甲乙各１通を保有するものとする。

印紙税の取り扱い

(1) 判　定

「業務委託契約書」（本契約書）は、不課税文書となります。

(2) 根　拠

①　契約の概要

本契約書は、甲が乙に研修業務を委託しその対価を支払うことを約したものです。

②　不課税文書となる理由

本契約書は、乙が甲の委託を受けてメンタルヘルス研修を行うことを約したものです。一般的に研修は、一定の目標に向かってスキルアップを図るような指導をすることが目的であり、必ずしも仕事の完成を求めるものではありませんので、請負には該当せず、準委任に関する契約書として不課税文書となります。

文書事例79

出向契約書

ポイント

① 出向契約

文書例

出向社員の身分・服務・給与等に関する契約書

○○○（以下「甲」という。）と、生活協同組合○○○（以下「乙」という。）とは、甲から乙に出向させる社員（以下「丙」という。）の身分・服務・給与等に関して次のとおり契約する。

（出向期限期間）
第１条　丙の乙への出向期間は20X1年４月１日から20X3年３月31日とする。
（期限期間の変更）
第２条　出向期限期間の変更は、甲乙双方で協議して決定する。
（配属先）
第３条　出向期限の期間中における丙の職務は別紙に定める。
（勤務の原則）
第４条　丙の就業時間、休憩時間、休日、休暇など勤務に関する事項（ただし年次有給休暇は除く。）および服務心得は、乙の規程を適用する。
（身分保障）
第５条　出向期間中の丙の身分保障は乙が行う。出向期間が終了した時は甲に復帰する。
（年次有給休暇）
第６条　丙の年次有給休暇は、甲の規定による。
（懲戒）
第７条　乙の懲戒事項に該当する行為が発生した場合、乙の報告に基づき甲の基準により甲で処理する。
（休職）
第８条　乙の休職規定による。なお休職期間が長期にわたると予想された場合は、甲乙協議して決める。
（教育研修）
第９条　出向期間中に甲の都合により丙が受講する教育研修は甲の負担とする。ただし、乙の都合により受講する教育研修は、甲はその参加を保証し費用は乙が負担する。
（給与および賞与）
第10条　甲の規定により、甲が丙に直接支給するが、費用は乙の負担として甲に支払うものとする。
（諸手当）
第11条　甲の規定により、甲が丙に直接支給するが、乙の負担として甲に支払うものとする。
（社会保険料等）

第12条　丙の社会保険等は、甲の保険を適用する。丙に要する社会保険料は乙が負担する。
(退職金)
第13条　甲の規定におり、乙の負担として甲に支払うものとする。
(労働災害補償保険)
第14条　丙に関わる労働災害補償保険は、乙が取扱い、保険料は乙が負担する。
(慶弔見舞金)
第15条　慶弔見舞金については、甲の規程に基づき甲がその費用を負担する。
(出張旅費)
第16条　丙の業務出張・外勤については、乙の規定により乙が負担する。
(健康診断)
第17条　甲の基準により実施し、乙はその費用負担を甲に支給し、支払い参加を保証し就業時間とみなす。
(業務上必要な経費)
第18条　乙の業務に必要な経費については、乙の負担とする。
(支払条件)
第19条　本契約に定める乙の支給については、翌月５日までに甲に支払うものとする。
(疑義の決定)
第20条　～省略～

以上この契約の証として、本書２通を作成し、記名押印の上、甲乙各１通を保有する。

20X1年３月31日

(甲)
○○○　印
(乙)
生活協同組合○○○　印

印紙税の取り扱い

(1) 判　定

「出向社員の身分・服務・給与等に関する契約書」(本契約書)は、不課税文書となります。

(2) 根　拠

①　契約の概要

本契約書は、甲の社員である丙を乙に出向させる場合の身分・服務・給与等に関する内容を、甲と乙の間で約したものです。

②　不課税文書となる理由

本契約は、甲が甲の社員である丙との雇用関係を維持しつつ、新たに出向先である乙との雇用契約を発生させ労働力等を提供するものです。本契約は課税物件表の課税事項のいずれにも該当しないため、不課税文書となります。

文書事例80

委任契約書（シルバー人材センター）

ポイント

① シルバー人材センターとの契約
② 委任と請負
③ 営業者の意義

文書例

委任契約書

1　件名　　生協○○店
　　委任する仕事の内容　　商品の搬入、陳列（引き込み）
2　金額（報酬）　　1時間あたり　　XXX円（消費税を含む。）
　　交通費は別途会社規定による。事務費は別途X%。
3　委任期間　　　20X1年4月1日　～　20X2年3月31日
　　ただし契約期間満了の1か月前に文書によって、甲または乙から解約の通知がない場合、期間満了の日からさらに1年間自動延長するものとし、その後の期間満了の場合も同様の取扱いとする。
4　履行場所　　○○市○○番○号
5　支払条件　　20日締め翌月10日払い
6　シルバー人材センターの主旨内容を確認の上契約し、上記以外の条件については発生のつど双方協議して定める。

以上の条項により委任者を甲とし、シルバー人材センターを乙として、契約を締結し、本書2通作成の上、それぞれ記名押印して、その1通を保管する。

20X1年3月31日
（甲）
○○○生活協同組合　　　印
（乙）
○○○シルバー人材センター　　　印

シルバー人材センターのご利用にあたって

○○○シルバー人材センター

◎　シルバー人材センターは「高年齢者等の雇用の安定等に関する法律」に基づき、都道府県知事の指定を受けている団体で、国および地方公共団体からの補助金を交付されている公共性の極めて高い公益法人です。したがって、シルバー人材センターは営利を目的とするものではありません。

◎　シルバー人材センターは、当市（区町村）に在住する、おおむね60歳以上の健康で働く意欲のある高年齢者による会員組織で、高年齢者にふさわしい仕事をセンターが請負または委任によって引受け、会員が各人の希望にそって臨時的かつ短期的に就業するシステムを基本としております。すなわち、いわゆる人材派遣業、労務供給事業とは異なるシステムであることにご留意ください。したがって、センターとお客様（仕事の発注者）との間では請負または委任契約を結びますが、お客様と会員との間には雇用関係をはじめ如何なる契約も成立しないことが特色です。
○　お引き受けした仕事はセンターが責任をもって完遂いたします。また、契約および代金の請求・受領に関する一切の事務はセンターの事務局が行います。
○　会員は契約外の仕事に就業することはできませんので、就業中に仕事の変更・追加等をされる場合は、すべてセンター事務局を通じていただきます。
○　センターとお客様との契約は雇用契約ではありませんので、お客様が事業所等の場合、経理上は外注費、委託費など、人件費以外の費目で支出されることをお勧めします。
○　この基本システム（請負・委任）により、会員には労働者災害補償保険（いわゆる労災）が適用されませんが、これに代わるものとして全会員が「シルバー人材センター団体傷害保険」に加入しています。したがって会員が就業中あるいは就業先との往復途上でケガをした場合は、ご面倒ですが速やかにセンターまでご連絡ください。また、会員が就業中に誤って第三者の身体もしくは財物に損害を与えた場合も同様にご連絡ください。
◎　なお、シルバー人材センターでは、上記の基本システムによるほか、臨時的・短期的な求人・求職（雇用関係）について、別に無料職業紹介事業も行っていますので、こちらに関してもお気軽にご利用ください。
◎　そのほかご不明の点はシルバー人材センター事務局へおたずねください。

（注）「委任契約書」と「シルバー人材センターのご利用にあたって」は一の文書とします。

印紙税の取り扱い

(1) 判　定

本契約書は「委任契約書」となっていますが課税物件表の第2号文書に該当するため、課税文書となります。

(2) 根　拠

①　契約の概要

本契約書は、甲と乙の間において、甲が仕事の完遂を委託し乙がそれを請け負うことを約したものです。

②　課税事項の抽出・課税物件表の当てはめ、文書所属の決定

本契約書は、甲と乙の間において、請負に関する2以上の取引を継続して行うために作成される契約書ですが、乙は営業者に該当しないため課税物件表の第7号文書に

は該当しません（法令26①一、課税物件表第17号文書　非課税物件2)。しかし、本契約書は請負に関する契約内容を証明しており、請負の場合には営業者間である必要はないため、課税物件表の第2号文書に該当します。

③　税率の適用

本契約書において単価の記載はありますが契約金額の記載はありませんので、契約金額の記載のない契約書として、収入印紙は200円となります。

文書事例81

健康診断に関する契約書

ポイント

① 健康診断受託契約の性格

文書例

健康診断に関する契約書

生活協同組合○○○（以下「甲」という。）と○○○（以下「乙」という。）とは、甲に所属する受診者に対する定期健康診断（以下「健診」という。）に関し、次のとおり契約を締結する。

（目的）
第１条　乙はこの契約書に基づき健診対象事業所の所属者で健診を希望する甲の受診者（以下「受診者」という。）に対し、この健診を行うものとする。
（健診の対象事業所）
第２条　健診の対象事業所は、別紙の法人の事業所とする。
（健診の受診要領および検査項目）
第３条　健診要領は乙の定めるところによるものとし、健診の検査項目は、別紙の検査項目表のとおりとする。
（健診料）
第４条　この契約書によって行う健診料（外税）は次のとおりとする。
(1) 乙が行う健診料金の請求方法
1) ○○健保保健事業を活用する。
2) ○○健保への請求と甲への請求内容は次のとおりとする。
① ○○健保日帰り人間ドック対象者の請求金額
イ ○○健保への基本請求金額　　XXX円
ロ 甲への請求金額　　XXX円
② ○○健保生活習慣病予防健診対象者の請求金額
イ ○○健保への基本請求金額　　XXX円
ロ 甲への請求金額　　XXX円
③ オプション検査の請求金額
～省略～
（受診申込みおよび予約方法）
第５条　甲は受診者の住所、氏名、生年月日、連絡先等必要事項を一覧にして乙に送付するか、または、乙と打ち合わせし、受信日等を決定する。
（健診料の支払い方法）
第６条　健診料の支払いについては、乙は毎月末日締切にて当該月分の請求書を甲と○○健保に送付する。甲への請求は、別紙対象事業所別に作成する。
２　甲は乙の請求に基づき翌月末日までに、乙名義の口座に振り込むものとする。

（健康診断結果報告の方法）
第７条　健康診断結果報告書の提出は下記の方法で行う。
　⑴　健康診断結果成績表および総合判定・指導表は当日受診者へ手渡し、又は後日、速やかに乙から各個人宅へ郵送する。
　⑵　乙は甲の健康診断個人票を別途打出し、２週間分毎に遅滞なく甲へ提出する。
　⑶　乙は甲の受診者の健康診断データを電子化し、２週間分毎に遅滞なく甲へ提出する。
（二次健診定型用紙の送付）
第８条　～省略～
（二次健診に関わる費用の請求方法）
第９条　乙は、甲の受診者が二次健診を受けた場合、○○健保の基準に基づき、本人へ請求および○○健保への請求をするものとする。
（健診データの電子化に関する費用）
第10条　～省略～
（契約書有効期間）
第11条　この契約書の有効期間は、下記のとおりとし、契約満了３か月前までに甲乙いずれかから、何らの意思表示がなされないときは、有効期間満了の翌日から、さらに１年間契約が更新されたものとみなし、以後も同様とする。

記

20X1年４月１日から20X2年３月31日

以上のとおり合意したので、その証として本書２通を作成し、記名押印の上、甲乙各１通を保有する。

20X1年３月31日

（甲）
生活協同組合○○○　　印
（乙）
○○○　　印

別紙　～省略～

印紙税の取り扱い

(1) 判　定

「健康診断に関する契約書」（本契約書）は、不課税文書となります。

(2) 根　拠

①　契約の概要

本契約書は、甲と乙との間で、乙が甲の職員の定期健康診断を行うことを約したものです。

② 不課税文書となる理由

本契約書は、乙の専門的知識や経験に基づき甲の職員に対して健康診断を行うもので、委任に関する契約になるため課税文書には該当せず不課税文書となります。なお「第7条（健康診断結果報告の方法）」は仕事の完成を求めるものではありません。民法（民法645条）の委任契約では、受任者は委任者の請求があるときは委任事務の処理報告をしなければならず、委任終了後は遅滞なくその経過および結果を報告する義務があります。

したがって、処理結果の報告をしなければならないという側面だけをとらえて「請負である」とは判断しないことになります。

〈参考〉 民法
（受任者による報告）
第645条　受任者は、委任者の請求があるときは、いつでも委任事務の処理の状況を報告し、委任が終了した後は、遅滞なくその経過及び結果を報告しなければならない。

文書事例82

職員教育業務委託

ポイント

① 職員教育委託契約

文書例

業務委託契約書

生活協同組合○○○（以下「甲」という。）と○○○（以下「乙」という。）とは、甲の業務を乙に委託するにあたり、以下のとおり契約する。

（業務委託内容）
第１条　甲は乙に対し、甲の「職員教育」に関する業務として以下の業務を委託する。
(1)「店舗配属対象者選考研修」の実施に関わる支援業務
（実施日程）
第２条
(1) 乙は前条の業務を以下の日程において実施する。なお、日程の変更がある場合は、甲乙協議のうえ決定するものとする。
20X1年５月20日、20X1年６月25日、20X1年７月30日
20X1年８月27日、20X1年９月30日、20X1年10月29日
20X1年11月25日、20X1年12月17日、20X2年１月21日
20X2年２月25日、20X2年３月25日
（委託料）
第３条　甲は乙に対して、本件業務に対する委託料として交通費および宿泊費を含めて、第１条の業務実施毎に20万円（消費税別）を支払う。支払方法は当月分（当月末締め）を翌月25日に、乙の指定する銀行口座へ振り込むこととする。25日が銀行休業の場合は、前営業日に振り込むものとする。
２　甲は前条の委託料の支払に際し別途源泉所得税（復興特別所得税含む）を控除するものとし、振込手数料は甲の負担とする。
（経費の負担区分）
第４条　本件業務を遂行するために必要な費用の負担区分は以下のとおりとする。これ以外に発生する費用は都度協議をしてその負担区分を決めるものとする。
(1) 乙の自宅から甲の業務地である○○市内までの交通費および宿泊費は、前条の委託料に含まれるものとする。
(2) 甲の業務に関わる印刷費用、通信費用、前項エリア以外の交通費は甲が負担する。
(3) 甲の業務地における宿泊先の手配および費用は乙が負担する。
（機密保護）
第５条　～省略～
（契約期間）

第６条　本契約は、20X1年５月１日～20X2年３月31日とする。また、期間満了の３か月前までに契約を更新しない旨の書面による意思表示が当事者のいずれからもなされない場合は、本契約は同一の条件で、さらに１年間自動延長されるものとし、以後も同様とする。
（契約の解除）第７条、（裁判管轄）第８条　～省略～

以上のとおり合意したので、この契約の成立の証として、本書２通を作成し、各自記名押印の上、各１通を保有する。

20X1年３月31日

（甲）
生活協同組合○○○　　印
（乙）
○○○　　印

印紙税の取り扱い

(1) 判　定

このような「業務委託契約書」（本契約書）は、不課税文書となります。

(2) 根　拠

①　契約の概要

本契約書は、乙が甲の職員研修に関する業務の一部を甲より受託し、教育研修支援を実施することを約したものです。

②　不課税文書となる理由

本契約書は、仕事の完成を目的とする請負契約には該当せず、一定の目的にしたがって教育研修を支援することを約したものですので委任に関する契約となりますので、不課税文書となります。

文書事例83

税理士業務委託契約書

ポイント

① 委任契約と請負契約の相違

文書例

税理士業務委託契約書

委託者○○○生活協同組合（以下「甲」という。）と税理士○○○○（以下「乙」という。）は、税理士の業務に関して下記の契約を締結する。

（業務委託内容）
第１条　甲が乙に委託する項目は、生協からの電話・ＦＡＸ・来館および来所による税務相談への対応とする。
（委託日・委託時間）
第２条　～省略～
（委託料金）
第３条　第１条の業務を委託するにあたり、甲は乙に業務委託料金として年間XX万円（消費税別）から源泉税額を差し引いて支払うものとする。なお、消費税を除く交通費等の諸経費は年額に含むものとする。
２　上記の支払いは年２回に分けて行うものとし、20X1年４月１日から20X1年９月30日までの分は同年４月末までに、20X1年10月１日から20X2年３月31日までの分は20X1年10月末日までに、それぞれ乙から請求書を受領した上で、各翌月10日に甲が乙の指定する口座に振り込むものとする。
（委託料金の請求）
第４条　乙は甲に対して、第３条第１項の業務委託料金に消費税額を加算し、甲に請求するものとする。
（契約期間）
第５条　本契約の契約期間は、20X1年４月１日から20X2年３月31日までとする。
（協議事項）
第６条　～省略～

以上、本契約を締結した証として、本書２通を作成し、甲、乙各１通を保管する。

20X1年３月20日

甲
○○○生活協同組合　印
乙
○○○○　印

印紙税の取り扱い

(1) 判　定

「税理士業務委託契約書」（本契約書）は、委任に関する契約に該当し、委任契約は不課税文書となります。

(2) 根　拠

①　契約の概要

本契約書は、生協が税理士乙との間で税理士業務のうち委任に関する業務を約したものです。

②　不課税文書となる理由

委託者である生協が、受託者である税理士乙にその専門的知識等を信頼して事務処理を委託する契約は、その事務処理に対して報酬を支払うことになるため委任契約に該当し不課税文書となります。

（補足）申告書など税務書類を作成する契約は、仕事の完成を約する請負契約に該当しますので、その場合は第2号文書となります。

文書事例84

産業廃棄物収集・運搬委託基本契約書

ポイント

① 複数の課税事項に該当する場合
② 記載金額が予定数量等の場合
③ 一部の契約金額のみ算定できる場合

文書例

産業廃棄物収集・運搬委託基本契約書

排出事業者 ○○○生活協同組合（以下「甲」という。）と収集運搬事業者 ○○○株式会社（以下「乙」という。）は、甲の事業場であるＫＲ流通センター、ＳＳセンター、ＴＳセンターから排出される産業廃棄物の収集・運搬に関してつぎのとおり基本契約を締結する。

（法の遵守）
第１条　甲および乙は、処理業務の遂行にあたり廃棄物の処理および清掃に関する法律その他関係法令を遵守するものとする。
（委託内容）
第２条
　１　乙の事業範囲
　乙の事業範囲は以下のとおりであり、乙はこの事業範囲を証するものとして、許可証の写しを甲に提出し、本契約書に添付する。なお、許可事項に変更があったときは、乙は速やかにその旨を甲に通知するとともに、変更後の許可証の写しを甲に提出し、本契約書に添付する。
　<収集・運搬に関する事業範囲>
　<産廃>

許可都道府県・政令市	：○○県	許可都道府県・政令市	：△△県
許可の有効期限	：201X年２月25日	許可の有効期限	：201X年２月25日
事業範囲	：収集・運搬	事業範囲	：収集・運搬
許可の条件	：なし	許可の条件	：なし
許可番号	：1234567X	許可番号	：1234568X

　２　委託する産業廃棄物の種類、数量および単価
　①　種類：金属くず　数量：５㎥／年間（予定）　単価：10,000円／トラック１台
　②　種類：廃プラスチック　数量：20㎥／年間（予定）　単価：10,000円／トラック１台
　③　種類：廃プラスチック（ラップ類）　数量：300㎥／年間（予定）　単価：800円／㎥
　④　種類：木くず　数量：１ｔ／年間（予定）　単価：10円／１ｋｇ
　３　運搬の最終目的地

乙は、甲から委託された前項の産業廃棄物を、甲の指定するつぎの最終目的地に搬入する。

氏名　　　　　　　　　：○○○株式会社
住所　　　　　　　　　：○○県○○市○○
許可都道府県・政令市：○○県
許可の有効期限　　　　：201X年２月25日
事業の区分　　　　　　：中間処理（圧縮・梱包、破砕、選別）
産業廃棄物の種類　　　：許可証の通り
許可の条件　　　　　　：許可証の通り
許可番号　　　　　　　：12345678X
事業場の名称　　　　　：○○○株式会社
所在地　　　　　　　　：○○県○○市××、○○県○△市××

４　積替保管

乙は、甲から委託された産業廃棄物の積替えを行わない。

（適正処理に必要な情報の提供）
第３条　～省略～

（甲乙の責任範囲）
第４条

１　乙は甲から委託された産業廃棄物を、その積み込み作業の開始から、第２条第３項に規定する運搬の最終目的地における荷下ろし作業の完了まで、法令に基づき適正に処理しなければならない。

２　乙は甲に対し、前項の業務の過程において法令に違反した業務を行い、または過失によって甲または第三者に損害を及ぼしたときは、乙においてその損害を賠償し、甲に負担させない。

３　乙が第１項の業務の過程において、乙または第三者に損害が発生した場合に、乙に過失がない場合は甲において賠償し、乙に負担させない。

（再委託の禁止）第５条、（義務の譲渡等）第６条、（委託業務終了報告書）第７条、（業務の一時停止）第８条　～省略～

（報酬・消費税・支払い）
第９条

１　甲の委託する産業廃棄物の収集・運搬業務に関する報酬は、第２条第２項にて定める単価に基づき算出する。

２　報酬の額が経済情勢の変化および第３条第２項等により不相当となったときは、甲乙双方の協議によりこれを改定することができる。

３　甲の委託する産業廃棄物の収集・運搬業務に対する報酬についての消費税は、甲が負担する。

４　甲は、乙から業務終了報告書を受け取った後、乙に対して処理の報酬を支払う。ただし、具体的な支払い方法について別途支払条件の定めのある場合にはそれによる。

（内容の変更）
第10条　甲または乙は、必要がある場合は委託業務の内容を変更することができる。この場合において、契約単価または契約期間を変更するとき、または予定数量に大幅な変動が生ずるときは、甲と乙とで協議の上、書面によりこれを定めるものとする。第３条第２項の場合も同様とする。

（機密保持）第11条、（契約の解除）第12条、（協議）第13条　～省略～

（契約期間）
第14条　この契約は、有効期間を20X1年４月１日から20X2年３月31日までの１年間とし、期間満了の１か月前までに、甲、乙の一方から相手方に対する書面による解約の申し入れがないかぎり、同一条件で更新されたものとし、その後も同様とする。

この契約の成立を証するために本書２通を作成し、甲、乙は各々記名押印のうえ各１通を保管する。

20X1年３月31日

甲
〇〇〇生活協同組合　　　　印
乙
〇〇〇株式会社　　　　印

印紙税の取り扱い

(1) 判　定

「産業廃棄物収集・運搬委託基本契約書」（本契約書）は、課税物件表の第1号の4文書に該当し課税文書になります。

(2) 根　拠

①　契約の概要

本契約書は、産業廃棄物の排出業者である生協とそれを収集運搬する業者乙との間で産業廃棄物を収集し処分場所まで運搬することを約した契約書です。

②　課税事項の抽出・課税物件表の当てはめ、文書所属の決定

本契約書は、生協が産業廃棄物の収集と処分場所までの運搬を収集運搬業者に委託する契約書であり、運送契約に該当するため第1号の4文書となります。さらに、生協と収集運搬業者との営業者の間において運送に関する2以上の取引を継続して行うための契約書で、目的物の種類、取扱数量、単価を定めていますので、第7号文書にも該当します。そして、第1号の4文書と第7号文書に該当する場合で、第1号の4文書に契約金額の記載がある場合は、第1号の4文書となります（通則3イ）。

本契約書の契約金額は、本契約書の第2条2項において数量が「予定」となっています。その単価や数量が予定単価または予定数量等となっている場合でも、記載金額が算定できることになります（基通26（4））。本契約書の第2条2項の③および④において契約金額の算定が可能であるため、第1号の4文書として記載金額のある課税文書に該当することになります（基通27）。

③　記載金額の判定および税率の適用

イ　記載金額

本契約書第2条2項により契約金額が計算できるのはつぎのとおりです。

（イ）　廃プラスチック（ラップ類）

数量　300㎥×800円＝240,000円

（ロ）　木くず

数量　1ｔ（1,000kg）×10円＝10,000円

（ハ）　合計

イ＋ロ＝250,000円

（補足）金属くずおよび廃プラスチックについては、トラック1台に何㎥積載できるか不明のため計算できません。

ロ　適用される税率等

第1号の4文書に該当し記載された契約金額が「10万円超50万円以下」に該当しますので、収入印紙は400円となります。

文書事例85

キャラクターに関する契約書

ポイント

① 著作権等の譲渡契約（無体財産権の譲渡）

文書例

キャラクターAに関する契約書

生活協同組合○○○（以下「甲」という。）と株式会社○○○（以下「乙」という。）は、株式会社△△△（以下「丙」という。）を介し、○○○が制作したキャラクターA（以下「キャラクター」という。）に関し、以下のとおり契約を締結する。

（権利の所属）
第１条　乙･丙は「キャラクター」の著作権および使用権を甲に譲渡することで合意する。ただし、商品化権については、甲の宣伝広告･販売促進活動の目的のみの使用とし、それ以外の目的（商品としての販売を含む。）で使用する場合は、甲・乙・丙で別途協議することとする。
（商標の登録）
第２条　甲はその必要に応じ、甲の責任においてキャラクターを商標登録することができる。また、その際の費用についても甲の負担とする。
（キャラクターの作画）
第３条　今後、新たに乙を通じて丙が「キャラクター」のバリエーションを作画する場合でも、その権利の所属については第１条に定めるとおりとする。
（譲渡料および作画料）
第４条
　１　第１条に定める「キャラクター」の著作権および使用権譲渡に関わる譲渡金は、甲が乙に支払った制作費（金5,000,000円・消費税別）に含まれるものとする。
　２　第２条に定める「キャラクター」のバリエーションに関する作画料金は、その都度甲・乙にて協議の上、決めるものとする。
（品質管理）第５条、（秘密保持）第６条、（規格外事項）第７条　～省略～

本契約成立の証として本書２通を作成し、甲乙それぞれ各１通を保有する。

20X1年２月10日

甲
生活協同組合○○○　印
乙
株式会社○○○　印

印紙税の取り扱い

(1) 判　定

「キャラクターAに関する契約書」(本契約書) は、課税物件表の第1号の1文書に該当するため課税文書となります。

(2) 根　拠

①　契約の概要

本契約書は、著作権および使用権（以下「著作権等」）を譲渡することを約したものです。「商品化権」という権利自体は慣習的な概念とされます。「商品化権」が具体化されたものが著作権等や商標権や意匠権であるとされます。

②　課税事項の抽出・課税物件表の当てはめ、文書所属の決定

本契約書第1条において、「キャラクター」の著作権および使用権を譲渡することを約していますので、無体財産権の譲渡に関する契約書として課税物件表の第1号の1文書となります。

③　記載金額の判定および税率の適用

第1号の1文書に該当し、本契約書第4条において記載された金額が「100万円超500万円以下」に該当しますので収入印紙は2千円となります。

文書事例86

商品化許諾契約

ポイント

① 商品化権の使用許諾契約

文書例

商品化許諾契約

株式会社○○○（以下「甲」という。）と生活協同組合○○○（以下「乙」という。）は、20X1年２月10日付けで締結した「キャラクターＡに関する契約書」第１条（権利の所属）にもとづきＡ（以下「本キャラクター」という。）の商品化許諾に関し、両者の間でつぎのとおり契約を締結する。

（商品化の許諾）
第１条
　１　甲は本キャラクターの正当なる商品化権管理者として、乙に対し乙が製造し20X2年４月１日より販売するつぎに記載する商品（以下「本商品」という。）に、本キャラクターの名称および形状を使用することを許諾する。
　（1）20X3年　Ａ　シール
　２　前項の本商品の仕様については別紙記載のとおりとする。
（販売地域）
第２条　乙の本商品の販売地域は日本国内のみとする。乙の商品が第三者を介して海外に輸出されることを知り得た場合は、同第三者に対して本商品を販売してはならない。
（契約期間）
第３条
　１　本契約は、甲乙両者が記名押印した日に効力が発生し、１年間効力を有する。
　２　甲および乙は、前項に定める契約期間満了日の２か月前に合意し、別途契約を交わした場合、本契約を同一条件でさらに１年間更新することができる。
（使用料）
第４条
　１　乙は、本商品をつぎに記載する数量と販売価格で製造し販売する。
　（1）シール
　　製造数　10,000枚　販売価格　5,000,000円（消費税別）
　２　前項の数量に追加が生じた場合には、本製品を製造する前に、その旨を甲に申請し、甲の承諾を得なければならない。
　３　本商品の販売にともなう使用料は、つぎに示す式にて計算する。
　　販売価格（税抜き）×　２％　×　販売数量
（計算報告と使用料の支払い）
第５条

1　乙は甲に対し、3月末日および9月末日の年2回、前6か月間の本商品の販売数量をその金額を記載した計算報告書を提出しなければならない。

2　乙が第4条にもとづく追加製造・販売申請に虚偽の事実を記載または許可を得ずに本商品を製造･販売した場合は、本契約が甲により解除されるか否かを問わず、甲は乙に未払金の請求をできるものとする。

（品質管理）第6条、（第三者による権利侵害）第7条、（権利侵害）第8条、（免責事項）第9条、（守秘義務）第10条、（解除）第11条、（契約終了後もしくは失効後の本商品の取り扱い）第12条、（合意管轄）第13条、（協議解決）第14条　～省略～

本契約締結の証として本書2通を作成し、甲乙が記名押印の上各1通を保有する。

20X2年3月20日

甲

株式会社○○○　　印

乙

生活協同組合○○○　　印

（注）契約前文の「キャラクターAに関する契約書」とは、「文書事例85　キャラクターに関する契約書」を指します。

印紙税の取り扱い

(1) 判　定

「商品化許諾契約」（本契約書）は、課税物件表の課税事項に該当しないため不課税文書となります。

(2) 根　拠

①　契約の概要

本契約書は、生協が「キャラクター」を用いた商品を製造することを甲が許諾することを約したものです。

②　不課税文書となる理由

本契約書第1条において、生協がそのキャラクターを用いた商品を製造することを甲が使用許諾することを約しておりますが、譲渡には該当しないため課税物件表の課税事項のいずれにも該当せず不課税文書となります。

文書事例87

機密保持に関する契約書

ポイント

① 機密保持契約

文書例

機密保持に関する契約書

○○○株式会社（以下「甲」という。）と生活協同組合○○○（以下「乙」という。）とは、A商品取引に関する機密情報の取り扱いに際して、以下のとおり取り決めます。

（本契約の目的）
第１条　本契約は、A商品取引に関する業務（以下「本件業務」という。）に関して、機密情報を提供することになる甲および乙（以下「情報提供者」という。）がその保有する情報を相手方（以下「情報受領者」という。）に提供する場合の機密保持の条件を定めることを目的とする。
（機密情報）
第２条　本契約において「機密情報」とは、本件業務の契約期間中に情報提供者が提供した本件業務に関する個人情報や有形無形の技術上、営業上、その他一切の有用な情報のことをいう。なお、情報提供者は、機密情報の提供にあたっては、当該情報が機密であることを明示するものとする。
２　前項の規定にかかわらず、つぎの各号に該当することを情報受領者が証明することのできる情報は、機密情報には含まれないものとする。
(1) 提供の時点ですでに公知の情報、またはその後情報受領者の責によらず公知となった情報
(2) 提供の時点ですでに情報受領者が保有している情報。ただし、情報提供者および情報受領者にて締結された契約により機密保持または目的外使用禁止義務を負っている情報については、当該契約の定めにしたがうものとする。
(3) 情報提供者が、情報受領者に対し機密保持義務を課すことなく提供した情報
(4) 管轄官公庁もしくは法律の要求により提供された情報
（守秘義務）第３条、（目的外使用禁止）第４条、（本契約終了時の取り扱い）第５条、（他契約との関係）第６条、（開示義務の否認）第７条　～省略～
（有効期間）
第８条　本契約の有効期間は甲乙の商品取引関係終了後５年間とする。
２　前項の規定にかかわらず、本件業務遂行上知りえた個人情報に関しての守秘義務は本契約終了後も継続するものとする。
（違反発生時の損害賠償）第９条、（裁判管轄）第10条、（協議事項）第11条　～省略～

以上、本契約締結の証として本書２通を作成し、甲乙記名押印の上各１通を保有する。

20X1年３月20日

甲

○○○株式会社　印

乙

生活協同組合○○○　印

印紙税の取り扱い

(1) 判　定

「機密保持に関する契約書」（本契約書）は、不課税文書となります。

(2) 根　拠

①　契約の概要

本契約書は、甲と乙が商品取引の機密情報に関する機密保持を約したものです。

②　不課税文書となる理由

機密保持に関する契約は、課税物件表の課税事項のいずれにも該当しませんので不課税文書となります。

文書事例88

個人情報の取り扱いに関する覚書

ポイント

① 個人情報の取り扱い契約

文書例

個人情報の取り扱いに関する覚書

生活協同組合○○○（以下「甲」という。）と株式会社○○○（以下「乙」という。）は、乙が甲に対して提供する業務（以下「本件業務」という。）の遂行上、甲より開示を受ける個人情報の取り扱いに関して、つぎのとおり合意したので本覚書を締結する。

（定義）
第１条　本覚書における用語をつぎのとおりに定義する。
　⑴ 本件業務
　　甲の組合員配達システムの運用業務
　⑵ 個人情報
　　甲または甲の委託元が運営･販売するサービス製品の顧客（以下「顧客」という。）の住所、氏名、年齢、電話番号、メールアドレス、パスワード等、特定の個人に関する情報で、その中にその個人を特定しうる情報を含んでいるものをいう。また、その顧客を特定できなくても、将来収集する情報またはすでに収集した情報と組み合わせることにより、その個人を特定できる情報を含むものとする。
（目的）
第２条　甲または甲の委託先元が顧客から収集した個人情報は、顧客が甲または甲の委託元による厳格な取り扱いを信頼して預託したものであり、本件業務の甲からの受託に伴って個人情報へのアクセスが可能となる乙は、顧客の信頼を保持すべく、本覚書および関係諸法令にしたがい個人情報を取り扱うものとする。
（個人情報へのアクセス、およびその開示、利用）
第３条　乙は、本件業務の履行に際し甲から開示を受けまたは知りえた個人情報を機密情報として厳に秘密として取り扱い、甲の事前の書面による承諾なくして、第三者に開示せず、また本件業務の履行目的外に、個人情報にアクセスし、使用しないものとする。
（再委託）第４条、（個人情報の保有、破棄）第５条、（乙の管理責任）第６条　～省略～
（有効期間）
第７条　本覚書は、本覚書成立の日より本件業務が終了し、乙が第５条第２項にもとづき全ての個人情報を破棄または返還するまで有効に存続する。
（協議・解決）第８条　～省略～

以上、本覚書成立の証として、甲乙各自記名捺印の上、本書１通ずつを保有するものとする。

20X1年４月１日

甲

生活協同組合○○○　　印

乙

株式会社○○○　　印

印紙税の取り扱い

(1) 判　定

「個人情報の取り扱いに関する覚書」（本覚書）は、不課税文書となります。

(2) 根　拠

①　契約の概要

本覚書は、甲と乙との間で個人情報の取り扱いについて約したものです。

②　不課税文書となる理由

個人情報の取り扱いを約する文書は、課税物件表の課税事項のいずれにも該当しませんので不課税文書となります。

文書事例89

反社会的勢力排除に関する覚書

ポイント

① 反社会的勢力排除契約

文書例

反社会的勢力排除に関する覚書

株式会社○○○（以下「甲」という。）と○○○生活協同組合（以下「乙」という。）は、甲乙間で締結した商品取引契約書（以下「本契約書」という。）に関し、つぎのとおり覚書を締結する。

（相互確約）
第１条　甲および乙は、現在および将来にわたって、暴力団、暴力団員、暴力団関係者などの反社会的勢力（以下「暴力団員等」という。）に該当しないことを相互に確約する。

（確約の内容）
第２条　甲および乙は、現在および将来にわたって、以下の各号のいずれにも該当しないことを相互に確約する。

⑴ 暴力団員等が経営を支配していると認められること
⑵ 暴力団員等が経営に実質的に関与していると認められること
⑶ 自己もしくは第三者の不正の利益を図りまたは第三者に損害を加える目的で、不当に暴力団員等を利用していると認められること
⑷ 暴力団員等に対して資金等を提供し、また便宜を提供するなど関与していると認められること
⑸ 役員または経営に実質的に関与している者が暴力団員等と社会的に非難されるべき関係を有すること

（本契約書の解除）
第３条　甲または乙は、前２条の確約に反して、相手方が暴力団員等あるいは前条各号の一つにでも該当することが判明したときは、対応何らの催告をせず、本契約書を解除することができる。

２　解除された甲または乙は、相手方に対して支払期限未到来の債務も含めて全債務について当然に期限の利益を喪失し、これを直ちに支払うものとする。

３　解除された甲または乙に損害が生じたとしても、相手方は損害賠償ないし補償することは要せず、またかかる解除により解除者に損害が発生した時は、相手方はその損害を賠償するものとする。

（下請または委任契約等への適用）
第４条　甲または乙が、本契約書に関連して、第三者と下請けまたは委託契約等（以下「関連契約」という。）を締結する場合において、関連契約の当事者または代理もしくは媒介をする者が暴力団員等あるいは第２条各号の一つにでも該当することが判

明した場合、相手方は関連契約を解除するなど必要な措置をとるよう求めることができる。

2　相手方が前条の措置を求めたにもかかわらず、関連契約を締結した当事者がそれにしたがわなかった場合、本契約書を解除することができる。その場合、前条を準用する。

本書2通を作成し、甲乙それぞれ記名押印の上、各1通を保管する。

20X1年4月1日

甲

株式会社〇〇〇　　　　　　　　　　印

乙

〇〇〇生活協同組合　　　　　　　　印

印紙税の取り扱い

(1) 判　定

「反社会的勢力排除に関する覚書」（本覚書）は、不課税文書となります。

(2) 根　拠

①　契約の概要

本覚書は、契約当事者が反社会的勢力と関わっていることが判明した場合に、即座に契約を解除することができることを約したものです。

②　不課税文書となる理由

本覚書は、反社会的勢力排除に関する事項を約するものであり、課税物件表の課税事項のいずれにも該当しないため不課税文書となります。

文書事例90

生協の安否確認システムに関する確認書

ポイント

① システム利用料契約の取扱い

文書例

生協の安否確認システムに関する確認書

生活協同組合連合会○○○（以下「甲」という。）と○○○生活協同組合（以下「乙」という。）は、通信会社△△△株式会社の「安否確認システム」を共同利用するにあたり、つぎのとおり確認したので、本確認書を取り交わす。

1　甲は乙に対し、「安否確認システム」の共通ルールを提示し、乙はこれを遵守するものとする。また、乙は「安否確認システム」の効率的な運用のために協力するものとする。
2　乙は３か月単位で利用ＩＤ数の登録を行う。
3　乙は「安否確認システム」の利用料金として、登録ＩＤひとつにつき月額60円を負担するものとする。
4　甲は、以下の計算式で算出された月額利用料金および消費税額を、翌月20日締切り、翌々月20日に乙の金融機関の口座より自動引き落としする。
　当月登録ＩＤ数×60円＝月額利用料金
5　甲は、乙が登録した個人情報について、第三者に漏洩したり開示したりしてはならない。
6　乙は20X1年４月１日から20X4年３月31日まで「安否確認システム」の利用中止はできない。
7　本確認書の有効期間は、20X1年４月１日から20X4年３月31日までとする。

本確認書の締結の証として、本書２通を作成し、甲乙記名押印の上、甲乙各１通を保有する。

20X1年３月31日

甲
生活協同組合連合会○○○　　　印
乙
○○○生活協同組合　　　印

印紙税の取り扱い

(1) 判　定

「生協の安否確認システムに関する確認書」（本確認書）は、不課税文書となります。

(2) 根　拠

①　契約の概要

本確認書は、「安否確認システム」というシステムを甲乙で使用することを約したものです。

②　不課税文書となる理由

「安否確認システム」を使用しその利用料を支払う契約は、課税物件表の課税事項のいずれにも該当しないため不課税文書となります。

文書事例91

仕出し弁当納入契約書

ポイント

① 売買に関する基本契約書

文書例

仕出し弁当納入契約書

生活協同組合○○○（以下「甲」という。）と仕出し弁当業者○○○（以下「乙」という。）は、甲の職員に提供する給食について、以下のとおり契約を締結する。

（発注および受注方法）
第１条　甲は、所定の発注用紙を９：30までに乙にＦＡＸで送信する。ただし、特別弁当は前日の17：00までに発注用紙をＦＡＸ送信する。
（納入方法）
第２条　乙は前条の食数を10：00までに、甲の購買部に納入する。
（容器の回収）
第３条　空容器の回収は原則として、その日のうちに行うものとする。また、14：00以降の空容器については翌日納入時に回収するものとする。
（給食の種類および価格）
第４条　給食の種類および価格は下記のとおりとする。

ランチ	500円	麺類	500円
特別弁当	1,000円	幕の内弁当	700円

（種類および価格の変更）
第５条　種類および価格を変更する場合には、乙は１か月前までに甲に申し入れ、甲乙協議の上決定する。
（代金の請求）
第６条　乙は請求書を発行し、納入日当日に甲の購買部にて代金を現金で受領する。甲、乙共に代金の請求で不備が生じた場合、速やかに甲に申し入れ、甲乙協議の上解決する。
（衛生管理）第７条、（不測の事故と責任範囲）第８条、（中途解約）第９条　～省略～
（有効期間）
第10条　契約期間は20X1年４月１日から20X2年３月31日までの１年間とする。期間満了の１か月前までに甲乙いずれも通知がない場合はさらに１年間更新され、以後も同様とする。
（協議事項）
第11条　～省略～

本契約の成立を証するため、本書２通を作成し、記名押印の上、甲乙各１通を保有する。

20X1年３月30日

（甲）

生活協同組合○○○　　　　印

（乙）

○○○　　　　印

印紙税の取り扱い

(1) 判　定

「仕出し弁当納入契約書」（本契約書）は、課税物件表の第7号文書に該当する課税文書となります。

(2) 根　拠

①　契約の概要

本契約書は、生協と仕出し弁当業者との間で、生協の職員に供給する弁当の売買に関して約したものです。

②　課税事項の抽出・課税物件表の当てはめ、文書所属の決定

本契約書は、生協と仕出し弁当業者との間で、職員に供給する弁当の売買に関する2以上の取引を継続して行うため、その取引に共通する基本的な取引条件のうち、本契約書第4条において目的物の種類および単価を、本契約書第6条において対価の支払方法を定めています（法令26①一）ので継続的取引の基本となる契約書に該当し、課税物件表の第7号文書となります。

③　記載金額の判定および税率の適用

第7号文書に該当しますので収入印紙は4千円となります。

文書事例92

検査業務管理システムの共同利用に関する覚書

ポイント

① システムの共同利用契約
② システムの共同利用に伴うコスト負担契約

文書例

検査業務管理システムの共同利用に関する覚書

生活協同組合連合会○○○（以下「甲」という。）と、生活協同組合○○○（以下「乙」という。）は、甲が所有する「検査業務管理システム」（以下、「本システム」という。）の共同利用（以下「共同利用」という。）に関し、以下のとおり覚書（以下「本覚書」という。）を締結する。

（共同利用の目的）
第１条　甲および乙は、検査の受付から結果報告までの日常の検査業務管理に利用する「検査業務管理システム」と検査結果データの一元管理、検索、集計など情報活用を担う「検査共同化データベース」を共同利用することにより、各会員生協の検査結果をリアルタイムに集約･解析し、商品およびその製造における商品の安全性、品質管理の向上を目的とする。

（定義）
第２条　「データ」とは、甲および乙が取り扱う商品の検査結果および製造業者に関する情報（以下「本件データ」という。）をいう。
２　「検査業務管理システム」とは、検査の受付から結果報告までの日常の検査業務管理に利用するシステム（以下「本システム」という。）をいう。

（目的外利用の禁止）
第３条　省　略

（共同利用におけるコスト負担等）
第４条　共同利用における甲および乙の金額負担については、甲および乙との間で本覚書とは別に取り決めた「検査業務管理システム共同利用のコストに関する覚書」によって定めるものとする。

（機密の保持）第５条、（組合員個人情報の保持）第６条、（情報の売買・譲渡の禁止）第７条、（妨害行為の禁止）第８条、（契約の解除と損害賠償）第９条、（損害賠償）第10条、（不可抗力免責）第11条、（本システムの利用停止）第12条、（本システムの一時稼働停止発生の措置）第13条　～省略～

（有効期間）
第14条　本覚書の有効期間は、本覚書締結から１年間とする。ただし、期間満了30日前までに、甲乙のいずれか一方より意思表示がない限り、さらに１年間延長し、その後も同様とする。

（協議解決）第15条、（管轄）第16条　～省略～

本覚書の成立を証するため、本書２通を作成し、記名押印の上、甲乙各１通を保有する。

20X1年３月31日

（甲）
生活協同組合連合会○○○　印
（乙）
生活協同組合○○○　印

印紙税の取り扱い

(1) 判　定

「検査業務管理システムの共同利用に関する覚書」（本覚書）は、不課税文書となります。

(2) 根　拠

①　契約の概要

本覚書は、生協連合会と生協とが、生協連合会が所有するシステムを共同利用することを約したものです。

②　不課税文書となる理由

本覚書は、生協連合会と生協との間で、生協連合会が所有するシステムの共同利用することを約したにすぎず、課税物件表の課税事項のいずれにも該当しないため不課税文書となります。

文書事例93

検査業務管理システム共同利用のコストに関する覚書

ポイント

① システムの共同利用に伴うコスト負担（保守料等）の契約

文書例

検査業務管理システム共同利用のコスト負担に関する覚書

生活協同組合連合会○○○（以下「甲」という。）と、生活協同組合○○○（以下「乙」という。）は、20X1年３月31日に甲乙間で締結した「検査業務管理システムの共同利用に関する覚書」に基づくコスト負担について、以下のとおり合意したので覚書（以下「本覚書」という。）を締結する。

（コスト負担の考え方）
第１条　甲および乙は、検査業務管理システムの共同利用に関するコスト負担について、以下のとおり取り決める。
(1) アプリケーション開発コストは、甲が負担する。
(2) インフラのコストおよび運用保守コストは、甲および共同利用する会員生協数を基に按分した金額を甲および乙が負担する。なおインフラのコストならびに運用保守コストには、以下を含むものとする。
①ミドルウエアの減価償却費
②ミドルウエアの保守費
③アプリケーションシステムの保守費
④運用管理費（運用監視費、仮想サーバの利用費等）
(3) 共同利用する会員生協数については、毎年度、当覚書の更新時に甲および乙で確認する。覚書の期間中に、共同利用する会員生協数が年間見込数を超えた場合には、乙の負担金額の按分については、甲および乙で協議して変更する。
(4) 共同利用する検査業務管理システムに大幅な追加開発を行う場合は、追加開発コストの負担割合について、甲および乙で協議の上、定めるものとする。
（乙の負担金額）
第２条　本覚書に定める有効期間中における乙の負担金額は、以下のとおりとする。
月額30万円（消費税を除く。）
（支払条件）
第３条　乙は前条に定める負担金額について、毎月20日締めの当月分の金額を、翌月20日までに乙の銀行口座からの自動引き落としにより、甲に支払う。
（有効期間）
第４条　本覚書の有効期間は、20X1年４月１日から20X2年３月31日までとし、期間満了30日前までに、甲および乙は協議の上、本覚書の再締結を行う。
（解除）第５条、（協議解決）第６条　～省略～

本覚書の成立を証するため、本書２通を作成し、記名押印の上、甲乙各１通を保有する。

20X1年３月31日

（甲）

生活協同組合連合会○○○　　印

（乙）

生活協同組合○○○　　印

印紙税の取り扱い

(1) 判　定

「検査業務管理システム共同利用のコスト負担に関する覚書」（本覚書）は、不課税文書となります。

(2) 根　拠

①　契約の概要

本覚書は、甲が所有する検査業務管理システムを乙と共同利用し、乙が費用を負担することを約したものです。

②　不課税文書となる理由

本覚書は、費用負担を分担する覚書にすぎないため、課税物件表の課税事項のいずれにも該当せず不課税文書となります。

〈参考〉

イ．ミドルウエア

コンピュータの基本制御を行うオペレーティングシステム（OS）と、各業務処理を行うアプリケーションソフトウエアの中間のソフトウエアのこと。

ロ．仮想サーバ

1台のサーバコンピュータを複数台の仮想的なコンピュータに分割し、それぞれに別のOSやアプリケーションソフトを動作させる技術のこと。

文書事例94

商品検査業務委託基本契約

ポイント

① 検査業務請負契約と再委託

文書例

検査業務委託基本契約書

生活協同組合○○○（以下「甲」という。）と株式会社○○○（以下「乙」という。）と株式会社△△△（以下「丙」という。）とは、以下のとおり契約を締結する。

（目的）
第１条　甲は、食品等の分析に関する業務（以下「本業務」という。）を乙に委託し、乙はこれを受託する。乙は再委託先として丙を利用し、甲はこれを承諾する。

（本業務の実施）
第２条
(1) 本業務の詳細は個別に定めるものとし、乙および丙は、甲乙丙間にて定めた分析方法に基づき本業務を実施する。
(2) 乙または丙は、甲乙丙間にて定めた期日までに分析結果を甲に報告するものとし、期日までに分析結果を報告できない場合は、その理由を付して、甲にその旨を報告する。
(3) 乙または丙は、本業務の実施にあたり、甲乙丙間にて定めた分析方法によって十分な結果が得られないと判断した場合、また当該分析方法以外でより効果的な方法を発見した場合は、速やかに甲にその旨を報告し、甲乙丙の協議により、実施方法を変更する。
(4) 乙は、本業務を丙以外の第三者に再委託する場合、甲の承諾を得るものとし、再委託先の行った作業の結果については、乙が責任を負うものとする。

（対価・支払方法）
第３条　甲が乙または丙に支払う本業務の対価（以下「委託料」という。）および支払方法は、甲乙間にて別途協議の上、決定するものとする。

（本業務の変更、中止）
第４条
(1) 甲は、必要に応じて乙に文書をもって事前に通知することにより、いつでも本業務の内容を変更し、または本業務を中止させることができる。本業務内容の変更、委託料および委託期間を変更する場合には、変更契約書または覚書を作成し、これを定める。
(2) 前項の本業務内容の変更により追加費用を要する場合の費用について、本業務内容の変更が甲の責めに帰すべき事由によるときは甲の負担とし、乙の責めに帰すべき事由によるときは乙の負担とする。その金額については甲乙別途協議して決定する。

(3) 第１項の規定により本業務が中止された場合は、その後の処置につき甲乙丙別途協議して決定する。

（秘密保持）第５条、（協力義務）第６条　～省略～

（有効期間）

第７条

本契約の期間は、本契約締結日より20X2年３月31日までとする。ただし、期間満了の１か月前までに甲乙のいずれかの別段の意思表示のない限り、更に１年間継続するものとし、以後の期間満了についても同様とする。

（管轄）第８条、（損害賠償）第９条、（協議）第10条　～省略～

以上本契約の証として、本書３通を作成し、甲乙丙記名押印の上、各々１通を保有する。

20X1年４月１日

（甲）
生活協同組合○○○　印

（乙）
株式会社○○○　印

（丙）
株式会社△△△　印

印紙税の取り扱い

(1) 判　定

「検査業務委託基本契約書」（本契約書）は、不課税文書となります。

(2) 根　拠

①　契約の概要

本契約書は、甲と乙と丙の間において、甲が食品等の分析に関する業務を乙に委託し、乙がこれを丙に再委託し、決められた期日までに乙または丙が甲に分析結果報告を行うことを約したものです。

②　不課税文書となる理由

本契約書は、甲が乙及び乙を通して丙に食品等の分析に関する業務を委託し、乙または丙は決められた期日までに甲にその分析結果報告を行うことの委任を受けたものです。委任に関する契約は課税物件表の課税事項には該当せず不課税文書となります。

文書事例95

口座振替受付サービス（Web受付方式）にかかる契約書

ポイント

① ネット口座振替申込サービス契約

文書例

口座振替受付サービス（Web受付方式）に係る契約書

生活協同組合○○○（以下「甲」という。）と金融機関○○○（以下「乙」という。）とは、甲乙間で取り交わした自動払込取扱確認書（以下「取扱確認書」という。）に付随する事務として、乙の提供するインターネットによる自動払込みの利用申し込みを受け付ける取扱い（本人確認済否情報（第３条第１号において定義される。以下同じ。）の通知を含む。以下「本サービス」という。）について、つぎのとおり契約を締結する（以下「本契約」という。）

（遵守事項並びに定義）
第１条
　1　甲は、本サービスにあたっては、本契約、取扱確認書、乙の定める自動払込み規定および口座規定、並びに本サービスについて株式会社○○○通信会社が提供するネット口振受付に係る規約および仕様書等（以下「規約等」という。）を遵守することを確認する。ただし、本契約と規約等に相違が生じる場合には、本契約が優先される。
　2　本契約において、以下の各号に規定する用語は、それぞれ以下の意味を有する。
　(1)「利用者」とは、本サービスにより自動払込みの利用の申込みを行おうとするものをいう。
　(2)「サイト」とは、甲もしくは甲に収納代行を委託した委託者または乙がインターネット等のネットワーク経由で本サービスを提供するために利用者向けに構築したWebサイトをいう。
　(3)「アプリ」とは、甲もしくは甲に収納代行を委託した委託者または乙がインターネット等のネットワーク経由で本サービスを提供するために利用者向けに開発したスマートフォン、タブレットその他の携帯端末用のアプリをいう。
（本サービスの提供）
第２条　乙は、甲に対し、つぎのとおり本サービスを提供する。
　(1) 甲は、別に定める自動払込変更届出書および口座振替受付サービス（Web受付方式）取扱確認書（以下合わせて「Web取扱確認書等」という。）により、サービスを開始する月の３か月前までに、本サービスに係る甲の登録情報を乙に通知する。通知した内容について変更を行う場合、または新たに契約を追加する場合についても、甲はＷｅｂ取扱確認書等により乙に通知する。
　(2) 本サービスの対象は、前号の定めにより通知された取引のうち、乙の承認の上、乙のシステム上に登録されたもののみとする。

(3) 本サービスを利用できる利用者の口座は、○○口座（以下「口座」という。）に限る。

(4) 甲は、甲のサイトもしくはアプリ上に本サービス利用の選択画面を設け、または甲に収納代行を委託した委託者のサイトもしくはアプリ上に本サービス利用の選択画面を設けさせ、これらの選択画面から操作することにより、乙所定の情報（以下「引継情報」という。）を乙所定の電文方式によりインターネットを通じて乙に送信する。

(5) 乙は、引継情報を本サービス専用の受付画面に表示する。

(6) 利用者は、本サービス専用の受付画面の表示項目を確認し、乙所定の正当権利者確認情報を乙所定の電文方式にて、インターネットを通じて乙に送信する。

(7) 乙は、前号の情報を確認できた場合のみ、自動払込みの利用申込みを受け付ける。

(8) 乙は、前号の受付結果と引継情報を乙所定の電文方式でインターネット経由により甲に送信する。

(9) 前号の定めにかかわらず、つぎの場合、乙は甲に対し、受付結果および引継情報を送信しない。

① 利用者の作為、不作為を問わず、当該利用者による第４号または第６号の操作が中断された場合

② 通信機器・回線・コンピュータ等の障害もしくは回線の不通が発生した場合

(10) 本サービスにおいては、乙は甲から自動払込み申込書の提出を受けない。

(11) 利用者により本サービスが解約される場合は、自動払込み規定の定めによるものとする。

(12) 本サービスの取扱時間は、乙所定の時間内とする。ただし、乙はこの取扱時間を甲に事前に通知することなく変更する場合がある。

（本人確認済否情報の通知）

第３条　甲が「犯罪による収益の移転防止に関する法律」（以下「法」という。）第４条第１項に定める取引時確認を行うために本人確認済否情報の通知を希望する場合は、乙は、つぎの各号により、本サービスの一部として乙における本人確認済否情報を前条第８号の受付結果、引継情報と合わせて通知する。

以下～省略～

（料金）

第４条

1　本サービスに係る甲が乙に対し負担するつぎの各料金は、乙所定の金額とする。なお、かかる料金に変更がある場合は、乙は甲に対し３か月前までに通知する。

① 初期契約料金

② 本サービスに係る従量料金（取引件数１件ごと）

③ 本サービス（ただし、本人確認済否情報の通知を除く。）に係る従量料金（取扱件数１件ごと）

なお、乙と利用者の間で、同一の日に複数回、本サービスを通じて自動払込みの申込みが成立した場合、②および③の取扱件数の計算上、別個の件数として取り扱う。

2　乙所定の金額には、消費税（地方消費税を含む。）を含む。

3　甲は乙に対しつぎのとおり料金を支払うものとする。

(1) 第１項の初期契約料金については、甲は、乙からの請求に基づき、その請求があった日から30日以内に乙に支払うものとする。
(2) 第１項のいずれの従量料金については、乙は、甲が自動払込みにより払込金を受け入れる振替口座から乙所定の方法により控除するものとする。

（譲渡禁止）第５条、（秘密保持）第６条、（免責）第７条、（契約の解除）第８条、（契約の解除等）第９条　～省略～

（有効期間）
第10条
１　本契約の有効期間は、20X1年４月１日から20X2年３月31日までの１年間とし、期間満了の３か月前までに甲乙いずれからも書面による別段の意思表示がない場合は、期間満了の日から引き続き１年間有効とし、以降も同様とする。
２　取扱確認書が効力を失ったときは、本契約も終了するものとする。

（反社会的勢力の排除）第11条、（協議事項）第12条、（準拠法・合意管轄）第13条　～省略～

本契約締結の証として本書２通を作成し、記名押印の上、甲乙各１通を保有する。

20X1年３月31日

（甲）
生活協同組合○○○　　印
（乙）
金融機関○○○　　印

印紙税の取り扱い

(1) 判　定

「口座振替受付サービス（Web受付方式）に係る契約書」（本契約書）は、不課税文書となります。

(2) 根　拠

①　契約の概要

本契約書は、甲と乙との間で、乙が行うインターネットによる甲の組合員の自動払込み利用申込み受付サービスの提供の対価について、甲が支払うことを約したものです。

②　不課税文書となる理由

本契約書は、乙に対し販売代金を積極的に集金委託せず、また、金融機関の事務委託でもありませんので不課税文書となります。

文書事例96

ペイジー口座振替受付サービスの取扱に関する覚書

ポイント

① 口座振替受付サービス契約

文書例

ペイジー口座振替受付サービスの取扱に関する覚書

生活協同組合○○○（以下「甲」という。）と○○○（以下「乙」という。）とは、20X1年８月20日付で締結した「○○コンピュータサービス申込書兼手数料引落依頼書」（以下、「基本協定書」という。）に基づく口座振替受付事務の取扱いに関し、以下のとおり覚書を締結する。

（遵守事項ならびに定義）
第１条　甲および乙は、日本マルチペイメントネットワーク運営機構（以下「運営機構」という。）に所定の登録申請を行い、運営機構が定める各規約等を遵守することを確認する。
２　本覚書において使用される語で格別定義がなされない語は、基本協定書または運営機構が定める収納機関規約（収納企業編）（以下「規約」という。）の定義に従う。
（口座振替受付事務の範囲）
第２条　乙は、基本協定書に基づく口座振替受付事務の取扱いに加え、規約第○条に定める口座振替受付サービス（収納機関受付方式）（本覚書によるペイジー口座振替受付サービス、以下「本サービス」という。）を利用した口座振替受付事務を取り扱うものとし、甲および乙は本サービスの取扱いにあたっては、基本協定書および本覚書に加え、規約の関係条項を遵守する。
２　（規約中の口座振替受付サービス収納機関受付方式以外のサービスを行わない場合）乙は、甲乙間で別途格別の合意がない限り、規約の第○条、第○条に定めるサービスは取り扱わない。
３　本サービスの提供場所においては、甲は運営機構の定める表示とともに乙のカードが使用できる旨の表示も行うものとし、甲が使用する端末の画面には甲の名称を表示し預金者の確認を求めるものとする。
４　甲のサービスに対する契約に際しては、申込者の本人確認は、甲が責任をもって行うものとし、預金者の暗証番号の入力については必ず預金者本人に行わせるものとする。
５　甲は預金者に対して本サービスの取扱い内容につき十分に説明し、乙の口座振替規定にもとづく預金口座振替に関する説明を十分に行うこととする。
６　甲が使用する端末による暗証番号入力画面には、預金者が預金口座振替を依頼する文言を表示するものとする。
７　規約の第○条にもとづき、甲が当該顧客に交付する口座振替契約確認書には、甲の名称、口座振替の申込みを受け付けた旨の文言、口座名義人名以外の口座情報（金融機関番号、支店番号、口座番号、預金種類など）、およびサービスの問い合わせを受け付け端末により印字するものとする。

8　預金の口座名義人から支払の拒否、料金の返還が請求された場合には、原契約の契約者、預金口座名義人、甲の三者間において対応を行うこととする。ただし、その紛議が乙の責に帰すべき事由により生じた場合にはこのかぎりではない。

9　口座振替依頼の取り消し処理にあたっては、端末における暗証番号入力は甲の任意とするが、入力が行われている場合においても乙は暗証番号の確認を行わないものとする。

（手数料）

第３条　本サービスを取り扱うにあたり、甲は乙に対して所定の初期手数料と取り扱い手数料およびそれぞれにかかる消費税相当額を、乙所定の日に支払う。取扱手数料に関しては、甲は乙に対して、口座振替受付事務１件につき取扱手数料1,000円（消費税抜き）を支払う。この場合の件数には、預金口座振替依頼の受付が完了したもののうち、当日中に電文により取消されたものは含まないものとする。また、将来大幅な事情の変更等が生じた場合には、甲乙の協議により取扱手数料を変更することができる。なお、乙はいったん受け入れた手数料については、理由の如何を問わずこれを返還する義務を負わないものとする。

（システム登録手続き）第４条、（解約・解除）第５条、（協議事項）第６条　～省略～

（発効）

第７条　本覚書は、20X1年４月１日より効力を生じる。

以上のとおり合意したので、その証として本書２通を作成し、記名押印の上、甲乙各１通を保有する。

20X1年３月１日

（甲）

生活協同組合○○○　印

（乙）

○○○　印

第３章　文書事例

印紙税の取り扱い

(1) 判　定

「ペイジー口座振替受付サービスの取扱に関する覚書」（本覚書）は不課税文書となります。

(2) 根　拠

①　契約の概要

本契約書は、甲とペイジー収納機関である乙との間で、ペイジー口座振替受付サービス（収納機関受付方式）を委託することを約したものです。

〈参考〉ペイジーとは、税金や公共料金、各種料金などの支払いを、金融機関の窓口やコンビニのレジに並ぶことなく、パソコンやスマートフォン・携帯電話、ATMから支払うことができるサービスです。 ペイジーは、「Pay-easyマーク」が付いている納付書・請求書の支払いや、支払い方法として「ペイジー」が選択できるサイトでの料金の支払いなどに利用できます。

② 不課税文書となる理由

本契約書は、金融機関の業務委託には該当せず、また課税物件表の課税事項のいずれにも該当しないため不課税文書となります。

文書事例97

複写機賃借基本契約書

ポイント

① リースまたはレンタル契約
② 物品の賃貸借と継続的取引契約の相違

文書例

複写機賃借基本契約書

生活協同組合○○○（以下「甲」という。）と○○○（以下「乙」という。）とは、複写機械（以下「機械」）および関連商品の使用に関する基本契約を下記のとおり締結します。

20X1年４月１日

甲
生活協同組合○○○　印
乙
○○○　印

記載事項

1　契約期間
　20X1年４月１日～20X4年３月31日
2　機械および関連商品の機械維持料金の支払方法
　１か月分後払い
3　料金計算の締切日
　毎月20日締め
4　契約基準コピー枚数
　月間　1,000,000枚
5　契約基準コピー枚数適用期間
　第１回目　20X1年４月１日から20X1年９月30日まで
　第２回目以降　以後６か月毎

第１章　基本契約条項

(契約の目的)
第１条　本契約は、甲が甲の事業所において甲乙間のレンタルサービス契約またはトータルサービス契約のいずれかの契約にもとづき使用する機械および関連商品について、甲と乙がその基本となる契約を締結することを目的とする。本契約にもとづく各機械（以下「契約対象機械」）および関連商品についての個別の契約事項については、甲乙の事業所間で別途レンタルサービスに関する個別契約またはトータルサービスに関する個別契約（以下「個別契約」）を締結するものとする。
(契約適用条件等)

第3章　文書事例

第２条　～省略～
（契約期間）
第３条　本契約期間は、記載事項「１」のとおり。また、個別契約の契約期間は、当該個別契約書記載のとおりとする。ただし、本契約およびレンタルサービスに関する個別契約についてそれぞれの契約期間満了の２か月前までに甲乙いずれか一方から相手方に対する書面により本契約を更新しない旨の申し出がない場合、甲および乙は本契約を３年間更新するものとし、以後の更新も同様とする。
（契約基準コピー枚数）
第４条　～省略～
（料金）
第５条　本契約にもとづく料金および料金計算の方法は、後記料金表のとおりとする。ただし、料金表に記載される金額には、消費税および地方消費税（以下「消費税等」）は含まれず、甲は第７条に定めるところに従い、レンタルサービス料金およびトータルサービス料金と併せて消費税等を乙に支払う。
（機械維持料金の割引）
第６条　～省略～
（料金の請求）
第７条　乙は、レンタルサービス料金およびトータルサービス料金ならびに本契約にもとづくその他すべての甲の金銭債務に、消費税等を加算して甲の指定する支払担当先に請求する。消費税は、乙が発行する請求書に記載する甲の金銭債務の合計金額にもとづき計算する。

２　甲はレンタルサービス料金、トータルサービス料金および本契約にもとづくその他すべての金銭債務ならびにこれらの消費税等について、乙の請求後60日以内に当該請求金額を乙に現金で支払う。

３　レンタルサービス料金のうち、機械および関連商品の機械維持料金の支払方法は記載事項「２」のとおりとする。

（料金計算の締切日）
第８条　料金計算の締切日は記載事項「３」のとおりとする。
（料金の改定）第９条、（用紙）第10条、（中途解約）第11条、（期限の利益の喪失）第12条、（解除）第13条、（権利義務の譲渡禁止）第14条、（契約終了時の支払）第15条、（合意管轄）第16条　～省略～

第２章　レンタルサービス契約条項

（本章の適用）
第17条　本章は契約対象機械および関連商品のうちレンタルサービスに関する個別契約を締結した機械および関連商品に適用される。
（レンタルサービスの定義）
第18条　レンタルサービスとは乙が所有する機械および関連商品を甲の使用に供し、第21条所定の保守サービスを行うとともに必要な消耗品等（乙の指定する販売消耗品を除く。以下同じ）を供給、交換することをいう。
（レンタルサービス料金）
第19条　レンタルサービス料金は、第５条記載のとおりとする。
（操作方法の指導）
第20条　乙は、機械および関連商品の操作方法を甲に指導する。
（保守サービス）

第21条　乙は機械および関連商品を良好なる運転状態に保つように技術員を機械および関連商品の設置場所に派遣して点検と調整を行う。

2　機械または関連商品が故障した場合、乙は甲の申し出にもとづき乙の技術員を派遣して機械または関連商品を修理する。

3　乙は、機械および関連商品の保守サービスを乙の営業時間内に実施する。ただし、甲の申し出により乙が可能と判断し、乙が乙の営業時間外に機械および関連商品の保守サービスを実施した場合、乙は乙所定の料金を甲に請求できるものとする。

（消耗品等の供給）

第22条　乙は、本契約にもとづき機械および関連商品について個別契約を締結すると同時に適当数量の消耗品等を機械および関連商品に供給し、その後は乙の指定する者の巡回または甲の申し出により適宜消耗品を供給する。

2　乙の技術員の点検または甲の申し出にもとづき、コピー質維持のため必要と認めた場合、乙はドラムおよびデベロッパーを交換する。

（機械および関連商品ならびに消耗品等の所有権）第23条、（コピーサービス）第24条、（設置場所の変更）第25条、（搬入、搬出または移動）第26条、（動産総合保険）第27条、（損害賠償）第28条、（機械および関連商品ならびに消耗品等の返還）第29条、（個別契約の中途解約）第30条、（加算金）第31条　～省略～

第３章　トータルサービス契約条項

（本章の適用）

第32条　本章は契約対象機械のうちトータルサービスに関する個別契約を締結した機械に適用する。

（トータルサービスの定義）

第33条　トータルサービスとは、乙が甲に対して日本国内における乙所在のサービス地域内において機械の適切な操作方法を指導するとともに機械が正常に稼働しうるように第35条所定の保守サービスを行い、必要な消耗品等（乙の指定する販売消耗品を除く。以下同じ）を供給、交換することをいう。

（トータルサービス料金）

第34条　トータルサービス料金は、第５条記載のとおり。

（保守サービス）

第35条　乙は機械を良好なる運転状態に保つように技術員を機械の設置場所に派遣して点検と調整を行う。

2　機械が故障した場合、乙は甲の申し出にもとづき乙の技術員を派遣して機械を修理する。

3　乙は、機械の保守サービスを乙の営業時間内に実施する。ただし、甲の申し出により乙が可能と判断し、乙が乙の営業時間外に機械の保守サービスを実施した場合、乙は乙所定の料金を甲に請求できるものとする。

（適用除外）

第36条　～省略～

（消耗品等の供給）

第37条　乙は、本契約にもとづき機械について個別契約を締結すると同時に適当数量の消耗品等を機械に供給し、その後は乙の指定する者の巡回または甲の申し出により適宜消耗品を供給する。

2　乙の技術員の点検または甲の申し出にもとづき、コピー質維持のため必要と認めた場合、乙はドラムおよびデベロッパーを交換する。

（消耗品等の所有権）
第38条　消耗品等の所有権は乙に属し、甲はこれらを善良なる管理者の注意義務をもって保管し、通常の用法にしたがって使用する。
2　甲は消耗品等を毀損したり、第三者に売却、譲渡、貸与、流用するなど乙に損害をおよぼすおそれのある一切の行為をしないものとする。
3　甲は前2項に違反し乙に対し損害を与えた場合、その損害を乙に賠償するものとする。
（個別契約の中途解約）第39条、（残存消耗品等の返還）第40条、（設置場所の変更）第41条、（免責）第42条　～省略～

この契約の証として、本証2通を作成し、甲乙署名捺印の上、各1通を保管する。

印紙税の取り扱い

(1) 判　定

「複写機賃借基本契約書」（本契約書）は、不課税文書となります。

(2) 根　拠

①　契約の概要

本契約書は、甲と乙との間で、複写機の賃貸物の保守サービス、消耗品の供給、機械の操作指導等を行うことを約したものです。

②　不課税文書となる理由

本契約書は、コピー機の賃貸借契約に該当し不課税文書となります。また保守サービスが含まれていますが、これは民法606条第1項の賃貸物の修繕等に規定する賃貸人の修理義務とその免責範囲を定めたもので、請負に関する契約書である課税物件表の第2号文書には該当しません。またトータルサービスとして必要な消耗品等の供給が入っていますが、その所有権は乙にあるため売買に該当しません。

以上により、本契約書は不課税文書となります。

文書事例98

コピーレンタル変更契約書

ポイント

① 変更契約書と重要事項

文書例

コピーレンタル変更契約書

20X1年３月31日

甲
　　○○○生活協同組合　　　　　　印
乙
　　○○□販売株式会社　　　　　　印
丙
　　○○△リース株式会社　　　　　印

上記の者は、次のとおり変更契約を締結する。
この契約の成立を証するため本書３通を作成し、甲乙丙記名捺印のうえ、各１通を保有する。

（原契約の変更）
第１条　甲、乙および丙は、甲乙丙間で締結した末尾１．記載の契約（以下「原契約」という。）の一部を、末尾３．記載の日をもって、末尾２．記載のとおりに変更することに合意した。
（原契約の適用）
第２条　この契約に定めなき事項については、原契約の各条項が有効に適用されるものとする。
（特約条項）
第３条　末尾４．に特約条項を定めたときは、その条項は、この契約と一体となり、これを補完しまたは優先適用されるものであることを、甲、乙および丙は、異議なく承認する。

以上

記

１．原契約の表示
　(1) 契約名　：５円コピーレンタル契約
　(2) 契約日　：20XX年４月１日
　(3) 契約NO　：12345678Y

2．変更の内容

変更項目	変更前	変更後
資産物件名	XOV3000	XOV3000
使用場所	××店	×△店

3．変更日
20X1年4月1日

4．特約条項
特になし。

印紙税の取り扱い

(1) 判　定

「コピーレンタル変更契約書」（本契約書）は、不課税文書となります。

(2) 根　拠

①　契約の概要

本契約書は、甲と乙と丙の間約しているコピーレンタル契約の内容の一部を変更することを約したものです。

②　不課税文書となる理由

本契約書は、コピーレンタルの契約のうち、使用場所を変更することを約したものです。この変更契約書は、債権債務の引き受けではなく、また課税物件表のいずれにも該当しないため不課税文書となります。

文書事例99

保証金差入契約書

ポイント

① 保証金の性格による違い

文書例

保証金差入契約書

○○○生活協同組合（以下「甲」という。）と○○○株式会社（以下「乙」という。）との間に、下記のとおり保証金差入契約を締結する。

第１条　甲と乙の間に20X1年３月31日付で締結した店舗内販売契約（以下「取引契約書」という。）にもとづき、乙が甲に対して負担する一切の債務の担保として、乙は保証金3,000,000円を差し入れる。

第２条　保証金の返還は、差入れ後10年を経過した翌事業年度（甲の会計年度）の末日より10％ずつ５か年にわたり50％まで返還する。ただし、残存金額を最低20万円とする。

２　保証金は、甲乙間の取引契約書に基づき契約が終了したときは、乙が甲に対する一切の債務を履行し、甲の施設より撤退した後に甲より乙に返還する。ただし、甲は乙が債務を履行しない場合は、乙に通告することにより保証金をその債務に充当することができる。

第３条　前条によって、乙が保証金の全部または一部の返還を請求できるようになった場合において、乙は保証金の返還請求権を第三者に譲渡・質入その他の処分をすることはできない。

第４条　取引契約書に基づく歩率等および取引の増減により保証金の増額または減額を必要と認めた場合、および本契約に疑義が生じた場合は、甲乙協議の上決定する。

上記契約の趣旨を明確にするために本契約書２通を作成し、甲乙記名押印の上、それぞれ１通を保有する。

20X1年４月30日

甲
○○○生活協同組合　　印
乙
○○○株式会社　　印

印紙税の取り扱い

(1) 判　定

「保証金差入契約書」（本契約書）は、不課税文書に該当します。

(2) 根　拠

①　文書の概要

本契約書は、乙が甲に対して、取引契約の債務の担保として保証金を差し入れることを約したものです。

②　不課税文書となる理由

本契約書は、甲と乙との間で、店舗内販売契約にもとづき、乙が甲に債務の担保として保証金を差し入れることを約したものです。提供者（乙）のために保管するものではありませんので第14号文書には該当しません。また、取引保証金受領の旨が具体的に記載されていませんので第17号の２文書にも該当しません。さらに本保証金は担保としての差入保証ですので、第1号の3文書にも該当しないと考えられます。したがって、不課税文書となります。

文書事例100

集金事務委託契約書

ポイント

① 職員や組合員の各種保険料の集金事務委託契約

文書例

集金事務委託契約書

委託者 ○○○生活協同組合（以下「甲」という。）と受託者 株式会社○○○（以下「乙」という。）は、甲の従業員の給与および組合員より集金を行う保険料についての「事務」について以下のとおり事務委託契約を締結する。

（委託業務）
第１条　甲は乙に対し、次の業務を委託し、乙はこれを受託する。
「団体扱い」（甲の従業員）および「集団扱い」（甲の組合員）保険の集金管理業務
(1) 未収者への対応および管理業務
未収者へのお知らせと問い合わせ対応および管理
(2) 集金に伴う帳票および伝票の作成業務
保険会社への届出の書類作成や送金のための伝票の作成
(3) 団体や集金者が行う組合員へのお知らせの送付業務
(4) 集金に伴う集金事務費の経理処理
事務費収入について、依頼書に基づき、乙が甲の指定する事業所ごとに収入計上する諸表および伝票を作成する
（委託手数料）
第２条　甲は、第１条に定める委託業務に対して、乙に次項以下の方法により委託手数料を支払う。
２　甲は、甲が加入者から集金した金額に関わる集金事務費の３分の１相当額を委託手数料として乙に支払う。
３　甲は、前月21日より当月20日までの委託料を乙の請求に基づき翌月末日までに甲乙が合意した方法で支払う。
（損害の賠償）第３条、（機密等の保持）第４条　～省略～
（有効期間内の変更）
第５条　甲または乙は、協議のうえ本契約書の全部または一部を変更することができる。
（契約期間および自動延長）
第６条　本契約の有効期間は20X1年３月21日から20X2年３月20日までとする。
２　契約満了期間の３か月前までに甲乙いずれからも特段の申し出がない場合、契約期間は契約満了日の翌日より１年間延長される。その後の契約満了についても同様とする。
（協議事項）
第７条　～省略～

（契約の解除）

以上、本契約の成立を証するため本書２通を作成し、甲乙記名捺印のうえ、各自１通保有する。

20X1年３月20日

甲

○○○生活協同組合　　　　　　　　　　印

乙

株式会社○○○　　　　　　　　　　　　印

20XX年４月21日

株式会社○○○　御中

集金事務費の経理処理の依頼書

○○○生活協同組合

弊生協は、貴社と20X1年３月20日締結の「業務委託契約書」第１条第４項に基づき、保険料集金に伴う集金事務費の収入計上に関し、貴社に以下のように依頼します。

１　毎月、下記の表に基づき、事業所ごとの計上金額の算出を行い、諸表および伝票を作成する。

保　険	分配基準
①　○○保険、医療保険 （従業員団体扱い・組合員集団扱い）	新規契約 １件　X,XXX円
②　○○団体傷害保険 （○○のケガ保険、○○こどもケガ保険）	新規加入契約 通常月　月掛金の２か月 キャンペーン時　月掛金の６か月
③　自動車保険（従業員団体扱い）	新規契約 自動車　１台　X,XXX円 バイク　１台　X,XXX円
④　自動車保険・地震保険付火災保険 （組合員集団扱い）	新規契約 １台　X,XXX円
⑤　○○の団体保険	新規加入契約 月掛金の３か月
⑥　○○の介護保険	新規加入契約 月掛金の３か月

２　半期毎に集金事務費合計と事務費収入計上額との精算を実施し、年間の集金事務費と途中計上の集金事務費を一致させる。

３　半期毎の差額について半期累計契約に応じて事業所収入計上額を算出する。

（注）「集金事務委託契約書」と「集金事務費の経理処理の依頼書」は一の文書とします。

印紙税の取り扱い

(1) 判　定

「集金事務委託契約書」（本契約書）と「集金事務費の経理処理の依頼書」は、第7号文書に該当し課税文書となります。

(2) 根　拠

①　文書の概要

本契約書は、甲乙間において、甲の従業員および組合員からの保険料の集金管理業務を乙に委託し、乙がこれを受託することを約したものです。

②　課税事項の抽出・課税物件表の当てはめ、文書所属の決定

本契約書は、乙が甲より集金に伴う帳票および伝票の作成、集金事務費の経理処理を請け負っていますので、請負に関する契約書として第2号文書に該当します（課税物件表第2号文書）。また、営業者である甲乙間において、請負に関する2以上の取引を継続して行うために作成される契約書で、当該2以上の取引に共通して適用される取引条件のうち目的物の種類および対価の支払方法を定めていますので第7号文書にも該当します（法令26①一）。

本契約書では契約金額の記載がないため、所属の決定にあたっては、第2号文書で契約金額の記載のないものと第7号文書の両方に該当します。その場合は第7号文書に該当することとなります（通則3イただし書）。

③　税率の適用

本契約書は第7号文書に該当しますので収入印紙は4千円となります。

生協のその他の文書

文書事例101

商品代金領収書

ポイント

① 組合員に対する商品供給代金領収書

文書例

領収書

20X1年4月1日

組合員番号　123456X

○○　○○様

￥５４，０００円※

ただし、商品代金として（消費税等４，０００円含む）。
上記金額確かに領収しました。

○○○生活協同組合

○○店

印紙税の取り扱い

(1) 判　定

「領収書」（本領収書）は非課税文書となります。

(2) 根　拠

①　領収書概要

本領収書は、生協が組合員に対して商品代金を受領したことを証明するために作成したものです。

②　非課税文書となる理由

本領収書は、○○○生協（○○店）が商品を組合員に譲渡し、その対価として代金を受領したことを証明していますので課税物件表の第17号の1文書に該当します（第17号文書　定義欄1）。ただし、生協のお店で組合員が商品を購入したことに伴い作成する受領書は、営業に関しない受取書に該当しますので非課税文書となります（第17号文書　非課税物件欄2）。

（補足）組合員以外の方が利用（員外利用）し、その代金受領を証明するために領収書を発行するときは、その金額が５万円以上の場合には課税文書となりますので注意が必要です。

文書事例102

クレジット販売領収書

ポイント

① クレジット販売の領収書

文書例

領収書

20X1年10月20日

○△○△様

￥６４，８００円※

ただし、クレジット利用による商品代金として（消費税等４，８００円含む。）
上記金額確かに領収しました。

○○○生活協同組合

印紙税の取り扱い

(1) 判　定

「領収書」（本領収書）は不課税文書となります。

(2) 根　拠

①　領収書概要

本領収書は、生協がクレジット販売により商品代金を受領したことを証明するために作成したものです。

②　不課税文書となる理由

本領収書は、○○○生協が商品をクレジットで販売したことを証明しています。しかし金銭または有価証券を受領していませんので、課税物件表の第17号文書には該当せず不課税文書となります。

文書事例103

健康診断領収書

ポイント

① 医療生協が健康診断料として発行した領収書

文書例

領収書

20X1年４月１日

○○○株式会社　御中

¥７５６，０００円※

ただし、健康診断料として（消費税等５６，０００円含む。）
上記金額確かに領収しました。

○○○医療生活協同組合

印紙税の取り扱い

(1) 判　定

「領収書」（本領収書）は第17号の2文書に該当し、課税文書となります。

(2) 根　拠

① 領収書概要

本領収書は、医療生協が健康診断を実施し、その代金を受領したことを証明するために作成したものです。

② 課税事項の抽出・課税物件表の当てはめ、文書所属の決定

本領収書は、○○○医療生協が組合員以外の第三者である○○○株式会社の健康診断を受託して実施し、その代金を受領したことを証明しています。このため、課税物件表の第17号の2文書に該当し課税文書となります。

③ 税率の適用

本領収書は第17号の2文書に該当し、記載された受取金額が700,000円ですので収入印紙は200円となります。

（補足）第17号文書に消費税および地方消費税（消費税等）の金額が区分記載されている場合には、その消費税等の金額は記載金額には含まれません。

文書事例104

金銭借用証書

ポイント

① 生協と生協の職員との間の金銭借用証書

文書例

20X1年４月１日

金銭借用証書

○○○生活協同組合
　代表理事　○○○○　様

１　借用者　所属：　事業部　事業担当
　　　　　　氏名：　○△△△
２　借用金額　　金１５,０００,０００円也
３　使途　　住宅購入資金
４　元金返済方法
　　職員融資規程にもとづき、次の区分により給与中より引き去り償還する。
　　毎月の給与時　XXX,XXX円　20X1年５月分より20XX年４月分まで
　　毎賞与時　XXX,XXX円　20X1年７月分より20XX年12月分まで
　　最終月償還額　XXX,XXX円
５　利息支払方法
　　～省略～

○○○生活協同組合職員融資規程に基づき下記条項を固く守ることを条件に、上記融資金額正に借用いたしました。

（償還方法）
第１条　融資の償還は償還基準表により、融資を受けた翌月から、毎月の給与および賞与時にそれぞれ元金償還を行うものとする。
（利息の支払方法）
第２条　利息は毎月末の未償還額に対し計算して、毎年３月末までのものを一括して次年度の未償還元金に繰り入れるものとする。
（繰上げ償還）
第３条　償還月額および賞与の１回償還額は借用者の希望により、増加償還または全額償還をすることができる。
以下～省略～

印紙税の取り扱い

(1) 判　定

「金銭借用証書」（本証書）は、第1号の3文書に該当し課税文書となります。

(2) 根　拠

①　証書の概要

本証書は、生協の職員が生協から金銭の貸付を受けたことを証明するものです。

②　課税事項の抽出・課税物件表の当てはめ、文書所属の決定

本証書は、○○○生協の職員が借主となり金銭を借り入れる際に、借入金額、返済期日、利息の支払方法等を記載して貸主である○○○生協に差し入れた文書ですので、消費貸借に関する契約書として第1号の3文書に該当します。

③　税率の適用

本証書は第1号の3文書に該当し、記載された契約金額が15,000,000円ですので収入印紙は2万円となります。

文書事例105

組合員借入金証書

ポイント

① 組合員借入金証書の性格

文書例

○○○生活協同組合借入債券

○○○○殿

金参拾萬圓

ＮＯ　12345167

利息計算　第１年目利息金額
¥X,XXX
第２年目利息金額
¥X,XXX
第３年目利息金額
¥X,XXX
第４年目利息金額
¥X,XXX
第５年目利息金額
¥X,XXX

1　この債券は組合員以外には発行いたしません。
1　この債券は他人に譲渡してはなりません。
1　この債券の利息は○○複利で計算したものでお支払いたします。
1　この債券の元金及利息は５年満期日に一括償還いたします。
1　この債券の元金及利息の支払は本券と引換えに本組合の本部並びに各事業所において取扱いたします。

本債券は以上の規約に基づき資金借入の証として交付いたします。

20X1年４月１日

○○○生活協同組合

印紙税の取り扱い

(1) 判　定

「○○○生活協同組合借入債券」（本債券）は、第1号の3文書に該当し課税文書となります。

(2) 根　拠

①　債券の概要

本債券は、生協が組合員から資金（金銭）の借入に伴い交付するものです。

②　課税事項の抽出・課税物件表の当てはめ、文書所属の決定

本債券は、○○○生協が借主となり組合員を貸主として資金（金銭）を借り入れる際に、借入金額、返済期日、利率、利息の支払方法等を記載して貸主に発行したものですので、消費貸借に関する契約書として第1号の3文書に該当します。

③　税率の適用

本証書は第1号の3文書に該当し、記載された契約金額が300,000円（金参拾萬圓）ですので収入印紙は400円となります。

文書事例106

レシートおよび領収証

ポイント

① 組合員へのレシートの取扱い

文書例

レシート

○○○生活協同組合
○ ○ ○ 店
TEL XXX-XXX-XXXX
領 収 証
ただいま9月20日まで
共済キャンペーン開催中です！
商品改定もあり、よりご加入
しやすくなりました。
詳しくは、共済カウンターまで！

20X1年 8月28日（金） 17:57

010 パインブロック小 ¥98
030 塩麹漬けロース２枚 ¥378
値引 30% -¥114
030 豚バラうすぎり ¥186
040 乳酸ドリンク ¥138
060 レモンジーナ ¥84
070 お部屋消臭元石鹸 ¥278
090 ジャンボむしケーキ ¥98
150 餃子 ¥160
150 塩味つき茶豆 ¥178
160 ソース焼きそば ¥198
160 しいたけ肉詰めフラ ¥298

020 Aほたてときゅうり ¥258
値引 20% -¥52
小計 12点 ¥2,186
（外税対象額 ¥2,186）
税率 8.0% 消費税等 ¥174
現金合計 ¥2,360
お預り ¥5,360
お釣り ¥3,000
《ポイントサービスのご案内》
ポイント対象金額 ¥2,186

前回迄のポイント 3,204P
今回ポイント 10P
内 利用金額P 10P
ポイント残高 3,214P

内20X2年 3月20日期限P 2,068P
※有効期限を過ぎたポイントは失効
します。お早めにご利用ください

○○○生活協同組合
お取替（衣料品・住まいの品）は
一週間以内に願います
○ ○ ○ 店 ☎XXX-XXX-XXXX

＜ 領 収 証 ＞
20X1年 8月11日(火) 14:35 ﾚｼﾞ:006
担当者：○○ ○○
513 ゼロ仕立てレモン 210
(¥105 X 2個)
514 ソフトサラダ 138
521 ｺｵﾘ1.1KG 204
522 CAｷｬﾝﾃﾞｲﾁｰｽﾞ 213
522 スモーク 307
523 おかめ極小粒納豆 62
523 ﾆｭｰｻﾗﾀﾞｱﾗｽｶ 86
523 国産木綿 145
528 大人のススム 159
561 キウイ 200
(¥100 X 2個)
563 玉葱 100
564 エリンギ 79
571 かつおたたき 285

まとめ売り 2個¥540
514 神戸ﾛｰｽﾄｼｮｺﾗｺﾞｰﾌﾚﾂ 289
514 ｱｰﾓﾝﾄﾞﾁｮｺﾚｰﾄｼｪｱﾊﾟｯｸ 289
▲まとめ売り値引 -38
(2個¥540 X 1組)
小計/ 17点 ¥2,728
お買上計 ¥2,728
(内 消費税等 ¥202)

会員番号（下４桁） XXXX
伝票番号 XXXXXXX

支払方法 1回払い
50 ○○○ｶｰﾄﾞｻｰﾋﾞｽ
クレジット ¥2,628
承認No. 0193211 /00
頭金 ¥100
ｷﾞﾌﾄ券 100
お預り合計 ¥100
お釣り ¥0

クレジットカード
お買上票
(お客様控)

サインは省略させて頂きます。

<<< ポイントサービスのご案内 >>>
会員番号（下４桁） XXXX
＊ 1P対象税抜金額 ¥2,526 25P
今回ﾎﾟｲﾝﾄ 25P
今回ｸﾚｼﾞｯﾄﾎﾟｲﾝﾄ 13P
ﾎﾟｲﾝﾄ残高 6,823P
内X1年3月末期限ﾎﾟｲﾝﾄ 1,304P

累計ﾎﾟｲﾝﾄ対象金額 ¥232,211

*他店でお買物時のﾎﾟｲﾝﾄと購入金額
は、翌日以降、累計に加算されて
表示されます。

印紙税の取り扱い

(1) 判　定

「レシート」（以下「本レシート」）は、非課税文書となります。

(2) 根　拠

①　文書の概要

本レシートは、生協の組合員（出資者）が店舗等で商品を購入した場合に発行されるものです。

②　非課税文書となる理由

本レシートは、商品の売上代金の受領事実を証するものとなりますので、売上代金に係る金銭の受取書として第17号の1文書に該当します。ただし、組合員（出資者）に対して交付するものは「営業に関しないもの」として非課税文書となります（第17号非課税物件）。なお、領収書の金額で消費税額等が区分記載されていますので、消費税額等は記載金額に含めないこととなります（消費税法の改正等に伴う印紙税の取扱いについて（平元. 3. 10 間消3-2））。

（補足）組合員（出資者）以外の者に対して受取書を交付した場合には課税文書となります。ただし、本レシートは記載金額が５万円未満になりますので、非課税文書となります（第17号文書非課税物件）。

文書事例107

クリーニング注文書

ポイント

① 物品受領書

文書例

クリーニング注文書

①店舗控

№ 024200

クリーニング **注 文 書** （ポスト用）				
ご注文日	年　月　日　午前 午後			
お名前	様			
ご住所				
お電話	（　　）　−			
品名	点数		シミ有無	
Yシャツ		この行には記入しないでください	有 無	一ケ月以上お引取なき品物につきましては責任を負いかねます。
スポーツシャツ			有 無	
背広・上着			有 無	
ズボン			有 無	
婦人・上着			有 無	
スカート			有 無	
セーター			有 無	
カーディガン			有 無	
ブラウス			有 無	
ワンピース			有 無	
オーバーコート			有 無	
ジャンパー			有 無	
ネクタイ			有 無	
ベルト			有 無	
合計				

クリーニング品投入時、レジ係にお渡しください

店舗控が無い場合は商品紛失等の責任を負いかねる場合がございます

[ご注意]●上記以外の商品はお預かり出来ません。
●シミは落ちないシミもありますのでご了解ください。
★出来上がり予定は回収日より4日後の18時
（但し毎週日曜日回収分は5日後の18時）
★クリーニング代金1万円（税抜金額）未満
★クリーニングについてのお問合せは下記まで
お問合せ時間 9:00〜17:00（除日曜日）

担当者

○○クリーニング
TEL XXX-XXX-XXXX
（取扱店）○○生協○○店
ご記入いただきました個人情報は上記目的以外には一切使用致しません。

②組合員様控

組合員様引換証　№ 024200

品物は本票と引換えにお引き取りください。

クリーニング **注 文 書** （ポスト用）				
ご注文日	年　月　日　午前 午後			
お名前	様			
ご住所				
お電話	（　　）　−			
品名	点数		シミ有無	
Yシャツ		この行には記入しないでください	有 無	一ケ月以上お引取なき品物につきましては責任を負いかねます。
スポーツシャツ			有 無	
背広・上着			有 無	
ズボン			有 無	
婦人・上着			有 無	
スカート			有 無	
セーター			有 無	
カーディガン			有 無	
ブラウス			有 無	
ワンピース			有 無	
オーバーコート			有 無	
ジャンパー			有 無	
ネクタイ			有 無	
ベルト			有 無	
合計				

出来上がり品の引き取り時、レジ係にお渡しください

[ご注意]●上記以外の商品はお預かり出来ません。
●シミは落ちないシミもありますのでご了解ください。
★出来上がり予定は回収日より4日後の18時
（但し毎週日曜日回収分は5日後の18時）
★クリーニング代金1万円（税抜金額）未満
★クリーニングについてのお問合せは下記まで
お問合せ時間 9:00〜17:00（除日曜日）

担当者

○○クリーニング
TEL XXX-XXX-XXXX
（取扱店）○○生協○○店
ご記入いただきました個人情報は上記目的以外には一切使用致しません。

③業者控

№ 024200

クリーニング	注　文　書		（ポスト用）	
ご注文日	年　　月　　日　午前 午後			
お名前	様			
ご住所				
お電話	（　　）　－			
品　名	点数	金　額	シミ有無	工場で金額記入後工場台帳としてファイルする
Ｙシャツ			有　無	
スポーツシャツ			有　無	
背広・上着			有　無	
ズボン			有　無	
婦人・上着			有　無	
スカート			有　無	
セーター			有　無	
カーディガン			有　無	
ブラウス			有　無	
ワンピース			有　無	
オーバーコート			有　無	
ジャンパー			有　無	
ネクタイ			有　無	
ベルト			有　無	
合　計				

【ご注意】●上記以外の商品はお預かり出来ません。
●シミは落ちないシミもありますのでご了解ください。
★出来上がり予定は回収日より4日後の18時
（但し毎週日曜日回収分は5日後の18時）
★クリーニング代金1万円（税抜金額）未満
★クリーニングについてのお問合せは下記まで
お問合せ時間 9:00～17:00（除日曜日）

担当者

○○クリーニング
TEL XXX-XXX-XXXX
（取扱店）○○生協○○店
ご記入いただきました個人情報は上記目的以外には一切使用致しません。

④商品添付

№ 024200

クリーニング	注　文　書		（ポスト用）	
ご注文日	年　　月　　日　午前 午後			
お名前	様			
ご住所				
お電話	（　　）　－			
品　名	点数	金　額	シミ有無	店頭で組合員様の引換証と照合しファイルする
Ｙシャツ			有　無	
スポーツシャツ			有　無	
背広・上着			有　無	
ズボン			有　無	
婦人・上着			有　無	
スカート			有　無	
セーター			有　無	
カーディガン			有　無	
ブラウス			有　無	
ワンピース			有　無	
オーバーコート			有　無	
ジャンパー			有　無	
ネクタイ			有　無	
ベルト			有　無	
合　計				

【ご注意】●上記以外の商品はお預かり出来ません。
●シミは落ちないシミもありますのでご了解ください。
★出来上がり予定は回収日より4日後の18時
（但し毎週日曜日回収分は5日後の18時）
★クリーニング代金1万円（税抜金額）未満
★クリーニングについてのお問合せは下記まで
お問合せ時間 9:00～17:00（除日曜日）

担当者

○○クリーニング
TEL XXX-XXX-XXXX
（取扱店）○○生協○○店
ご記入いただきました個人情報は上記目的以外には一切使用致しません。

（注）４葉構成　①注文書（店舗控)、②注文書（組合員様控)、③注文書（業者控)、④注文書（商品添付)。

印紙税の取り扱い

(1) 判　定

「クリーニング注文書」（本注文書）はいずれも不課税文書となります。

(2) 根　拠

①　文書の概要

本注文書は、生協が組合員からクリーニングの注文を受けた場合に記載する文書です。

②　不課税文書となる理由

本注文書のうち、組合員にお渡しする引換証（②注文書（組合員様控））は、受領年月日、品名、数量を記載するもので対象物の受け取りを記載しているだけですので、有価証券の受取書ではなく、物品の受取書になるため課税文書には該当せず不課税文書となります。また、①注文書（店舗控）④注文書（商品添付）は生協の控、③注文書（業者控）は納品書ですから、いずれも課税文書に該当せず不課税文書となります。

（補足）なお、「クリーニング承り票」として組合員に交付したときで金額の記載がある場合には第2号文書となります。しかし、契約金額が1万円未満の場合には非課税文書となります（第2号文書非課税物件）。

文書事例108

寝具丸洗い申込書

ポイント

① 請負と納品書、業者控

文書例

寝具丸洗い申込書

イ

ふとん単品丸洗い　○組 合 員 様 控

所属名		担当者番号		受付日	年 月 日	回収日	年 月 日

おところ		
おなまえ		TEL (　　) —

タッグNo	ふとんの種類	中わたの種類	サイズ	受入れ検査
	掛け　敷き その他	綿　羽毛　羊毛 ポリエステル その他(　　) わからない	シングル　ダブル セミダブル こたつ正方形 こたつ長方形	衿汚れ：上、下、（重、変色） 全体汚れ： シミ、血痕： 破　れ：

組合員番号	

※手書きの際は、ボールペンで強くご記入ください。

7990	供給価格	円
9888	内消費税等	円

【宅配業者記入欄】

加工代１万円未満

ロ

ふとん単品丸洗い　○工 場 受 取 書

所属名		担当者番号		受付日	年 月 日	回収日	年 月 日

おところ		
おなまえ		TEL (　　) —

タッグNo	ふとんの種類	中わたの種類	サイズ	受入れ検査
	掛け　敷き その他	綿　羽毛　羊毛 ポリエステル その他(　　) わからない	シングル　ダブル セミダブル こたつ正方形 こたつ長方形	衿汚れ：上、下、（重、変色） 全体汚れ： シミ、血痕： 破　れ：

組合員番号	

7990	供給価格	円
9888	内消費税等	円

【宅配業者記入欄】

ハ

ふとん単品丸洗い　○商 品 添 付 票

所属名		担当者番号		受付日	年 月 日	回収日	年 月 日

おところ		
おなまえ		TEL (　　) —

タッグNo	ふとんの種類	中わたの種類	サイズ	受入れ検査
	掛け　敷き その他	綿　羽毛　羊毛 ポリエステル その他(　　) わからない	シングル　ダブル セミダブル こたつ正方形 こたつ長方形	衿汚れ：上、下、（重、変色） 全体汚れ： シミ、血痕： 破　れ：

組合員番号	

7990	供給価格	円
9888	内消費税等	円

【宅配業者記入欄】

加工代１万円未満

ニ

ふとん単品丸洗い　　○配　達　票

所属名		担当者番号		受付日	年　月　日	回収日	年　月　日

おところ		
おなまえ		TEL　（　　）　—

タッグNo	ふとんの種類	中わたの種類	サイズ	受入れ検査
	掛け　敷き その他	綿　羽毛　羊毛 ポリエステル その他（　　） わからない	シングル　ダブル セミダブル こたつ正方形 こたつ長方形	衿汚れ：上、下、（重、変色） 全体汚れ： シミ、血痕： 破れ：

組合員番号	

配達日	年　月　日	配達員		受領印

【宅配業者記入欄】

運送料１万円未満

ホ

ふとん単品丸洗い　　○請　求　票

所属名		担当者番号		受付日	年　月　日	回収日	年　月　日

おところ		
おなまえ		TEL　（　　）　—

タッグNo	ふとんの種類	中わたの種類	サイズ	受入れ検査
	掛け　敷き その他	綿　羽毛　羊毛 ポリエステル その他（　　） わからない	シングル　ダブル セミダブル こたつ正方形 こたつ長方形	衿汚れ：上、下、（重、変色） 全体汚れ： シミ、血痕： 破れ：

組合員番号	

7990	供給価格	円
9888	内消費税等	円

【宅配業者記入欄】

ヘ

ふとん単品丸洗い　　○業　者　控

所属名		担当者番号		受付日	年　月　日	回収日	年　月　日

おところ		
おなまえ		TEL　（　　）　—

タッグNo	ふとんの種類	中わたの種類	サイズ	受入れ検査
	掛け　敷き その他	綿　羽毛　羊毛 ポリエステル その他（　　） わからない	シングル　ダブル セミダブル こたつ正方形 こたつ長方形	衿汚れ：上、下、（重、変色） 全体汚れ： シミ、血痕： 破れ：

組合員番号	

7990	供給価格	円
9888	内消費税等	円

【宅配業者記入欄】

加工代１万円未満

ト

ふとん単品丸洗い　　○配達所回収控

所属名		担当者番号		受付日	年　月　日	回収日	年　月　日

おところ		
おなまえ		TEL　（　　）　—

タッグNo	ふとんの種類	中わたの種類	サイズ	受入れ検査
	掛け　敷き その他	綿　羽毛　羊毛 ポリエステル その他（　　） わからない	シングル　ダブル セミダブル こたつ正方形 こたつ長方形	衿汚れ：上、下、（重、変色） 全体汚れ： シミ、血痕： 破れ：

組合員番号	

7990	供給価格	円
9888	内消費税等	円

【宅配業者記入欄】

(注) 7葉構成

イ　組合員様控
　　生協の宅配センターが回収時に組合員へ渡す書類

ロ　工場受取書
　　生協の宅配センターから業者が回収した際に受け取る書類

ハ　商品添付票
　　生協が仕上げた回収ふとんを組合員に渡す際に添付する文書

ニ　配達票
　　生協が仕上げた回収ふとんを組合員に届けた際、受け取りのサインをいただく書類

ホ　請求票
　　業者が生協（本部）に請求する際の添付書類

ヘ　業者控
　　業者の控書類

ト　配達所回収控
　　生協（宅配センター）の下請業者が回収したふとんを生協（宅配センター）に引き渡す際の控

印紙税の取り扱い

(1) 判　定

「寝具丸洗い申込書」（本申込書）のうち、イの組合員様控は第2号文書に該当し課税文書となりますが、ロからトは不課税文書となります。

(2) 根　拠

①　文書の概要

本申込書は、生協が組合員から寝具ふとん等の丸洗い注文を受けたときに作成する文書です。

②　課税事項の抽出・課税物件表の当てはめ、文書所属の決定

本申込書のうち、イの組合員様控部分は、生協が組合員から寝具の丸洗い注文を受け、丸洗いを行うことを請け負ったことを証明するものですので、請負に関する契約書として第2号文書に該当し課税文書となります。

また、本注文書のうち、ロからトは課税事項を証明するものではありませんので不課税文書となります。

③　税率の適用

本申込書のうち、イの組合員様控の契約金額が1万円未満であれば非課税文書となります（第2号文書非課税物件欄）。1万円以上であれば、契約金額に応じ収入印紙の額が決まります。

文書事例109

はがき印刷注文書

ポイント

① 年賀状等のはがき印刷作成請負

文書例

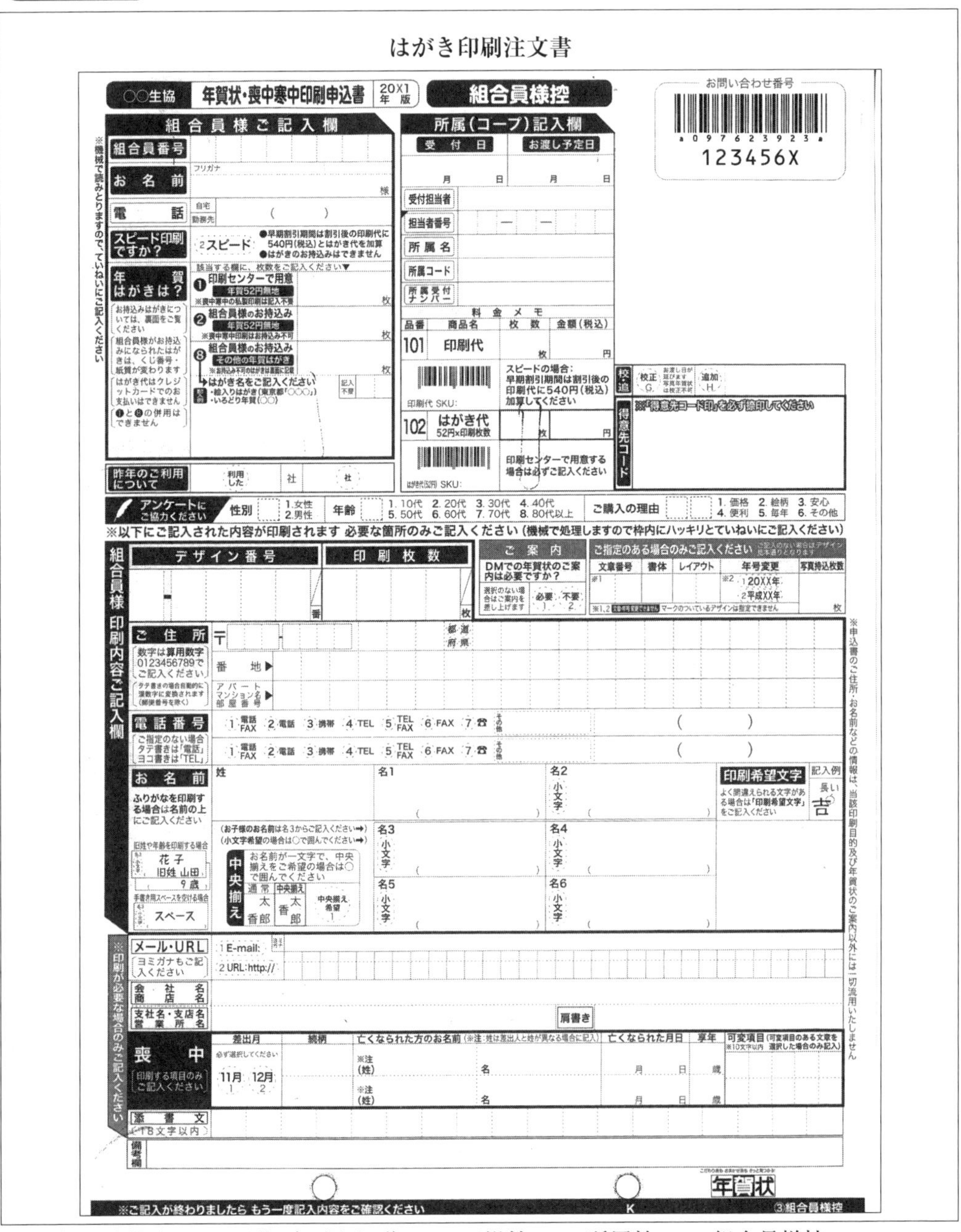

はがき印刷注文書

○○生協　年賀状・喪中寒中印刷申込書　20X1年版　組合員様控

お問い合わせ番号
0976239 23
123456X

※機械で読みとりますので、ていねいにご記入ください

組合員様ご記入欄

組合員番号

お名前　フリガナ　様

電話　自宅　勤務先　（　）

スピード印刷ですか？　2スピード　●早期割引期間は割引後の印刷代に540円(税込)とはがき代を加算　●はがきのお持込みはできません

年賀はがきは？　該当する欄に、枚数をご記入ください▼
❶印刷センターで用意　年賀52円無地　※喪中寒中の私製印刷は記入不要　枚
❷組合員様のお持込み　年賀52円無地　※喪中寒中印刷はお持込み不可　枚
❽組合員様のお持込み　その他の年賀はがき　※お持込み不可のはがきは裏面に記載　枚
→はがき名をご記入ください　記入不要
記入例 ・絵入りはがき(東京都「○○○」)　・いろどり年賀(○○)

お持込みはがきについては、裏面をご覧ください
組合員様がお持込みになられたはがきは、くじ番号・紙質が変わります
はがき代はクレジットカードでのお支払いはできません
❶と❽の併用はできません

昨年のご利用について　利用した　社　社

所属(コープ)記入欄

受付日　月　日　お渡し予定日　月　日
受付担当者
担当者番号　—　—
所属名
所属コード
所属受付ナンバー

料金メモ

品番	商品名	枚数	金額(税込)
101	印刷代	枚	円
印刷代 SKU:		スピードの場合：早期割引期間は割引後の印刷代に540円(税込)加算してください	
102	はがき代 52円×印刷枚数	枚	円
はがき代(52円) SKU:		印刷センターで用意する場合は必ずご記入ください	

校・追　校正 G　お渡し日が延びます 写真年賀状は校正不可　追加 H

得意先コード　※「得意先コード印」を必ず捺印してください

アンケートにご協力ください　性別 1.女性 2.男性　年齢 1.10代 2.20代 3.30代 4.40代 5.50代 6.60代 7.70代 8.80代以上　ご購入の理由 1.価格 2.絵柄 3.安心 4.便利 5.毎年 6.その他

※以下にご記入された内容が印刷されます 必要な箇所のみご記入ください（機械で処理しますので枠内にハッキリとていねいにご記入ください）

組合員様 印刷内容ご記入欄

デザイン番号　番　印刷枚数　枚

ご案内　DMでの年賀状のご案内は必要ですか？　選択のない場合はご案内を差し上げます　必要 1　不要 2

ご指定のある場合のみご記入ください　ご記入のない場合はデザイン見本通りとなります

文章番号	書体	レイアウト	年号変更	写真持込枚数
※1			※2 1 20XX年　2 平成XX年	枚

※1,2 文章・年号変更できません マークのついているデザインは指定できません

ご住所　〒　-　都道府県
数字は算用数字0123456789でご記入ください
タテ書きの場合自動的に漢数字に変換されます(郵便番号を除く)
番地▶
アパート マンション名 部屋番号▶

電話番号
1 電話FAX　2 電話　3 携帯　4 TEL　5 TEL FAX　6 FAX　7 ☎ その他　（　）
1 電話FAX　2 電話　3 携帯　4 TEL　5 TEL FAX　6 FAX　7 ☎ その他　（　）
ご指定のない場合タテ書きは「電話」ヨコ書きは「TEL」

お名前　姓　名1（　）　名2 小文字（　）
ふりがなを印刷する場合は名前の上にご記入ください
(お子様のお名前は名3からご記入ください➡)
(小文字希望の場合は○で囲んでください➡)
名3 小文字（　）　名4 小文字（　）　名5 小文字（　）　名6 小文字（　）
旧姓や年齢を印刷する場合　花子　旧姓 山田　9歳
手書き用スペースを空ける場合　スペース
中央揃え　お名前が一文字で、中央揃えをご希望の場合は○で囲んでください　通常 太 香郎　中央揃え 太 香 郎　中央揃え希望 1
印刷希望文字　よく間違えられる文字がある場合は「印刷希望文字」をご記入ください　記入例 長い 吉

※申込書のご住所・お名前などの情報は、当該印刷目的及び年賀状のご案内以外には一切流用いたしません

※印刷が必要な場合のみご記入ください

メール・URL　ヨミガナもご記入ください　1 E-mail:　2 URL:http://
会社名 商店名
支社名・支店名 営業所名　肩書き

喪中　印刷する項目のみご記入ください

差出月	続柄	亡くなられた方のお名前(※注：姓は差出人と姓が異なる場合に記入)		亡くなられた月日	享年	可変項目(可変項目のある文章を選択した場合のみ記入) ※10文字以内
必ず選択してください 11月 1　12月 2		※注(姓)	名	月 日	歳	
		※注(姓)	名	月 日	歳	

添書文（18文字以内）

備考欄

年賀状

※ご記入が終わりましたら もう一度記入内容をご確認ください　K　③組合員様控

（注）4葉構成　イ 原稿（お届け票）　ロ 工場控　ハ 所属控　ニ 組合員様控

印紙税の取り扱い

(1) 判　定

「はがき印刷注文書」（本注文書）のうち、ニの組合員様控は第2号文書に該当し課税文書となりますが、イからハは不課税文書となります。

(2) 根　拠

①　文書の概要

本注文書は、生協が組合員から年賀状等のはがき印刷の注文を受けた場合に作成する文書です。

②　課税事項の抽出・課税物件表の当てはめ、文書所属の決定

本注文書のうち、組合員様控部分は、生協が組合員から年賀状等のはがきに住所、氏名、記載文章等を作成することを請け負ったことを証明するものですので、請負に関する契約書として第2号文書に該当し課税文書となります。

また、本注文書のうち、イ　原稿（お届け票）、ロ　工場控、ハ　所属控は課税事項を証明するものではありませんので不課税文書となります。

③　税率の適用

本注文書のうち、組合員控えは契約金額に応じ印紙代が決められます。ただし、その契約金額が1万円未満であれば非課税文書となります（第2号文書非課税物件）。

文書事例110

商談用紙（新規取引）

ポイント

① 新規取引事項を商談した場合

文書例

商談用紙（取引先控）

商談日時　　20X1年４月１日13時～14時
場所　　本部商談室

部署名　　○○○生活協同組合　商品部
担当者名　　○○○○

取引先名　　○○○産業株式会社　　御中

［用件］	
新規取引条件	
○○商品（ＮＢ）について	
20X1年５月21日より取扱い	
仕入価格　　250円/税抜き	
取扱い数量　1,000ｃ／ｓ予定	
納品場所　　○○○生協ＤＣ	
契約については別途覚書を締結する。	

（注）商談用紙は「取引先控」「担当者控」「上司提出控」の3枚複写になっています。

印紙税の取り扱い

(1) 判　定

このような「商談用紙(取引先控)」(本商談用紙)は、不課税文書となります。

なお、商談用紙の「担当者控」と「上司提出控」については、生協の内部文書であるため不課税文書となります。

(2) 根　拠

①　文書の概要

本商談用紙は、生協が○○○産業株式会社との間で新規に商品を取り扱うことを記載したものです。

②　不課税文書となる理由

契約は、申込みとその申込みに対する承諾によって成立するものです（基通21）。

本商談用紙は、別途覚書を締結し契約の成立を証明する文書を作成することが記載されており、単に契約の申込みの事実を証明する目的で作成されるものですので、契約書には該当しません。したがって、本商談用紙は不課税文書となります。

文書事例111

商談用紙（目標数量を分割納品）

ポイント

① 双方の押印等がある場合
② 目標数量を分割納品する商談の場合

文書例

商談用紙（取引先控）

商談日時　20X1年４月１日13時～14時
場所　本部商談室

部署名　○○○生活協同組合　商品部
担当者名　○○○○　㊞

取引先名　○○○産業株式会社　御中
担当者名　○△○○　様　㊞

［用件］	
	注文方法
新規取引条件	データにて送信
○○商品（ＮＢ）について	納入方法
20X1年５月21日より	毎月100 c / s 納品する。
取扱い注文開始	
仕入価格　250円/税抜き	上記内容にて御社と確認。
取扱い数量　1,000 c / s	
納品場所　○○○生協ＤＣ	

（注）㊞には双方の押印があるものとします。
商談用紙は「取引先控」「担当者控」「上司提出控」の3枚複写になっています。

印紙税の取り扱い

(1) 判　定

このような「商談用紙（取引先控）」（本商談用紙）は、不課税文書となります。

なお、商談用紙のうち「担当者控」と「上司提出控」については生協の内部文書であるため不課税文書となります。

(2) 根　拠

①　文書の概要

本商談用紙は、生協と○○○産業株式会社の間で新規に商品を取り扱うことを約したものです。

②　不課税文書となる理由

本商談用紙は、○○○生協と○○○産業株式会社の双方の署名押印がありますので、契約の成立の事実を証明する文書となります。営業者である○○○生協と○○○産業株式会社との間において、商品の売買に関する2以上の取引を継続して行うために作成される契約書で、当該2以上の取引に共通して適用される取引条件のうち目的物の種類、取扱数量、単価を定めたものですので、課税物件表の第7号文書に該当します（法令26①一）。しかし、1,000ケースの売買契約をし、毎月100ケースずつ納品するとしているように売買の目的物の引き渡しが数回に分割して行われる場合は、1取引となります。そこで本商談用紙は商品の売買に関する2以上の取引を継続して行うために作成される契約書には該当しないため、不課税文書となります（基通別表1 第7号文書6）。

文書事例112

商談用紙（都度注文）

ポイント

① 課税文書となる場合
② 都度注文する商談の場合

文書例

商談用紙（取引先控）

商談日時　20X1年４月１日13時～14時
場所　本部商談室

部署名　○○○生活協同組合　商品部
担当者名　○○○○　㊞

取引先名　○○○産業株式会社　御中
担当者名　○△○○　様　㊞

［用件］	
	注文方法
新規取引条件	データにて送信
○○商品（ＮＢ）について	納入方法
20X1年５月21日より	その都度注文
取扱い注文開始	
仕入価格　250円/税抜き	
取扱い数量　1,000ｃ/ｓ予定	
納品場所　○○○生協ＤＣ	

（注）㊞には双方の押印があるものとします。
商談用紙は「取引先控」「担当者控」「上司提出控」の3枚複写になっています。

印紙税の取り扱い

(1) 判　定

このような「商談用紙（取引先控）」（本商談用紙）は、第7号文書に該当し課税文書となります。

なお、商談用紙のうち「担当者控」と「上司提出控」については、生協の内部文書であるため不課税文書となります。

(2) 根　拠

①　文書の概要

本商談用紙は、生協と○○○産業株式会社との間で新規に商品を取り扱うことを約したものです。

②　課税事項の抽出・課税物件表の当てはめ、文書所属の決定

本商談用紙は、○○○生協と○○○産業株式会社の双方の署名押印がありますので、契約の成立の事実を証明する文書となります。また、営業者である○○○生協と○○○産業株式会社間において、商品の売買に関し、その都度注文する納入方法となっているため２以上の取引に該当し、その2以上の取引に共通して適用される取引条件のうち、目的物の種類、取扱数量、単価を定めているので第7号文書に該当します（法令26①一）。

（補足）契約当事者双方の署名または押印があるものは、原則として契約書に該当します（基通21②（3））。

③　税率の適用

本契約書は第7号文書に該当しますので収入印紙は4千円となります。

文書事例113

商談用紙（商品事故補償）

ポイント

① 商品クレームに伴う補償について商談した場合

文書例

商談用紙（取引先控）

商談日時　20X1年４月１日13時～14時
場所　本部商談室

部署名　○○○生活協同組合　商品部
担当者名　○○○○

取引先名　○○○産業株式会社　御中

［用件］	
	支払方法
ＣＯ商品	御社より20X1年５月末までに
商材破損に対する補償について	当生協に振込みにて支払うこと。
数量　100個	
補償内容	上記内容について御社と確認済。
組合員への補償、商品検査代等	
補償金額	
10万円	

（注）商談用紙は「取引先控」「担当者控」「上司提出控」の3枚複写になっています。

印紙税の取り扱い

(1) 判　定

このような「商談用紙（取引先控）」（本商談用紙）は、不課税文書となります。

なお、商談用紙のうち「担当者控」と「上司提出控」については、生協の内部文書であるため不課税文書となります。

(2) 根　拠

①　文書の概要

本商談用紙は、○○○産業株式会社が生協に対し、○○○産業株式会社が発生させた商品事故に対してその補償を生協に約したものです。

②　不課税文書となる理由

本商談用紙は、○○○産業株式会社が○○○生協に対し、商品事故に対する補償金を支払うことを確認していますが、印紙税法上の課税事項のいずれにも該当しないため不課税文書となります。

文書事例114

商談用紙（商品価格変更）

ポイント

① 価格変更について商談した場合

文書例

商談用紙（取引先控）

商談日時　20X1年４月１日13時～14時
場所　本部商談室

部署名　○○○生活協同組合　商品部
担当者名　○○○○

取引先名　○○○産業株式会社　御中

［用件］	
価格について	上記内容にて御社と確認しました。
ＣＯ･ＯＰ○○商品の価格値下げ	
現行　仕入価格　300円（税抜）	
変更　280円（税抜）	
「商品取引契約書」の変更予定。	
値下げ時期　20X1年６月１日より	
商品仕様の変更	
あり（仕様書提出済）	

（注）商談用紙は「取引先控」「担当者控」「上司提出控」の3枚複写になっています。

印紙税の取り扱い

(1) 判　定

このような「商談用紙（取引先控）」（本商談用紙）は第7号文書に該当し、課税文書となります。

なお、商談用紙のうち「担当者控」と「上司提出控」については、生協の内部文書であるため不課税文書となります。

(2) 根　拠

①　文書の概要

本商談用紙は、生協と○○○産業株式会社とがＣＯ･ＯＰ○○商品の価格の変更に関し合意したことを約したものです。

②　課税事項の抽出・課税物件表の当てはめ、文書所属の決定

本商談用紙は、結論として「御社と確認しました。」という文言があるため、○○○生協と○○○産業株式会社の間で、ＣＯ･ＯＰ○○商品の価格の値下げに合意した文書であり、基本契約書である商品取引契約書の変更契約書となります。営業者である○○○生協と○○○産業株式会社間において、商品の売買に関する2以上の取引を継続して行うために作成された契約書で、その2以上の取引に共通して適用される取引条件のうち、重要事項である単価を変更することを定めたものですので、課税物件表の第7号文書に該当します（法令26①一）。

③　税率の適用

本商談用紙は、第7号文書に該当しますので収入印紙は4千円となります。

付 録

法令通達編

印紙税法

発令　　：昭和42年5月31日法律第23号
最終改正：平成27年7月17日法律第59号

印紙税法（明治三十二年法律第五十四号）の全部を改正する。

第一章　総則

（趣旨）

第一条　この法律は、印紙税の課税物件、納税義務者、課税標準、税率、納付及び申告の手続その他印紙税の納税義務の履行について必要な事項を定めるものとする。

（課税物件）

第二条　別表第一の課税物件の欄に掲げる文書には、この法律により、印紙税を課する。

（納税義務者）

第三条　別表第一の課税物件の欄に掲げる文書のうち、第五条の規定により印紙税を課さないものとされる文書以外の文書（以下「課税文書」という。）の作成者は、その作成した課税文書につき、印紙税を納める義務がある。

2　一の課税文書を二以上の者が共同して作成した場合には、当該二以上の者は、その作成した課税文書につき、連帯して印紙税を納める義務がある。

（課税文書の作成とみなす場合等）

第四条　別表第一第三号に掲げる約束手形又は為替手形で手形金額の記載のないものにつき手形金額の補充がされた場合には、当該補充をした者が、当該補充をした時に、同号に掲げる約束手形又は為替手形を作成したものとみなす。

2　別表第一第十八号から第二十号までの課税文書を一年以上にわたり継続して使用する場合には、当該課税文書を作成した日から一年を経過した日以後最初の付込みをした時に、当該課税文書を新たに作成したものとみなす。

3　一の文書（別表第一第三号から第六号まで、第九号及び第十八号から第二十号までに掲げる文書を除く。）に、同表第一号から第十七号までの課税文書（同表第三号から第六号まで及び第九号の課税文書を除く。）により証されるべき事項の追記をした場合又は同表第十八号若しくは第十九号の課税文書として使用するための付込みをした場合には、当該追記又は付込みをした者が、当該追記又は付込みをした時に、当該追記又は付込みに係る事項を記載した課税文書を新たに作成したものとみなす。

4　別表第一第十九号又は第二十号の課税文書（以下この項において「通帳等」という。）に次の各号に掲げる事項の付込みがされた場合において、当該付込みがされた事項に係る記載金額（同表の課税物件表の適用に関する通則4に規定する記載金額をいう。第九条第三項において同じ。）が当該各号に掲げる金額であるときは、当該付込みがされた事項に係る部分については、当該通帳等への付込みがなく、当該各号に規定する課税文書の作成があつたものとみなす。

一　別表第一第一号の課税文書により証されるべき事項　十万円を超える金額

二　別表第一第二号の課税文書により証されるべき事項　百万円を超える金額

三　別表第一第十七号の課税文書（物件名の欄1に掲げる受取書に限る。）により証されるべき事項　百万円を超える金額

5　次条第二号に規定する者（以下この条において「国等」という。）と国等以外の者とが共同して作成した文書については、国等又は公証人法（明治四十一年法律第五十三号）に規定する公証人が保存するものは国等以外の者が作成し

たものとみなし、国等以外の者（公証人を除く。）が保存するものは国等が作成したものとみなす。

6　前項の規定は、次条第三号に規定する者とその他の者（国等を除く。）とが共同して作成した文書で同号に規定するものについて準用する。

（非課税文書）

第五条　別表第一の課税物件の欄に掲げる文書のうち、次に掲げるものには、印紙税を課さない。

一　別表第一の非課税物件の欄に掲げる文書

二　国、地方公共団体又は別表第二に掲げる者が作成した文書

三　別表第三の上欄に掲げる文書で、同表の下欄に掲げる者が作成したもの

（納税地）

第六条　印紙税の納税地は、次の各号に掲げる課税文書の区分に応じ、当該各号に掲げる場所とする。

一　第十一条第一項又は第十二条第一項の承認に係る課税文書　これらの承認をした税務署長の所属する税務署の管轄区域内の場所

二　第九条第一項の請求に係る課税文書　当該請求を受けた税務署長の所属する税務署の管轄区域内の場所

三　第十条第一項に規定する印紙税納付計器により、印紙税に相当する金額を表示して同項に規定する納付印を押す課税文書　当該印紙税納付計器の設置場所

四　前三号に掲げる課税文書以外の課税文書で、当該課税文書にその作成場所が明らかにされているもの　当該作成場所

五　第一号から第三号までに掲げる課税文書以外の課税文書で、当該課税文書にその作成場所が明らかにされていないもの　政令で定める場所

第二章　課税標準及び税率

（課税標準及び税率）

第七条　印紙税の課税標準及び税率は、別表第一の各号の課税文書の区分に応じ、同表の課税標準及び税率の欄に定めるところによる。

第三章　納付、申告及び還付等

（印紙による納付等）

第八条　課税文書の作成者は、次条から第十二条までの規定の適用を受ける場合を除き、当該課税文書に課されるべき印紙税に相当する金額の印紙（以下「相当印紙」という。）を、当該課税文書の作成の時までに、当該課税文書にはり付ける方法により、印紙税を納付しなければならない。

2　課税文書の作成者は、前項の規定により当該課税文書に印紙をはり付ける場合には、政令で定めるところにより、当該課税文書と印紙の彩紋とにかけ、判明に印紙を消さなければならない。

（税印による納付の特例）

第九条　課税文書の作成者は、政令で定める手続により、財務省令で定める税務署の税務署長に対し、当該課税文書に相当印紙をはり付けることに代えて、税印（財務省令で定める印影の形式を有する印をいう。次項において同じ。）を押すことを請求することができる。

2　前項の請求をした者は、次項の規定によりその請求が棄却された場合を除き、当該請求に係る課税文書に課されるべき印紙税額に相当する印紙税を、税印が押される時までに、国に納付しなければならない。

3　税務署長は、第一項の請求があつた場合において、当該請求に係る課税文書の記載金額が明らかでないことその他印紙税の保全上不適当であると認めるときは、当該請求を棄却することができる。

（印紙税納付計器の使用による納付の特例）

第十条　課税文書の作成者は、政令で定めるところにより、印紙税納付計器（印紙税の保全上支障がないことにつき、政令で定めるところにより、国税庁長官の指定を受けた計器（第十六条及び第十八条第二項において「指定計器」という。）で、財務省令で定める形式の印影を生ずべき印（以下「納付印」という。）を付したものをいう。以下同じ。）を、その設置しようとする場所の所在地の所轄税務署長の承認を受けて設置した場合には、当該課税文書に相当印紙をはり付けることに代えて、当該印紙税納付計器により、当該課税文書に課されるべき印紙税額に相当する金額を表示して納付印を押すことができる。

2　前項の承認を受けて印紙税納付計器を設置する者は、政令で定めるところにより、同項の税務署長の承認を受けて、その者が交付を受ける課税文書の作成者のために、その交付を受ける際、当該作成者が当該課税文書に相当印紙をはり付けることに代えて、当該印紙税納付計器により、当該課税文書に課されるべき印紙税額に相当する金額を表示して納付印を押すことができる。

3　第一項の承認を受けた者は、前二項の規定により印紙税納付計器を使用する前に、政令で定めるところにより、第一項の税務署長に対し、当該印紙税納付計器により表示することができる印紙税額に相当する金額の総額を限度として当該印紙税納付計器を使用するため必要な措置を講ずることを請求しなければならない。

4　前項の請求をした者は、同項の表示することができる金額の総額に相当する印紙税を、同項の措置を受ける時までに、国に納付しなければならない。

5　第一項の承認を受けた者が印紙税に係る法令の規定に違反した場合その他印紙税の取締り上不適当と認められる場合には、税務署長は、その承認を取り消すことができる。

6　税務署長は、印紙税の保全上必要があると認めるときは、政令で定めるところにより、印紙税納付計器に封を施すことができる。

7　第一項又は第二項の規定により印紙税に相当する金額を表示して納付印を押す方法について必要な事項は、財務省令で定める。

（書式表示による申告及び納付の特例）

第十一条　課税文書の作成者は、課税文書のうち、その様式又は形式が同一であり、かつ、その作成の事実が後日においても明らかにされているもので次の各号の一に該当するものを作成しようとする場合には、政令で定めるところにより、当該課税文書を作成しようとする場所の所在地の所轄税務署長の承認を受け、相当印紙のはり付けに代えて、金銭をもつて当該課税文書に係る印紙税を納付することができる。

一　毎月継続して作成されることとされているもの

二　特定の日に多量に作成されることとされているもの

2　前項の承認の申請者が第十五条の規定により命ぜられた担保の提供をしない場合その他印紙税の保全上不適当と認められる場合には、税務署長は、その承認を与えないことができる。

3　第一項の承認を受けた者は、当該承認に係る課税文書の作成の時までに、当該課税文書に財務省令で定める書式による表示をしなければならない。

4　第一項の承認を受けた者は、政令で定めるところにより、次に掲げる事項を記載した申告書を、当該課税文書が同項第一号に掲げる課税文書に該当する場合には毎月分（当該課税文書を作成しなかつた月分を除く。）をその翌月末日までに、当該課税文書が同項第二号に掲げる課税文書に該当する場合には同号に規定する日の属する月の翌月末日までに、その承認をした税務署長に提出しなければならない。

一　その月中（第一項第二号に掲げる課税文書にあつては、同号に規定する日）に作成した当該課税文書の号別及び種類並びに当該種類ごとの数量及び当該数量を税率区分の異なるごとに合計した数量（次号において「課税標準数量」という。）

二　課税標準数量に対する印紙税額及び当該印紙税額の合計額（次項において「納付すべき税額」という。）

三　その他参考となるべき事項

5　前項の規定による申告書を提出した者は、当該申告書の提出期限までに、当該申告書に記載した納付すべき税額に相当する印紙税を国に納付しなければならない。

6　第一項第一号の課税文書につき同項の承認を受けている者は、当該承認に係る課税文書につき同項の適用を受ける必要がなくなつたときは、政令で定める手続により、その旨を同項の税務署長に届け出るものとする。

（預貯金通帳等に係る申告及び納付等の特例）

第十二条　別表第一第十八号及び第十九号の課税文書のうち政令で定める通帳（以下この条において「預貯金通帳等」という。）の作成者は、政令で定

付録　法令通達編

めるところにより、当該預貯金通帳等を作成しようとする場所の所在地の所轄税務署長の承認を受け、相当印紙のはり付けに代えて、金銭をもつて、当該承認の日以後最初に到来する四月一日から翌年三月三十一日までの期間内に作成する当該預貯金通帳等に係る印紙税を納付することができる。

2　前項の承認の申請者が第十五条の規定により命ぜられた担保の提供をしない場合その他印紙税の保全上不適当と認められる場合には、税務署長は、その承認を与えないことができる。

3　第一項の承認を受けた者は、当該承認に係る預貯金通帳等に、同項の期間内において最初の付込みをする時までに、財務省令で定める書式による表示をしなければならない。

4　第一項の承認を受けた場合には、当該承認を受けた者が同項の期間内に作成する当該預貯金通帳等は、当該期間の開始の時に作成するものとみなし、当該期間内に作成する当該預貯金通帳等の数量は、当該期間の開始の時における当該預貯金通帳等の種類ごとの当該預貯金通帳等に係る口座の数として政令で定めるところにより計算した数に相当する数量とみなす。

5　第一項の承認を受けた者は、政令で定めるところにより、次に掲げる事項を記載した申告書を、同項に規定する期間の開始の日から起算して一月以内に、その承認をした税務署長に提出しなければならない。

一　当該承認に係る預貯金通帳等の課税文書の号別及び当該預貯金通帳等の種類並びに当該種類ごとの前項に規定する政令で定めるところにより計算した当該預貯金通帳等に係る口座の数に相当する当該預貯金通帳等の数量及び当該数量を当該号別に合計した数量（次号において「課税標準数量」という。）

二　課税標準数量に対する印紙税額及び当該印紙税額の合計額（次項において「納付すべき税額」という。）

三　その他参考となるべき事項

6　前項の規定による申告書を提出した者は、当該申告書の提出期限までに、当該申告書に記載した納付すべき税額に相当する印紙税を国に納付しなければならない。

7　第一項の承認を受けた者が、当該承認を受けた日の属する年の前年においても同項の承認を受けており、かつ、当該承認に係る預貯金通帳等に既に第三項の表示をしている場合には、当該預貯金通帳等については、再び当該表示をすることを要しないものとする。

第十三条　削除

（過誤納の確認等）

第十四条　印紙税に係る過誤納金（第十条第四項の規定により納付した印紙税で印紙税納付計器の設置の廃止その他の事由により納付の必要がなくなつたものを含む。以下この条において同じ。）の還付を受けようとする者は、政令で定めるところにより、その過誤納の事実につき納税地の所轄税務署長の確認を受けなければならない。ただし、第十一条及び第十二条の規定による申告書（当該申告書に係る国税通則法（昭和三十七年法律第六十六号）第十八条第二項 若しくは第十九条第三項（期限後申告・修正申告）に規定する期限後申告書若しくは修正申告書又は同法第二十四条 から第二十六条 まで（更正・決定）の規定による更正若しくは決定を含む。）に係る印紙税として納付され、又は第二十条に規定する過怠税として徴収された過誤納金については、この限りでない。

2　第九条第二項又は第十条第四項の規定により印紙税を納付すべき者が、第九条第一項又は第十条第一項の税務署長に対し、政令で定めるところにより、印紙税に係る過誤納金（前項の確認を受けたもの及び同項ただし書に規定する過誤納金を除く。）の過誤納の事実の確認とその納付すべき印紙税への充当とをあわせて請求したときは、当該税務署長は、その充当をすることができる。

3　第一項の確認又は前項の充当を受ける過誤納金については、当該確認又は充当の時に過誤納があつたものとみなして、国税通則法第五十六条 から第五十八条 まで（還付・充当・還付加算金）の規定を適用する。

第四章　雑則

（保全担保）

第十五条　国税庁長官、国税局長又は税務署長は、

印紙税の保全のために必要があると認めるときは、政令で定めるところにより、第十一条第一項又は第十二条第一項の承認の申請者に対し、金額及び期間を指定して、印紙税につき担保の提供を命ずることができる。

2　国税庁長官、国税局長又は税務署長は、必要があると認めるときは、前項の金額又は期間を変更することができる。

（納付印等の製造等の禁止）

第十六条　何人も、印紙税納付計器、納付印（指定計器以外の計器その他の器具に取り付けられたものを含む。以下同じ。）又は納付印の印影に紛らわしい外観を有する印影を生ずべき印（以下「納付印等」と総称する。）を製造し、販売し、又は所持してはならない。ただし、納付印等の製造、販売又は所持をしようとする者が、政令で定めるところにより、当該製造、販売若しくは所持をしようとする場所の所在地の所轄税務署長の承認を受けた場合又は第十条第一項の承認を受けて印紙税納付計器を所持する場合は、この限りでない。

（印紙税納付計器販売業等の申告等）

第十七条　印紙税納付計器の販売業又は納付印の製造業若しくは販売業をしようとする者は、その販売場又は製造場ごとに、政令で定めるところにより、その旨を当該販売場（その者が販売場を設けない場合には、その住所とし、住所がない場合には、その居所とする。）又は製造場の所在地の所轄税務署長に申告しなければならない。印紙税納付計器の販売業者又は納付印の製造業者若しくは販売業者が当該販売業又は製造業の廃止又は休止をしようとする場合も、また同様とする。

2　第十条第一項の承認を受けて同項の印紙税納付計器を設置した者が当該設置を廃止した場合には、政令で定めるところにより、その旨を同項の税務署長に届け出て同条第六項の封の解除その他必要な措置を受けなければならない。

（記帳義務）

第十八条　第十一条第一項又は第十二条第一項の承認を受けた者は、政令で定めるところにより、当該承認に係る課税文書の作成に関する事実を帳簿に記載しなければならない。

2　印紙税納付計器の販売業者又は納付印の製造業者若しくは販売業者は、政令で定めるところにより、指定計器又は納付印等の受入れ、貯蔵又は払出しに関する事実を帳簿に記載しなければならない。

（申告義務等の承継）

第十九条　法人が合併した場合には、合併後存続する法人又は合併により設立された法人は、合併により消滅した法人の次に掲げる義務を、相続（包括遺贈を含む。）があつた場合には、相続人（包括受遺者を含む。）は、被相続人（包括遺贈者を含む。）の次に掲げる義務をそれぞれ承継する。

一　第十一条第四項又は第十二条第五項の規定による申告の義務

二　前条の規定による記帳の義務

（印紙納付に係る不納税額があつた場合の過怠税の徴収）

第二十条　第八条第一項の規定により印紙税を納付すべき課税文書の作成者が同項の規定により納付すべき印紙税を当該課税文書の作成の時までに納付しなかつた場合には、当該印紙税の納税地の所轄税務署長は、当該課税文書の作成者から、当該納付しなかつた印紙税の額とその二倍に相当する金額との合計額に相当する過怠税を徴収する。

2　前項に規定する課税文書の作成者から当該課税文書に係る印紙税の納税地の所轄税務署長に対し、政令で定めるところにより、当該課税文書について印紙税を納付していない旨の申出があり、かつ、その申出が印紙税についての調査があつたことにより当該申出に係る課税文書について国税通則法第三十二条第一項（賦課決定）の規定による前項の過怠税についての決定があるべきことを予知してされたものでないときは、当該課税文書に係る同項の過怠税の額は、同項の規定にかかわらず、当該納付しなかつた印紙税の額と当該印紙税の額に百分の十の割合を乗じて計算した金額との合計額に相当する金額とする。

3　第八条第一項の規定により印紙税を納付すべき課税文書の作成者が同条第二項の規定により印紙を消さなかつた場合には、当該印紙税の納税地の所轄税務署長は、当該課税文書の作成者から、当該消されていない印紙の額面金額に相当する金額の過怠税を徴収する。

4　第一項又は前項の場合において、過怠税の合計額が千円に満たないときは、これを千円とする。

5　前項に規定する過怠税の合計額が、第二項の規定の適用を受けた過怠税のみに係る合計額であるときは、当該過怠税の合計額については、前項の規定の適用はないものとする。

6　税務署長は、国税通則法第三十二条第三項（賦課決定通知）の規定により第一項 又は第三項 の過怠税に係る賦課決定通知書を送達する場合には、当該賦課決定通知書に課税文書の種類その他の政令で定める事項を附記しなければならない。

7　第一項又は第三項の過怠税の税目は、印紙税とする。

第五章　罰則

第二十一条　次の各号のいずれかに該当する者は、三年以下の懲役若しくは百万円以下の罰金に処し、又はこれを併科する。

一　偽りその他不正の行為により印紙税を免れ、又は免れようとした者

二　偽りその他不正の行為により第十四条第一項の規定による還付を受け、又は受けようとした者

2　前項の犯罪に係る課税文書に対する印紙税に相当する金額又は還付金に相当する金額の三倍が百万円を超える場合には、情状により、同項の罰金は、百万円を超え当該印紙税に相当する金額又は還付金に相当する金額の三倍以下とすることができる。

第二十二条　次の各号のいずれかに該当する者は、一年以下の懲役又は五十万円以下の罰金に処する。

一　第八条第一項の規定による相当印紙のはり付けをしなかつた者

二　第十一条第四項又は第十二条第五項の規定による申告書をその提出期限までに提出しなかつた者

三　第十六条の規定に違反した者

四　第十八条第一項又は第二項の規定による帳簿の記載をせず、若しくは偽り、又はその帳簿を隠匿した者

第二十三条　次の各号のいずれかに該当する者は、三十万円以下の罰金に処する。

一　第八条第二項の規定に違反した者

二　第十一条第三項又は第十二条第三項の規定による表示をしなかつた者

三　第十七条第一項の規定による申告をせず、又は同条第二項の規定による届出をしなかつた者

第二十四条　法人の代表者又は法人若しくは人の代理人、使用人その他の従業者が、その法人又は人の業務又は財産に関して前三条の違反行為をしたときは、その行為者を罰するほか、その法人又は人に対して当該各条の罰金刑を科する。

別表第一　課税物件表（第二条―第五条、第七条、第十一条、第十二条関係）

課税物件表の適用に関する通則

1　この表における文書の所属の決定は、この表の各号の規定による。この場合において、当該各号の規定により所属を決定することができないときは、２及び３に定めるところによる。

2　一の文書でこの表の二以上の号に掲げる文書により証されるべき事項又はこの表の一若しくは二以上の号に掲げる文書により証されるべき事項とその他の事項とが併記され、又は混合して記載されているものその他一の文書でこれに記載されている事項がこの表の二以上の号に掲げる文書により証されるべき事項に該当するものは、当該各号に掲げる文書に該当する文書とする。

3　一の文書が２の規定によりこの表の各号のうち二以上の号に掲げる文書に該当することとなる場合には、次に定めるところによりその所属を決定する。

イ　第一号又は第二号に掲げる文書と第三号から第十七号までに掲げる文書とに該当する文書は、第一号又は第二号に掲げる文書とする。ただし、第一号又は第二号に掲げる文書で契約金額の記載のないものと第七号に掲げる文書とに該当する文書は、同号に掲げる文書とし、第一号又は第二号に掲げる文書と第十七

号に掲げる文書とに該当する文書のうち、当該文書に売上代金（同号の定義の欄1に規定する売上代金をいう。以下この通則において同じ。）に係る受取金額（百万円を超えるものに限る。）の記載があるもので、当該受取金額が当該文書に記載された契約金額（当該金額が二以上ある場合には、その合計額）を超えるもの又は契約金額の記載のないものは、同号に掲げる文書とする。

ロ　第一号に掲げる文書と第二号に掲げる文書とに該当する文書は、第一号に掲げる文書とする。ただし、当該文書に契約金額の記載があり、かつ、当該契約金額を第一号及び第二号に掲げる文書のそれぞれにより証されるべき事項ごとに区分することができる場合において、第一号に掲げる文書により証されるべき事項に係る金額として記載されている契約金額（当該金額が二以上ある場合には、その合計額。以下このロにおいて同じ。）が第二号に掲げる文書により証されるべき事項に係る金額として記載されている契約金額に満たないときは、同号に掲げる文書とする。

ハ　第三号から第十七号までに掲げる文書のうち二以上の号に掲げる文書に該当する文書は、当該二以上の号のうち最も号数の少ない号に掲げる文書とする。ただし、当該文書に売上代金に係る受取金額（百万円を超えるものに限る。）の記載があるときは、第十七号に掲げる文書とする。

ニ　ホに規定する場合を除くほか、第十八号から第二十号までに掲げる文書と第一号から第十七号までに掲げる文書とに該当する文書は、第十八号から第二十号までに掲げる文書とする。

ホ　第十九号若しくは第二十号に掲げる文書と第一号に掲げる文書とに該当する文書で同号に掲げる文書に係る記載された契約金額が十万円を超えるもの、第十九号若しくは第二十号に掲げる文書と第二号に掲げる文書とに該当する文書で同号に掲げる文書に係る記載された契約金額が百万円を超えるもの又は第十九号若しくは第二十号に掲げる文書と第十七号に掲げる文書とに該当する文書で同号に掲げる文書に係る記載された売上代金に係る受取金額が百万円を超えるものは、それぞれ、第一号、第二号又は第十七号に掲げる文書とする。

4　この表の課税標準及び税率の欄の税率又は非課税物件の欄の金額が契約金額、券面金額その他当該文書により証されるべき事項に係る金額（以下この4において「契約金額等」という。）として当該文書に記載された金額（以下この4において「記載金額」という。）を基礎として定められている場合における当該金額の計算については、次に定めるところによる。

イ　当該文書に二以上の記載金額があり、かつ、これらの金額が同一の号に該当する文書により証されるべき事項に係るものである場合には、これらの金額の合計額を当該文書の記載金額とする。

ロ　当該文書が2の規定によりこの表の二以上の号に該当する文書である場合には、次に定めるところによる。

（一）　当該文書の記載金額を当該二以上の号のそれぞれに掲げる文書により証されるべき事項ごとに区分することができるときは、当該文書が3の規定によりこの表のいずれの号に掲げる文書に所属することとなるかに応じ、その所属する号に掲げる文書により証されるべき事項に係る金額を当該文書の記載金額とする。

（二）　当該文書の記載金額を当該二以上の号のそれぞれに掲げる文書により証されるべき事項ごとに区分することができないときは、当該金額（当該金額のうちに、当該文書が3の規定によりこの表のいずれかの号に所属することとなる場合における当該所属する号に掲げる文書により証されるべき事項に係る金額以外の金額として明らかにされている部分があるときは、当該明らかにされている部分の金額を除く。）を当該文書の記載金額とする。

ハ　当該文書が第十七号に掲げる文書（3の規定により同号に掲げる文書となるものを含

む。）のうち同号の物件名の欄１に掲げる受取書である場合には、税率の適用に関しては、イ又はロの規定にかかわらず、次に定めるところによる。

(一)　当該受取書の記載金額を売上代金に係る金額とその他の金額に区分することができるときは、売上代金に係る金額を当該受取書の記載金額とする。

(二)　当該受取書の記載金額を売上代金に係る金額とその他の金額に区分することができないときは、当該記載金額（当該金額のうちに売上代金に係る金額以外の金額として明らかにされている部分があるときは、当該明らかにされている部分の金額を除く。）を当該受取書の記載金額とする。

ニ　契約金額等の変更の事実を証すべき文書について、当該文書に係る契約についての変更前の契約金額等の記載のある文書が作成されていることが明らかであり、かつ、変更の事実を証すべき文書により変更金額（変更前の契約金額等と変更後の契約金額等の差額に相当する金額をいう。以下同じ。）が記載されている場合（変更前の契約金額等と変更後の契約金額等が記載されていることにより変更金額を明らかにすることができる場合を含む。）には、当該変更金額が変更前の契約金額等を増加させるものであるときは、当該変更金額を当該文書の記載金額とし、当該変更金額が変更前の契約金額等を減少させるものであるときは、当該文書の記載金額の記載はないものとする。

ホ　次の（一）から（三）までの規定に該当する文書の記載金額については、それぞれ（一）から（三）までに定めるところによる。

(一)　当該文書に記載されている単価及び数量、記号その他によりその契約金額等の計算をすることができるときは、その計算により算出した金額を当該文書の記載金額とする。

(二)　第一号又は第二号に掲げる文書に当該文書に係る契約についての契約金額又は単価、数量、記号その他の記載のある見積書、注文書その他これらに類する文書（この表に掲げる文書を除く。）の名称、発行の日、記号、番号その他の記載があることにより、当事者間において当該契約についての契約金額が明らかであるとき又は当該契約についての契約金額の計算をすることができるときは、当該明らかである契約金額又は当該計算により算出した契約金額を当該第一号又は第二号に掲げる文書の記載金額とする。

(三)　第十七号に掲げる文書のうち売上代金として受け取る有価証券の受取書に当該有価証券の発行者の名称、発行の日、記号、番号その他の記載があること、又は同号に掲げる文書のうち売上代金として受け取る金銭若しくは有価証券の受取書に当該売上代金に係る受取金額の記載のある支払通知書、請求書その他これらに類する文書の名称、発行の日、記号、番号その他の記載があることにより、当事者間において当該売上代金に係る受取金額が明らかであるときは、当該明らかである受取金額を当該受取書の記載金額とする。

ヘ　当該文書の記載金額が外国通貨により表示されている場合には、当該文書を作成した日における外国為替及び外国貿易法（昭和二十四年法律第二百二十八号）第七条第一項（外国為替相場）の規定により財務大臣が定めた基準外国為替相場又は裁定外国為替相場により当該記載金額を本邦通貨に換算した金額を当該文書についての記載金額とする。

5　この表の第一号、第二号、第七号及び第十二号から第十五号までにおいて「契約書」とは、契約証書、協定書、約定書その他名称のいかんを問わず、契約（その予約を含む。以下同じ。）の成立若しくは更改又は契約の内容の変更若しくは補充の事実（以下「契約の成立等」という。）を証すべき文書をいい、念書、請書その他契約の当事者の一方のみが作成する文書又は契約の当事者の全部若しくは一部の署名を欠く文書で、当事者間の了解又は商慣習に基づき契約の成立等を証することとされているものを含むものとする。

6　1から5までに規定するもののほか、この表の規定の適用に関し必要な事項は、政令で定める。

番号	課税物件		課税標準及び税率	非課税物件
	物件名	定義		
1	1　不動産、鉱業権、無体財産権、船舶若しくは航空機又は営業の譲渡に関する契約書 2　地上権又は土地の賃借権の設定又は譲渡に関する契約書 3　消費貸借に関する契約書 4　運送に関する契約書（用船契約書を含む。）	1　不動産には、法律の規定により不動産とみなされるもののほか、鉄道財団、軌道財団及び自動車交通事業財団を含むものとする。 2　無体財産権とは、特許権、実用新案権、商標権、意匠権、回路配置利用権、育成者権、商号及び著作権をいう。 3　運送に関する契約書には、乗車券、乗船券、航空券及び運送状を含まないものとする。 4　用船契約書には、航空機の用船契約書を含むものとし、裸用船契約書を含まないものとする。	1　契約金額の記載のある契約書 次に掲げる契約金額の区分に応じ、一通につき、次に掲げる税率とする。 10万円以下のもの　200円 10万円を超え50万円以下のもの　400円 50万円を超え100万円以下のもの　1千円 100万円を超え500万円以下のもの　2千円 500万円を超え1千万円以下のもの　1万円 1千万円を超え5千万円以下のもの　2万円 5千万円を超え1億円以下のもの　6万円 1億円を超え5億円以下のもの　10万円 5億円を超え10億円以下のもの　20万円 10億円を超え50億円以下のもの　40万円 50億円を超えるもの　60万円 2　契約金額の記載のない契約書 一通につき　200円	1　契約金額の記載のある契約書（課税物件表の適用に関する通則3イの規定が適用されることによりこの号に掲げる文書となるものを除く。）のうち、当該契約金額が1万円未満のもの
	上記の1に該当する「不動産の譲渡に関する契約書」のうち、平成26年4月1日から平成30年3月31日までに作成されるものについては、契約書の作成年月日及び記載された契約金額に応じ、右欄のとおり印紙税額が軽減されている。 (注) 契約金額の記載のないものの印紙税額は、本則どおり200円となる。		(平成26年4月1日～平成30年3月31日) 記載された契約金額が 1万円以上50万円以下のもの　200円 50万円を超え100万円以下のもの　500円 100万円を超え500万円以下のもの　1千円 500万円を超え1千万円以下のもの　5千円 1千万円を超え5千万円以下のもの　1万円 5千万円を超え1億円以下のもの　3万円 1億円を超え5億円以下のもの　6万円 5億円を超え10億円以下のもの　16万円 10億円を超え50億円以下のもの　32万円 50億円を超えるもの　48万円	

番号	課税物件		課税標準及び税率	非課税物件
	物件名	定義		
2	請負に関する契約書	1　請負には、職業野球の選手、映画の俳優その他これらに類する者で政令で定めるものの役務の提供を約することを内容とする契約を含むものとする。	1　契約金額の記載のある契約書 次に掲げる契約金額の区分に応じ、一通につき、次に掲げる税率とする。 100万円以下のもの　200円 100万円を超え200万円以下のもの　400円 200万円を超え300万円以下のもの　1千円 300万円を超え500万円以下のもの　2千円 500万円を超え1千万円以下のもの　1万円 1千万円を超え5千万円以下のもの　2万円 5千万円を超え1億円以下のもの　6万円 1億円を超え5億円以下のもの　10万円 5億円を超え10億円以下のもの　20万円 10億円を超え50億円以下のもの　40万円 50億円を超えるもの　60万円 2　契約金額の記載のない契約書 1通につき　200円	1　契約金額の記載のある契約書（課税物件表の適用に関する通則3イの規定が適用されることによりこの号に掲げる文書となるものを除く。）のうち、当該契約金額が1万円未満のもの
	上記の「請負に関する契約書」のうち、建設業法第2条第1項に規定する建設工事の請負に係る契約に基づき作成されるもので、平成26年4月1日から平成30年3月31日までに作成されるものについては、契約書の作成年月日及び記載された契約金額に応じ、右欄のとおり印紙税額が軽減されている。 （注）契約金額の記載のないものの印紙税額は、本則どおり200円となる。		（平成26年4月1日～平成30年3月31日） 記載された契約金額が 1万円以上200万円以下のもの　200円 200万円を超え300万円以下のもの　500円 300万円を超え500万円以下のもの　1千円 500万円を超え1千万円以下のもの　5千円 1千万円を超え5千万円以下のもの　1万円 5千万円を超え1億円以下のもの　3万円 1億円を超え5億円以下のもの　6万円 5億円を超え10億円以下のもの　16万円 10億円を超え50億円以下のもの　32万円 50億円を超えるもの　48万円	

番号	課税物件		課税標準及び税率	非課税物件
	物件名	定義		
3	約束手形又は為替手形		1　2に掲げる手形以外の手形 次に掲げる手形金額の区分に応じ、1通につき、次に掲げる税率とする。 100万円以下のもの　200円 100万円を超え200万円以下のもの　400円 200万円を超え300万円以下のもの　600円 300万円を超え500万円以下のもの　1千円 500万円を超え1千万円以下のもの　2千円 1千万円を超え2千万円以下のもの　4千円 2千万円を超え3千万円以下のもの　6千円 3千万円を超え5千万円以下のもの　1万円 5千万円を超え1億円以下のもの　2万円 1億円を超え2億円以下のもの　4万円 2億円を超え3億円以下のもの　6万円 3億円を超え5億円以下のもの　10万円 5億円を超え10億円以下のもの　15万円 10億円を超えるもの　20万円 2　次に掲げる手形 1通につき　200円 イ　一覧払の手形（手形法（昭和7年法律第20号）第34条第2項（一覧払の為替手形の呈示開始期日の定め）（同法第77条第1項第2号（約束手形への準用）において準用する場合を含む。）の定めをするものを除く。） ロ　日本銀行又は銀行その他政令で定める金融機関を振出人及び受取人とする手形（振出人である銀行その他当該政令で定める金融機関を受取人とするものを除く。） ハ　外国通貨により手形金額が表示される手形 ニ　外国為替及び外国貿易法第6条第1項第6号（定義）に規定する非居住者の本邦にある同法第16条の2（支	1　手形金額が10万円未満の手形 2　手形金額の記載のない手形 3　手形の複本又は謄本

番号	課税物件		課税標準及び税率	非課税物件
	物件名	定義		
			払等の制限）に規定する銀行等（以下この号において「銀行等」という。）に対する本邦通貨をもつて表示される勘定を通ずる方法により決済される手形で政令で定めるもの ホ　本邦から貨物を輸出し又は本邦に貨物を輸入する外国為替及び外国貿易法第6条第1項第5号（定義）に規定する居住者が本邦にある銀行等を支払人として振り出す本邦通貨により手形金額が表示される手形で政令で定めるもの ヘ　ホに掲げる手形及び外国の法令に準拠して外国において銀行業を営む者が本邦にある銀行等を支払人として振り出した本邦通貨により手形金額が表示される手形で政令で定めるものを担保として、銀行等が自己を支払人として振り出す本邦通貨により手形金額が表示される手形で政令で定めるもの	
4	株券、出資証券若しくは社債券又は投資信託、貸付信託、特定目的信託若しくは受益証券発行信託の受益証券	1　出資証券とは、相互会社（保険業法（平成7年法律第105号）第2条第5項（定義）に規定する相互会社をいう。以下同じ。）の作成する基金証券及び法人の社員又は出資者たる地位を証する文書（投資信託及び投資法人に関する法律（昭和26年法律第198号）に規定する投資証券を含む。）をいう。 2　社債券には、特別の法律により法人の発行する債券及び相互会社の社債券を含むものとする。	次に掲げる券面金額（券面金額の記載のない証券で株数又は口数の記載のあるものにあつては、1株又は1口につき政令で定める金額に当該株数又は口数を乗じて計算した金額）の区分に応じ、1通につき、次に掲げる税率とする。 500万円以下のもの　200円 500万円を超え1千万円以下のもの　1千円 1千万円を超え5千万円以下のもの　2千円 5千万円を超え1億円以下のもの　1万円 1億円を超えるもの　2万円	1　日本銀行その他特別の法律により設立された法人で政令で定めるものの作成する出資証券（協同組織金融機関の優先出資に関する法律（平成5年法律第44号）に規定する優先出資証券を除く。） 2　受益権を他の投資信託の受託者に取得させることを目的とする投資信託の受益証券で政令で定めるもの
5	合併契約書又は吸収分割契約書若しくは新設分割計画書	1　合併契約書とは、会社法（平成17年法律第86号）第748条（合併契約の締結）	1通につき　4万円	

番号	課税物件		課税標準及び税率	非課税物件
	物件名	定義		
		に規定する合併契約（保険業法第159条第１項（相互会社と株式会社の合併）に規定する合併契約を含む。）を証する文書（当該合併契約の変更又は補充の事実を証するものを含む。）をいう。 ２　吸収分割契約書とは、会社法第757条（吸収分割契約の締結）に規定する吸収分割契約を証する文書（当該吸収分割契約の変更又は補充の事実を証するものを含む。）をいう。 ３　新設分割計画書とは、会社法第762条第１項（新設分割計画の作成）に規定する新設分割計画を証する文書（当該新設分割計画の変更又は補充の事実を証するものを含む。）をいう。		
6	定款	１　定款は、会社（相互会社を含む。）の設立のときに作成される定款の原本に限るものとする。	１通につき　４万円	１　株式会社又は相互会社の定款のうち、公証人法第62条ノ３第３項（定款の認証手続）の規定により公証人の保存するもの以外のもの
7	継続的取引の基本となる契約書（契約期間の記載のあるもののうち、当該契約期間が３月以内であり、かつ、更新に関する定めのないものを除く。）	１　継続的取引の基本となる契約書とは、特約店契約書、代理店契約書、銀行取引約定書その他の契約書で、特定の相手方との間に継続的に生ずる取引の基本となるもののうち、政令で定めるものをいう。	１通につき　４千円	
8	預貯金証書		１通につき　200円	１　信用金庫その他政令で定める金融機関の作成する預貯金証書で、記載された預入額が１万円未満のもの

番号	課税物件		課税標準及び税率	非課税物件
	物件名	定義		
9	貨物引換証、倉庫証券又は船荷証券	1　貨物引換証又は船荷証券には、商法（明治32年法律第48号）第571条第２項（貨物引換証）の記載事項又は同法第769条（船荷証券）若しくは国際海上物品運送法（昭和32年法律第172号）第７条（船荷証券）の記載事項の一部を欠く証書で、これらの証券と類似の効用を有するものを含むものとする。 2　倉庫証券には、預証券、質入証券及び倉荷証券のほか、商法第599条（預証券等）の記載事項の一部を欠く証書で、これらの証券と類似の効用を有するものを含むものとし、農業倉庫証券及び連合農業倉庫証券を含まないものとする。	１通につき　200円	1　船荷証券の謄本
10	保険証券	1　保険証券とは、保険証券その他名称のいかんを問わず、保険法（平成20年法律第56号）第６条第１項（損害保険契約の締結時の書面交付）、第40条第１項（生命保険契約の締結時の書面交付）又は第69条第１項（傷害疾病定額保険契約の締結時の書面交付）その他の法令の規定により、保険契約に係る保険者が当該保険契約を締結したときに当該保険契約に係る保険契約者に対して交付する書面（当該保険契約者からの再交付の請求により交付するものを含み、保険業法第３条第５	１通につき　200円	

番号	課税物件		課税標準及び税率	非課税物件
	物件名	定義		
		項第3号（免許）に掲げる保険に係る保険契約その他政令で定める保険契約に係るものを除く。）をいう。		
11	信用状		1通につき　200円	
12	信託行為に関する契約書	1　信託行為に関する契約書には、信託証書を含むものとする。	1通につき　200円	
13	債務の保証に関する契約書（主たる債務の契約書に併記するものを除く。）		1通につき　200円	1　身元保証ニ関スル法律（昭和8年法律第42号）に定める身元保証に関する契約書
14	金銭又は有価証券の寄託に関する契約書		1通につき　200円	
15	債権譲渡又は債務引受けに関する契約書		1通につき　200円	1　契約金額の記載のある契約書のうち、当該契約金額が1万円未満のもの
16	配当金領収証又は配当金振込通知書	1　配当金領収証とは、配当金領収書その他名称のいかんを問わず、配当金の支払を受ける権利を表彰する証書又は配当金の受領の事実を証するための証書をいう。 2　配当金振込通知書とは、配当金振込票その他名称のいかんを問わず、配当金が銀行その他の金融機関にある株主の預貯金口座その他の勘定に振込済みである旨を株主に通知する文書をいう。	1通につき　200円	1　記載された配当金額が3千円未満の証書又は文書
17	1　売上代金に係る金銭又は有価証券の受取書 2　金銭又は有価証券の受取書で1に掲げる受取書以外のもの	1　売上代金に係る金銭又は有価証券の受取書とは、資産を譲渡し若しくは使用させること（当該資産に係る権利を設定することを含む。）又は役務を提供することによる対価（手付けを含み、金融商品取引法（昭和23年法	1　売上代金に係る金銭又は有価証券の受取書で受取金額の記載のあるもの 次に掲げる受取金額の区分に応じ、1通につき、次に掲げる税率とする。 100万円以下のもの　200円 100万円を超え200万円以下のもの　400円 200万円を超え300万円以下のもの　600円	1　記載された受取金額が5万円未満の受取書 2　営業（会社以外の法人で、法令の規定又は定款の定めにより利益金又は剰余金の配当又は分配をすることができることとなつているものが、その出資者以外の者に対して行う事業を含み、当該出資者

番号	課税物件		課税標準及び税率	非課税物件
	物件名	定義		
		律第25号）第２条第１項（定義）に規定する有価証券その他これに準ずるもので政令で定めるものの譲渡の対価、保険料その他政令で定めるものを除く。以下「売上代金」という。）として受け取る金銭又は有価証券の受取書をいい、次に掲げる受取書を含むものとする。 イ　当該受取書に記載されている受取金額の一部に売上代金が含まれている金銭又は有価証券の受取書及び当該受取金額の全部又は一部が売上代金であるかどうかが当該受取書の記載事項により明らかにされていない金銭又は有価証券の受取書 ロ　他人の事務の委託を受けた者（以下この欄において「受託者」という。）が当該委託をした者（以下この欄において「委託者」という。）に代わつて売上代金を受け取る場合に作成する金銭又は有価証券の受取書（銀行その他の金融機関が作成する預貯金口座への振込金の受取書その他これに類するもので政令で定めるものを除く。ニにおいて同じ。） ハ　受託者が委託者に代わつて受け取る売上代金の全部又は一部に相当す	300万円を超え500万円以下のもの　１千円 500万円を超え１千万円以下のもの　２千円 １千万円を超え２千万円以下のもの　４千円 ２千万円を超え３千万円以下のもの　６千円 ３千万円を超え５千万円以下のもの　１万円 ５千万円を超え１億円以下のもの　２万円 １億円を超え２億円以下のもの　４万円 ２億円を超え３億円以下のもの　６万円 ３億円を超え５億円以下のもの　10万円 ５億円を超え10億円以下のもの　15万円 10億円を超えるもの　20万円 2　1に掲げる受取書以外の受取書 １通につき　200円	がその出資をした法人に対して行う営業を除く。）に関しない受取書 3　有価証券又は第８号、第12号、第14号若しくは前号に掲げる文書に追記した受取書

番号	課税物件		課税標準及び税率	非課税物件
	物件名	定義		
		る金額を委託者が受託者から受け取る場合に作成する金銭又は有価証券の受取書 ニ　受託者が委託者に代わつて支払う売上代金の全部又は一部に相当する金額を委託者から受け取る場合に作成する金銭又は有価証券の受取書		
18	預貯金通帳、信託行為に関する通帳、銀行若しくは無尽会社の作成する掛金通帳、生命保険会社の作成する保険料通帳又は生命共済の掛金通帳	1　生命共済の掛金通帳とは、農業協同組合その他の法人が生命共済に係る契約に関し作成する掛金通帳で、政令で定めるものをいう。	1冊につき　200円	1　信用金庫その他政令で定める金融機関の作成する預貯金通帳 2　所得税法第9条第1項第2号（非課税所得）に規定する預貯金に係る預貯金通帳その他政令で定める普通預金通帳
19	第1号、第2号、第14号又は第17号に掲げる文書により証されるべき事項を付け込んで証明する目的をもつて作成する通帳（前号に掲げる通帳を除く。）		1冊につき　400円	
20	判取帳	1　判取帳とは、第1号、第2号、第14号又は第17号に掲げる文書により証されるべき事項につき2以上の相手方から付込証明を受ける目的をもつて作成する帳簿をいう。	1冊につき　4千円	

印紙税法施行令

発令　　：昭和42年5月31日号外政令第108号
最終改正：平成26年5月14日政令第179号

内閣は、印紙税法（昭和四十二年法律第二十三号）の規定に基づき、及び同法を実施するため、印紙税法施行規則（昭和十九年勅令第百八十三号）の全部を改正するこの政令を制定する。

（定義）

第一条　この政令において「課税文書」、「印紙税納付計器」、「指定計器」、「納付印」、「預貯金通帳等」、「納付印等」又は「記載金額」とは、それぞれ印紙税法（以下「法」という。）第三条第一項、第十条第一項、第十二条第一項、第十六条又は別表第一の課税物件表の適用に関する通則4に規定する課税文書、印紙税納付計器、指定計器、納付印、預貯金通帳等、納付印等又は記載金額をいう。

第二条及び第三条　削除〔昭和六三年一二月政令三六二号〕

（納税地）

第四条　法第六条第五号に掲げる政令で定める場所は、同号の課税文書の次の各号に掲げる区分に応じ、当該各号に掲げる場所とする。

一　その作成者の事業に係る事務所、事業所その他これらに準ずるものの所在地が記載されている課税文書　当該所在地

二　その他の課税文書　当該課税文書の作成の時における作成者の住所（住所がない場合には、居所。以下同じ。）

2　二以上の者が共同して作成した課税文書に係る法第六条第五号に掲げる政令で定める場所は、前項の規定にかかわらず、当該課税文書の次の各号に掲げる区分に応じ、当該各号に掲げる場所とする。

一　その作成者が所持している課税文書　当該所持している場所

二　その作成者以外の者が所持している課税文書　当該作成者のうち当該課税文書に最も先に記載されている者のみが当該課税文書を作成したものとした場合の前項各号に掲げる場所

（印紙を消す方法）

第五条　課税文書の作成者は、法第八条第二項の規定により印紙を消す場合には、自己又はその代理人（法人の代表者を含む。）、使用人その他の従業者の印章又は署名で消さなければならない。

（税印を押すことの請求等）

第六条　法第九条第一項の請求をしようとする者は、次に掲げる事項を記載した請求書を当該税務署長に提出しなければならない。

一　請求者の住所及び氏名又は名称

二　当該請求に係る課税文書の号別及び種類並びに当該種類ごとの数量

三　当該請求に係る課税文書に課されるべき印紙税額

四　その他参考となるべき事項

2　税務署長は、法第九条第三項の規定により同条第一項の請求を棄却する場合には、その旨及びその理由を記載した書類を当該請求をした者に交付するものとする。

（計器の指定の申請等）

第七条　法第十条第一項の指定を受けようとする者は、次に掲げる事項を記載した申請書を国税庁長官に提出しなければならない。

一　申請者の住所及び氏名又は名称

二　当該指定を受けようとする計器の製造者の住所及び氏名又は名称

三　当該計器の名称、型式、構造、機能及び操作の方法

四　その他参考となるべき事項

2　前項の申請書を提出した者は、当該指定を受けようとする計器を国税庁長官に提示しなければならない。

3　法第十条第一項の指定は、当該指定をしようとする計器の名称、型式、構造及び機能を告示することにより行なうものとする。

4　国税庁長官は、法第十条第一項の指定をした場

合には、その旨を第一項の申請者に通知するものとする。

（印紙税納付計器の設置の承認の申請等）

第八条　法第十条第一項の承認を受けようとする者は、次に掲げる事項を記載した申請書を当該税務署長に提出しなければならない。

一　申請者の住所及び氏名又は名称

二　当該印紙税納付計器を設置しようとする場所

三　当該印紙税納付計器に係る指定計器の名称、型式及び計器番号

四　当該印紙税納付計器を設置しようとする年月日

五　その他参考となるべき事項

2　税務署長は、前項の申請書の提出があつた場合には、同項の申請者が法第十条第五項の規定により当該承認を取り消された日から二年を経過するまでの者であるときその他印紙税の保全上不適当と認められるときを除き、その承認を与えるものとする。

3　法第十条第二項の承認を受けようとする者は、次に掲げる事項を記載した申請書を当該税務署長に提出しなければならない。

一　申請者の住所及び氏名又は名称

二　当該印紙税納付計器を設置する場所

三　当該印紙税納付計器に係る指定計器の名称、型式及び計器番号

四　当該印紙税納付計器により申請者が交付を受ける課税文書に納付印を押そうとする最初の日

五　申請の理由

六　その他参考となるべき事項

4　法第十条第三項の請求をしようとする者は、次に掲げる事項を記載した請求書を当該税務署長に提出するとともに、印紙税納付計器その他同項の措置を受けるため必要な物件を提示しなければならない。

一　請求者の住所及び氏名又は名称

二　当該印紙税納付計器の設置場所

三　当該印紙税納付計器に係る指定計器の名称、型式及び計器番号

四　当該印紙税納付計器により表示しようとする印紙税に相当する金額の総額

五　その他参考となるべき事項

5　税務署長は、法第十条第六項の規定により印紙税納付計器に封を施す場合には、当該封を破らなければ同条第三項の措置を講じた金額の総額又は当該印紙税納付計器により表示した印紙税に相当する金額の累計額若しくは納付印を押した回数を変更することができない箇所に行うものとする。

6　税務署長は、法第十条第五項の規定により同条第一項の承認を取り消す場合には、その旨及びその理由を記載した書類を当該承認を取り消される者に交付するものとする。この場合には、税務署長は、当該取消しに係る印紙税納付計器につき同条第六項の封の解除その他必要な措置を講ずるものとする。

第九条　削除〔昭和六二年九月政令三三二号〕

（書式表示による申告及び納付の承認の申請等）

第十条　法第十一条第一項の承認を受けようとする者は、当該承認を受けようとする課税文書の同項各号の区分ごとに、次に掲げる事項を記載した申請書を当該税務署長に提出しなければならない。

一　申請者の住所及び氏名又は名称

二　当該承認を受けようとする課税文書の次に掲げる区分に応じ、次に掲げる事項

イ　法第十一条第一項第一号に掲げるもの　当該課税文書の号別及び種類並びに当該課税文書の作成につき同項の規定の適用を受けようとする最初の日

ロ　法第十一条第一項第二号に掲げるもの　当該課税文書の号別及び種類並びに当該種類ごとの作成予定数量及び作成予定年月日

三　当該課税文書の様式又は形式

四　当該課税文書の作成の事実が明らかにされる方法

五　その他参考となるべき事項

2　法第十一条第四項の規定による申告書には、同項各号に掲げる事項のほか、次に掲げる事項を記載しなければならない。

一　申告者の住所及び氏名又は名称

二　当該申告に係る課税文書の作成場所

3　法第十一条第四項の規定による申告書は、当該申告に係る課税文書の同条第一項各号の区分ごとに提出しなければならない。

4　法第十一条第四項の規定による申告書を提出す

る義務がある者が当該申告書の提出期限前に当該申告書を提出しないで死亡した場合において、法第十九条の規定によりその者の申告義務を承継した相続人（包括受遺者を含む。以下同じ。）が提出する当該申告書には、次に掲げる事項を併せて記載しなければならない。

一　各相続人の住所、氏名、被相続人（包括遺贈者を含む。）との続柄、民法（明治二十九年法律第八十九号）第九百条から第九百二条まで（法定相続分・代襲相続人の相続分・遺言による相続分の指定）の規定による相続分及び相続（包括遺贈を含む。）によつて得た財産の価額

二　相続人が限定承認をした場合には、その旨

三　相続人が二人以上ある場合には、当該申告書の提出により納付すべき税額を第一号に規定する各相続人の相続分によりあん分して計算した額に相当する印紙税額

5　相続人が二人以上ある場合には、前項の申告書は、各相続人が連署して提出するものとする。ただし、他の相続人の氏名を付記して、各別に当該申告書を提出することを妨げない。

6　前項ただし書に規定する方法により第四項の申告書を提出した相続人は、直ちに、他の相続人に対し、当該申告書に記載した事項の要領を通知するものとする。

7　法第十一条第六項の規定による届出は、次に掲げる事項を記載した書面により行うものとする。

一　届出者の住所及び氏名又は名称

二　当該適用を受ける必要がなくなる年月日並びにその課税文書の号別及び種類

三　当該課税文書につき法第十一条第一項の承認を受けた年月日

四　その他参考となるべき事項

（書式表示をすることができる預貯金通帳等の範囲）

第十一条　法第十二条第一項に規定する政令で定める通帳は、次に掲げる通帳とする。

一　普通預金通帳

二　通知預金通帳

三　定期預金通帳（第七号に該当するものを除く。）

四　当座預金通帳

五　貯蓄預金通帳

六　勤務先預金通帳（労働基準法（昭和二十二年法律第四十九号）第十八条第四項（預金の利子）又は船員法（昭和二十二年法律第百号）第三十四条第三項（預金の利子）に規定する預金の受入れに関し作成するものに限る。）

七　複合預金通帳（法別表第一第十八号に掲げる預貯金通帳のうち、性格の異なる二以上の預貯金に関する事項を併せて付け込んで証明する目的をもつて作成する通帳をいう。）

八　複合寄託通帳（法別表第一第十九号に掲げる通帳のうち、預貯金に関する事項及び有価証券の寄託に関する事項を併せて付け込んで証明する目的をもつて作成する通帳をいう。）

（預貯金通帳等に係る申告及び納付の承認の申請等）

第十二条　法第十二条第一項の承認を受けようとする者は、次に掲げる事項を記載した申請書を、その年の二月十六日から三月十五日までの期間内に、当該税務署長に提出しなければならない。

一　申請者の住所及び氏名又は名称

二　当該承認を受けようとする預貯金通帳等の前条各号の区分

三　その他参考となるべき事項

2　法第十二条第四項に規定する口座の数として政令で定めるところにより計算した数は、当該期間の開始の時における当該預貯金通帳等の種類ごとの当該預貯金通帳等に係る口座（統括して管理されている一の預貯金通帳等に係る二以上の口座については、これらの口座を一の口座とし、一括して整理するために設けられている二以上の預貯金通帳等に係る口座については、当該口座を構成する各別の口座とする。以下この条及び第十八条第二項において同じ。）の数から、睡眠口座の数及び法別表第一第十八号の非課税物件の欄２に規定する通帳に係る口座（第十八条第二項において「非課税預貯金通帳に係る口座」という。）の数を控除して計算した数とする。

3　前項に規定する睡眠口座とは、当該預貯金通帳等に係る口座につきその残高（有価証券の寄託に係る口座については、当該寄託がされている有価証券の券面金額の合計額とする。）が千円に満たないもので、当該口座における最後の取引の日から三年を経過したものをいう。

4　法第十二条第五項の規定による申告書には、同項各号に掲げる事項のほか、次に掲げる事項を記載しなければならない。
一　申告者の住所及び氏名又は名称
二　当該申告に係る課税文書の作成場所
5　第十条第四項から第六項までの規定は、法第十二条第五項の規定による申告書を提出する義務がある者が当該申告書の提出期限前に当該申告書を提出しないで死亡した場合について、準用する。
第十三条　削除〔昭和六三年一二月政令三六二号〕
（過誤納の確認等）
第十四条　法第十四条第一項の確認を受けようとする者は、次に掲げる事項を記載した申請書を当該税務署長に提出しなければならない。
一　申請者の住所及び氏名又は名称
二　当該過誤納に係る印紙税の次に掲げる区分に応じ、次に掲げる事項
イ　印紙をはり付けた文書、税印を押した文書又は印紙税納付計器により印紙税額に相当する金額を表示して納付印を押した文書に係る印紙税　当該文書の種類、当該種類ごとの数量、当該過誤納となつた金額及び当該印紙をはり付け又は当該税印若しくは納付印を押した年月日
ロ　イに掲げる印紙税を除くほか、法第九条第二項又は法第十条第四項の規定により納付した印紙税　当該納付した印紙税の額、当該印紙税の額のうち過誤納となつた金額及び当該納付した年月日
三　過誤納となつた理由
四　その他参考となるべき事項
2　法第十四条第一項の確認を受けようとする者は、前項の申請書を提出する際、当該過誤納となつた事実を証するため必要な文書その他の物件を当該税務署長に提示しなければならない。
3　税務署長は、法第十四条第一項の確認をしたときは、前項の規定により提示された文書その他の物件に当該確認をしたことを明らかにするため必要な措置を講ずるものとする。
4　法第十四条第二項の規定による確認と充当との請求をしようとする者は、第一項各号に掲げる事項及び当該過誤納金をその納付すべき印紙税に充当することを請求する旨を記載した請求書を当該税務署長に提出しなければならない。
5　第二項の規定は法第十四条第二項の確認及び充当の請求をする場合について、第三項の規定は同条第二項の充当をした場合について、それぞれ準用する。
（担保の提供の期限等）
第十五条　国税庁長官、国税局長又は税務署長は、法第十五条第一項の規定により担保の提供を命ずる場合には、これを提供すべき期限を指定しなければならない。
2　前項の担保は、その提供を命じた者の承認を受けた場合には、順次その総額を分割して提供することができる。
（納付印等の製造等の承認の申請）
第十六条　法第十六条ただし書の承認を受けようとする者は、次に掲げる事項を記載した申請書を当該税務署長に提出しなければならない。
一　申請者の住所及び氏名又は名称
二　当該製造、販売又は所持をしようとする場所
三　当該製造、販売又は所持をしようとする納付印等の区分及び区分ごとの数量
四　当該製造、販売又は所持をしようとする物が納付印の印影に紛らわしい外観を有する印影を生ずべき印であるときは、当該印影の図案
五　申請の理由
六　その他参考となるべき事項
（印紙税納付計器販売業等の申告等）
第十七条　法第十七条第一項前段の規定による申告をしようとする者は、次に掲げる事項を記載した申告書を当該税務署長に提出しなければならない。
一　申告者の住所及び氏名又は名称
二　当該販売場又は製造場の所在地（販売場を設けない場合には、その旨）
三　当該販売又は製造をしようとする印紙税納付計器又は納付印の区分
四　当該販売をしようとする物が印紙税納付計器であるときは、当該印紙税納付計器に係る指定計器の名称及び型式
五　当該販売又は製造の開始の年月日
六　その他参考となるべき事項
2　法第十七条第一項後段の規定による申告をしよ

うとする者は、次に掲げる事項を記載した申告書を前項の税務署長に提出しなければならない。
一　申告者の住所及び氏名又は名称
二　当該販売場又は製造場の所在地
三　販売業又は製造業の廃止の年月日又は休止の期間
四　その他参考となるべき事項
3　法第十七条第二項の届出をしようとする者は、次に掲げる事項を記載した書類を当該税務署長に提出するとともに、当該印紙税納付計器を提示しなければならない。
一　提出者の住所及び氏名又は名称
二　当該印紙税納付計器を設置した場所
三　当該印紙税納付計器に係る指定計器の名称、型式及び計器番号
四　当該設置の廃止の年月日
五　その他参考となるべき事項
（記帳義務）
第十八条　法第十一条第一項の承認を受けた者は、次に掲げる事項を帳簿に記載しなければならない。
一　当該承認に係る課税文書の号別及び種類並びに当該種類ごとの当該課税文書の用紙の受入れの数量及び年月日並びに受入先の住所及び氏名又は名称
二　当該承認に係る課税文書の次に掲げる区分に応じ、当該課税文書の種類ごとの次に掲げる事項
イ　法別表第一第一号から第四号まで又は第十七号の課税文書　当該課税文書の税率区分ごとの作成の数量及び年月日
ロ　イ以外の課税文書　当該課税文書の作成の数量及び年月日
2　法第十二条第一項の承認を受けた者は、同項に規定する期間の開始の時における次に掲げる事項を帳簿に記載しなければならない。
一　当該承認に係る預貯金通帳等の第十一条各号の区分ごとの当該預貯金通帳等に係る口座の数
二　第十二条第三項に規定する睡眠口座及び非課税預貯金通帳に係る口座の数
3　印紙税納付計器の販売業者又は納付印の製造業者若しくは販売業者は、次に掲げる事項を帳簿に記載しなければならない。
一　受け入れ又は製造した指定計器又は納付印等の区分並びに当該区分ごとの受入れ又は製造の数量及び年月日並びに受入先の住所及び氏名又は名称
二　販売した指定計器又は納付印等の区分並びに当該区分ごとの販売の数量及び年月日並びに販売先の住所及び氏名又は名称
三　貯蔵している指定計器又は納付印等の区分及び区分ごとの数量
（印紙税を納付していない旨の申出等）
第十九条　法第二十条第二項の申出をしようとする者は、次に掲げる事項を記載した申出書を当該税務署長に提出しなければならない。
一　申出者の住所及び氏名又は名称
二　当該申出に係る課税文書の号別及び種類、数量並びにその作成年月日
三　当該課税文書に課されるべき印紙税額及び当該課税文書につき納付していない印紙税額並びにこれらの印紙税額のそれぞれの合計額
四　その他参考となるべき事項
2　法第二十条第六項に規定する政令で定める事項は、次に掲げる事項とする。
一　当該過怠税に係る課税文書の号別及び種類、数量並びにその作成年月日並びに作成者の住所及び氏名又は名称
二　当該課税文書の所持者が明らかな場合には、当該所持者の住所及び氏名又は名称
三　過怠税を徴収する理由
第二十条　削除〔平成二三年一二月政令三八二号〕
（その役務の提供を約することを内容とする契約が請負となる者の範囲）
第二十一条　法別表第一第二号の定義の欄に規定する政令で定める者は、次に掲げる者とする。
一　プロボクサー
二　プロレスラー
三　演劇の俳優
四　音楽家
五　舞踊家
六　映画又は演劇の監督、演出家又はプロジューサー
七　テレビジョン放送の演技者、演出家又はプロジューサー

2　法別表第一第二号の定義の欄に規定する契約は、職業野球の選手、映画の俳優又は前項に掲げる者のこれらの者としての役務の提供を約することを内容とする契約に限るものとする。

（相互間の手形の税率が軽減される金融機関の範囲）

第二十二条　法別表第一第三号の課税標準及び税率の欄２ロに規定する政令で定める金融機関は、次に掲げる金融機関（第九号及び第十号に掲げるものにあつては、貯金又は定期積金の受入れを行うものに限る。）とする。

一　信託会社

二　保険会社

三　信用金庫及び信用金庫連合会

四　労働金庫及び労働金庫連合会

五　農林中央金庫

六　株式会社商工組合中央金庫

七　株式会社日本政策投資銀行

八　信用協同組合及び信用協同組合連合会

九　農業協同組合及び農業協同組合連合会

十　漁業協同組合、漁業協同組合連合会、水産加工業協同組合及び水産加工業協同組合連合会

十一　金融商品取引法（昭和二十三年法律第二十五号）第二条第三十項（定義）に規定する証券金融会社

十二　コール資金の貸付け又はその貸借の媒介を業として行う者のうち、財務大臣の指定するもの

（非居住者円の手形の範囲及び表示）

第二十三条　法別表第一第三号の課税標準及び税率の欄２ニに規定する政令で定める手形は、外国為替及び外国貿易法（昭和二十四年法律第二百二十八号）第六条第一項第六号（定義）に規定する非居住者（第二十三条の三において「非居住者」という。）の本邦にある同法第十六条の二（支払等の制限）に規定する銀行等（以下「銀行等」という。）に対する本邦通貨をもつて表示される勘定を通ずる方法により決済される輸出に係る荷為替手形で、銀行等により当該手形であることにつき確認を受けて財務省令で定める表示を受けたものとする。

（税率が軽減される居住者振出しの手形の範囲及び表示）

第二十三条の二　法別表第一第三号の課税標準及び税率の欄２ホに規定する政令で定める手形は、次の各号に掲げる手形（同欄２イに掲げる一覧払の手形を除く。）で、銀行等により当該各号に掲げる手形であることにつき確認を受けて財務省令で定める表示を受けたものとする。

一　本邦から貨物を輸出する外国為替及び外国貿易法第六条第一項第五号（定義）に規定する居住者（以下この条において「居住者」という。）が本邦にある銀行等を支払人として振り出す本邦通貨により手形金額が表示される満期の記載のある輸出に係る荷為替手形

二　本邦から貨物を輸出する居住者が本邦にある銀行等以外の者を支払人として振り出した本邦通貨により手形金額が表示された満期の記載のある輸出に係る荷為替手形につき本邦にある銀行等の割引を受けた場合において、当該銀行等の当該割引のために要した資金の調達に供するため、当該居住者が当該銀行等を支払人として振り出す本邦通貨により手形金額が表示される満期の記載のある為替手形

三　本邦に貨物を輸入する居住者が輸入代金の支払のための資金を本邦にある銀行等から本邦通貨により融資を受けた場合において、当該銀行等の当該融資のために要した資金の調達に供するため、当該居住者が当該銀行等を支払人として振り出す本邦通貨により手形金額が表示される満期の記載のある為替手形

（税率が軽減される手形の担保となる外国の銀行が振り出す手形の範囲）

第二十三条の三　法別表第一第三号の課税標準及び税率の欄２へに規定する外国の法令に準拠して外国において銀行業を営む者（以下この条において「外国の銀行」という。）が本邦にある銀行等を支払人として振り出した本邦通貨により手形金額が表示される政令で定める手形は、非居住者が外国において振り出した本邦通貨により手形金額が表示された満期の記載のある輸出に係る荷為替手形の割引をし、又は非居住者に輸入代金の支払のための資金を本邦通貨により融資した外国の銀行が、当該割引又は当該融資のために要した資金を調達するため、本邦にある銀行等を支払人として振り

出した本邦通貨により手形金額が表示される満期の記載のある為替手形とする。

（税率が軽減される銀行等振出しの手形の範囲及び表示）

第二十三条の四　法別表第一第三号の課税標準及び税率の欄２へに規定する銀行等が自己を支払人として振り出す本邦通貨により手形金額が表示される政令で定める手形は、前二条に規定する手形を担保として、本邦にある銀行等が自己を支払人として振り出す本邦通貨により手形金額が表示される満期の記載のある為替手形（同欄２イに掲げる一覧払の手形を除く。）で、当該銀行等において財務省令で定める表示をしたものとする。

（株券等に係る一株又は一口の金額）

第二十四条　法別表第一第四号の課税標準及び税率の欄に規定する政令で定める金額は、次の各号に掲げる証券の区分に応じ、当該各号に定める金額とする。

一　株券　当該株券に係る株式会社が発行する株式の払込金額（株式一株と引換えに払い込む金銭又は給付する金銭以外の財産の額をいい、払込金額がない場合にあつては、当該株式会社の資本金の額及び資本準備金の額の合計額を発行済株式（当該発行する株式を含む。）の総数で除して得た額）

二　投資証券　当該投資証券に係る投資法人が発行する投資口の払込金額（投資口一口と引換えに払い込む金銭の額をいい、払込金額がない場合にあつては、当該投資法人の出資総額を投資口（当該発行する投資口を含む。）の総口数で除して得た額）

三　オープン型の委託者指図型投資信託の受益証券　当該受益証券に係る信託財産の信託契約締結当初の信託の元本の総額を当該元本に係る受益権の口数で除して得た額（法第十一条第一項第一号の規定に該当する受益証券で同項の承認を受けたものにあつては、当該受益証券に係る信託財産につきその月中に信託された元本の総額を当該元本に係る受益権の口数で除して得た額）

四　受益証券発行信託の受益証券　当該受益証券に係る信託財産の価額を当該信託財産に係る受益権の口数で除して得た額

（出資証券が非課税となる法人の範囲）

第二十五条　法別表第一第四号の非課税物件の欄に規定する政令で定める法人は、次に掲げる法人とする。

一　協業組合、商工組合及び商工組合連合会

二　漁業共済組合及び漁業共済組合連合会

三　商店街振興組合及び商店街振興組合連合会

四　消費生活協同組合及び消費生活協同組合連合会

五　信用金庫及び信用金庫連合会

六　森林組合、生産森林組合及び森林組合連合会

七　水産業協同組合

八　生活衛生同業組合、生活衛生同業小組合及び生活衛生同業組合連合会

九　中小企業等協同組合

十　農業協同組合、農業協同組合連合会及び農事組合法人

十一　農林中央金庫

十二　輸出組合及び輸入組合

十三　労働金庫及び労働金庫連合会

（非課税となる受益証券の範囲）

第二十五条の二　法別表第一第四号の非課税物件の欄２に規定する政令で定める受益証券は、同欄２に規定する投資信託に係る信託契約により譲渡が禁止されている記名式の受益証券で、券面に譲渡を禁ずる旨の表示がされているものとする。

（継続的取引の基本となる契約書の範囲）

第二十六条　法別表第一第七号の定義の欄に規定する政令で定める契約書は、次に掲げる契約書とする。

一　特約店契約書その他名称のいかんを問わず、営業者（法別表第一第十七号の非課税物件の欄に規定する営業を行う者をいう。）の間において、売買、売買の委託、運送、運送取扱い又は請負に関する二以上の取引を継続して行うため作成される契約書で、当該二以上の取引に共通して適用される取引条件のうち目的物の種類、取扱数量、単価、対価の支払方法、債務不履行の場合の損害賠償の方法又は再販売価格を定めるもの（電気又はガスの供給に関するものを除く。）

二　代理店契約書、業務委託契約書その他名称のいかんを問わず、売買に関する業務、金融機関の業務、保険募集の業務又は株式の発行若しくは名義書換えの事務を継続して委託するため作成される契約書で、委託される業務又は事務の範囲又は対価の支払方法を定めるもの

三　銀行取引約定書その他名称のいかんを問わず、金融機関から信用の供与を受ける者と当該金融機関との間において、貸付け（手形割引及び当座貸越しを含む。）、支払承諾、外国為替その他の取引によつて生ずる当該金融機関に対する一切の債務の履行について包括的に履行方法その他の基本的事項を定める契約書

四　信用取引口座設定約諾書その他名称のいかんを問わず、金融商品取引法第二条第九項（定義）に規定する金融商品取引業者又は商品先物取引法（昭和二十五年法律第二百三十九号）第二条第二十三項（定義）に規定する商品先物取引業者とこれらの顧客との間において、有価証券又は商品の売買に関する二以上の取引（有価証券の売買にあつては信用取引又は発行日決済取引に限り、商品の売買にあつては商品市場における取引（商品清算取引を除く。）に限る。）を継続して委託するため作成される契約書で、当該二以上の取引に共通して適用される取引条件のうち受渡しその他の決済方法、対価の支払方法又は債務不履行の場合の損害賠償の方法を定めるもの

五　保険特約書その他名称のいかんを問わず、損害保険会社と保険契約者との間において、二以上の保険契約を継続して行うため作成される契約書で、これらの保険契約に共通して適用される保険要件のうち保険の目的の種類、保険金額又は保険料率を定めるもの

（預貯金証書等が非課税となる金融機関の範囲）

第二十七条　法別表第一第八号及び第十八号の非課税物件の欄に規定する政令で定める金融機関は、次に掲げる金融機関とする。

一　信用金庫連合会

二　労働金庫及び労働金庫連合会

三　農林中央金庫

四　信用協同組合及び信用協同組合連合会

五　農業協同組合及び農業協同組合連合会

六　漁業協同組合、漁業協同組合連合会、水産加工業協同組合及び水産加工業協同組合連合会

（保険証券に該当しない書面を交付する保険契約の範囲）

第二十七条の二　法別表第一第十号の定義の欄に規定する政令で定める保険契約は、次に掲げる契約とする。

一　人が外国への旅行又は国内の旅行のために住居を出発した後、住居に帰着するまでの間における保険業法（平成七年法律第百五号）第三条第五項第一号又は第二号に掲げる保険に係る保険契約

二　人が航空機に搭乗している間における保険業法第三条第五項第一号又は第二号に掲げる保険に係る保険契約

三　既に締結されている保険契約（以下この号において「既契約」という。）の保険約款（特約を含む。）に次に掲げる定めのいずれかの記載がある場合において、当該定めに基づき当該既契約を更新する保険契約（当該既契約の更新の際に法別表第一第十号の定義の欄に規定する規定により、当該既契約の保険者から当該既契約の保険契約者に対して交付する書面において、当該保険契約者からの請求により同号に掲げる保険証券に該当する書面を交付する旨の記載がある場合のものに限る。）

イ　既契約の保険期間の満了に際して当該既契約の保険者又は当該既契約の保険契約者のいずれかから当該既契約を更新しない旨の意思表示がないときは当該既契約を更新する旨の定め

ロ　既契約の保険期間の満了に際して新たに保険契約の締結を申し込む旨の書面を用いることなく、当該既契約に係る保険事故、保険金額及び保険の目的物と同一の内容で当該既契約を更新する旨の定め

四　共済に係る契約

（売上代金に該当しない対価の範囲等）

第二十八条　法別表第一第十七号の定義の欄に規定する政令で定める有価証券は、次に掲げるものとする。

付録　法令通達編

一　金融商品取引法第二条第一項第一号から第十五号まで（定義）に掲げる有価証券及び同項第十七号に掲げる有価証券（同項第十六号に掲げる有価証券の性質を有するものを除く。）に表示されるべき権利（これらの有価証券が発行されていないものに限る。）

二　合名会社、合資会社又は合同会社の社員の持分、法人税法（昭和四十年法律第三十四号）第二条第七号（定義）に規定する協同組合等の組合員又は会員の持分その他法人の出資者の持分

三　株主又は投資主（投資信託及び投資法人に関する法律（昭和二十六年法律第百九十八号）第二条第十六項（定義）に規定する投資主をいう。）となる権利、優先出資者（協同組織金融機関の優先出資に関する法律（平成五年法律第四十四号）第十三条（優先出資者となる時期）の優先出資者をいう。）となる権利、特定社員（資産の流動化に関する法律（平成十年法律第百五号）第二条第五項（定義）に規定する特定社員をいう。）又は優先出資社員（同法第二十六条（社員）に規定する優先出資社員をいう。）となる権利その他法人の出資者となる権利

2　法別表第一第十七号の定義の欄に規定する政令で定める対価は、次に掲げる対価とする。

一　公債及び社債（特別の法律により法人の発行する債券及び相互会社の社債を含む。）並びに預貯金の利子

二　財務大臣と銀行等との間又は銀行等相互間で行われる外国為替及び外国貿易法第六条第一項第八号（定義）に規定する対外支払手段又は同項第十三号に規定する債権であつて外国において若しくは外国通貨をもつて支払を受けることができるものの譲渡の対価

3　法別表第一第十七号の定義の欄１ロに規定する政令で定める受取書は、銀行その他の金融機関が作成する信託会社（金融機関の信託業務の兼営等に関する法律（昭和十八年法律第四十三号）により同法第一条第一項（兼営の認可）に規定する信託業務を営む同項に規定する金融機関を含む。）にある信託勘定への振込金又は為替取引における送金資金の受取書とする。

（生命共済の掛金通帳の範囲）

第二十九条　法別表第一第十八号の定義の欄に規定する政令で定める掛金通帳は、農業協同組合法（昭和二十二年法律第百三十二号）第十条第一項第十号（共済に関する施設）の事業を行う農業協同組合又は農業協同組合連合会が死亡又は生存を共済事故とする共済（建物その他の工作物又は動産について生じた損害を併せて共済事故とするものを除く。）に係る契約に関し作成する掛金通帳とする。

（非課税となる普通預金通帳の範囲）

第三十条　法別表第一第十八号の非課税物件の欄２に規定する政令で定める普通預金通帳は、所得税法（昭和四十年法律第三十三号）第十条（障害者等の少額預金の利子所得等の非課税）の規定によりその利子につき所得税が課されないこととなる普通預金に係る通帳（第十一条第七号に掲げる通帳を除く。）とする。

（非課税となる資金の貸付けに関する文書の範囲）

第三十一条　法別表第三に規定する船員保険法（昭和十四年法律第七十三号）又は国民健康保険法（昭和三十三年法律第百九十二号）に定める資金の貸付けに関する文書のうち政令で定めるものは、次に掲げる文書とする。

一　船員保険法第百十一条第二項（保健事業及び福祉事業）に規定する資金の貸付け（同法第八十三条第一項（高額療養費）又は第七十三条第一項（出産育児一時金）若しくは第八十一条（家族出産育児一時金）の規定により高額療養費又は出産育児一時金若しくは家族出産育児一時金（以下この号において「療養費等」という。）が支給されるまでの間において行われる当該療養費等の支給に係る療養又は出産のため必要な費用に係る資金の貸付けに限る。）に関して作成する文書

二　国民健康保険法第八十二条第二項（保健事業）に規定する資金の貸付け（同法第五十七条の二第一項（高額療養費）又は第五十八条第一項（その他の給付）の規定により高額療養費又は出産育児一時金（以下この号において「療養費等」という。）が支給されるまでの間において行われる当該療養費等の支給に係る療養又は出産のための費用に係る資金の貸付けに限る。）に関して作成する文書

印紙税法施行規則

発令　　：昭和42年5月31日大蔵省令第19号
最終改正：平成12年8月21日大蔵省令第69号

印紙税法及び印紙税法施行令の規定に基づき、印紙税法施行細則（昭和39年大蔵省令第18号）の全部を改正する省令を次のように定める。

第一条　削除

（税印を押すことの請求をすることができる税務署等）

第二条　印紙税法（昭和四十二年法律第二十三号。以下「法」という。）第九条第一項に規定する財務省令で定める税務署は、別表第二のとおりとする。

2　法第九条第一項に規定する財務省令で定める印影の形式は、別表第三のとおりとする。

（納付印の印影の形式等）

第三条　法第十条第一項に規定する財務省令で定める印影の形式は、別表第四のとおりとする。

2　法第十条第一項に規定する印紙税納付計器により、印紙税に相当する金額を表示して納付印を押す場合には、赤色のインキを使用しなければならない。

（書式表示等の書式）

第四条　法第十一条第三項及び第十二条第三項に規定する財務省令で定める書式は、別表第五のとおりとする。

（非居住者円手形の表示の書式）

第五条　印紙税法施行令（昭和四十二年政令第百八号。次条において「令」という。）第二十三条に規定する財務省令で定める表示の書式は、別表第六のとおりとする。

（円建銀行引受手形の表示の書式）

第六条　令第二十三条の二及び第二十三条の四に規定する財務省令で定める表示の書式は、別表第七のとおりとする。

別表第一　削除

別表第二

所轄国税局又は沖縄国税事務所	税務署名
東京	麹町、日本橋、京橋、芝、四谷、麻布、浅草、品川、世田谷、渋谷、新宿、豊島、王子、本所、立川、横浜中、川崎南、小田原、千葉東、甲府
関東信越	浦和、川越、熊谷、水戸、宇都宮、足利、前橋、長野、諏訪、松本、新潟、長岡
大阪	東、西、南、北、阿倍野、東淀川、茨木、堺、門真、上京、下京、福知山、神戸、尼崎、姫路、奈良、和歌山、大津
札幌	札幌中、函館、小樽、旭川中、室蘭、北見、釧路、帯広
仙台	仙台北、盛岡、福島、いわき、秋田南、青森、山形、酒田、米沢
名古屋	名古屋中、名古屋中村、昭和、熱田、一宮、岡崎、豊橋、静岡、沼津、浜松西、津、四日市、岐阜北
金沢	金沢、小松、福井、富山、高岡
広島	広島東、海田、尾道、福山、山口、徳山、下関、宇部、岡山東、鳥取、米子、松江
高松	高松、松山、今治、徳島、高知
福岡	福岡、博多、飯塚、久留米、小倉、佐賀、長崎、佐世保
熊本	熊本西、大分、鹿児島、川内、宮崎、延岡
沖縄	那覇、沖縄

別表第三

直径　40ミリメートル

別表第四

第一号

縦　26ミリメートル
横　22ミリメートル

付録　法令通達編

第二号

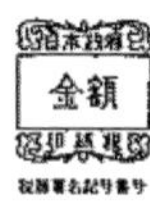

甲　縦　26ミリメートル
　　横　22ミリメートル
乙　縦　28.6ミリメートル
　　横　24.2ミリメートル

別表第五

第一号

印紙税申告納付につき税務署承認済

縦　17ミリメートル以上
横　15ミリメートル以上

第二号

印紙税申告納
付につき
税務署承認済

縦　15ミリメートル以上
横　17ミリメートル以上

別表第六

銀行
非居住者円
印紙税法上の表示

縦　20ミリメートル
横　30ミリメートル

別表第七

銀行
円建銀行引受手形
印紙税法上の表示

縦　21ミリメートル
横　23ミリメートル

印紙税法基本通達

発令　　：昭和52年４月７日
最終改正：平成26年３月31日課消３-21・課審８-12

○印紙税法基本通達の全部改正について

昭和52年４月７日
間消１-36
官会１-31
徴管１-７
徴徴１-11
国税局長
国税庁長官

改正　昭59間消３-24、平元間消３-15、平13課消３-12、平13課消３-47、平14課消３-７、平15課消３-６、平17課消３-14、平18課消３-36、平19課消３-47、平20課消３-74、平22課消３-45

印紙税法基本通達（昭和44年５月22日付間消１-64ほか３課共同）の全部を別冊のとおり改正したから、昭和52年５月１日以降、これによられたい。

なお、この通達の施行に伴い、下記の通達は廃止するから併せて了知されたい。

（理由）　印紙税法の一部改正に伴い所要の整備を図るとともに、その全般について明確化を図る必要があるからである。

印紙税法基本通達目次

第１章　総則

第１節　用語の意義

（用語の意義）

第１条　この通達において、次に掲げる用語の意義は、それぞれ次に定めるところによる。

（1）　法　印紙税法（昭和42年法律第23号）をいう。

（2）　令　印紙税法施行令（昭和42年政令第108号）をいう。

（3）　規則　印紙税法施行規則（昭和42年大蔵省令第19号）をいう。

付録　法令通達編

（4） 通則法　国税通則法（昭和37年法律第66号）をいう。

（5） 課税物件表　法別表第1の課税物件表をいう。

（6） 非課税法人の表　法別表第2の非課税法人の表をいう。

（7） 非課税文書の表　法別表第3の非課税文書の表をいう。

（8） 通則　課税物件表における課税物件表の適用に関する通則をいう。

（9） 第1号文書　課税物件表の第1号に掲げる文書をいう（以下課税物件表の第20号に掲げる文書まで同じ。）。

（10） 第1号の1文書　課税物件表の第1号の物件名欄1に掲げる文書をいう（以下課税物件表の物件名欄に1、2、3、4と区分して掲げる文書について同じ。）。

第2節　文書の意義等

（課税文書の意義）

第2条　法に規定する「課税文書」とは、課税物件表の課税物件欄に掲げる文書により証されるべき事項（以下「課税事項」という。）が記載され、かつ、当事者の間において課税事項を証明する目的で作成された文書のうち、法第5条（(非課税文書)）の規定により印紙税を課さないこととされる文書以外の文書をいう。

（課税文書に該当するかどうかの判断）

第3条　文書が課税文書に該当するかどうかは、文書の全体を一つとして判断するのみでなく、その文書に記載されている個々の内容についても判断するものとし、また、単に文書の名称又は呼称及び形式的な記載文言によることなく、その記載文言の実質的な意義に基づいて判断するものとする。

② 前項における記載文言の実質的な意義の判断は、その文書に記載又は表示されている文言、符号等を基として、その文言、符号等を用いることについての関係法律の規定、当事者間における了解、基本契約又は慣習等を加味し、総合的に行うものとする。

（他の文書を引用している文書の判断）

第4条　一の文書で、その内容に原契約書、約款、見積書その他当該文書以外の文書を引用する旨の文言の記載があるものについては、当該文書に引用されているその他の文書の内容は、当該文書に記載されているものとして当該文書の内容を判断する。

② 前項の場合において、記載金額及び契約期間については、当該文書に記載されている記載金額及び契約期間のみに基づいて判断する。

（注） 第1号文書若しくは第2号文書又は第17号の1文書について、通則4のホの（2）又は（3）の規定が適用される場合には、当該規定に定めるところによるのであるから留意する。

（1の文書の意義）

第5条　法に規定する「一の文書」とは、その形態からみて1個の文書と認められるものをいい、文書の記載証明の形式、紙数の単複は問わない。したがって、1枚の用紙に2以上の課税事項が各別に記載証明されているもの又は2枚以上の用紙が契印等により結合されているものは、一の文書となる。ただし、文書の形態、内容等から当該文書を作成した後切り離して行使又は保存することを予定していることが明らかなものについては、それぞれ各別の一の文書となる。

（注） 一の文書に日時を異にして各別の課税事項を記載証明する場合には、後から記載証明する部分は、法第4条（(課税文書の作成とみなす場合等)）第3項の規定により、新たに課税文書を作成したものとみなされることに留意する。

（証書及び通帳の意義）

第6条　課税物件表の第1号から第17号までに掲げる文書（以下「証書」という。）と第18号から第20号までに掲げる文書（以下「通帳等」という）とは、課税事項を1回限り記載証明する目的で作成されるか、継続的又は連続的に記載証明する目的で作成されるかによって区分する。したがって、証書として作成されたものであれば、作成後、更に課税事項が追加して記載証明されても、それは法第4条（(課税文書の作成とみなす場合等)）第3項の規定により新たな課税文書の作成とみなされることはあっても、当該証書自体は通帳等とはならず、また、通帳等として作成されたものであれば、2回目以後の記載証明がなく、結果的に1回限りの記載証明に終わることとなっても、当該通帳等は証書にはならない。

なお、継続的又は連続的に課税事項を記載証明する目的で作成される文書であっても、課税物件表の第18号から第20号までに掲げる文書に該当しない文書は、課税文書に該当しないのであるから留意する。

(証書兼用通帳の取扱い)

第７条　証書と通帳等が一の文書となつているいわゆる証書兼用通帳の取扱いは、次による。

（1）　証書の作成時に通帳等の最初の付け込みがなされる文書は、１の文書が証書と通帳等に該当することとなり、通則３のニ又はホの規定によつて証書又は通帳等となる。

なお、通則３のホの規定により証書となつた当該一の文書は、後日、法第４条((課税文書の作成とみなす場合等))第４項の規定に該当しない最初の付け込みを行ったときに、同条第３項の規定により通帳等が作成されたものとみなされる。

（2）　証書の作成時に通帳等の最初の付け込みがなされない文書は証書となる。

なお、当該文書は、後日、法第４条第４項の規定に該当しない最初の付け込みを行ったときに、同条第３項の規定により通帳等が作成されたものとみなされる。

(１通又は１冊の意義)

第８条　法に規定する「１通」又は「１冊」とは、一の文書ごとにいう。ただし、法第４条((課税文書の作成とみなす場合等))第２項から第４項までの規定により新たな課税文書を作成したとみなされるものについては、その作成したとみなされる課税文書ごとに１通又は１冊となる。

第３節　文書の所属の決定等

(２以上の号の課税事項が記載されている文書の取扱い)

第９条　一の文書で課税物件表の２以上の号の課税事項が記載されているものは、通則２の規定によりそれぞれの号に掲げる文書に該当し、更に通則３の規定により１の号にその所属を決定する。

(通則２の適用範囲)

第10条　通則２の規定は、一の文書で次に該当するものについて適用されるのであるから留意する。

（1）　当該文書に課税物件表の２以上の号の課税事項が併記され、又は混合して記載されているもの

（例）

不動産及び債権売買契約書（第１号文書と第15号文書）

（2）　当該文書に課税物件表の１又は２以上の号の課税事項とその他の事項が併記され、又は混合して記載されているもの

（例）

1　土地売買及び建物移転補償契約書（第１号文書）

2　保証契約のある消費貸借契約書（第１号文書）

（3）　当該文書に記載されている１の内容を有する事項が、課税物件表の２以上の号の課税事項に同時に該当するもの

（例）

継続する請負についての基本的な事項を定めた契約書（第２号文書と第７号文書）

(２以上の号に掲げる文書に該当する場合の所属の決定)

第11条　一の文書が、課税物件表の２以上の号に掲げる文書に該当する場合の当該文書の所属の決定は、通則３の規定により、次の区分に応じ、それぞれ次に掲げるところによる。

（1）　課税物件表の第１号に掲げる文書と同表第３号から第17号までに掲げる文書とに該当する文書（ただし、（3）又は（4）に該当する文書を除く。）　第１号文書

（例）

不動産及び債権売買契約書（第１号文書と第15号文書）

第１号文書

（2）　課税物件表の第２号に掲げる文書と同表第３号から第17号までに掲げる文書とに該当する文書（ただし、（3）又は（4）に該当する文書を除く。）　第２号文書

（例）

工事請負及びその工事の手付金の受取事実を記載した契約書（第２号文書と第17号文書）

第２号文書

（3） 課税物件表の第1号又は第2号に掲げる文書で契約金額の記載のないものと同表第7号に掲げる文書とに該当する文書　第7号文書

（例）

1　継続する物品運送についての基本的な事項を定めた記載金額のない契約書（第1号文書と第7号文書）　第7号文書

2　継続する請負についての基本的な事項を定めた記載金額のない契約書（第2号文書と第7号文書）　第7号文書

（4） 課税物件表の第1号又は第2号に掲げる文書と同表第17号に掲げる文書とに該当する文書のうち、売上代金に係る受取金額（100万円を超えるものに限る。）の記載があるものでその金額が同表第1号若しくは第2号に掲げる文書に係る契約金額（当該金額が2以上ある場合には、その合計額）を超えるもの又は同表第1号若しくは第2号に掲げる文書に係る契約金額の記載のないもの　第17号の1文書

（例）

1　売掛金800万円のうち600万円を領収し、残額200万円を消費貸借の目的とすると記載された文書（第1号文書と第17号の1文書）　第17号の1文書

2　工事請負単価を定めるとともに180万円の手付金の受取事実を記載した文書（第2号文書と第17号の1文書）　第17号の1文書

（5） 課税物件表の第1号に掲げる文書と同表第2号に掲げる文書とに該当する文書（ただし、（6）に該当する文書を除く。）　第1号文書

（例）

1　機械製作及びその機械の運送契約書（第1号文書と第2号文書）　第1号文書

2　請負及びその代金の消費貸借契約書（第1号文書と第2号文書）　第1号文書

（6） 課税物件表の第1号に掲げる文書と同表第2号に掲げる文書とに該当する文書で、それぞれの課税事項ごとの契約金額を区分することができ、かつ、同表第2号に掲げる文書についての契約金額が第1号に掲げる文書についての契約金額を超えるもの　第2号文書

（例）

1　機械の製作費20万円及びその機械の運送料10万円と記載された契約書（第1号文書と第2号文書）　第2号文書

2　請負代金100万円、うち80万円を消費貸借の目的とすると記載された契約書（第1号文書と第2号文書）　第2号文書

（7） 課税物件表の第3号から第17号までの2以上の号に該当する文書（ただし、（8）に該当する文書を除く。）　最も号数の少ない号の文書

（例）

継続する債権売買についての基本的な事項を定めた契約書（第7号文書と第15号文書）　第7号文書

（8） 課税物件表の第3号から第16号までに掲げる文書と同表第17号に掲げる文書とに該当する文書のうち、売上代金に係る受取金額（100万円を超えるものに限る。）が記載されているもの　第17号の1文書

（例）

債権の売買代金200万円の受取事実を記載した債権売買契約書（第15号文書と第17号の1文書）　第17号の1文書

（9） 証書と通帳等とに該当する文書（ただし、（10）、（11）又は（12）に該当する文書を除く。）　通帳等

（例）

1　生命保険証券兼保険料受取通帳（第10号文書と第18号文書）　第18号文書

2　債権売買契約書とその代金の受取通帳（第15号文書と第19号文書）　第19号文書

（10） 契約金額が10万円を超える課税物件表の第1号に掲げる文書と同表第19号又は第20号に掲げる文書とに該当する文書　第1号文書

（例）

1　契約金額が100万円の不動産売買契約書とその代金の受取通帳（第1号文書と第19号文書）　第1号文書

2　契約金額が50万円の消費貸借契約書とその消費貸借に係る金銭の返還金及び利息の受取通帳（第1号文書と第19号文書）　第1号文書

（11） 契約金額が100万円を超える課税物件表の

第２号に掲げる文書と同表第19号又は第20号に掲げる文書とに該当する文書　第２号文書

（例）

契約金額が150万円の請負契約書とその代金の受取通帳（第２号文書と第19号文書）　第２号文書

(12)　売上代金の受取金額が100万円を超える課税物件表の第17号に掲げる文書と同表第19号又は第20号に掲げる文書とに該当する文書　第17号の１文書

（例）

下請前払金200万円の受取事実を記載した請負通帳（第17号の１文書と第19号文書）　第17号の１文書

②　課税物件表の第18号に掲げる文書と同表第19号に掲げる文書とに該当する文書は、第19号文書として取り扱う。

第４節　契約書の取扱い

（契約書の意義）

第12条　法に規定する「契約書」とは、契約当事者の間において、契約（その予約を含む。）の成立、更改又は内容の変更若しくは補充の事実（以下「契約の成立等」という。）を証明する目的で作成される文書をいい、契約の消滅の事実を証明する目的で作成される文書は含まない。

なお、課税事項のうちの１の重要な事項を証明する目的で作成される文書であつても、当該契約書に該当するのであるから留意する。

おって、その重要な事項は別表第２に定める。

（注）　文書中に契約の成立等に関する事項が記載されていて、契約の成立等を証明することができるとしても、例えば社債券のようにその文書の作成目的が契約に基づく権利を表彰することにあるものは、契約書に該当しない。

（譲渡に関する契約書の意義）

第13条　課税物件表の第１号及び第15号に規定する「譲渡に関する契約書」とは、権利又は財産等をその同一性を保持させつつ他人に移転させることを内容とする契約書をいい、売買契約書、交換契約書、贈与契約書、代物弁済契約書及び法人等に対する現物出資契約書等がこれに該当する。

（契約の意義）

第14条　通則５に規定する「契約」とは、互いに対立する２個以上の意思表示の合致、すなわち一方の申込みと他方の承諾によって成立する法律行為をいう。

（予約の意義等）

第15条　通則５に規定する「予約」とは、本契約を将来成立させることを約する契約をいい、当該契約を証するための文書は、その成立させようとする本契約の内容に従って、課税物件表における所属を決定する。

（契約の更改の意義等）

第16条　通則５に規定する「契約の更改」とは、契約によつて既存の債務を消滅させて新たな債務を成立させることをいい、当該契約を証するための文書は、新たに成立する債務の内容に従って、課税物件表における所属を決定する。

（例）

請負代金支払債務を消滅させ、土地を給付する債務を成立させる契約書　第１号文書

（注）　更改における新旧両債務は同一性がなく、旧債務に伴った担保、保証、抗弁権等は原則として消滅する。したがって、既存の債務の同一性を失わせないで契約の内容を変更する契約とは異なることに留意する。

（契約の内容の変更の意義等）

第17条　通則５に規定する「契約の内容の変更」とは、既に存在している契約（以下「原契約」という。）の同一性を失わせないで、その内容を変更することをいう。

②　契約の内容の変更を証するための文書（以下「変更契約書」という。）の課税物件表における所属の決定は、次の区分に応じ、それぞれ次に掲げるところによる。

（１）　原契約が課税物件表の１の号のみの課税事項を含む場合において、当該課税事項のうちの重要な事項を変更する契約書については、原契約と同一の号に所属を決定する。

（例）

消費貸借契約書（第１号文書）の消費貸借金額50万円を100万円に変更する契約書　第１号文書

（２）　原契約が課税物件表の２以上の号の課税事

項を含む場合において、当該課税事項の内容のうちの重要な事項を変更する契約書については、当該2以上の号のいずれか一方の号のみの重要な事項を変更するものは、当該一方の号に所属を決定し、当該2以上の号のうちの2以上の号の重要な事項を変更するものは、それぞれの号に該当し、通則3の規定によりその所属を決定する。

（例）

1　報酬月額及び契約期間の記載がある清掃請負契約書（第2号文書と第7号文書に該当し、所属は第2号文書）の報酬月額を変更するもので、契約期間又は報酬総額の記載のない契約書　第7号文書

2　報酬月額及び契約期間の記載がある清掃請負契約書（第2号文書と第7号文書に該当し、所属は第2号文書）の報酬月額を変更するもので、契約期間又は報酬総額の記載のある契約書　第2号文書

（3）　原契約の内容のうちの課税事項に該当しない事項を変更する契約書で、その変更に係る事項が原契約書の該当する課税物件表の号以外の号の重要な事項に該当するものは、当該原契約書の該当する号以外の号に所属を決定する。

（例）

消費貸借に関する契約書（第1号文書）の連帯保証人を変更する契約書　第13号文書

（4）　（1）から（3）までに掲げる契約書で重要な事項以外の事項を変更するものは、課税文書に該当しない。

③　前項の重要な事項は、別表第2に定める。

（契約の内容の補充の意義等）

第18条　通則5に規定する「契約の内容の補充」とは、原契約の内容として欠けている事項を補充することをいう。

②　契約の内容の補充を証するための文書(以下「補充契約書」という。）の課税物件表における所属の決定は、次の区分に応じ、それぞれ次に掲げるところによる。

（1）　原契約が課税物件表の1の号のみの課税事項を含む場合において、当該課税事項の内容のうちの重要な事項を補充する契約書は、原契約と同一の号に所属を決定する。

（例）

売買の目的物のみを特定した不動産売買契約書について、後日、売買価額を決定する契約書　第1号文書

（2）　原契約が2以上の号の課税事項を含む場合において、当該課税事項の内容のうちの重要な事項を補充する契約書については、当該2以上の号のいずれか一方の号のみの重要な事項を補充するものは、当該一方の号に所属を決定し、当該2以上の号のうちの2以上の号の重要な事項を補充するものは、それぞれの号に該当し、通則3の規定によりその所属を決定する。

（例）

契約金額の記載のない清掃請負契約書（第2号文書と第7号文書に該当し、所属は第7号文書）の報酬月額及び契約期間を決定する契約書　第2号文書

（3）　原契約の内容のうちの課税事項に該当しない事項を補充する契約書で、その補充に係る事項が原契約書の該当する課税物件表の号以外の号の重要な事項に該当するものは、当該原契約書の該当する号以外の号に所属を決定する。

（例）

消費貸借契約書（第1号文書）に新たに連帯保証人の保証を付す契約書　第13号文書

（4）　（1）から（3）までに掲げる契約書で重要な事項以外の事項を補充するものは、課税文書に該当しない。

③　前項の重要な事項は、別表第2に定める。

（同一の内容の文書を2通以上作成した場合）

第19条　契約当事者間において、同一の内容の文書を2通以上作成した場合において、それぞれの文書が課税事項を証明する目的で作成されたものであるときは、それぞれの文書が課税文書に該当する。

②　写、副本、謄本等と表示された文書で次に掲げるものは、課税文書に該当するものとする。

（1）　契約当事者の双方又は一方の署名又は押印があるもの（ただし、文書の所持者のみが署名又は押印しているものを除く。）

（2）　正本等と相違ないこと、又は写し、副本、

謄本等であることの契約当事者の証明（正本等との割印を含む。）のあるもの（ただし、文書の所持者のみが証明しているものを除く。）

（契約当事者以外の者に提出する文書）

第20条　契約当事者以外の者（例えば、監督官庁、融資銀行等当該契約に直接関与しない者をいい、消費貸借契約における保証人、不動産売買契約における仲介人等当該契約に参加する者を含まない。）に提出又は交付する文書であって、当該文書に提出若しくは交付先が記載されているもの又は文書の記載文言からみて当該契約当事者以外の者に提出若しくは交付することが明らかなものについては、課税文書に該当しないものとする。

（注）消費貸借契約における保証人、不動産売買契約における仲介人等は、課税事項の契約当事者ではないから、当該契約の成立等を証すべき文書の作成者とはならない。

（申込書等と表示された文書の取扱い）

第21条　契約は、申込みと当該申込みに対する承諾によって成立するのであるから、契約の申込みの事実を証明する目的で作成される単なる申込文書は契約書には該当しないが、申込書、注文書、依頼書等（次項において「申込書等」という。）と表示された文書であっても、相手方の申込みに対する承諾事実を証明する目的で作成されるものは、契約書に該当する。

② 申込書等と表示された文書のうち、次に掲げるものは、原則として契約書に該当するものとする。

（1）契約当事者の間の基本契約書、規約又は約款等に基づく申込みであることが記載されていて、一方の申込みにより自動的に契約が成立することとなつている場合における当該申込書等。ただし、契約の相手方当事者が別に請書等契約の成立を証明する文書を作成することが記載されているものを除く。

（2）見積書その他の契約の相手方当事者の作成した文書等に基づく申込みであることが記載されている当該申込書等。ただし、契約の相手方当事者が別に請書等契約の成立を証明する文書を作成することが記載されているものを除く。

（3）契約当事者双方の署名又は押印があるもの

（公正証書の正本）

第22条　公証人が公証人法（明治41年法律第53号）第47条の規定により嘱託人又はその承継人の請求によって交付する公正証書の正本は、課税文書に該当しないことに留意する。

第５節　記載金額

（契約金額の意義）

第23条　課税物件表の第１号、第２号及び第15号に規定する「契約金額」とは、次に掲げる文書の区分に応じ、それぞれ次に掲げる金額で、当該文書において契約の成立等に関し直接証明の目的となつているものをいう。

（1）第１号の１文書及び第15号文書のうちの債権譲渡に関する契約書

譲渡の形態に応じ、次に掲げる金額

イ　売買、売買金額

（例）

土地売買契約書において、時価60万円の土地を50万円で売買すると記載したもの　（第１号文書）50万円

（注）60万円は評価額であって売買金額ではない。

ロ　交換　交換金額

なお、交換契約書に交換対象物の双方の価額が記載されているときはいずれか高い方（等価交換のときは、いずれか一方）の金額を、交換差金のみが記載されているときは当該交換差金をそれぞれ交換金額とする。

（例）

土地交換契約書において

1　甲の所有する土地（価額100万円）と乙の所有する土地（価額110万円）とを交換し、甲は乙に10万円支払うと記載したもの（第１号文書）110万円

2　甲の所有する土地と乙の所有する土地とを交換し、甲は乙に10万円支払うと記載したもの　（第１号文書）10万円

ハ　代物弁済　代物弁済により消滅する債務の金額

なお、代物弁済の目的物の価額が消滅する債務の金額を上回ることにより、債権者がその差額を債務者に支払うこととしている場合は、その差額を加えた金額とする。

（例）

代物弁済契約書において

1　借用金100万円の支払に代えて土地を譲渡するとしたもの（第1号文書）100万円

2　借用金100万円の支払に代えて150万円相当の土地を譲渡するとともに、債権者は50万円を債務者に支払うとしたもの（第1号文書）150万円

ニ　法人等に対する現物出資　出資金額

ホ　その他　譲渡の対価たる金額

（注）贈与契約においては、譲渡の対価たる金額はないから、契約金額はないものとして取り扱う。

（2）第1号の2文書　設定又は譲渡の対価たる金額

なお、「設定又は譲渡の対価たる金額」とは、賃貸料を除き、権利金その他名称のいかんを問わず、契約に際して相手方当事者に交付し、後日返還されることが予定されていない金額をいう。したがって、後日返還されることが予定されている保証金、敷金等は、契約金額には該当しない。

（3）第1号の3文書　消費貸借金額

なお、消費貸借金額には利息金額を含まない。

（4）第1号の4文書　運送料又は用船料

（5）第2号文書　請負金額

（6）第15号文書のうちの債務引受けに関する契約書　引き受ける債務の金額

（記載金額の計算）

第24条　通則4に規定する記載金額の計算は、次の区分に応じ、それぞれ次に掲げるところによる。

（1）一の文書に、課税物件表の同一の号の課税事項の記載金額が2以上ある場合　当該記載金額の合計額

（例）

1　請負契約書

Ａ工事200万円、Ｂ工事300万円（第2号文書）500万円

2　不動産及び鉱業権売買契約書

不動産1,200万円、鉱業権400万円（第1号文書）1,600万円

（2）一の文書に、課税物件表の2以上の号の課税事項が記載されているものについて、その記載金額をそれぞれの課税事項ごとに区分することができる場合　当該文書の所属することとなる号の課税事項に係る記載金額

（例）

1　不動産及び債権売買契約書

不動産700万円、債権200万円（第1号文書）700万円

2　不動産売買及び請負契約書

（不動産売買） 土地300万円、家屋100万円 （請負） Ａ工事400万円、Ｂ工事200万円	（第2号文書） 600万円

（3）一の文書に、課税物件表の2以上の号の課税事項が記載されているものについて、その記載金額をそれぞれの課税事項ごとに区分することができない場合　当該記載金額

（例）

不動産及び債権の売買契約書

不動産及び債権500万円（第1号文書）500万円

（4）第17号の1文書であって、その記載金額を売上代金に係る金額とその他の金額とに区分することができる場合　当該売上代金に係る金額

（例）

貸付金元本と利息の受取書

貸付金元本200万円、貸付金利息20万円（第17号の1文書）20万円

（5）第17号の1文書であって、その記載金額を売上代金に係る金額とその他の金額とに区分することができない場合　当該記載金額

（例）

貸付金元本及び利息の受取書

貸付金元本及び利息210万円（第17号の1文書）210万円

（6）記載された単価及び数量、記号その他により記載金額を計算することができる場合　その計算により算出した金額

（例）

物品加工契約書

Ａ物品　単価500円、数量10,000個（第2号文書）500万円

（7）第1号文書又は第2号文書であって、当該

文書に係る契約についての契約金額若しくは単価、数量、記号その他の記載のある見積書、注文書その他これらに類する文書（課税物件表の課税物件欄に掲げる文書を除く。）の名称、発行の日、記号、番号その他の記載があることにより、当事者間において当該契約金額が明らかである場合又は当該契約金額の計算をすることができる場合　その明らかである金額又はその計算により算出した金額

（例）

1　契約金額が明らかである場合　工事請負注文請書

「請負金額は貴注文書第××号のとおりとする。」と記載されている工事請負に関する注文請書で、注文書に記載されている請負金額が500万円　（第２号文書）500万円

2　契約金額の計算をすることができる場合　物品の委託加工注文請書

（1）「加工数量及び加工料単価は貴注文書第××号のとおりとする。」と記載されている物品の委託加工に関する注文請書で、注文書に記載されている数量が１万個、単価が500円　（第２号文書）500万円

（2）「加工料は１個につき500円、加工数量は貴注文書第××号のとおりとする。」と記載されている物品の委託加工に関する注文請書で、注文書に記載されている加工数量が１万個　（第２号文書）500万円

3　通則４のホの（２）の規定の適用がない場合　物品の委託加工注文請書

「加工数量は１万個、加工料は委託加工基本契約書のとおりとする。」と記載されている物品の委託加工に関する注文請書　（第２号文書）記載金額なし

（8）　第17号の１文書であつて、受け取る有価証券の発行者の名称、発行の日、記号、番号その他の記載があることにより、当事者間において売上代金に係る受取金額が明らかである場合　その明らかである受取金額

（例）

物品売買代金の受取書

○○㈱発行のNo.××の小切手と記載した受取書　（第17号の１文書）当該小切手の券面金額

（9）　第17号の１文書であつて、受け取る金額の記載のある支払通知書、請求書その他これらに類する文書の名称、発行の日、記号、番号その他の記載があることにより、当事者間において売上代金に係る受取金額が明らかである場合　その明らかである受取金額

（例）

請負代金の受取書

○○㈱発行の支払通知書No.××と記載した受取書　（第17号の１文書）当該支払通知書の記載金額

（10）　記載金額が外国通貨により表示されている場合　文書作成時の本邦通貨に換算した金額

（例）

債権売買契約書

Ａ債権　米貨10,000ドル　（第15号文書）130万円

（注）　米貨（ドル）は基準外国為替相場により、その他の外国通貨は裁定外国為替相場により、それぞれ本邦通貨に換算する。

（契約金額等の計算をすることができるとき等）

第25条　通則４のホの（１）に規定する「単価及び数量、記号その他によりその契約金額等の計算をすることができるとき」とは、当該文書に記載されている単価及び数量、記号等により、その契約金額等の計算をすることができる場合をいう。

②　通則４のホの（２）に規定する「契約金額が明らかであるとき」とは、第１号文書又は第２号文書に当該文書に係る契約についての契約金額の記載のある見積書、注文書その他これらに類する文書を特定できる記載事項があることにより、当事者間において当該契約についての契約金額を明らかにできる場合をいう。また、「契約金額の計算をすることができるとき」とは、第１号文書又は第２号文書に当該文書に係る契約についての単価、数量、記号その他の記載のある見積書、注文書その他これらに類する文書（以下この項において「見積書等」という。）を特定できる記載事項があることにより、当該見積書等の記載事項又は当該見積書等と当該第１号文書又は第２号文書の記載事項とに基づき、当事者間において当該契約につい

ての契約金額の計算をすることができる場合をいう。

なお、通則4のホの（2）のかつこ書の規定により当該第1号文書又は第2号文書に引用されている文書が課税物件表の課税物件欄に掲げられている文書に該当するものであるときは、通則4のホの（2）の規定の適用はないのであるから留意する。

③ 通則4のホの（3）に規定する「当該有価証券の発行者の名称、発行の日、記号、番号その他の記載があることにより、当事者間において当該売上代金に係る受取金額が明らかであるとき」とは、売上代金として受け取る有価証券の受取書に受け取る有価証券を特定できる事項の記載があることにより、当事者間において当該有価証券の券面金額が明らかである場合をいい、「当該売上代金に係る受取金額の記載のある支払通知書、請求書その他これらに類する文書の名称、発行の日、記号、番号その他の記載があることにより、当事者間において当該売上代金に係る受取金額が明らかであるとき」とは、売上代金として受け取る金銭又は有価証券の受取書に受取金額の記載がある文書を特定できる事項の記載があることにより、当事者間において授受した金額が明らかである場合をいう。

（予定金額等が記載されている文書の記載金額）

第26条 予定金額等が記載されている文書の記載金額の計算は、次の区分に応じ、それぞれ次に掲げるところによる。

（1） 記載された契約金額等が予定金額又は概算金額である場合 予定金額又は概算金額

（例）

予定金額 250万円 250万円

概算金額 250万円 250万円

約250万円 250万円

（2） 記載された契約金額等が最低金額又は最高金額である場合 最低金額又は最高金額

（例）

最低金額50万円 50万円

50万円以上 50万円

50万円超 50万1円

最高金額100万円 100万円

100万円以下 100万円

100万円未満 99万9,999円

（3） 記載された契約金額等が最低金額と最高金額である場合 最低金額

（例）

50万円から100万円まで 50万円

50万円を超え100万円以下 50万1円

（4） 記載されている単価及び数量、記号その他によりその記載金額が計算できる場合において、その単価及び数量等が、予定単価又は予定数量等となつているとき（1）から（3）までの規定を準用して算出した金額

（例）

予定単価1万円、予定数量100個 100万円

概算単価1万円、概算数量100個 100万円

予定単価1万円、最低数量100個 100万円

最高単価1万円、最高数量100個 100万円

単価1万円で50個から100個まで 50万円

（契約の一部についての契約金額が記載されている契約書の記載金額）

第27条 契約書に、その契約の一部についての契約金額のみが記載されている場合には、当該金額を記載金額とする。

（例）

請負契約書に、「A工事100万円。ただし、附帯工事については実費による。」と記載したもの （第2号文書）100万円

（手付金額又は内入金額が記載されている契約書の記載金額）

第28条 契約書に記載された金額であっても、契約金額とは認められない金額、例えば手付金額又は内入金額は、記載金額に該当しないものとして取り扱う。

なお、契約書に100万円を超える手付金額又は内入金額の受領事実が記載されている場合には、当該文書は、通則3のイ又はハのただし書の規定によって第17号の1文書（売上代金に係る金銭又は有価証券の受取書）に該当するものがあることに留意する。

（月単位等で契約金額を定めている契約書の記載金額）

第29条 月単位等で金額を定めている契約書で、契

約期間の記載があるものは当該金額に契約期間の月数等を乗じて算出した金額を記載金額とし、契約期間の記載のないものは記載金額がないものとして取り扱う。

なお、契約期間の更新の定めがあるものについては、更新前の期間のみを算出の根基とし、更新後の期間は含まないものとする。

（例）

ビル清掃請負契約書において、「清掃料は月10万円、契約期間は1年とするが、当事者異議なきときは更に1年延長する。」と記載したもの　記載金額120万円（10万円×12月）の第2号文書

（契約金額を変更する契約書の記載金額）

第30条　契約金額を変更する契約書（次項に該当するものを除く。）については、変更後の金額が記載されている場合（当初の契約金額と変更金額の双方が記載されていること等により、変更後の金額が算出できる場合を含む。）は当該変更後の金額を、変更金額のみが記載されている場合は当該変更金額をそれぞれ記載金額とする。

（例）

土地売買契約変更契約書において

1　当初の売買金額100万円を10万円増額（又は減額）すると記載したもの　（第1号文書）110万円（又は90万円）

2　当初の売買金額を10万円増額（又は減額）すると記載したもの　（第1号文書）10万円

②　契約金額を変更する契約書のうち、通則4のニの規定が適用される文書の記載金額は、それぞれ次のようになるのであるから留意する。

なお、通則4のニに規定する「当該文書に係る契約についての変更前の契約金額等の記載のある文書が作成されていることが明らかであり」とは、契約金額等の変更の事実を証すべき文書（以下「変更契約書」という。）に変更前の契約金額等を証明した文書（以下「変更前契約書」という。）の名称、文書番号又は契約年月日等変更前契約書を特定できる事項の記載があること又は変更前契約書と変更契約書とが一体として保管されていること等により、変更前契約書が作成されていることが明らかな場合をいう。

（1）　契約金額を増加させるものは、当該契約書により増加する金額が記載金額となる。

（例）

土地の売買契約の変更契約書において、

当初の売買金額1,000万円を100万円増額すると記載したもの又は当初の売買金額1,000万円を1,100万円に増額すると記載したもの　（第1号文書）100万円

（2）　契約金額を減少させるものは、記載金額のないものとなる。

（例）

土地の売買契約の変更契約書において、

当初の売買金額1,000万円を100万円減額すると記載したもの又は当初の売買金額1,100万円を1,000万円に減額すると記載したもの　（第1号文書）記載金額なし

（注）　変更前契約書の名称等が記載されている文書であっても、変更前契約書が現実に作成されていない場合は、第1項の規定が適用されるのであるから留意する。

（内訳金額を変更又は補充する場合の記載金額）

第31条　契約金額の内訳を変更又は補充する契約書のうち、原契約書の契約金額と総金額が同一であり、かつ、単に同一号中の内訳金額を変更又は補充するにすぎない場合の当該内訳金額は、記載金額に該当しないものとする。

なお、この場合であっても、当該変更又は補充契約書は、記載金額のない契約書として課税になるのであるから留意する。

（例）

工事請負変更契約書において、当初の請負金額A工事200万円、B工事100万円をA工事100万円、B工事200万円に変更すると記載したもの　記載金額のない第2号文書

（税金額が記載されている文書の記載金額）

第32条　源泉徴収義務者又は特別徴収義務者が作成する受取書等の記載金額のうちに、源泉徴収又は特別徴収に係る税金額を含む場合において、当該税金額が記載されているときは、全体の記載金額から当該税金額を控除したのちの金額を記載金額とする。

（記載金額1万円未満の第1号又は第2号文書につ

いての取扱い）

第33条　第１号文書又は第２号文書と第15号文書又は第17号文書とに該当する文書で、通則３のイの規定により第１号文書又は第２号文書として当該文書の所属が決定されたものが次の一に該当するときは、非課税文書とする。

（1）　課税物件表の第１号又は第２号の課税事項と所属しないこととなった号の課税事項とのそれぞれについて記載金額があり、かつ、当該起算金額のそれぞれが１万円未満（当該所属しないこととなった号が同表第17号であるときは、同号の記載金額については５万円未満）であるとき。

（例）

９千円の請負契約と８千円の債権売買契約とを記載している文書（第２号文書）　非課税

（2）　課税物件表の第１号又は第２号の課税事項と所属しないこととなった号の課税事項についての合計記載金額があり、かつ、当該合計金額が１万円未満のとき。

（例）

請負契約と債権売買契約との合計金額が９千円と記載されている文書（第２号文書）　非課税

（記載金額５万円未満の第17号文書の取扱い）

第34条　課税物件表第17号の非課税物件欄１に該当するかどうかを判断する場合には、通則４のイの規定により売上代金に係る金額とその他の金額との合計額によるのであるから留意する。

（例）

貸付金元金４万円と貸付金利息１万円の受取書（第17号の１文書）記載金額は５万円となり非課税文書には該当しない。

（無償等と記載されたものの取扱い）

第35条　契約書等に「無償」又は「０円」と記載されている場合の当該「無償」又は「０円」は、当該契約書等の記載金額に該当しないものとする。

第６節　追記又は付け込みに係るみなし作成

（法第４条第２項の適用関係）

第36条　法第４条（(課税文書の作成とみなす場合等)）第２項に規定する「課税文書を１年以上にわたり継続して使用する場合」とは、当該課税文書の作成日の翌年の応当日以後にわたって継続して使用する場合をいい、「当該課税文書を作成した日から１年を経過した日」とは、当該課税文書に最初の付け込みをした日の翌年の応当日をいう。

（例）

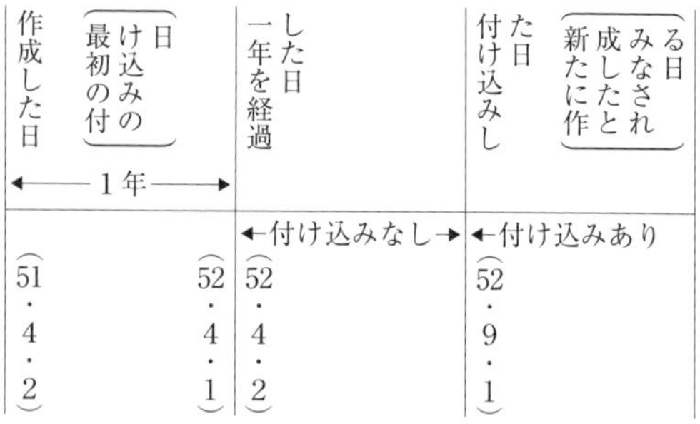

作成した日	最初の付け込みの日	一年を経過した日	付け込みした日（新たに作成したとみなされる日）
←1年→		←付け込みなし→	←付け込みあり
（51・4・2）	（52・4・1）	（52・4・2）	（52・9・1）

（追記と併記又は混合記載の区分）

第37条　法第４条（(課税文書の作成とみなす場合等)）第３項に規定する「追記」とは、既に作成されている一の文書にその後更に一定事項を追加して記載することをいい、通則２に規定する「併記又は混合記載」とは、一の文書に同時に２以上の事項を記載することをいう。

（追記又は付け込みの範囲）

第38条　法第４条（(課税文書の作成とみなす場合等)）第３項に規定する「一の文書」には、課税文書だけでなくその他の文書も含むのであるから留意する。

②　課税物件表の第１号、第２号、第７号及び第12号から第15号までの課税事項により証されるべき事項を追記した場合で、当該追記が原契約の内容の変更又は補充についてのものであり、かつ、当該追記した事項が別表第２に掲げる重要な事項に該当するときは、法第４条第３項の規定を適用する。

（新たに作成したものとみなされる課税文書の所属の決定）

第39条　一の文書への課税事項の追記又は付け込みにより新たに作成したものとみなされる課税文書は、当該追記又は付け込みをした課税事項の内容により、第３節（(文書の所属の決定等)）の規定を適用して、その所属を決定する。

（第１回目の付け込みについて法第４条第４項の規定の適用がある場合）

第40条　第19号文書又は第20号文書に第１回目の付

け込みをした場合において、当該付け込みに係る記載事項及び記載金額が法第４条（(課税文書の作成とみなす場合等)）第４項の規定に該当するときには、第19号文書又は第20号文書の作成があったものとはならず、同項各号に規定する課税文書の作成があったものとみなされるのであるから留意する。

（例）

請負通帳

契約年月日	注文内容	数量	単価	価格	納期	請印	
51. 3. 1	金属メッキ加工	1,200	1,100	1,320,000	51. 4. 5	㊞	請負に関する契約書の作成とみなされ、請負通帳の作成とはならない。
51. 4. 3	〃	300	240	72,000	51. 4. 10	㊞	請負通帳の作成となる。
51. 4. 10	〃	200	260	52,000	51. 4. 15	㊞	
51. 5. 2	〃	300	520	156,000	51. 5. 10	㊞	
51. 5. 5	〃	1,000	240	240,000	51. 5. 16	㊞	
51. 5. 10	〃	1,200	1,100	1,320,000	51. 5. 30	㊞	請負に関する契約書の作成とみなされ、請負通帳の付け込みとはならない。
51. 5. 15	〃	500	520	260,000	51. 5. 20	㊞	
52. 4. 2	〃	1,000	240	240,000	52. 4. 10	㊞	
52. 4. 3	〃	1,100	1,100	1,210,000	52. 4. 13	㊞	請負に関する契約書の作成とみなされ、請負通帳の付け込みとはならない。
52. 4. 6	〃	300	520	156,000	52. 4. 15	㊞	法第４条第２項の規定により、新たな請負通帳の作成とみなされる。

（通帳等への受取事実の付け込みが受取書の作成とみなされる場合）

第41条　法第４条（(課税文書の作成とみなす場合等)）第４項第３号に規定する「別表第１第17号の課税文書（物件名欄１に掲げる受取書に限る。）により証されるべき事項」とは、売上代金に係る金銭又は有価証券の受取事実を証するもので、かつ、営業に関するものをいうのであるから留意する。

第７節　作成者等

（作成者の意義）

第42条　法に規定する「作成者」とは、次に掲げる区分に応じ、それぞれ次に掲げる者をいう。

（１）　法人、人格のない社団若しくは財団（以下この号において「法人等」という。）の役員（人格のない社団又は財団にあつては、代表者又は管理人をいう。）又は法人等若しくは人の従業者がその法人等又は人の業務又は財産に関し、役員又は従業者の名義で作成する課税文書　当該法人等又は人

（２）（１）以外の課税文書　当該課税文書に記載された作成名義人

（代理人が作成する課税文書の作成者）

第43条　委任に基づく代理人が、当該委任事務の処理に当たり、代理人名義で作成する課税文書については、当該文書に委任者の名義が表示されているものであっても、当該代理人を作成者とする。

②　代理人が作成する課税文書であっても、委任者名のみを表示する文書については、当該委任者を作成者とする。

（作成等の意義）

第44条　法に規定する課税文書の「作成」とは、単なる課税文書の調製行為をいうのでなく、課税文書となるべき用紙等に課税事項を記載し、これを当該文書の目的に従って行使することをいう。

２　課税文書の「作成の時」とは、次の区分に応じ、それぞれ次に掲げるところによる。

（１）　相手方に交付する目的で作成される課税文書　当該交付の時

（２）　契約当事者の意思の合致を証明する目的で作成される課税文書　当該証明の時

（３）　一定事項の付け込み証明をすることを目的

として作成される課税文書　当該最初の付け込みの時

（4）　認証を受けることにより効力が生ずることとなる課税文書　当該認証の時

（5）　第5号文書のうち新設分割計画書　本店に備え置く時

（1の文書に同一の号の課税事項が2以上記載されている場合の作成者）

第45条　一の文書に、課税物件表の同一の号の課税事項が2以上記載されている場合においては、当該2以上の課税事項の当事者がそれぞれ異なるものであっても、当該文書は、これらの当事者の全員が共同して作成したものとする。

（例）

一の文書に甲と乙、甲と丙及び甲と丁との間のそれぞれ200万円、300万円及び500万円の不動産売買契約の成立を証明する事項を区分して記載しているものは、記載金額1,000万円の第1号文書（不動産の譲渡に関する契約書）に該当し、甲、乙、丙及び丁は共同作成者となる。

（1の文書が2以上の号に掲げる文書に該当する場合の作成者）

第46条　一の文書が、課税物件表の2以上の号に掲げる文書に該当し、通則3の規定により所属が決定された場合における当該文書の作成者は、当該所属することとなった号の課税事項の当事者とする。

（例）

一の文書で、甲と乙との間の不動産売買契約と甲と丙との間の債権売買契約の成立を証明する事項が記載されているものは、第1号文書（不動産の譲渡に関する契約書）に所属し、この場合には、甲と乙が共同作成者となり、丙は作成者とはならない。

（共同作成者の連帯納税義務の成立等）

第47条　一の課税文書を2以上の者が共同作成した場合における印紙税の納税義務は、当該文書の印紙税の全額について共同作成者全員に対してそれぞれ各別に成立するのであるが、そのうちの1人が納税義務を履行すれば当該2以上の者全員の納税義務が消滅するのであるから留意する。

第48条　削除

第8節　納税地

（作成場所が法施行地外となつている場合）

第49条　文書の作成場所が法施行地外である場合の当該文書については、たとえ当該文書に基づく権利の行使又は当該文書の保存が法施行地内で行われるものであっても、法は適用されない。ただし、その文書に法施行地外の作成場所が記載されていても、現実に法施行地内で作成されたものについては、法が適用されるのであるから留意する。

（課税文書にその作成場所が明らかにされているものの意義）

第50条　法第6条（(納税地)）第4号に規定する「課税文書にその作成場所が明らかにされているもの」とは、課税文書の作成地として、いずれの税務署の管轄区域内であるかが判明しうる程度の場所の記載があるものをいう。

例えば、「作成地　東京都千代田区霞が関」と記載されているもの又は「本店にて作成」として「本店所在地　東京都千代田区霞が関」と記載されているものは、作成場所が明らかなものに該当するが、「作成地　東京都」と記載されたもの又は「本店にて作成」として「本店所在地　東京都」と記載されたものは、これに該当しない。

（その作成者の事業に係る事務所、事業所その他これらに準ずるものの所在地が記載されている課税文書の意義）

第51条　令第4条（(納税地)）第1項第1号に規定する「その作成者の事業に係る事務所、事業所その他これらに準ずるものの所在地が記載されている課税文書」とは、課税文書に作成者の本店、支店、工場、出張所、連絡所等の名称が記載された上、いずれの税務署の管轄区域内であるかが判明しうる程度の所在地の記載があるものをいう。

例えば、「東京都千代田区霞が関　大蔵工業株式会社」と記載されているもの又は「大阪市東区大手前之町　大蔵工業株式会社大阪支店」と記載されているものは、所在地が記載されているものに該当するが、「東京都　大蔵工業株式会社」と記載されたもの又は「大阪市　大蔵工業株式会社大阪支店」と記載されたものは、これに該当しない。

②　課税文書にその作成者の事業に係る事務所、事

業所その他これらに準ずるものの所在地が２以上記載されている場合（例えば、本店と支店の所在地が記載されている場合）において、そのいずれかの所在地を作成場所として推定することができるときは当該所在地を、推定することができないときは主たるもの（例えば本店）の所在地を、それぞれ当該課税文書の納税地とする。

（作成者のうち当該課税文書に最も先に記載されている者の意義）

第52条　令第４条（（納税地））第２項第２号に規定する「作成者のうち当該課税文書に最も先に記載されている者」とは、例えば、課税文書の最後尾に「甲○○○○、乙○○○○」又は「甲○○○○　乙○○○○」と記載されている場合の「甲○○○○」をいう。ただし、「甲○○○○が」国、地方公共団体若しくは非課税法人の表に掲げる者（以下「国等」という。）又は当該課税文書が非課税文書の表の上欄に掲げるものである場合の同表の下欄に掲げる者に該当するときは、「乙○○○○」をいうものとする。

第９節　非課税文書

（非課税文書を作成した者の範囲）

第53条　法第５条（（非課税文書））の規定の適用に当たっては、国等及び非課税文書の表の下欄に掲げる者には、当該者の業務の委託を受けた者は含まれないのであるから留意する。

（外国大使館等の作成した文書）

第54条　在本邦外国大使館、公使館、領事館（名誉領事館を除く。）、外国代表部又は外国代表部の出張所が作成した文書については、国が作成した文書に準じて印紙税を課さないことに取り扱う。

（地方公共団体の意義）

第55条　法第５条（（非課税文書））第２号に規定する「地方公共団体」とは、地方自治法「昭和22年法律第67号」第１条の３（（地方公共団体の種類））に規定する地方公共団体をいう。

（国等が作成した文書の範囲）

第56条　法第５条（（非課税文書））第２号に規定する「国、地方公共団体又は別表第２に掲げる者が作成した文書」及び第54条（（外国大使館等の作成した文書））に規定する文書には、これらの者の職員がその職務上作成した文書を含むのであるから留意する。

（国等と国等以外の者とが共同して作成した文書の範囲）

第57条　法第４条（（課税文書の作成とみなす場合等））第５項に規定する「国等と国等以外の者とが共同して作成した文書」とは、国等が共同作成者の一員となっているすべての文書をいうのであるから留意する。

（例）

国等（甲）と国等以外の者（乙）の共有地の売買契約書

売主　甲及び乙

買主　丙

売買契約書を３通作成し、甲、乙、丙がそれぞれ１通づつ所持する場合

甲が所持する文書	課税
乙が所持する文書	非課税
丙が所持する文書	丙が国等以外の者であるときは非課税 丙が国等であるときは課税

第10節　その他の共通事項

（後日、正式文書を作成することとなる場合の仮文書）

第58条　後日、正式文書を作成することとなる場合において、一時的に作成する仮文書であっても、当該文書が課税事項を証明する目的で作成するものであるときは、課税文書に該当する。

（同一法人内で作成する文書）

第59条　同一法人等の内部の取扱者間又は本店、支店及び出張所間等で、当該法人等の事務の整理上作成する文書は、課税文書に該当しないものとして取り扱う。ただし、当該文書が第３号文書又は第９号文書に該当する場合は、単なる事務整理上作成する文書とは認められないから、課税文書に該当する。

（有価証券の意義）

第60条　法に規定する「有価証券」とは、財産的価値ある権利を表彰する証券であって、その権利の移転、行使が証券をもってなされることを要するものをいい、金融商品取引法（昭和23年法律第25号）に定める有価証券に限らない。

（例）

株券、国債証券、地方債証券、社債券、出資証券、投資信託の受益証券、貸付信託の受益証券、特定目的信託の受益証券、受益証券発行信託の受益証券、約束手形、為替手形、小切手、貨物引換証、船荷証券、倉庫証券、商品券、プリペイドカード、社債利札等

（注）　次のようなものは有価証券に該当しない。

（1）　権利の移転や行使が必ずしも証券をもってなされることを要しない単なる証拠証券

（例）

借用証書、受取証書、運送状

（2）　債務者が証券の所持人に弁済すれば、その所持人が真の権利者であるかどうかを問わず、債務を免れる単なる免責証券

（例）

小荷物預り証、下足札、預金証書

（3）　証券自体が特定の金銭的価値を有する金券

（例）

郵便切手、収入印紙

第２章　課税物件、課税標準及び税率

（課税物件、課税標準及び税率の取扱い）

第61条　課税物件、課税標準及び税率の取扱いについては、第１章で定めるところによるほか、別表第１に定めるところによる。

（印紙税額等の端数計算）

第62条　印紙税の課税標準及び税額については、通則法第118条（（国税の課税標準の端数計算等））及び第119条（（国税の確定金額の端数計算等））の規定は適用されないのであるから留意する。

第３章　納付、申告及び還付等

第１節　印紙による納付

（印紙の範囲）

第63条　法第８条（（印紙による納付等））第１項に規定する「印紙税に相当する金額の印紙」には、既に彩紋が汚染等した印紙又は消印された印紙若しくは消印されていない使用済みの印紙は含まない。

②　課税文書となるべき用紙等又は各種の登録申請書等にはり付けた印紙で、当該課税文書の作成又は当該申請等がなされる前のものは、使用済みの印紙とはならない。

（共同作成の場合の印紙の消印方法）

第64条　２以上の者が共同して作成した課税文書にはり付けた印紙を法第８条（（印紙による納付等））第２項の規定により消す場合には、作成者のうちの一の者が消すこととしても差し支えない。

（印章の範囲）

第65条　令第５条（（印紙を消す方法））に規定する「印章」には、通常印判といわれるもののほか、氏名、名称等を表示した日付印、役職名、名称等を表示した印を含むものとする。

第２節　税印による納付の特例

（納付方法の併用禁止）

第66条　法第９条（（税印による納付の特例））の規定による納付の特例は、課税文書に相当印紙をはり付けることに代えて税印を押すのであるから、印紙をはり付けた課税文書又は印紙税納付計器により当該課税文書に課されるべき印紙税額に相当する金額（以下「相当金額」という。）を表示して納付印を押した課税文書等他の納付方法により納付したものについては、税印を押すことができない（他の納付方法により納付した印紙税について過誤納の処理をしたものはこの限りでない。）ことに留意する。

（請求の棄却）

第67条　次に掲げる場合には、原則として、法第９条（（税印による納付の特例））第３項の規定により税印を押すことの請求を棄却する。

（1）　請求に係る課税文書に課されるべき印紙税額が当該課税文書の記載金額によって異なり、かつ、当該記載金額が明らかでない場合

（2）　請求に係る課税文書が、当該請求の時点においては課税物件表のいずれの号の文書に該当するものであるかが明らかでない場合

（3）　請求に係る課税文書が、税印を明確に押すことのできない紙質、形式等である場合

（4）　その他印紙税の保全上不適当であると認め

られる場合

（印紙税の納付）

第68条　法第９条（（税印による納付の特例））第２項に規定する印紙税は、税印を押すことを請求した税務署長の所属する税務署の管轄区域内の場所を納税地として納付するのであるから留意する。

第３節　印紙税納付計器の使用による納付の特例

（納付方法の併用禁止）

第69条　法第10条（（印紙税納付計器の使用による納付の特例））の規定による納付の特例は、課税文書に相当印紙をはり付けることに代えて、相当金額を表示して納付印を押すのであるから、税印を押した課税文書等他の納付方法により納付したものについては、相当金額を表示して納付印を押すことができない（他の納付方法により納付した印紙税について過誤納の処理をしたものはこの限りでない。）ことに留意する。ただし、一の課税文書に納付印を２以上押すこと、及び納付印を押すことと印紙のはり付けとを併用することは差し支えないものとして取り扱う。

（印紙税納付計器設置の不承認）

第70条　次に掲げる場合には、原則として、法第10条（（印紙税納付計器の使用による納付の特例））第１項の規定による承認は与えない。

（1）　承認を受けようとする者が過去２年以内において同条第５項の規定により承認を取り消された者である場合

（2）　承認を受けようとする者が過去２年以内において法に違反して告発された者である場合

（3）　その他印紙税の保全上不適当と認められる場合

（印紙税納付計器設置承認に付す条件）

第71条　法第10条（（印紙税納付計器の使用による納付の特例））第１項の規定により印紙税納付計器の設置の承認を与える場合には、次に掲げる条件を付する。

（1）　かぎを付することとなっている印紙税納付計器を設置したときは、その使用前に当該印紙税納付計器のかぎを承認した税務署長に預けておくこと。

（2）　印紙税納付計器に故障その他の事故が生じたときは、その旨を直ちに承認した税務署長に届け出て、その指示に従うこと。

（3）　印紙税納付計器の設置を廃止したとき、又は納付印を取り替えたときは、承認した税務署長の指示するところにより、不要となった納付印の印面を廃棄すること。

（納付印の記号、番号）

第72条　規則第３条（（納付印の印影の形式等））第１項に規定する納付印の印影の形式中の記号及び番号は、印紙税納付計器を設置しようとする場所の所在地の所轄税務署長が指定するところによる。

（印紙税納付計器により納付印を押すことができる課税文書の範囲）

第73条　法第10条（（印紙税納付計器の使用による納付の特例））第１項の規定は、同項の規定により印紙税納付計器の設置の承認を受けた者が作成する課税文書（当該印紙税納付計器設置の承認を受けた者とその他の者とが共同して作成するものを含む。）について適用されるのであるから留意する。

②　法第10条第２項の規定は、同条第１項の規定により印紙税納付計器の設置の承認を受けた者が、更に、同条第２項の規定による承認を受けた場合に限り、その交付を受ける課税文書について適用されるのであるから留意する。

（交付を受ける課税文書の意義）

第74条　法第10条（（印紙税納付計器の使用による納付の特例））第２項に規定する「交付を受ける課税文書」とは、印紙税納付計器の設置者を相手方として交付する目的で作成され、当該交付の時において納税義務の成立する課税文書をいう。したがって、当該設置者以外の者に対して交付する目的で作成された課税文書には納付印を押すことはできないのであるから留意する。

（交付を受ける課税文書に納付印を押す場合の納税義務者）

第75条　法第10条（（印紙税納付計器の使用による納付の特例））第２項の規定は、印紙税納付計器の設置者が交付を受ける課税文書について、当該納付計器を使用して印紙税を納付することができることとしたものであり、当該課税文書の納税義務者は、当該文書の作成者であるから留意する。したがって、当該文書について印紙税の不納付が

付録　法令通達編

あった場合には、当該作成者から過怠税を徴収することとなる。

（印紙税納付計器その他同項の措置を受けるため必要な物件）

第76条　令第８条（(印紙税納付計器の設置の承認の申請等)）第４項に規定する「印紙税納付計器その他同項の措置を受けるため必要な物件」は、始動票札を使用しない印紙税納付計器にあっては当該印紙税納付計器、始動票札を使用する印紙税納付計器にあっては当該印紙税納付計器及び始動票札とする。ただし、始動票札を使用する印紙税納付計器について同項の規定による請求書を提出することが２回目以降である場合は、当該始動票札のみとする。

（印紙税納付計器設置の承認の取消し）

第77条　次に掲げる場合には、法第10条（(印紙税納付計器の使用による納付の特例)）第５項の規定により印紙税納付計器の設置の承認を取り消す。

（１）　承認を受けた者が法に違反して告発された場合

（２）　偽りその他不正の行為により印紙税納付計器の設置の承認を受けた場合

（３）　承認を受けた者が承認の条件に違反した場合

（４）　その他印紙税の取締り上不適当と認められる場合

第４節　書式表示による申告及び納付の特例

（様式又は形式が同一かどうかの判定）

第78条　法第11条（(書式表示による申告及び納付の特例)）第１項に規定する「様式又は形式が同一」に該当するかどうかは、おおむね当該文書の名称、記載内容、大きさ、彩紋を基準として判定する。

（後日においても明らかにされているものの意義）

第79条　法第11条（(書式表示による申告及び納付の特例)）第１項に規定する「後日においても明らかにされているもの」とは、法第18条（(記帳義務)）第１項の規定に基づいて課税文書の作成に関する事実を帳簿に記載することにより結果的に作成事実が明らかにされるだけでなく、他の法律の規定、課税文書の性質、作成の状況等から判断して、当該課税文書を作成した後においても、その作成事実が明らかにされているものをいう。

（課税文書を作成しようとする場所の意義）

第80条　法第11条（(書式表示による申告及び納付の特例)）第１項に規定する「課税文書を作成しようとする場所」とは、次に掲げる課税文書の区分に応じ、それぞれ次に掲げる場所をいうものとする。

（１）　課税文書に作成しようとする場所が明らかにされているもの　当該作成しようとする場所

（２）　（１）以外の課税文書で、証券代行会社等が、当該文書を作成しようとする者から委託を受けて事務を代行している場合における当該代行事務に係るもの　当該証券代行会社等の所在地

（３）　前２号以外の課税文書で、当該文書に作成しようとする者の事業に係る事務所、事業所その他これらに準ずるものの所在地が記載されているもの　当該所在地（当該所在地が２以上ある場合は、作成しようとする場所として推定することができるいずれか一の所在地）

（４）　前各号以外の課税文書　当該課税文書を作成しようとする者の住所

（毎月継続して作成されることとされているものの意義等）

第81条　法第11条（(書式表示による申告及び納付の特例)）第１項第１号に規定する「毎月継続して作成されることとされているもの」とは、通常毎月継続して作成することとされているものをいうが、１か月以内において継続して作成することとされているものも、これに含めて取り扱う。

なお、この場合において、当該課税文書に発行年月日等の通常作成した日と認められる日が記載されているものについては、当該日を作成日として取り扱って差し支えない。

（特定の日に多量に作成されることとされているものの意義等）

第82条　法第11条（(書式表示による申告及び納付の特例)）第１項第２号に規定する「特定の日に多量に作成されることとされているもの」とは、通常特定の日に多量に作成することとされているものをいい、毎日継続して特定の日に多量に作成されることとされているものは、同項第１号に該当するものとして取り扱う。

なお、この場合において、当該課税文書に発行

年月日等の通常作成した日と認められる日が記載されているものについては、当該日を特定の日として取り扱って差し支えない。

（書式表示の承認区分）

第83条　法第11条（（書式表示による申告及び納付の特例））第１項に規定する書式表示の承認について、同項第１号の承認は、毎月継続的に作成することが予定されているものに対する包括承認であり、同項第２号の承認は、特定の日に多量に作成することが予定されているものに対する都度承認である。

②　課税事項の追記が予定されている文書については、当初に作成される文書に法第11条第１項に規定する承認を与えるほか、当初に作成される文書及び追記により作成したとみなされる文書に併せて同項の承認を与えることができるものとする。

なお、この場合においては、当該承認の効果の及ぶ範囲を明らかにしておく必要があることに留意する。

（書式表示の不承認）

第84条　次に掲げる場合には、原則として、法第11条（（書式表示による申告及び納付の特例））第１項の規定による承認は与えない。

（１）　申請者が法第15条（（保全担保））の規定により命ぜられた担保の提供をしない場合

（２）　申請に係る課税文書の様式又は形式が同一でない場合

（３）　申請に係る課税文書について、法第11条第１項の規定による納付方法と他の納付方法とを併用するおそれがあると認められる場合

（４）　申請に係る課税文書の作成数量がきん少であると認められる場合

（５）　申請に係る課税文書の作成日、作成数量及び税率区分が容易に確認できないと認められる場合

（６）　申請者が過去１年以内において同項の規定による承認を取り消された者である場合

（７）　申請者が過去１年以内において法の規定に違反して告発された者である場合

（８）　その他印紙税の保全上不適当と認められる場合

（納付方法の併用禁止）

第85条　法第11条（（書式表示による申告及び納付の特例））第１項の規定による納付の特例は、相当印紙のはり付けに代えて、金銭をもって課税文書についての印紙税を納付するのであるから、当該課税文書と様式又は形式が同一の課税文書については、同項の規定による納付方法と相当印紙のはり付け等他の納付方法とを併用することができないことに留意する。

（承認に係る課税文書に相当印紙をはり付ける等の方法により印紙税を納付した場合）

第86条　法第11条（（書式表示による申告及び納付の特例））第１項の規定により承認を受けた課税文書については、すべて同条の規定による申告及び納付をしなければならないのであるから留意する。

したがって、当該文書について相当印紙をはり付ける方法等他の納付方法により納付した印紙税があるときは、申請に基づき当該印紙税の還付又は充当の処理をする。

（書式表示の承認に付す条件）

第87条　法第11条（（書式表示による申告及び納付の特例））第１項の規定により書式表示の承認を与える場合には、次に掲げる条件を付する。

（１）　承認を受けた課税文書の受払い等に関する帳簿等の提示を求められたときは、速やかにこれに応ずること。

（２）　法第15条（（保全担保））の規定により担保の提供を命ぜられたときは、速やかにこれに応ずること。

（申告書の記載事項）

第88条　法第11条（（書式表示による申告及び納付の特例））第４項の規定による申告書の記載事項については、次による。

（１）　同項第１号に規定する「種類」とは、課税物件表に掲げる課税物件名及び当該課税物件名ごとの名称とする。

（例）

売上代金に係る金銭の受取書　領収書

（２）　同号に規定する「税率区分の異なるごと」とは、課税物件表の課税標準及び税率欄に掲げる税率の区分の異なるごとをいう。

②　第83条（（書式表示の承認区分））第２項に規定

する当初に作成された文書及び追記により作成したとみなされる文書につき併せて法第11条第１項に規定する承認を与えた場合には、同条第４項の規定による申告書には、それぞれ区分して記載させるものとする。

（非課税文書への書式表示）

第89条　規則第４条（(書式表示等の書式)）の規定による書式の表示は、印紙税が納付済みであることを表すものではなく、単に申告納税方式により納付するものであることを表すにすぎないから、法第11条（(書式表示による申告及び納付の特例)）第１項の規定による承認を受けた課税文書に、後日、金額等を記載したことによりそれが課税文書に該当しないこととなったとしても、当該表示をまっ消する必要はない。

（書式表示の承認の取消し）

第90条　次に掲げる場合には、原則として、法第11条（(書式表示による申告及び納付の特例)）第１項の規定による承認を取り消す。

（1）　承認に係る課税文書の作成日、作成数量及び税率区分が容易に確認できなくなった場合

（2）　承認に係る課税文書の作成数量がきん少となった場合

（3）　承認を受けた者が法に違反して告発された場合

（4）　承認を受けた者が承認の条件に違反した場合

（5）　その他印紙税の取締り上不適当と認められる場合

第５節　預貯金通帳等に係る申告及び納付の特例

（預貯金通帳等を作成しようとする場所が同一の税務署管内に２以上ある場合）

第91条　同一の者について、預貯金通帳等を作成しようとする場所が同一の税務署管内に２以上ある場合（例えば同一の税務署管内に同一金融機関の支店、出張所等の店舗が２以上ある場合）には、当該作成しようとする場所の所在地ごとに承認を与える。この場合において、法第12条（(預貯金通帳等に係る申告及び納付等の特例)）第５項の規定による申告書は、当該預貯金通帳等の作成場所の所在地ごとに提出するものとする。

（預貯金通帳等に係る本店一括納付の取扱い）

第91条の２　金融機関等が、各支店分の預貯金通帳等を本店で電子計算組織により集中的に管理し、かつ、当該預貯金通帳等に本店の所在地を記載している場合は、各支店で当該預貯金通帳等を発行する場合であっても、当該本店を「預貯金通帳等を作成しようとする場所」として取扱い、本店において全支店分をまとめて法第12条（(預貯金通帳等に係る申告及び納付等の特例)）第１項の規定の適用を受けることとしても差し支えない。

（一括納付の不承認）

第92条　次に掲げる場合には、原則として、法第12条（(預貯金通帳等に係る申告及び納付等の特例)）第１項の規定による承認は与えない。

（1）　申請者が法第15条（(保全担保)）の規定により命ぜられた担保の提供をしない場合

（2）　申請に係る預貯金通帳等の種類ごとの当該預貯金通帳等に係る口座の数が明らかでない場合

（3）　申請者が過去１年以内において、法第12条第１項の規定による承認を取り消された者である場合

（4）　申請者が過去１年以内において法に違反して告発された者である場合

（5）　その他印紙税の保全上不適当と認められる場合

（納付方法の併用禁止）

第93条　法第12条（(預貯金通帳等に係る申告及び納付等の特例)）第１項の規定による納付の特例は、相当印紙のはり付けに代えて、金銭をもって預貯金通帳等についての印紙税を納付するのであるから、当該預貯金通帳等については、同項の規定による納付方法と相当印紙のはり付け等他の納付方法とを併用することができないことに留意する。

（承認に係る預貯金通帳等に相当印紙をはり付ける方法等により印紙税を納付した場合）

第94条　法第12条（(預貯金通帳等に係る申告及び納付等の特例)）第１項の規定により承認を受けた預貯金通帳等については、すべて同条の規定による申告及び納付をしなければならないのであるから留意する。

なお、当該預貯金通帳等について、相当印紙を

はり付ける方法等他の納付方法により納付した印紙税があるときは、申請に基づき当該印紙税の還付又は充当の処理をする。

（預貯金通帳等の範囲）

第95条　令第11条（(書式表示をすることができる預貯金通帳等の範囲)）第1号に規定する「普通預金通帳」には、現金自動預金機専用通帳を含むものとする。

② 令第11条第3号に規定する「定期預金通帳」には、積立定期預金通帳を含むものとする。

③ 令第11条第4号に規定する「当座預金通帳」には、当座預金への入金の事実のみを付け込んで証明する目的をもって作成する、いわゆる当座勘定入金帳（付け込み時に当座預金勘定への入金となる旨が明らかにされている集金用の当座勘定入金帳を含む。）を含むものとする。

④ 令第11条第7号に規定する「複合預金通帳」とは、性格の異なる2以上の預貯金に関する事項を併せて付け込んで証明する目的をもって作成する通帳をいい、現実に2以上の預貯金に関する事項が付け込まれているかどうかは問わない。したがって、普通預金及び定期預金に関する事項を併せて付け込んで証明する目的をもって作成される、いわゆる総合口座通帳は、普通預金に関する事項のみが付け込まれている場合であっても、複合預金通帳に該当する。

⑤ 令第11条第8号に規定する「複合寄託通帳」とは、預貯金に関する事項及び有価証券の寄託に関する事項を併せて付け込んで証明する目的をもって作成する通帳をいい、具体的には、信託銀行において、普通預金に関する事項及び貸付信託の受益証券の保護預りに関する事項を併せて付け込んで証明する目的をもって作成する、いわゆる信託総合口座通帳等がこれに該当する。

なお、信託総合口座通帳等は、普通預金に関する事項のみが付け込まれている場合であっても、前項の複合預金通帳の場合と同様、複合寄託通帳に該当する。

（注）法第12条（(預貯金通帳等に係る申告及び納付等の特例)）第1項の規定による承認は、令第11条に掲げる預貯金通帳等の区分ごとに行う。したがって、例えば、普通預金通帳又は定期預金通帳についてのみ法第12条第1項の規定による承認を受け、複合預金通帳又は複合寄託通帳については、法第8条（(印紙による納付等)）第1項の規定による相当印紙のはり付けによる納付方法によることとしても差し支えない。

しかし、同一区分の預貯金通帳等のうち一部（例えば、普通定期預金通帳と積立定期預金通帳がある場合の積立定期預金通帳）だけについて、法第12条第1項の規定による承認を受けることはできないのであるから留意する。

（一括納付の承認に付す条件）

第96条　法第12条（(預貯金通帳等に係る申告及び納付等の特例)）第1項の規定により、預貯金通帳等について一括納付の承認を与える場合には、次に掲げる条件を付する。

（1）承認を受けた預貯金通帳等の受払い等に関する帳簿等の提示を求められたときは、速やかにこれに応ずること。

（2）法第15条（(保全担保)）の規定により担保の提供を命ぜられたときは、速やかにこれに応ずること。

（金融機関等の本支店、出張所等が移転した場合）

第97条　法第12条（(預貯金通帳等に係る申告及び納付等の特例)）第1項の規定により承認を受けた金融機関等の本支店、出張所等が、当該承認を受けた日以降最初に到来する4月1日から翌年3月31日までの期間内に移転した場合における移転後当該期間内に作成する預貯金通帳等については、同条第4項の規定により当該期間の開始の時に作成されたものとみなされるのであるから、改めて印紙税を納付する必要がないことに留意する。

（金融機関等の支店、出張所等が新設された場合）

第98条　新設された金融機関等の支店、出張所等が、当該金融機関等の他の支店、出張所等において法第12条（(預貯金通帳等に係る申告及び納付等の特例)）第1項の規定による承認を受けた預貯金通帳等をそのまま引き続き使用する場合における当該預貯金通帳等については、当該承認に係る期間の開始の時に作成されたものとみなされるのであるから、改めて印紙税を納付する必要はないことに留意する。

なお、新設された金融機関等の支店、出張所等が新たに作成する預貯金通帳等（新規の預貯金者に交付する新預貯金通帳等及び既預貯金者に改帳により交付する新預貯金通帳等）については、相当印紙をはり付ける方法等他の納付方法により印紙税を納付しなければならないのであるから留意する。

（金融機関等の支店、出張所等が統合された場合）

第99条　同一種類の預貯金通帳等につき、法第12条（(預貯金通帳等に係る申告及び納付等の特例)）第１項の承認を受けている支店、出張所等と当該承認を受けていない支店、出張所等とが、当該承認を受けた日以降最初に到来する４月１日から翌年３月31日までの期間内に統合された場合において、統合後当該期間内に作成する預貯金通帳等については、次により取り扱う。

（１）　統合により存続する支店、出張所等が、同一種類の預貯金通帳等につき、法第12条第１項の承認を受けている場合で、廃止する支店、出張所等が当該承認を受けていないとき

イ　新規の預貯金者に交付する預貯金通帳等及び存続する支店、出張所等に統合前から口座を有している既預貯金者に改帳により交付する預貯金通帳等については、法第12条の規定を適用する。

ロ　統合により廃止した支店、出張所等に口座を有していた既預貯金者に改帳により交付する預貯金通帳等については、法第12条の規定は適用しない。

（２）　統合により存続する支店、出張所等が、同一種類の預貯金通帳等につき、法第12条第１項の承認を受けていない場合で、廃止する支店、出張所等が当該承認を受けているとき

イ　新規の預貯金者に交付する預貯金通帳等及び存続する支店、出張所等に統合前から口座を有している既預貯金者に改帳により交付する預貯金通帳等については、法第12条の規定は適用しない。

ロ　統合により廃止した支店、出張所等に口座を有していた既預貯金者に改帳により交付する預貯金通帳等については、法第12条の規定を適用する。

（注）（１）のロ及び（２）のイの場合における預貯金通帳等については、相当印紙をはり付ける方法等他の納付方法により印紙税を納付させることとなるのであるから留意する。

（金融機関等が合併した場合）

第100条　法第12条（(預貯金通帳等に係る申告及び納付等の特例)）第１項の規定による承認を受けている金融機関等が、当該承認を受けた日以降最初に到来する４月１日から翌年３月31日までの期間内に他の金融機関等と合併した場合において、合併後存続する金融機関等又は合併により設立された金融機関等が合併により消滅する金融機関等の当該承認に係る預貯金通帳等を合併後も引き続き使用するときにおける当該預貯金通帳等については、合併後存続する金融機関等又は合併により設立された金融機関等が同条の規定による承認を受けている預貯金通帳等として取り扱う。

なお、同項の規定による承認を受けている金融機関等と当該承認を受けていない金融機関等とが合併した場合において当該合併後に作成する預貯金通帳等については、次により取り扱う。

（１）　新設合併の場合

イ　合併により設立された金融機関等が新規の預貯金者に交付する預貯金通帳等については、法第12条第１項の規定は適用しない。

ロ　合併により消滅する金融機関等に口座を有していた既預貯金者に改帳により交付する預貯金通帳等については、消滅する金融機関等が法第12条第１項の規定による承認を受けている場合には、同条の規定を適用し、消滅する金融機関等が同項の規定による承認を受けていない場合には、同条の規定を適用しない。

（２）　吸収合併の場合

イ　同一種類の預貯金通帳等につき、合併により存続する金融機関等が、法第12条第１項の承認を受けている場合で、消滅する金融機関等が当該承認を受けていないとき

（イ）　新規の預貯金者に交付する預貯金通帳等及び存続する金融機関等に合併前から口座を有している既預貯金者に改帳により交付する預貯金通帳等については、法第12条

の規定を適用する。

(ロ) 合併により消滅する金融機関等に口座を有していた既預貯金者に改帳により交付する預貯金通帳等については、法第12条の規定は適用しない。

ロ 同一種類の預貯金通帳等につき、合併により存続する金融機関等が、法第12条第1項の承認を受けていない場合で、消滅する金融機関等が当該承認を受けているとき

(イ) 新規の預貯金者に交付する預貯金通帳等及び存続する金融機関等に合併前から口座を有している既預貯金者に改帳により交付する預貯金通帳等については、法第12条の規定は適用しない。

(ロ) 合併により消滅する金融機関等に口座を有していた既預貯金者に改帳により交付する預貯金通帳等については、法第12条の規定を適用する。

(注) 法第12条の規定が適用されないこととなる預貯金通帳等については、相当印紙をはり付ける方法等他の納付方法により印紙税を納付しなければならないのであるから留意する。

(金融機関等が事業を譲渡した場合)

第100条の2 法第12条((預貯金通帳等に係る申告及び納付等の特例))第1項の規定による承認を受けている金融機関等が、当該承認を受けた日以降最初に到来する4月1日から翌年3月31日までの期間内に他の金融機関等に事業を譲渡した場合において、事業を譲り受けた金融機関等が事業を譲渡した金融機関等の当該承認に係る預貯金通帳等を事業の譲渡後も引き続き使用するときにおける当該預貯金通帳等については、事業を譲り受けた金融機関等が同条の規定による承認を受けている預貯金通帳等として取り扱う。

なお、当該事業を譲り受けた金融機関等が同項の規定による承認を受けていない場合には、事業を譲り受けた金融機関等が新たに作成する預貯金通帳等(新規の預貯金者に交付する新預貯金通帳等及び既預貯金者に改帳により交付する新預貯金通帳等)については、相当印紙をはり付ける方法等他の方法により印紙税を納付しなければならないのであるから留意する。

(金融機関等が会社分割した場合)

第100条の3 法第12条((預貯金通帳等に係る申告及び納付等の特例))第1項の規定による承認を受けている金融機関等が、当該承認を受けた日以降最初に到来する4月1日から翌年3月31日までの期間内に分割して金融機関等の業務の一部又は全部を承継させた場合において、会社分割により金融機関等の業務を承継した金融機関等(この条において「分割承継金融機関等」という。)が分割前の金融機関等(この条において「分割金融機関等」という。)の当該承認に係る預貯金通帳等を会社分割後も引き続き使用するときにおける当該預貯金通帳等については、分割承継金融機関等が同条の規定による承認を受けている預貯金通帳等として取り扱う。

なお、分割承継金融機関等が当該会社分割後に作成する預貯金通帳等については、次により取り扱う。

(1) 新設分割の場合

イ 分割承継金融機関等が新規の預貯金者に交付する預貯金通帳等については、法第12条第1項の規定は適用しない。

ロ 分割金融機関等に口座を有していた既預貯金者に改帳により交付する預貯金通帳等については、分割金融機関等が法第12条第1項の規定による承認を受けている場合には、同条の規定を適用し、分割金融機関等が同項の規定による承認を受けていない場合には、同条の規定を適用しない。

(2) 吸収分割の場合

イ 同一種類の預貯金通帳等について、分割金融機関等が法第12条第1項の規定による承認を受けていて、分割承継金融機関等が同項の規定による承認を受けていない場合

(イ) 新規の預貯金者に交付する預貯金通帳等及び分割承継金融機関等に分割前から口座を有している既預貯金者に改帳により交付する預貯金通帳等については、法第12条の規定は適用しない。

(ロ) 分割金融機関等に口座を有していた既預貯金者に改帳により交付する預貯金通帳等については、法第12条の規定を適用する。

ロ　同一種類の預貯金通帳等について、分割金融機関等が法第12条第１項の規定による承認を受けておらず、分割承継金融機関等が同項の規定による承認を受けている場合

（イ）　新規の預貯金者に交付する預貯金通帳等及び分割承継金融機関等に分割前から口座を有している既預貯金者に改帳により交付する預貯金通帳等については、法第12条の規定を適用する。

（ロ）　分割金融機関等に口座を有していた既預貯金者に改帳により交付する預貯金通帳等については、法第12条の規定は適用しない。

（注）　法第12条の規定が適用されないこととなる預貯金通帳等については、相当印紙をはり付ける方法等他の納付方法により印紙税を納付しなければならないのであるから留意する。

（申告書の記載事項）

第101条　法第12条（(預貯金通帳等に係る申告及び納付等の特例)）第５項第１号に規定する「当該預貯金通帳等の種類」とは、令第11条（(書式表示をすることができる預貯金通帳等の範囲)）に掲げる預貯金通帳等の区分とする。

第102条　削除

（預貯金通帳等に係る口座の数）

第103条　法第12条（(預貯金通帳等に係る申告及び納付等の特例)）第４項に規定する預貯金通帳等に係る口座の数の計算に当たっては、次の点に留意すること。

（１）　法第12条第４項に規定する預貯金通帳等に係る口座の数の計算の基礎となる口座の数は、当該預貯金通帳等に係る口座の数によるのであるから、当該預貯金通帳等の預貯金と同一種類の預貯金に係る口座であっても、預貯金契約により預貯金通帳を発行しないこととされている、いわゆる無通帳預金に係る口座の数はこれに含まれない。

なお、現金自動預金機専用通帳と普通預金通帳又は総合口座通帳とを併用する場合は、それぞれの口座の数がこれに含まれるのであるから留意する。

（２）　令第12条（(預貯金通帳等に係る申告及び納付の承認の申請等)）第２項に規定する「統括して管理されている一の預貯金通帳等に係る二以上の口座」とは、例えば、一の総合口座通帳について、当該総合口座通帳に併せて付け込まれる普通預金及び定期預金の受払いに関する事項を各別の口座で管理している場合に、これらの各別の口座を統合する口座により統括して管理しているとき又は口座番号、顧客番号等により結合して管理しているときにおける、当該各別の口座をいう。

具体的には、次のような管理がされている一の預貯金通帳等に係る当該各別の口座がこれに該当する。

（例）１　統合する口座により統括して管理しているもの

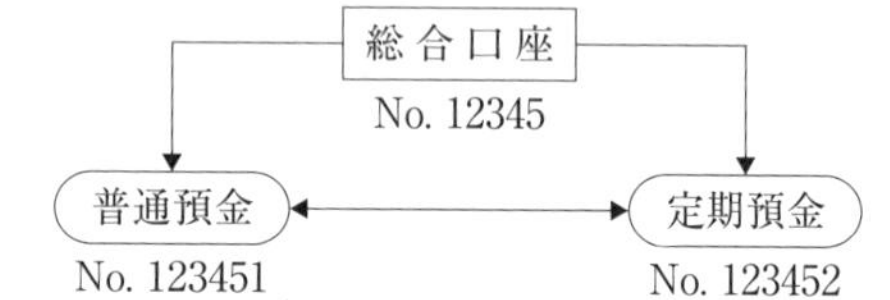

２　同一口座番号で統括して管理しているもの

３　基本口座により関連口座を索引する方法で結合しているもの

４　顧客コードで統括管理しているもの

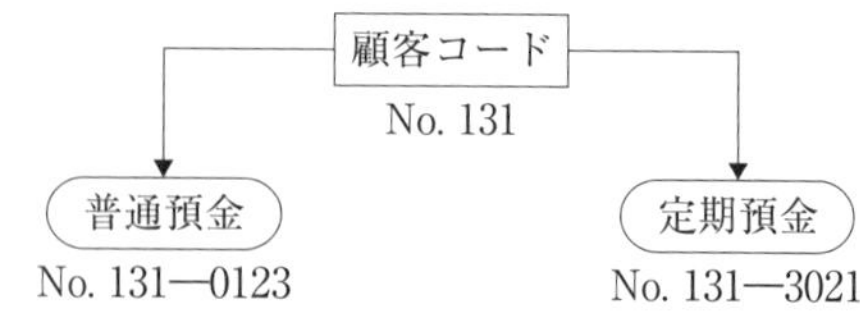

（３）　令第12条第２項に規定する「睡眠口座」とは、同条第３項に規定する口座をいうのであるが、複合預金通帳及び複合寄託通帳に係る口座にあっては、当該預貯金通帳等に付け込まれる二以上の口座に係る預貯金の残高及び寄託がされている有価証券の券面金額の残高の合計額が1,000円未満であり、かつ、それぞれの口座に

おける最後の取引の日からいずれも３年を経過したものがこれに該当する。

なお、普通預金通帳に係る口座のうち、最終取引の日から５年以上経過し、商事時効の対象となった預金口座を預金勘定から損益勘定に振り替えて、当該口座を抹消したものについては、法第12条第４項に規定する預貯金通帳等に係る口座の数の計算の基礎となる口座の数に含まれないのであるから留意する。

（非課税預貯金通帳に係る口座の数の計算）

第104条　令第12条（（預貯金通帳等に係る申告及び納付の承認の申請等））第２項に規定する「非課税預貯金通帳に係る口座」の数の計算は、次による。

（１）　所得税法（昭和40年法律第33号）第９条（（非課税所得））第１項第２号に規定する預貯金の預貯金通帳に係る口座の数　当該預貯金通帳に係る口座数

（２）　令第30条（（非課税となる普通預金通帳の範囲））に規定する普通預金の通帳に係る口座の数　法第12条（（預貯金通帳等に係る申告及び納付等の特例））第１項の承認に係る期間の開始の日の１年前（年の途中から預貯金取引が開始されたものについては当該取引の開始の日）から引き続き所得税法第10条（（障害者等の少額預金の利子所得等の非課税））の規定により、所得税が課されないこととなっている普通預金の通帳に係る口座数

（注）　複合預金通帳又は複合寄託通帳に付け込んで証明される所得税法第10条の規定によりその利子につき所得税が課されないこととなる普通預金に係る口座については、「非課税預貯金通帳に係る口座」に該当しないのであるから留意する。

（取引の意義）

第105条　令第12条（（預貯金通帳等に係る申告及び納付の承認の申請等））第２項における「取引」とは、預貯金の預入れ又は払出しをいい、利息又は源泉所得税の記入は含まないのであるから留意する。

（一括納付の承認の取消し）

第106条　次に掲げる場合には、原則として、法第12条（（預貯金通帳等に係る申告及び納付等の特例））第１項の規定による承認を取り消す。

（１）　承認を受けた者が法に違反して告発された場合

（２）　承認を受けた者が承認の条件に違反した場合

（３）　その他印紙税の取締り上不適当と認められる場合

第６節　削除

第107条　削除

第108条　削除

第109条　削除

第110条　削除

第111条　削除

第112条　削除

第113条　削除

第114条　削除

第７節　過誤納の確認等

（確認及び充当の請求ができる過誤納金の範囲等）

第115条　法第14条（（過誤納の確認等））の規定により、過誤納の事実の確認及び過誤納金の充当の請求をすることができる場合は、次に掲げる場合とする。

（１）　印紙税の納付の必要がない文書に誤って印紙をはり付け（印紙により納付することとされている印紙税以外の租税又は国の歳入金を納付するために文書に印紙をはり付けた場合を除く。）、又は納付印を押した場合（法第10条（（印紙税納付計器の使用による納付の特例））第２項の規定による承認を受けた印紙税納付計器の設置者が、交付を受けた文書に納付印を押した場合を含む。（３）において同じ。）

（２）　印紙をはり付け、税印を押し、又は納付印を押した課税文書の用紙で、損傷、汚染、書損その他の理由により使用する見込みのなくなった場合

（３）　印紙をはり付け、税印を押し、又は納付印を押した課税文書で、納付した金額が相当金額を超える場合

（４）　法第９条（（税印による納付の特例））第１項、第10条第１項、第11条（（書式表示による申告及び納付の特例））第１項又は第12条（（預

貯金通帳等に係る申告及び納付等の特例)) 第1項の規定の適用を受けた課税文書について、当該各項に規定する納付方法以外の方法によって相当金額の印紙税を納付した場合

(5) 法第9条第2項の規定により印紙税を納付し、同条第1項の規定により税印を押すことの請求をしなかった場合(同条第3項の規定により当該請求が棄却された場合を含む。)

(6) 印紙税納付計器の設置者が法第10条第2項の規定による承認を受けることなく、交付を受けた課税文書に納付印を押した場合

(7) 法第10条第4項の規定により印紙税を納付し、印紙税納付計器の設置の廃止その他の理由により当該印紙税納付計器を使用しなくなった場合

(交付を受けた課税文書に過誤納があった場合の還付等)

第115条の2 印紙税納付計器の設置者が、交付を受けた文書に納付印を押した場合において、当該文書に過誤納があるときは、当該設置者に還付等の請求を行わせる。

(過誤納となった事実を証するため必要な文書その他の物件の意義等)

第116条 令第14条((過誤納の確認等)) 第2項に規定する「過誤納となった事実を証するため必要な文書その他の物件」とは、下表の左欄に掲げる過誤納の事実の区分に応じ、同表の右欄に掲げる物件をいう。

過誤納の事実	提示又は提出する物件
第115条((確認及び充当の請求ができる過誤納金の範囲等))の(1)、(2)、(3)、(4)又は(6)に該当する場合	印紙をはり付け、税印を押し、又は納付印を押した過誤納に係る文書
第115条の(5)に該当する場合	過誤納に係る印紙税を納付したことを証する領収証書
第115条の(7)に該当する場合	過誤納に係る印紙税を納付したことを証する領収証書及び印紙税納付計器

(過誤納金の充当)

第117条 法第14条((過誤納の確認等)) 第2項の規定による過誤納金の充当は、通則法第56条((還付)) 及び同法第57条((充当)) の規定に対する特則であって、他に未納の国税があっても同項の充当ができることに留意する。

(過誤納金の還付等の請求)

第118条 法第14条((過誤納の確認等)) 第3項の規定は、同条第1項に規定する過誤納の確認又は同条第2項に規定する過誤納金の充当があった時に過誤納があったものとみなして通則法の規定により還付又は充当し、若しくは還付加算金を計算することを規定したものであって、過誤納金に係る国に対する請求権の起算日を規定したものではない。したがって、過誤納金に係る国に対する請求権は、その請求することができる日から5年を経過することによって、時効により消滅するのであるから留意する。

② 前項における消滅時効の起算日は、次に掲げる区分に応じ、それぞれ次に定める日の翌日とする。

(1) 第115条((確認及び充当の請求ができる過誤納金の範囲等))の(1)に掲げる場合 印紙をはり付け又は納付印を押した日

(2) 同条の(2)に掲げる場合 使用する見込みのなくなった日

(3) 同条の(3)、(4)又は(6)に掲げる場合 印紙をはり付け、税印を押し、又は納付印を押した日

(4) 同条の(5)に掲げる場合 印紙税を納付した日(請求が棄却された場合には、当該棄却の日)

(5) 同条の(7)に規定する場合 印紙税納付計器を使用しなくなった日

(過誤納の確認等の時)

第119条 法第14条((過誤納の確認等)) 第3項に規定する「確認又は充当の時」とは、令第14条((過誤納の確認等)) 第1項に規定する申請書及び同条第2項に規定する過誤納の事実を証するため必要な文書その他の物件が、納税地を所轄する税務署長に提出及び提示された時とする。

第4章 雑則

第1節 保全担保

(保全担保の提供命令)

第120条　次に掲げる者には、原則として、法第15条（(保全担保)）第1項の規定による担保の提供を命ずる。

（1）　過去1年以内において印紙税を滞納したことがある者

（2）　資力が十分でないため、特に担保の提供を命ずる必要があると認められる者

（3）　その他特に担保の提供を命ずる必要があると認められる者

第2節　納付印等の製造等

（納付印等の製造等の承認）

第121条　法第16条（(納付印等の製造等の禁止)）の規定による印紙税納付計器、納付印（指定計器以外の計器その他の器具に取り付けられたものを含む。以下同じ。）又は納付印の印影に紛らわしい外観を有する印影を生ずべき印（以下これを「類似印」といい、印紙税納付計器、納付印及び類似印を「納付印等」という。）の製造、販売又は所持の承認は、当該製造、販売及び所持の区分ごとに与える。

（納付印等の製造等の承認を与える場合）

第122条　法第16条（(納付印等の製造等の禁止)）の規定による納付印等の製造、販売又は所持（以下本条において「製造等」という。）の承認は、次の場合について与える。

なお、（1）及び（2）に該当する場合には、納付印等の1個ごとに当該承認を与えることに取り扱う。

（1）　法第10条（(印紙税納付計器の使用による納付の特例)）第1項の規定による設置承認を受けた印紙税納付計器に用いる納付印を製造等しようとする場合

（2）　摩滅等による取替用の納付印を製造等しようとする場合

（3）　類似印を納付印の製造又は販売のための予備とし、又は印紙税納付計器の販売のための見本用（その旨の表示があるものに限る。）として製造等しようとする場合

（4）（3）に掲げるもの以外の類似印で正当な使用目的を定めたものを製造等しようとする場合

（類似印の範囲）

第123条　類似印であるかどうかの判定については、おおむね次の一に該当するものを類似印として取り扱う。

（1）　規格がおおむね横10ミリメートル以上30ミリメートル以下、縦15ミリメートル以上35ミリメートル以下のもので、規則第3条（(納付印の印影の形式等)）に定める納付印の印影と一見して紛らわしい外観を有する印影を生ずべきもの

（2）　印影に日本政府、印紙税の文字が生ずべきもの

（納付印等の製造等の承認を行う税務署長）

第124条　法第16条（(納付印等の製造等の禁止)）の規定による納付印等の製造等の承認は、製造し、販売し又は所持しようとする場所の異なるごとに、それぞれの場所の所在地の所轄税務署長が行う。ただし、次に掲げる場合には、それぞれ次に掲げる税務署長が行っても差し支えない。

（1）　同一の者が類似印を2以上の場所で所持しようとする場合　主な所持をしようとする場所の所在地の所轄税務署長

（2）　同一の者が納付印の製造のための承認と当該納付印の販売のための承認とを同時に受けようとする場合　当該納付印を製造しようとする場所の所在地の所轄税務署長

（納付印等の製造等の承認に付す条件）

第125条　法第16条（(納付印等の製造等の禁止)）の規定により納付印等の製造、販売又は所持の承認を与える場合には、納付印及び類似印は、課税文書又は課税文書となるべき用紙に押さない旨の条件を付する。

（印紙税納付計器の製造の範囲）

第126条　国税庁長官の指定を受けた計器に、当該計器の製造者以外の者が納付印を付することは、法第16条（(納付印等の製造等の禁止)）に規定する印紙税納付計器の製造にはならないことに取り扱う。

（印紙税納付計器の設置場所の変更）

第127条　印紙税納付計器の設置場所を変更しようとする者は、法第17条（(印紙税納付計器販売業等の申告等)）第2項の規定により印紙税納付計器の設置の廃止をする旨の届出をするとともに、

新たに法第10条（(印紙税納付計器の使用による納付の特例)）第１項の規定により変更後の設置しようとする場所の所在地の所轄税務署長の承認を受けなければならないことに留意する。ただし、変更前の場所の所在地の所轄税務署長と変更後の場所の所在地の所轄税務署長が同一である場合には、設置場所を変更する旨の届出をすることにより、設置を廃止する届出及び設置の承認の手続を省略しても差し支えない。

第３節　模造印紙

（模造印紙の範囲）

第128条　印紙等模造取締法第１条（(印紙の模造等禁止)）第１項に規定する政府の発行する印紙と紛らわしい外観を有するもの（以下「模造印紙」という。）であるかどうかの判定については、おおむね次の一に該当するものを模造印紙として取り扱う。

（1）　規格がおおむね横10ミリメートル以上35ミリメートル以下、縦15ミリメートル以上50ミリメートル以下のもので、着色及び地紋模様が政府の発行する印紙と一見して紛らわしい外観を有するもの

（2）　政府の発行する印紙の着色及び地紋模様と類似するもの

（3）　紙面に収入印紙、証紙又は税の文字を表示するもの

②　地方公共団体が条例に基づいて発行する「収入証紙」等と称するもののうち、次のいずれにも該当するものは、前項の規定にかかわらず模造印紙としないことに取り扱う。

（1）　紙面に地方公共団体の名称が邦字で表示されているもの

（2）　紙面に収入印紙又は印紙の表示のないもの

（3）　着色及び地紋模様が政府の発行する印紙に紛らわしい外観を有しないもの

別表第１

課税物件、課税標準及び税率の取扱い

第１号の１文書

不動産、鉱業権、無体財産権、船舶若しくは航空機又は営業の譲渡に関する契約書

（不動産の意義）

1　「不動産」とは、おおむね次に掲げるものをいう。

（1）　民法（明治29年法律第89号）第86条《不動産及び動産》に規定する不動産

（2）　工場抵当法（明治38年法律第54号）第９条の規定により登記された工場財団

（3）　鉱業抵当法（明治38年法律第55号）第３条の規定により登記された鉱業財団

（4）　漁業財団抵当法（大正14年法律第９号）第６条の規定により登記された漁業財団

（5）　港湾運送事業法（昭和26年法律第161号）第26条（(工業抵当法の準用)）の規定により登記された港湾運送事業財団

（6）　道路交通事業抵当法（昭和27年法律第204号）第６条（(所有権保存の登記)）の規定により登記された道路交通事業財団

（7）　観光施設財団抵当法（昭和43年法律第91号）第７条（(所有権の保存の登記)）の規定により登記された観光施設財団

（8）　立木ニ関スル法律（明治42年法律第22号）の規定により登記された立木

ただし、登記されていない立木であっても明認方法を施したものは、不動産として取り扱う。

なお、いずれの場合においても、立木を立木としてではなく、伐採して木材等とするものとして譲渡することが明らかであるときは、不動産として取り扱わず、物品として取り扱う。

（9）　鉄道抵当法（明治38年法律第53号）第28条の２の規定により登録された鉄道財団

（10）　軌道ノ抵当ニ関スル法律（明治42年法律第28号）第１条の規定により登録された軌道財団

（11）　自動車交通事業法（昭和６年法律第52号）第38条の規定により登録された自動車交通事業財団

（不動産の従物）

2　不動産とその附属物の譲渡契約書で、当該不動

産と当該附属物の価額をそれぞれ区分して記載しているものの記載金額の取扱いは、次による。

(1) 当該附属物が当該不動産に対して従物(民法第87条《主物及び従物》の規定によるものをいう。以下この項において同じ。)の関係にある場合は、区分されている金額の合計額を第1号の1文書(不動産の譲渡に関する契約書)の記載金額とする。

(2) 当該附属物が当該不動産に対して従物の関係にない場合は、当該不動産に係る金額のみを第1号の1文書(不動産の譲渡に関する契約書)の記載金額とし、当該附属物に係る金額は第1号の1文書の記載金額としない。

(解体撤去を条件とする不動産の売買契約書)

3 老朽建物等の不動産を解体撤去することを条件として売買する場合に作成する契約書で、その売買価額が当該不動産の解体により生ずる素材価額相当額又はそれ以下の価額である等その不動産の構成素材の売買を内容とすることが明らかなものについては、課税文書に該当しないことに取り扱う。

(不動産の売渡証書)

4 不動産の売買について、当事者双方が売買契約書を作成し、その後更に登記の際作成する不動産の売渡証書は、第1号の1文書(不動産の譲渡に関する契約書)に該当する。

なお、この場合の不動産の売渡証書に記載される登録免許税の課税標準たる評価額は、当該文書の記載金額には該当しない。

(不動産と動産との交換契約書の記載金額)

5 不動産と動産との交換を約する契約書は、第1号の1文書(不動産の譲渡に関する契約書)に所属し、その記載金額の取扱いは、次による。

(1) 交換に係る不動産の価額が記載されている場合(動産の価額と交換差金とが記載されている等当該不動産の価額が計算できる場合を含む。)は、当該不動産の価額を記載金額とする。

(2) 交換差金のみが記載されていて、当該交換差金が動産提供者によつて支払われる場合は、当該交換差金を記載金額とする。

(3) (1)又は(2)以外の場合は、記載金額がないものとする。

(不動産の買戻し約款付売買契約書)

6 買戻し約款のある不動産の売買契約書の記載金額の取扱いは、次による。

(1) 買戻しが再売買の予約の方法によるものである場合は、当該不動産の売買に係る契約金額と再売買の予約に係る契約金額との合計金額を記載金額とする。

(2) 買戻しが民法第579条《買戻しの特約》に規定する売買の解除の方法によるものである場合は、当該不動産の売買に係る契約金額のみを記載金額とする。

(共有不動産の持分の譲渡契約書)

7 共有不動産の持分の譲渡契約書は、第1号の1文書(不動産の譲渡に関する契約書)に該当するものとして取り扱う。

(遺産分割協議書)

8 相続不動産を各相続人に分割することについて協議する場合に作成する遺産分割協議書は、単に共有遺産を各相続人に分割することを約すだけであつて、不動産の譲渡を約すものでないから、第1号の1文書(不動産の譲渡に関する契約書)に該当しない。

(鉱業権の意義)

9 「鉱業権」とは、鉱業法(昭和25年法律第289号)第5条((鉱業権))に規定する鉱業権をいい、同法第59条((登録))の規定により登録されたものに限る。

(特許権の意義)

10 「特許権」とは、特許法(昭和34年法律第121号)第66条((特許権の設定の登録))の規定により登録された特許権をいう。

(特許出願権譲渡証書)

11 発明に関する特許を受ける権利(出願権)の譲渡を約することを内容とする文書は、特許権そのものの譲渡を約することを内容とするものではないから、課税文書に該当しない。

(実用新案権の意義)

12 「実用新案権」とは、実用新案法(昭和34年法律第123号)第14条((実用新案権の設定の登録))の規定により登録された実用新案権をいう。

(商標権の意義)

13 「商標権」とは、商標法(昭和34年法律第127号)

第18条（(商標権の設定の登録)）の規定により登録された商標権をいう。

（意匠権の意義）

14 「意匠権」とは、意匠法（昭和34年法律第125号）第20条（(意匠権の設定の登録)）の規定により登録された意匠権をいう。

（回路配置利用権の意義）

15 「回路配置利用権」とは、半導体集積回路の回路配置に関する法律（昭和60年法律第43号）第３条（(回路配置利用権の設定の登録)）の規定により登録された回路配置利用権をいう。

（育成者権の意義）

16 「育成者権」とは、種苗法（平成10年法律第83号）第19条（(育成者権の発生及び存続期間)）の規定により登録された育成者権をいう。

（商号の意義）

17 「商号」とは、商法（明治32年法律第48号）第11条《商号の選定》及び会社法（平成17年法律第86号）第６条《商号》に規定する商号をいう。

（著作権の意義）

18 「著作権」とは、著作権法（昭和45年法律第48号）の規定に基づき著作者が著作物に対して有する権利をいう。

（船舶の意義）

19 「船舶」とは、船舶法（明治32年法律第46号）第５条に規定する船舶原簿に登録を要する総トン数20トン以上の船舶及びこれに類する外国籍の船舶をいい、その他の船舶は物品として取り扱う。

なお、小型船舶の登録等に関する法律（平成13年法律第102号）第３条に規定する小型船舶登録原簿に登録を要する総トン数20トン未満の小型船舶も物品として取り扱うのであるから留意する。

（船舶委付証）

20 沈没した船舶に海上保険が付されている場合に船主が保険の目的物である船舶を保険会社に委付する際作成する船舶委付証は、契約の成立等を証明するものではないから、課税文書に該当しない。

（航空機の意義）

21 「航空機」とは、航空法（昭和27年法律第231号）第２条（(定義)）に規定する航空機をいい、同法第３条（(登録)）の規定による登録の有無を問わない。

（営業の譲渡の意義）

22 「営業の譲渡」とは、営業活動を構成している動産、不動産、債権、債務等を包括した一体的な権利、財産としてとらえられる営業の譲渡をいい、その一部の譲渡を含む。

（注） 営業譲渡契約書の記載金額は、その営業活動を構成している動産及び不動産等の金額をいうのではなく、その営業を譲渡することについて対価として支払われるべき金額をいう。

第１号の２文書

地上権又は土地の賃借権の設定又は譲渡に関する契約書

（地上権の意義）

1 「地上権」とは、民法第265条《地上権の内容》に規定する地上権をいい、同法第269条の２《地下又は空間を目的とする地上権》に規定する地下又は空間の地上権を含む。

（土地の賃借権の意義）

2 「土地の賃借権」とは、民法第601条《賃貸借》に規定する賃貸借契約に基づき賃借人が土地（地下又は空間を含む。）を使用収益できる権利をいい、借地借家法（平成３年法律第90号）第２条《定義》に規定する借地権に限らない。

（地上権、賃借権、使用貸借権の区分）

3 地上権であるか土地の賃借権又は使用貸借権であるかが判明しないものは、土地の賃借権又は使用貸借権として取り扱う。

なお、土地の賃借権と使用貸借権との区分は、土地を使用収益することについてその対価を支払わないこととしている場合が土地の使用貸借権となり、土地の使用貸借権の設定に関する契約書は、第１号の２文書（土地の賃借権の設定に関する契約書）には該当せず、使用貸借に関する契約書に該当するのであるから課税文書に当たらないことに留意する。

（賃貸借承諾書）

4 借地上の建物を担保に供する場合で、将来担保権実行により建物の所有者が変更になったときは、当該建物の新所有者に引き続き土地を賃貸する旨の意思表示をした土地所有者が作成する承諾書は、第１号の２文書（土地の賃借権の設定に関する契約書）に該当する。

第１号の３文書

消費貸借に関する契約書

（消費貸借の意義）

1　「消費貸借」とは、民法第587条《消費貸借》に規定する消費貸借をいい、民法第588条《準消費貸借》に規定する準消費貸借を含む。

なお、消費貸借の目的物は、金銭に限らないことに留意する。

（限度（極度）貸付契約書）

2　あらかじめ一定の限度（極度）までの金銭の貸付けをすることを約する限度（極度）貸付契約書は、第１号の３文書（消費貸借に関する契約書）に該当し、記載金額の取扱いは、次による。

（1）　当該契約書が貸付累計額が一定の金額に達するまで貸し付けることを約するものである場合は、当該一定の金額は当該契約書による貸付けの予約金額の最高額を定めるものであるから、当該一定の金額を記載金額とする。

（2）　当該契約書が一定の金額の範囲内で貸付けを反復して行うことを約するものである場合は、当該契約書は直接貸付金額を予約したものではないから、当該一定の金額を記載金額としない。

（消費貸借に基づく債務承認及び弁済契約書）

3　いわゆる債務承認弁済契約書で、消費貸借に基づく既存の債務金額を承認し、併せてその返還期日又は返還方法（代物弁済によることとするものを含む。）等を約するものは、第１号の３文書（消費貸借に関する契約書）に該当する。

なお、この場合の返還を約する債務金額については、当該文書に当該債務金額を確定させた契約書が他に存在することを明らかにしているものに限り、記載金額に該当しないものとして取り扱う。

（借受金受領書）

4　借受金受領書で単に当該借受金の受領事実を証明するものは、第17号文書（金銭の受領書）とし、当該借受金の受領事実とともにその返還期日又は返還方法若しくは利率等を記載証明するものは、第１号の３文書（消費貸借に関する契約書）として取り扱う。

（出張旅費前借金領収証等）

5　会社等の従業員が、会社等の業務執行に関して給付される給料、出張旅費等の前渡しを受けた場合に作成する前借金領収証等で、当該領収証等が社内規則等によつて会社の事務整理上作成することとされているものは、当該前借金等を後日支給されるべき給料、旅費等によって相殺することとしている等消費貸借に関する契約書の性質を有するものであっても、第１号の３文書（消費貸借に関する契約書）としては取り扱わない。

なお、例えば会社等がその従業員に住宅資金の貸付けを行う場合における当該住宅資金は、会社等の業務執行に関して給付されるものに当たらないことに留意する。

（総合口座取引約定書）

6　普通預金残額のない場合に、一定金額を限度として預金者の払戻し請求に応ずることを約した総合口座取引約定書は、第１号の３文書（消費貸借に関する契約書）に該当する。

なお、各種料金等の支払を預金口座振替の方法により行うことを委託している場合に、当該各種料金等の支払についてのみ預金残額を超えて支払うことを約するものは、委任に関する契約書に該当するのであるから、課税文書に当たらないことに留意する。

（建設協力金、保証金の取扱い）

7　貸ビル業者等がビル等の賃貸借契約又は使用貸借契約（その予約を含む。）をする際等に、当該ビル等の借受人等から建設協力金、保証金等として一定の金銭を受領し、当該ビル等の賃貸借又は使用貸借契約期間に関係なく、一定期間据置き後一括返還又は分割返還することを約する契約書は、第１号の３文書（消費貸借に関する契約書）として取り扱う。

（ゴルフクラブの会員証等）

8　ゴルフクラブ等のレジャー施設がその会員になろうとする者から入金保証金等を受け入れた場合に作成する入会保証金預り証又は会員証等と称する文書で、有価証券に該当しないもののうち、一定期間据置き後一括返還又は分割返還することを約するもの（退会時にのみ返還することとしているものを除く。）は、第１号の３文書（消費貸借に関する契約書）として取り扱う。

(注) 入会保証金等を退会時にのみ返還することとしているものであっても、入会保証金等の受領事実が記載されているものは、第17号の２文書(売上代金以外の金銭又は有価証券の受取書)に該当する。

(学校債券)

9 学校が校舎、図書館、プール等の新設のための建築資金に充てる目的で当該建築資金を受け入れた場合に作成する学校債券又は借款証券等で有価証券に該当するものは、課税文書に該当しないのであるから留意する。

(貸付決定通知書等)

10 金銭の借入申込みに対して貸し付けることを決定し、その旨を記載して当該申込者へ交付する貸付決定通知書等と称する文書は、第１号の３文書(消費貸借に関する契約書)に該当する。

(物品売買に基づく債務承認及び弁済契約書)

11 いわゆる債務承認弁済契約書で、物品売買に基づく既存の代金支払債務を承認し、併せて支払期日又は支払方法を約するものは、物品の譲渡に関する契約書に該当するから課税文書に当たらないのであるが、債務承認弁済契約書と称するものであっても、代金支払債務を消費貸借の目的とすることを約するものは、第１号の３文書(消費貸借に関する契約書)に該当し、この場合の債務承認金額は、当該契約書の記載金額となるのであるから留意する。

第１号の４文書

運送に関する契約書(用船契約書を含む。)

(運送の意義)

1 「運送」とは、委託により物品又は人を所定の場所へ運ぶことをいう。

(運送状の意義)

2 「運送状」とは、荷送人が運送人の請求に応じて交付する書面で、運送品とともに到達地に送付され、荷受人が運送品の同一性を検査し、また、着払運賃等その負担する義務の範囲を知るために利用するものをいう。したがって、標題が運送状又は送り状となっている文書であつても、運送業者が貨物の運送を引き受けたことを証明するため荷送人に交付するものは、これに該当せず、第１号の４文書(運送に関する契約書)に該当するのであるから留意する。

(貨物受取書)

3 運送業者が貨物運送の依頼を受けた場合に依頼人に交付する貨物受取書のうち、貨物の品名、数量、運賃、積み地、揚げ地等具体的な運送契約の成立を記載証明したものは、第１号の４文書(運送に関する契約書)とし、単に物品の受領の事実を記載証明しているにすぎないものは、第１号の４文書に該当しないものとして取り扱う。

(用船契約の意義)

4 「用船契約」とは、船舶又は航空機の全部又は一部を貸し切り、これにより人又は物品を運送することを約する契約で、次のいずれかに該当するものをいう。

(1) 船舶又は航空機の占有がその所有者等に属し、所有者等自ら当該船舶又は航空機を運送の用に使用するもの

(2) 船長又は機長その他の乗組員等の選任又は航海等の費用の負担が所有者等に属するもの

(定期用船契約書)

5 定期用船契約書は、用船契約書として取り扱う。したがって、その内容により第１号の４文書(運送に関する契約書)又は第７号文書(継続的取引の基本となる契約書)に該当する。

(裸用船契約書)

6 用船契約書の名称を用いるものであっても、その内容が単に船舶又航空機を使用収益させることを目的とするいわゆる裸用船契約書は、船舶又は航空機の賃貸借契約の成立を証すべきものであって、第１号の４文書(運送に関する契約書)に該当せず、賃貸借に関する契約書に該当するから、課税文書に当たらないことに留意する。

第２号文書

請負に関する契約書

(請負の意義)

1 「請負」とは、民法第632条《請負》に規定する請負をいい、完成すべき仕事の結果の有形、無形を問わない。

(請負に関する契約書と物品又は不動産の譲渡に関する契約書との判別)

2　いわゆる製作物供給契約書のように、請負に関する契約書と物品の譲渡に関する契約書又は不動産の譲渡に関する契約書との判別が明確にできないものについては、契約当事者の意思が仕事の完成に重きをおいているか、物品又は不動産の譲渡に重きをおいているかによつて、そのいずれであるかを判別するものとする。

なお、その具体的な取扱いは、おおむね次に掲げるところによる。

(1)　注文者の指示に基づき一定の仕様又は規格等に従い、製作者の労務により工作物を建設することを内容とするもの　請負に関する契約書

(例)

家屋の建築、道路の建設、橋りようの架設

(2)　製作者が工作物をあらかじめ一定の規格で統一し、これにそれぞれの価額を付して注文を受け、当該規格に従い工作物を建設し、供給することを内容とするもの　不動産又は物品の譲渡に関する契約書

(例)

建売り住宅の供給（不動産の譲渡に関する契約書）

(3)　注文者が材料の全部又は主要部分を提供（有償であると無償であるとを問わない。）し、製作者がこれによつて一定物品を製作することを内容とするもの　請負に関する契約書

(例)

生地提供の洋服仕立て、材料支給による物品の製作

(4)　製作者の材料を用いて注文者の設計又は指示した規格等に従い一定物品を製作することを内容とするもの　請負に関する契約書

(例)

船舶、車両、機械、家具等の製作、洋服等の仕立て

(5)　あらかじめ一定の規格で統一された物品を、注文に応じ製作者の材料を用いて製作し、供給することを内容とするもの　物品の譲渡に関する契約書

(例)

カタログ又は見本による機械、家具等の製作

(6)　一定の物品を一定の場所に取り付けることにより所有権を移転することを内容とするもの　請負に関する契約書

(例)

大型機械の取付け

ただし取付行為が簡単であつて、特別の技術を要しないもの　物品の譲渡に関する契約書

(例)

家庭用電気器具の取付け

(7)　修理又は加工することを内容とするもの　請負に関する契約書

(例)

建物、機械の修繕、塗装、物品の加工

(職業野球の選手の意義)

3　「職業野球の選手」とは、いわゆる一軍、二軍の別を問わず、監督、コーチ及びトレーナーを含めた職業野球の選手をいう。

(映画の俳優及び演劇の俳優の意義)

4　「映画の俳優」及び令第21条((その役務の提供を約することを内容とする契約が請負となる者の範囲))第1項に規定する「演劇の俳優」とは、映画、舞台等に出演し、演技を行う芸能者をいう。

(音楽家の意義)

5　令第21条第1項に規定する「音楽家」とは、広く洋楽、邦楽、民謡、歌謡、雅楽、歌劇等の音楽を作曲、演奏、謡歌する者をいい、具体的には、作曲家、演奏家（指揮者を含む。)、声楽家（歌手を含む。）等をいい、浪曲師、漫才師を含まない。

(舞踊家の意義)

6　令第21条第1項に規定する「舞踊家」とは、洋舞（ダンスを含む。)、邦舞、民族舞踊、宗教舞踊等をする者をいい、能役者を含み、歌舞伎役者を含まない。

(映画又は演劇の監督、演出家又はプロジューサーの意義)

7　令第21条第1項に規定する「映画又は演劇の監督、演出家又はプロジューサー」とは、広く映画、演劇上の指導又は監督を行う者、映画又は演劇の俳優の演技、衣装、ふん装、装置、照明プラン、音楽等を組織する者又は映画、演劇の企画、製作をする者をいう。

(テレビジョン放送の演技者の意義)

8　令第21条第1項に規定する「テレビジョン放送

の演技者」とは、いわゆるテレビタレント等テレビジョン放送に出演することを主たる業とする者のみでなく、広くテレビジョン放送を通じて演技を行う者をいう。したがつて、映画又は演劇の俳優、落語家、歌手、舞踊家、楽士、講談師、浪曲師等の通常演技を行う者がテレビジョン放送を通じて演技を行う場合も、これに含む。

(テレビジョン放送の演出家又はプロジューサーの意義)

9　令第21条第1項に規定する「テレビジョン放送の演出家又はプロジューサー」とは、広くテレビジョン放送の俳優の演技、衣装、ふん装、装置、照明プラン、音楽等を組織するテレビデレクター又はテレビジョン放送の企画、製作をする者をいう。

(映画俳優専属契約書等)

10　映画会社等と俳優等との間において作成される映画の専属契約書又は出演契約書は、第2号文書(請負に関する契約書)として取り扱う。

(役務の提供を内容とする契約)

11　課税物件表第2号の定義の欄に規定する者等が、これらの者としての役務の提供を約することを内容とする契約は、たとえ委任等の契約であつても請負に該当するのであるが、それ以外の役務の提供を約することを内容とするものであつても、例えば、職業野球の選手が映画出演契約を結ぶ場合のようにその内容により請負に該当するものがあることに留意する。

(広告契約書)

12　一定の金額で一定の期間、広告スライド映写、新聞広告又はコマーシャル放送等をすることを約する広告契約書は、その内容により第2号文書(請負に関する契約書)又は第7号文書(継続的取引の基本となる契約書)に該当する。

(エレベーター保守契約書等)

13　ビルディング等のエレベーターを常に安全に運転できるような状態に保ち、これに対して一定の金額を支払うことを約するエレベーター保守契約書又はビルディングの清掃を行い、これに対して一定の金額を支払うことを約する清掃請負契約書等は、その内容により第2号文書(請負に関する契約書)又は第7号文書(継続的取引の基本となる契約書)に該当する。

(会社監査契約書)

14　公認会計士(監査法人を含む。)と被監査法人との間において作成する監査契約書は、第2号文書(請負に関する契約書)として取り扱う。

なお、株式会社の会計監査人に就任することを承諾する場合に作成する会計監査人就任承諾書等監査報告書の作成までも約するものではない契約書は、委任に関する契約書に該当するのであるから、課税文書に当たらないことに留意する。

(仮工事請負契約書)

15　地方公共団体が工事請負契約を締結するに当たっては、地方公共団体の議会の議決を経なければならないとされているため、その議決前に仮工事請負契約書を作成することとしている場合における当該契約書は、当該議会の議決によつて成立すべきこととされているものであつても、第2号文書(請負に関する契約書)に該当する。

(宿泊申込請書)

16　旅館業者等が顧客から宿泊の申込みを受けた場合に、宿泊年月日、人員、宿泊料金等を記載し、当該申込みを引き受けた旨を記載して顧客に交付する宿泊申込請書等は、第2号文書(請負に関する契約書)として取り扱う。ただし、御案内状等と称し、単なる案内を目的とするものについては、課税文書として取り扱わない。

(税理士委嘱契約書)

17　税理士委嘱契約書は、委任に関する契約書に該当するから課税文書に当たらないのであるが、税務書類等の作成を目的とし、これに対して一定の金額を支払うことを約した契約書は、第2号文書(請負に関する契約書)に該当するのであるから留意する。

第3号文書

約束手形又は為替手形

(約束手形又は為替手形の意義)

1　「約束手形又は為替手形」とは、手形法(昭和7年法律第20号)の規定により約束手形又は為替手形たる効力を有する証券をいい、振出人又はその他の手形当事者が他人に補充させる意思をもつて未完成のまま振り出した手形(以下「白地手形」

という。）も、これに含まれるのであるから留意する。

（振出人の署名を欠く白地手形の作成者）

2　振出人の署名を欠く白地手形で引受人又はその他の手形当事者の署名のあるものは、当該引受人又はその他の手形当事者が当該手形の作成者となるのであるから留意する。

（白地手形の作成の時期）

3　白地手形の作成の時期は、手形の所持人が記載要件を補充した時ではなく、その作成者が他人に交付した時であるから留意する。

（手形金額の記載のない手形）

4　手形金額の記載のない手形は、課税物件表第３号の非課税物件欄の規定により、課税文書に該当しないのであるが、当該手形に手形金額を補充した場合には、法第４条（(課税文書の作成とみなす場合等)）第１項の規定の適用があることに留意する。

（一覧払の手形の意義）

5　「一覧払の手形」とは、手形法第34条第１項（同法第77条第１項第２号において準用する場合を含む。）に規定する支払のための呈示をした日を満期とする約束手形又は為替手形（同法第34条第２項（同法第77条第１項第２号において準用する場合を含む。）の定めをするものを除く。）をいい、満期の記載がないため同法第２条第２項及び同法第76条第２項の規定により一覧払のものとみなされる約束手形及び為替手形を含む。

（満期の記載がないかどうかの判定）

6　５に規定する「満期の記載がない」とは、その手形に手形期日の記載が全くない場合又はこれと同視すべき場合をいい、手形用紙面の支払期日、満期等の文字をまっ消することなく、単に当該欄を空白のままにしてあるものについては、一覧払の手形に該当しないものとして取り扱う。

（参着払手形）

7　荷為替手形の満期日欄に「参着払」の表示がなされているいわゆる参着払手形と称するものについては、一覧払の手形として取り扱う。

（手形法第34条第２項の定めをするものの意義）

8　「手形法（昭和７年法律第20号）第34条第２項（一覧払の為替手形の呈示開始期日の定め）（同法第77条第１項第２号（約束手形への準用）において準用する場合を含む。）の定めをするもの」とは、いわゆる確定日後一覧払及び一定期間経過後一覧払の手形をいう。

（金融機関を振出人及び受取人とする手形の意義）

9　「日本銀行又は銀行その他政令で定める金融機関を振出人及び受取人とする手形」とは、その手形の振出人及び受取人の双方が、いずれも日本銀行又は銀行その他令第22条（(相互間の手形の税率が軽減される金融機関の範囲)）に定める金融機関である手形をいう。

（銀行の意義）

10　「銀行」とは、次に掲げるものをいう。

（1）　銀行法（昭和56年法律第59号）第２条（(定義等)）第１項に規定する銀行

（2）　長期信用銀行法（昭和27年法律第187号）第２条（(定義)）に規定する長期信用銀行

（貯金又は定期積金の受入れを行なうものの意義）

11　令第22条（(相互間の手形の税率が軽減される金融機関の範囲)）に規定する「貯金又は定期積金の受入れを行なうもの」とは、現に貯金又は定期積金の受入れを行っているものをいう。

（外国通貨により手形金額が表示される手形についての非課税規定の適用）

12　外国通貨により手形金額が表示される手形で、通則４のホの規定により本邦通貨に換算した金額が10万円未満のものは、課税文書に該当しないのであるから留意する。

（外国為替手形の複本）

13　同一内容の外国為替手形を２通以上作成する場合で、当該手形に「Ｆｉｒｓｔ」及び「Ｓｅｃｏｎｄ」等の表示をするときは、そのうちの「Ｆｉｒｓｔ」と表示したものを課税文書とし、その他のものは手形の複本として取り扱う。

（銀行等の意義）

14　法別表第一第３号の課税標準及び税率の欄２ニ及び令第23条に規定する「銀行等」は、次に掲げるものが該当するのであるから留意する。

（1）　銀行、長期信用銀行、信用金庫、信用金庫連合会、労働金庫、労働金庫連合会、信用協同組合及び信用協同組合連合会

（2）　事業として貯金又は定期積金の受入れをす

ることができる農業協同組合、農業協同組合連合会、漁業協同組合、漁業協同組合連合会、水産加工業協同組合及び水産加工業協同組合連合会

（3） 日本銀行、農林中央金庫、株式会社日本政策金融公庫、株式会社商工組合中央金庫及び株式会社日本政策投資銀行

（税率が軽減される居住者振出しの手形の範囲）

15 令第23条の２（(税率が軽減される居住者振出しの手形の範囲及び表示)）各号に規定する為替手形の範囲等は、次のとおりである。

（1） 令第23条の２第１号に規定する「輸出に係る荷為替手形」とは、本邦の輸出者が信用状に基づき輸出代金の決済のために本邦所在の銀行等（14に規定する「銀行等」をいう。17までにおいて同じ。）を支払人として振り出す、いわゆる信用状付円建貿易手形と称する円建期限付荷為替手形で銀行等により規則第６条（(円建銀行引受手形の表示の書式)）に規定する表示を受けたものをいう。

（2） 令第23条の２第２号に規定する「為替手形」とは、本邦の輸出者が輸出代金の決済のために本邦所在の銀行等以外の者を支払人として振り出し、本邦所在の銀行等の割引きを受けた円建期限付荷為替手形を見合いとして、当該銀行等の当該割引きのために要した資金の円建銀行引受手形市場（以下「円建ＢＡ市場」という。）における調達に供するため、当該輸出者が当該銀行等を支払人として振り出す、いわゆるアコモデーション手形と称する円建期限付為替手形で、銀行等により規則第６条に規定する表示を受けたものをいう。

（3） 令第23条の２第３号に規定する「為替手形」とは、本邦の輸入者に対して輸入代金の支払いのための円資金を融資した本邦所在の銀行等の当該融資に要した資金の円建ＢＡ市場における調達に供するため、当該円資金融資金額を見合いとして、当該融資を受けた輸入者が当該銀行等を支払人として振り出す、いわゆる直ハネ手形と称する円建期限付為替手形で、銀行等により規則第６条に規定する表示を受けたものをいう。

（税率が軽減される手形の担保となる外国の銀行が振り出す手形の範囲）

16 令第23条の３（(税率が軽減される手形の担保となる外国の銀行が振り出す手形の範囲)）に規定する「為替手形」とは、外国において非居住者に対し、輸出代金の決済のための円建期限付荷為替手形の割引きをし、又は輸入代金の支払いのための円資金の融資をした外国の銀行が、本邦所在の銀行等を支払人として振り出す、いわゆるリファイナンス手形と称する円建期限付為替手形をいう。

なお、当該手形はそれ自体で円建ＢＡ市場において取引することができるものであるが、外国で作成されるものであることから法の適用はないことに留意する。

（税率が軽減される銀行等振出しの手形の範囲）

17 令第23条の３（(税率が軽減される銀行等振出しの手形の範囲及び表示)）に規定する「為替手形」とは、令第23条の２又は令第23条の３に規定する為替手形の一又は二以上を担保として、本邦所在の銀行等が円資金を供与するために要した資金を円建ＢＡ市場において調達するため、自行を支払人として振り出す、いわゆる表紙手形と称する円建期限付為替手形で、規則第６条に規定する表示を示したものをいう。

第４号文書

株券、出資証券若しくは社債券又は投資信託、貸付信託、特定目的信託若しくは受益証券発行信託の受益証券

（法人の社員又は出資者の意義）

1 「法人の社員」とは、法人の構成員としての社員、例えば、合名会社、合資会社又は合同会社の社員をいい、また「法人の出資者」とは、法人に対して事業を営むための資本として財産、労務又は信用を出資した者をいう。

（特別の法律により法人の発行する債券の範囲）

2 「特別の法律により法人の発行する債券」とは、商工債券、農林債券等会社法以外の法律の規定により発行する債券をいう。

（投資信託の受益証券、貸付信託の受益証券、特定目的信託の受益証券及び受益証券発行信託の受

益証券の意義）

3　「投資信託の受益証券」、「貸付信託の受益証券」、「特定目的信託の受益証券」及び「受益証券発行信託の受益証券」は、それぞれ次に掲げるものをいう。

（1）「投資信託の受益証券」　投資信託及び投資法人に関する法律（昭和26年法律第198号）第2条第7項（(定義)）に規定する受益証券

（2）「貸付信託の受益証券」　貸付信託法（昭和27年法律第195号）第2条第2項（(定義)）に規定する受益証券

（3）「特定目的信託の受益証券」　資産の流動化に関する法律（平成10年法律第105号）第2条第15項（(定義)）に規定する受益証券

（4）「受益証券発行信託の受益証券」　信託法（平成18年法律第108号）第185条第1項（(受益証券の発行に関する信託行為の定め)）に規定する受益証券

（社債券の範囲）

4　「社債券」とは、会社法の規定による社債券、特別の法律により法人の発行する債券及び相互会社（保険業法（平成7年法律第105号）第2条第5項（(定義)）の相互会社をいう。以下同じ。）の社債券に限られるのであって、学校法人又はその他の法人が資金調達の方法として発行するいわゆる学校債券等を含まない。

（基金証券の意義）

5　「基金証券」とは、相互会社が、その基金きょ出者に対して、その権利を証明するために交付する証券をいう。

（合併存続会社等が訂正して発行する株券）

6　合併があった場合において、合併後存続する株式会社又は合併によって設立された株式会社が、合併によって消滅した株式会社の既発行株券を訂正し、合併後存続する株式会社又は合併によって設立された株式会社の発行する株券として株主に交付する場合には、当該訂正後の株券を株主に交付する時に、新たな株券を作成したものとして取り扱う。

（譲渡制限の旨を記載する株券）

7　株式会社がその発行する全部又は一部の株式の内容として譲渡による当該株式の取得について当該株式会社の承認を要する旨の定めを設けたときに、株主に対して既に交付している株券を提出させ、これに会社法第216条第3号《株券の記載事項》による当該承認を要する旨を記載して交付する場合の当該株券については、同法第219条第1項《株券の提出に関する公告等》に規定する行為の効力が生ずる日の前後を問わず、新たな株券を作成したものとして取り扱う。

（払込金額の意義）

8　令第24条第1項《株券等に係る一株又は一口の金額》に規定する「払込金額」とは、次に掲げる株券の区分に応じ、それぞれ次に掲げる金額が該当する。

（1）　発起人が引き受ける設立時発行株式に係る株券　会社法第34条第1項《出資の履行》の規定により払い込まなければならないこととされている金銭の金額と給付しなければならないこととされている金銭以外の財産の給付があった日における当該財産の価額との合計額を発起人が引き受ける設立時発行株式の数で除して得た金額

（2）　会社法第58条第1項《設立時募集株式に関する事項の決定》に規定する設立時募集株式（株式を発行するものに限る。）に係る株券　同項第2号に規定する当該設立時募集株式の払込金額

（3）　会社法第199条第1項《募集事項の決定》に規定する募集株式（株式を発行するものに限る。）に係る株券　同項第2号《募集事項の決定》に規定する募集株式の払込金額

（4）　新株予約権の行使により発行される株式に係る株券　イ及びロに掲げる金額の合計額を当該新株予約権の目的である株式の数で除して得た金額

イ　当該行使時における当該新株予約権の帳簿価額

ロ　会社法第281条第1項《新株予約権の行使に際しての払込み》又は第2項後段の規定により払い込まなければならないこととされている金銭の金額と同項前段の規定により給付しなければならないこととされている金銭以外の財産の行使時の価額との合計額

（払込金額がない場合の意義）

9　令第24条第１号に規定する「払込金額がない場合」に該当する株券は、例えば次のものが該当する。

（１）　株式の併合をしたときに発行する株券

（２）　株式の分割をしたときに発行する株券

（３）　株式の無償割当てをしたときに発行する株券

（４）　取得請求権付株式の取得と引換えに交付するために発行する株券

（５）　取得条項付株式の取得と引換えに交付するために発行する株券

（６）　全部取得条項付種類株式の取得と引換えに交付するために発行する株券

（７）　株券の所持を希望していなかった株主の請求により発行する株券

（８）　株券喪失登録がされた後に再発行する株券

（９）　取得条項付新株予約権の取得と引換えに交付するために発行する株券

（10）　持分会社が組織変更して株式会社になる際に発行する株券

（11）　合併、吸収分割、新設分割、株式交換又は株式移転に際して発行する株券

（資本金の額及び資本準備金の額の合計額の意義）

10　令第24条第１号に規定する「資本金の額及び資本準備金の額の合計額」は、最終事業年度に係る貸借対照表に記載された資本金の額及び資本準備金の額の合計額（払込金額のない株券を発行する日の属する事業年度中に合併、吸収分割、新設分割、株式交換又は株式移転（この項において「合併等」という。）があった場合には、当該合併等の効力発生日における資本金の額及び資本準備金の額の合計額）によることとして差し支えない。

（出資総額の意義）

11　10の規定は令第24条第２号に規定する「出資総額」について、これを準用する。

第５号文書

合併契約書又は吸収分割契約書若しくは新設分割計画書

（合併契約書の範囲）

1　「合併契約書」は、株式会社、合名会社、合資会社、合同会社及び相互会社が締結する合併契約を証する文書に限り課税文書に該当するのであるから留意する。

（吸収分割契約書及び新設分割計画書の範囲）

2　「吸収分割契約書」及び「新設分割計画書」は、株式会社及び合同会社が吸収分割又は新設分割を行う場合の吸収分割契約を証する文書又は新設分割計画を証する文書に限り課税文書に該当するのであるから留意する。

（注）「新設分割計画書」は、本店に備え置く文書に限り課税文書に該当する。

（不動産を承継財産とする吸収分割契約書）

3　吸収分割契約書に記載されている吸収分割承継会社が吸収分割会社から承継する財産のうちに、例えば不動産に関する事項が含まれている場合であっても、当該吸収分割契約書は第１号の１文書（不動産の譲渡に関する契約書又は営業の譲渡に関する契約書）には該当しないことに留意する。

（合併契約等の変更又は補充の事実を証するものの範囲）

4　合併契約又は吸収分割契約若しくは新設分割計画（以下、この項において「合併契約等」という。）の内容を変更する文書又は欠けていた事項を補充する文書のうち、会社法又は保険業法において合併契約等で定めることとして規定されていない事項、例えば、労働契約の承継に関する事項、就任する役員に関する事項等についてのみ変更する文書又は補充する文書は、「合併契約の変更又は補充の事実を証するもの」、「吸収分割契約の変更又は補充の事実を証するもの」及び「新設分割計画の変更又は補充の事実を証するもの」には該当しない。

第６号文書

定款

（定款の範囲）

1　「定款」は、株式会社、合名会社、合資会社、合同会社又は相互会社の設立のときに作成する定款の原本に限り第６号文書に該当するのであるから留意する。

（変更定款）

2　株式会社又は相互会社の設立に当たり、公証人の認証を受けた定款の内容を発起人等において変

更する場合の当該変更の旨を記載した公証人の認証を要する書面は、たとえ「変更定款等」と称するものであっても、第6号文書（定款）には該当しないものとして取り扱う。

なお、変更後の定款の規定の全文を記載した書面によって認証を受けるときは、新たな定款を作成したこととなり、その原本は、第6号文書に該当するのであるから留意する。

第7号文書

継続的取引の基本となる契約書（契約期間の記載のあるもののうち、当該契約期間が3月以内であり、かつ、更新に関する定めのないものを除く。）

（契約期間の記載のあるもののうち、当該契約期間が3月以内であるものの意義）

1　「契約期間の記載のあるもののうち、当該契約期間が3月以内であるもの」とは、当該文書に契約期間が具体的に記載されていて、かつ、当該期間が3か月以内であるものをいう。

（継続的取引の基本となる契約書で除外されるもの）

2　令第26条((継続的取引の基本となる契約書の範囲))の規定に該当する文書であっても、当該文書に記載された契約期間が3か月以内で、かつ、更新に関する定めのないもの（更新に関する定めがあっても、当初の契約期間に更新後の期間を加えてもなお3か月以内である場合を含むこととして取り扱う。）は、継続的取引の基本となる契約書から除外されるが、当該文書については、その内容によりその他の号に該当するかどうかを判断する。

（営業者の間の意義）

3　令第26条第1号に規定する「営業者の間」とは、契約の当事者の双方が営業者である場合をいい、営業者の代理人として非営業者が契約の当事者となる場合を含む。

なお、他の者から取引の委託を受けた営業者が当該他の者のために第三者と行う取引も営業者の間における取引に含まれるのであるから留意する。

（2以上の取引の意義）

4　令第26条第1号に規定する「2以上の取引」とは、契約の目的となる取引が2回以上継続して行われることをいう。

（目的物の種類、取扱数量、単価、対価の支払方法、債務不履行の場合の損害賠償の方法又は再販売価格を定めるものの意義）

5　令第26条第1号に規定する「目的物の種類、取扱数量、単価、対価の支払方法、債務不履行の場合の損害賠償の方法又は再販売価額を定めるもの」とは、これらのすべてを定めるもののみをいうのではなく、これらのうちの一又は二以上を定めるものをいう。

（売買、売買の委託、運送、運送取扱い又は請負に関する2以上の取引を継続して行なうため作成される契約書の意義）

6　令第26条第1号に規定する「売買、売買の委託、運送、運送取扱い又は請負に関する2以上の取引を継続して行なうため作成される契約書」とは、例えば売買に関する取引を引き続き2回以上行うため作成される契約書をいい、売買の目的物の引渡し等が数回に分割して行われるものであっても、当該取引が1取引である場合の契約書は、これに該当しない。

なお、エレベーター保守契約、ビル清掃請負契約等、通常、月等の期間を単位として役務の提供等の債務の履行が行われる契約については、料金等の計算の基礎となる期間1単位ごと又は支払いの都度ごとに1取引として取り扱う。

（売買の委託及び売買に関する業務の委託の意義）

7　令第26条第1号に規定する「売買の委託」とは、特定の物品等を販売し又は購入することを委託することをいい、同条第2号に規定する「売買に関する業務の委託」とは、売買に関する業務の一部又は全部を委託することをいう。

（目的物の種類の意義）

8　令第26条第1号に規定する「目的物の種類」とは、取引の対象の種類をいい、その取引が売買である場合には売買の目的物の種類が、請負である場合には仕事の種類・内容等がこれに該当する。また、当該目的物の種類には、例えばテレビ、ステレオ、ピアノというような物品等の品名だけでなく、電気製品、楽器というように共通の性質を有する多数の物品等を包括する名称も含まれる。

（取扱数量を定めるものの意義）

9　令第26条第１号に規定する「取扱数量を定めるもの」とは、取扱量として具体性を有するものをいい、一定期間における最高又は最低取扱（目標）数量を定めるもの及び金額により取扱目標を定める場合の取扱目標金額を定めるものを含む。したがって、例えば「１か月の最低取扱数量は50トンとする。」、「１か月の取扱目標金額は100万円とする。」とするものはこれに該当するが、「毎月の取扱数量は当該月の注文数量とする。」とするものは該当しない。

（注）　取扱目標金額を記載した契約書は、記載金額のある契約書にも該当するのであるから留意する。

（単価の意義）

10　令第26条第１号に規定する「単価」とは、数値として具体性を有するものに限る。したがって、例えば「市価」、「時価」等とするものはこれに該当しない。

（対価の支払方法の意義）

11　令第26条第１号、第２号及び第４号に規定する「対価の支払方法を定めるもの」とは、「毎月分を翌月10日に支払う。」、「60日手形で支払う。」、「借入金と相殺する。」等のように、対価の支払に関する手段方法を具体的に定めるものをいう。

（債務不履行の場合の損害賠償の方法の意義）

12　令第26条第１号及び第４号に規定する「債務不履行の場合の損害賠償の方法」とは、債務不履行の結果生ずべき損害の賠償として給付されるものの金額、数量等の計算、給付の方法等をいい、当該不履行となった債務の弁済方法をいうものではない。

（ガスの供給の意義）

13　令第26条第１号に規定する「ガスの供給」とは、ガス事業者等が都市ガス、プロパンガス等の燃料用ガスを導管、ボンベ、タンクローリー等により消費者に継続して供給することをいう。

（金融機関の範囲）

14　令第26条第２号に規定する「金融機関」には、銀行業、信託業、金融商品取引業、保険業を営むもの等通常金融機関と称されるもののほか、貸金業者、クレジットカード業者、割賦金融業者等金融業務を営むすべてのものを含む。

（金融機関の業務の委託の意義）

15　令第26条第２号に規定する「金融機関の業務を継続して委託する」とは、金融機関が、預金業務、貸出業務、出納業務、為替業務、振込業務その他の金融業務を他の者に継続して委託することをいう。

（委託される業務又は事務の範囲又は対価の支払方法を定めるものの意義）

16　令第26条第２号に規定する「委託される業務又は事務の範囲又は対価の支払方法を定めるもの」とは、これらのすべてを定めるもののみをいうのではなく、これらのうちの１又は２以上を定めるものをいう。

（金融機関に対する販売代金等の収納事務の委託）

17　会社等が販売代金等の収納事務を金融機関に委託する場合において、その内容が当該販売代金等を積極的に集金することまで委託するものでないものは、令第26条第２号に規定する「売買に関する業務」の委託には該当しないものとして取り扱う。したがって、当該委託についての契約書は、委任に関する契約書に該当するから、課税文書に当たらないことに留意する。

（包括的に履行方法その他の基本的事項を定める契約書の意義）

18　令第26条第３号に規定する「包括的に履行方法その他の基本的事項を定める契約書」とは、貸付け（手形割引及び当座貸越を含む。）、支払承諾、外国為替等の個々の取引によって生ずる金融機関に対する債務の履行について、履行方法その他の基本的事項を定める契約書（例えば当座勘定取引約定書、当座勘定借越約定書、手形取引約定書、手形取引限度額約定書、支払承諾約定書、信用状約定書等）をいうのでなく、貸付け（手形割引及び当座貸越を含む。）、支払承諾、外国為替その他の取引によって生ずる債務のすべてについて、包括的に履行方法その他の基本的事項を定める契約書（例えば銀行における銀行取引約定書、信用金庫における信用金庫取引約定書等）をいう。

（保険契約者の範囲）

19　令第26条第５号に規定する「保険契約者」には、保険契約者が保険会社である場合の当該保険会社を含む。

（２以上の保険契約を継続して行うため作成される契約書の意義）

20　令第26条第５号に規定する「２以上の保険契約を継続して行なうため作成される契約書」とは、特約期間内に締結される保険契約に共通して適用される保険の目的の種類、保険金額又は保険料率を定めておき、後日、保険契約者からの申込みに応じて個別の保険契約を締結し、個別の保険契約ごとに保険証券又は保険引受証が発行されることになっている契約書をいう。

（株式事務代行委託契約書）

21　株式事務代行委託契約書で、株式の発行又は名義書換えの事務を３か月を超えて継続して委任するものは、第７号文書（継続的取引の基本となる契約書）に該当することに留意する。

第８号文書

預貯金証書

（預貯金証書の意義）

1　「預貯金証書」とは、銀行その他の金融機関等で法令の規定により預金又は貯金業務を行うことができる者が、預金者又は貯金者との間の消費寄託の成立を証明するために作成する免責証券たる預金証書又は貯金証書をいう。

（勤務先預金証書）

2　会社等が労働基準法（昭和22年法律第49号）第18条（(強制貯金)）第４項又は船員法（昭和22年法律第100号）第34条（(貯蓄金の管理等)）第３項に規定する預金を受け入れた場合に作成する勤務先預金証書は、第８号文書（預貯金証書）に該当する。

（積金証書）

3　積金証書は、課税文書に該当しない。

第９号文書

貨物引換証、倉庫証券又は船荷証券

（貨物引換証の意義）

1　「貨物引換証」とは、商法第571条第１項の規定により、運送人が荷送人の請求により作成する貨物引換証をいう。

（倉庫証券の意義）

2　「倉庫証券」とは、商法第598条及び同法第627条第１項の規定により、倉庫営業者が寄託者の請求により作成する預証券、質入証券及び倉荷証券をいう。

（船荷証券の意義）

3　「船荷証券」とは、商法第767条及び国際海上物品運送法（昭和37年法律第172号）第６条（(船荷証券の交付義務)）第１項の規定により、運送人、船長又は運送人等の代理人が用船者又は荷送人の請求により作成する船荷証券をいう。

（船荷証券を数通作成する場合）

4　同一内容の船荷証券を数通作成する場合は、いずれも船荷証券として取り扱う。ただし、当該数通のそれぞれに「Ｏｒｉｇｉｎａｌ」、「Ｄｕｐｌｉｃａｔｅ」又は「Ｆｉｒｓｔ　Ｏｒｉｇｉｎａｌ」、「Ｓｅｃｏｎｄ　Ｏｒｉｇｉｎａｌ」等の表示を明確にするときは、そのうち、「Ｏｒｉｇｉｎａｌ」又は「Ｆｉｒｓｔ　Ｏｒｉｇｉｎａｌ」等と表示したもののみを課税文書として取り扱う。また、通関その他の用途に使用するため発行するもので、「流通を禁ず」又は「Ｎｏｎ　Ｎｅｇｏｔｉａｂｌｅ」等の表示を明確にするものは、課税文書に該当しないものとして取り扱う。

（貨物引換証等に類似の効用を有するものの意義）

5　「貨物引換証、倉庫証券又は船荷証券の記載事項の一部を欠く証書で、これらと類似の効用を有するもの」とは、商法第571条第２項、同法第599条、同法第769条又は国際海上物品運送法第７条（(船荷証券の作成)）に規定するそれぞれの記載事項の一部を欠く証書で、運送品の引渡請求権又は寄託物の返還請求権を表彰するものをいうこととし、これらは、それぞれ貨物引換証、倉庫証券又は船荷証券として取り扱う。ただし、当該証書に譲渡性のないことが明記されているものは、この限りでない。

第10号文書

保険証券

（保険証券の意義）

1　「保険証券」とは、保険者が保険契約の成立を証明するため、保険法その他の法令の規定により保険契約者に交付する書面をいう。

（記載事項の一部を欠く保険証券）

2　保険証券として記載事項の一部を欠くものであっても保険証券としての効用を有するものは、第10号文書（保険証券）として取り扱う。

（更新の意義）

3　令第27条の2第3号に規定する「更新」には、保険期間の満了に際して既契約を継続するものを含むのであるから留意する。

第11号文書

信用状

（信用状の意義）

1 「信用状」とは、銀行が取引銀行に対して特定の者に一定額の金銭の支払をすることを委託する支払委託書をいい、商業信用状に限らず、旅行信用状を含む。

（商業信用状条件変更通知書）

2　既に発行されている商業信用状について、その金額、有効期限、数量、単価、船積み期限、船積み地又は仕向け地等を変更した場合に銀行が発行する商業信用状条件変更通知書は、課税文書に該当しない。

第12号文書

信託行為に関する契約書

（信託行為に関する契約書の意義）

1 「信託行為に関する契約書」とは、信託法第3条第1号（(信託の方法)）に規定する信託契約を証する文書をいう。

（注）1　担保付社債信託法（明治38年法律第52号）その他の信託に関する特別の法令に基づいて締結する信託契約を証する文書は、第12号文書（信託行為に関する契約書）に該当する。

2　信託法第3条第2号の遺言信託を設定するための遺言書及び同条第3号の自己信託を設定するための公正証書その他の書面は、第12号文書には該当しない。

（財産形成信託取引証）

2　信託銀行が財産形成信託の申込者に交付する財産形成信託取引証は、第12号文書（信託行為に関する契約書）に該当する。

第13号文書

債務の保証に関する契約書（主たる債務の契約書に併記したものを除く。）

（債務の保証の意義）

1 「債務の保証」とは、主たる債務者がその債務を履行しない場合に保証人がこれを履行することを債権者に対し約することをいい、連帯保証を含む。

なお、他人の受けた不測の損害を補てんする損害担保契約は、債務の保証に関する契約に該当しない。

（債務の保証委託契約書）

2 「債務の保証に関する契約」とは、第三者が債権者との間において、債務者の債務を保証することを約するものをいい、第三者が債務者に対しその債務の保証を行うことを約するものを含まない。

なお、第三者が債務者の委託に基づいて債務者の債務を保証することについての保証委託契約書は、委任に関する契約書に該当するのであるから、課税文書に当たらないことに留意する。

（主たる債務の契約書に併記した債務の保証に関する契約書）

3　主たる債務の契約書に併記した債務の保証に関する契約書は、当該主たる債務の契約書が課税文書に該当しない場合であっても課税文書とはならない。

なお、主たる債務の契約書に併記した保証契約を変更又は補充する契約書及び契約の申込文書に併記した債務の保証契約書は、第13号文書（債務の保証に関する契約書）に該当するのであるから留意する。

（身元保証に関する契約書の範囲）

4 「身元保証に関する契約書」には、入学及び入院の際等に作成する身元保証書を含むものとして取り扱う。

（販売物品の保証書）

5　物品製造業者又は物品販売業者等が自己の製造した物品又は販売物品につき品質を保証することを約して交付する品質保証書は、課税文書に該当しない。

（取引についての保証契約書）

6　特定の第三者の取引等について事故が生じた場

合には一切の責任を負担する旨を当該第三者の取引先に約することを内容とする契約書は、損害担保契約書であることが明らかであるものを除き、第13号文書（債務の保証に関する契約書）として取り扱う。

第14号文書

金銭又は有価証券の寄託に関する契約書

（寄託の意義）

1 「寄託」とは、民法第657条《寄託》に規定する寄託をいい、同法第666条《消費寄託》に規定する消費寄託を含む。

（預り証等）

2 金融機関の外務員が、得意先から預金として金銭を受け入れた場合又は金融機関の窓口等で預金通帳の提示なしに預金を受け入れた場合に、当該受入れ事実を証するために作成する「預り証」、「入金取次票」等と称する文書で、当該金銭を保管する目的で受領するものであることが明らかなものは、第14号文書（金銭の寄託に関する契約書）として取り扱う。

なお、金銭の受領事実のみを証明目的とする「受取書」、「領収証」等と称する文書で、受領原因として単に預金の種類が記載されているものは、第17号文書（金銭の受取書）として取り扱う。

（敷金の預り証）

3 家屋等の賃貸借に当たり、家主等が受け取る敷金について作成する預り証は、第14号文書（金銭の寄託に関する契約書）としないで、第17号文書（金銭の受取書）として取り扱う。

（差押物件等の保管証）

4 金銭又は有価証券を差押え又は領置するに当たり、これをその占有者に保管させる場合において、当該保管者が作成する保管証は、課税しないことに取り扱う。

（勤務先預金明細書等）

5 勤務先預金について、預金通帳の発行に代え、一定期間中の個々の預金取引の明細を記載して預金者に交付する勤務先預金明細書等と称する文書は、第14号文書（金銭の寄託に関する契約書）に該当する。

なお、一定期間中の受入金及び払戻金の合計額並びに残額のみを記載した預金残高通知書等と称する文書は、第14号文書には該当しないのであるから留意する。

（現金自動預金機等から打ち出される紙片）

6 現金自動預金機等を利用して預金を行う場合において、預金の預入れ事実を証明するため、当該現金自動預金機等から打ち出される預入年月日、預入額、預入後の預金残額及び口座番号等の事項を記載した紙片は、第14号文書（金銭の寄託に関する契約書）に該当する。

（預金口座振替依頼書）

7 預金契約を締結している金融機関に対して、電信電話料金、電力料金、租税等を預金口座振替の方法により支払うことを依頼する場合に作成する預金口座振替依頼書は、預金の払戻し方法の変更を直接証明する目的で作成するものでないから、第14号文書（金銭の寄託に関する契約書）に該当しないものとして取り扱う。

（金融機関に対する債務などの預金口座振替依頼書）

8 預金契約を締結している金融機関に対し、当該金融機関に対する借入金、利息金額、手数料その他の債務、又は積立式の定期預貯金若しくは積金を預金口座から引き落して支払い又は振り替えることを依頼する場合に作成する預金口座振替依頼書は、第14号文書（金銭の寄託に関する契約書）に該当しないものとして取り扱う。

なお、金融機関に対する債務を預金口座から引き落して支払うことを内容とする文書であっても、原契約である消費貸借契約等の契約金額、利息金額、手数料等の支払方法又は支払期日を定めることを証明目的とするものは、その内容により、第1号の3文書（消費貸借に関する契約書）等に該当するのであるから留意する。

第15号文書

債権譲渡又は債務引受けに関する契約書

（債権譲渡の意義）

1 「債権譲渡」とは、債権をその同一性を失わせないで旧債権者から新債権者へ移転させることをいう。

（債務引受けの意義）

2 「債務引受け」とは、債務をその同一性を失わせないで債務引受人に移転することをいい、従来の債務者もなお債務者の地位にとどまる重畳的債務引受けもこれに含む。

（債務引受けに関する契約の意義）

3 「債務引受けに関する契約」とは、第三者が債権者との間において債務者の債務を引き受けることを約するものをいい、債権者の承諾を条件として第三者と債務者との間において債務者の債務を引き受けることを約するものを含む。

なお、第三者と債務者との間において、第三者が債務者の債務の履行を行うことを約する文書は、委任に関する契約書に該当するのであるから、課税文書に当たらないことに留意する。

（債権譲渡通知書等）

4 債権譲渡契約をした場合において、譲渡人が債務者に通知する債権譲渡通知書及び債務者が当該債権譲渡を承諾する旨の記載をした債権譲渡承諾書は、課税文書に該当しない。

（電話加入権の譲渡契約書）

5 電話加入権の譲渡契約書は、第15号文書（債権の譲渡に関する契約書）に該当するものとして取り扱う。

第16号文書

配当金領収証又は配当金振込通知書

（配当金の支払を受ける権利を表彰する証書の意義）

1 「配当金の支払を受ける権利を表彰する証書」とは、会社（株式の預託を受けている会社を含む。2及び5において同じ。）が株主（株式の預託者を含む。2及び5において同じ。）の具体化した利益配当請求権を証明した証書で、株主がこれと引換えに当該証書に記載された取扱銀行等のうち株主の選択する銀行等で配当金の支払を受けることができるものをいう。

（配当金の受領の事実を証するための証書の意義）

2 「配当金の受領の事実を証するための証書」とは、会社が株主に配当金の支払をするに当たり、あらかじめ当該会社が株主に送付する証書のうち、配当金の支払を受ける権利を表彰する証書以外のもので、株主が取扱銀行等から配当金の支払を受けた際その受領事実を証するために使用するものをいう。

なお、株主が会社から直接配当金の支払を受けた際に作成する受取書は、第16号文書（配当金領収証）ではなく、第17号文書（金銭の受取書）に該当することに留意する。

（配当金支払副票を添付する配当金領収証）

3 配当金領収証には、配当金支払副票を添付することによって配当金の支払を受けることができるものを含む。

（配当金の範囲）

4 「配当金」とは、株式会社の剰余金の配当（会社法第454条第5項《剰余金の配当に関する事項の決定》に規定する中間配当を含む。）に係るものをいう。

（振込済みである旨を株主に通知する文書の範囲）

5 「振込済みである旨を株主に通知する文書」とは、会社が株式に対して株主の預貯金口座その他の勘定への配当金振込みの事実を通知する文書をいい、文書の表現が「振り込みます」又は「振り込む予定です」等となっているものを含むものとして取り扱う。

第17号文書

1 売上代金に係る金銭又は有価証券の受取書 2 金銭又は有価証券の受取書で1に掲げる受取書以外のもの

（金銭又は有価証券の受取書の意義）

1 「金銭又は有価証券の受取書」とは、金銭又は有価証券の引渡しを受けた者が、その受領事実を証明するため作成し、その引渡者に交付する単なる証拠証書をいう。

（注） 文書の表題、形式がどのようなものであっても、また「相済」、「了」等の簡略な文言を用いたものであっても、その作成目的が当事者間で金銭又は有価証券の受領事実を証するものであるときは、第17号文書（金銭又は有価証券の受取書）に該当するのであるから留意する。

（受取書の範囲）

2 金銭又は有価証券の受取書は、金銭又は有価証券の受領事実を証明するすべてのものをいい、債権者が作成する債務の弁済事実を証明するものに限らないのであるから留意する。

（仮受取書）

3　仮受取書等と称するものであっても、金銭又は有価証券の受領事実を証明するものは、第17号文書（金銭又は有価証券の受取書）に該当する。

（振込済みの通知書等）

4　売買代金等が預貯金の口座振替又は口座振込みの方法により債権者の預貯金口座に振り込まれた場合に、当該振込みを受けた債権者が債務者に対して預貯金口座への入金があった旨を通知する「振込済みのお知らせ」等と称する文書は、第17号文書（金銭の受取書）に該当する。

（受領事実の証明以外の目的で作成される文書）

5　金銭又は有価証券の受取書は、その作成者が金銭又は有価証券の受領事実を証明するために作成するものをいうのであるから、文書の内容が間接的に金銭又は有価証券の受領事実を証明する効果を有するものであっても、作成者が受領事実の証明以外の目的で作成したもの（例えば、手形割引料計算書、預金払戻請求書等）は、第17号文書（金銭又は有価証券の受取書）に該当しない。

（受取金引合通知書、入金記帳案内書）

6　従業員が得意先において金銭を受領した際に受取書を交付し、又は判取帳若しくは通帳にその受領事実を証明し、その後において事業者が受取金引合通知書又は入金記帳案内書等を発行した場合における当該通知書又は案内書等で、当該金銭の受領事実を証明するものは、第17号文書（金銭の受取書）に該当するものとして取り扱う。

（入金通知書、当座振込通知書）

7　銀行が被振込人に対し交付する入金通知書、当座振込通知書又は当座振込報告書等は、課税文書に該当しない。

なお、被振込人あてのものであっても、振込人に対して交付するものは、第17号文書（金銭の受取書）に該当することに留意する。

（銀行間で作成する手形到着報告書）

8　手形取立ての依頼をした仕向け銀行が被仕向け銀行にその手形を送付した場合に、被仕向け銀行が仕向け銀行に交付する手形到着報告書で、手形を受領した旨の記載があるものは、第17号文書（有価証券の受取書）に該当する。

（不渡手形受取書）

9　不渡手形を受け取った場合に作成する受取書は、第17号文書（有価証券の受取書）に該当する。

（現金販売の場合のお買上票等）

10　商店が現金で物品を販売した場合に買受人に交付するお買上票等と称する文書で、当該文書の記載文言により金銭の受領事実が明らかにされているもの又は金銭登録機によるもの若しくは特に当事者間において受取書としての了解があるものは、第17号文書（金銭の受取書）に該当するものとして取り扱う。

（支払通知書受領書等）

11　文書の受取書であるような形式をとる「支払通知書受領書」等と称する文書であっても、金銭又は有価証券の受領事実を証明するために作成するものは、第17号文書（金銭又は有価証券の受取書）に該当する。

また、金銭等の支払者が作成するような形式をとる「支払通知書控」等と称する文書であっても、金銭又は有価証券を受領するに際し、その受取人から支払人に交付する文書であることが明らかなものは、第17号文書（金銭又は有価証券の受取書）に該当する。

（資産を使用させることによる対価の意義）

12　「資産を使用させることによる対価」とは、例えば土地や建物の賃貸料、建設機械のリース料、貸付金の利息、著作権・特許権等の無体財産権の使用料等、不動産、動産、無体財産権その他の権利を他人に使わせることの対価をいう。

なお、債務不履行となつた場合に発生する遅延利息は、これに含まれないのであるから留意する。

（資産に係る権利を設定することによる対価の意義）

13　「資産に係る権利を設定することによる対価」とは、例えば家屋の賃貸借契約に当たり支払われる権利金のように、資産を他人に使用させるに当たり、当該資産について設定される権利の対価をいう。

なお、家屋の賃貸借契約に当たり支払われる敷金、保証金等と称されるものであっても、後日返還されないこととされている部分がある場合には、当該部分は、これに含まれるのであるから留意す

付録　法令通達編

る。

（役務を提供することによる対価の意義）

14 「役務を提供することによる対価」とは、例えば、土木工事、修繕、運送、保管、印刷、宿泊、広告、仲介、興行、技術援助、情報の提供等、労務、便益その他のサービスを提供することの対価をいう。

（対価の意義等）

15 「対価」とは、ある給付に対する反対給付の価格をいう。したがって、反対給付に該当しないもの、例えば、借入金、担保物（担保有価証券、保証金、証拠金等）、寄託物（寄託有価証券、預貯金等）、割戻金、配当金、保険金、損害賠償金（遅延利息及び違約金を含む。）、各種補償金、出資金、租税等の納付受託金、賞金、各種返還金等は、売上代金に該当しないのであるから留意する。

（債券の意義）

16 令第28条（(売上代金に該当しない対価の範囲等)）第２項第１号に規定する「債券」とは、起債に係る債券をいうのであって、その権利の表示方法がいわゆる現物債であると登録債又は振替債であるとを問わない。

（為替取引における送金資金の受取書の意義）

17 令第28条第３項に規定する「為替取引における送金資金の受取書」とは、例えば、電信送金の依頼を受けた銀行が送金依頼人に対し作成交付する送金資金の受取書をいう。

（有価証券の受取書の記載金額）

18 小切手等の有価証券を受け取る場合の受取書で、受取に係る金額の記載があるものについては当該金額を、また、第17号の２文書に該当する有価証券の受取書で、受取に係る金額の記載がなく当該有価証券の券面金額の記載があるものについては当該金額を、それぞれ記載金額として取り扱う。

なお、売上代金に係る有価証券の受取書について通則４のホの（３）の規定が適用される場合は、当該規定に定めるところによるのであるから留意する。

（共同企業体と構成員の間で作成する受取書）

19 共同施行方式（構成員が資金、労務、機械等を出資し、合同計算により工事等を共同施行する方式）をとる共同企業体とその構成員との間において金銭等を授受する場合に作成する受取書の取扱いは、次による。

（１） 共同企業体が作成する受取書

イ 出資金（費用分担金と称するものを含む。）を受け取る場合に作成する受取書は、営業に関しないものとして取り扱う。

ロ 構成員に金銭等の受領を委託し、構成員から当該委託に基づく金銭等を受け取る場合に作成する受取書は、金銭等を受け取る原因が売上代金であるかどうかにより、第17号の１文書（売上代金に係る金銭又は有価証券の受取書）又は第17号の２文書（売上代金以外の金銭又は有価証券の受取書）に該当する。

（２） 構成員が作成する受取書

イ 利益分配金又は出資金の返れい金を受け取る場合に作成する受取書は、第17号の２文書（売上代金以外の金銭又は有価証券の受取書）に該当する。

ロ 共同企業体から金銭等の支払の委託を受けた構成員が、当該委託に基づく金銭等を受け取る場合に作成する受取書は、金銭等を支払う原因が売上代金であるかどうかにより、第17号の１文書（売上代金に係る金銭又は有価証券の受取書）又は第17号の２文書（売上代金以外の金銭又は有価証券の受取書）に該当する。

（相殺の事実を証明する領収書）

20 売掛金等と買掛金等とを相殺する場合において作成する領収書等と表示した文書で、当該文書に相殺による旨を明示しているものについては、第17号文書（金銭の受取書）に該当しないものとして取り扱う。

また、金銭又は有価証券の受取書に相殺に係る金額を含めて記載してあるものについては、当該文書の記載事項により相殺に係るものであることが明らかにされている金額は、記載金額として取り扱わないものとする。

（利益金又は剰余金の分配をすることができる法人）

21 「会社以外の法人で、法令の規定又は定款の定めにより利益金又は剰余金の配当又は分配をすることができることとなっているもの」には、おおむね次に掲げる法人がこれに該当する。

(1)　貸家組合、貸家組合連合会
(2)　貸室組合、貸室組合連合会
(3)　事業協同組合、事業協同組合連合会
(4)　事業協同小組合、事業協同小組合連合会
(5)　火災共済協同組合、火災共済協同組合連合会
(6)　信用協同組合、信用協同組合連合会
(7)　企業組合
(8)　協業組合
(9)　塩業組合
(10)　消費生活協同組合、消費生活協同組合連合会
(11)　農林中央金庫
(12)　信用金庫、信用金庫連合会
(13)　労働金庫、労働金庫連合会
(14)　商店街振興組合、商店街振興組合連合会
(15)　船主相互保険組合
(16)　輸出水産業協同組合
(17)　漁業協同組合、漁業協同組合連合会
(18)　漁業生産組合
(19)　水産加工業協同組合、水産加工業協同組合連合会
(20)　共済水産業協同組合連合会
(21)　森林組合、森林組合連合会
(22)　蚕糸組合
(23)　農業協同組合、農業協同組合連合会
(24)　農事組合法人
(25)　貿易連合
(26)　相互会社
(27)　輸出組合（出資のあるものに限る。以下同じ。）、輸入組合
(28)　商工組合、商工組合連合会
(29)　生活衛生同業組合、生活衛生同業組合連合会

(注)　ここに掲げる以外の法人については、当該法人に係る法令の規定又は定款の定めにより判断する必要がある。

（公益法人が作成する受取書）

22　公益法人が作成する受取書は、収益事業に関して作成するものであっても、営業に関しない受取書に該当する。

（人格のない社団の作成する受取書）

23　公益及び会員相互間の親睦等の非営利事業を目的とする人格のない社団が作成する受取書は、営業に関しない受取書に該当するものとし、その他の人格のない社団が収益事業に関して作成する受取書は、営業に関しない受取書に該当しないものとする。

（農業従事者等が作成する受取書）

24　店舗その他これらに類する設備を有しない農業、林業又は漁業に従事する者が、自己の生産物の販売に関して作成する受取書は、営業に関しない受取書に該当する。

（医師等の作成する受取書）

25　医師、歯科医師、歯科衛生士、歯科技工士、保健師、助産師、看護師、あん摩・マッサージ・指圧師、はり師、きゅう師、柔道整復師、獣医師等がその業務上作成する受取書は、営業に関しない受取書として取り扱う。

（弁護士等の作成する受取書）

26　弁護士、弁理士、公認会計士、計理士、司法書士、行政書士、税理士、中小企業診断士、不動産鑑定士、土地家屋調査士、建築士、設計士、海事代理士、技術士、社会保険労務士等がその業務上作成する受取書は、営業に関しない受取書として取り扱う。

（法人組織の病院等が作成する受取書）

27　営利法人組織の病院等又は営利法人の経営する病院等が作成する受取書は、営業に関しない受取書に該当しない。

なお、医療法（昭和23年法律第205号）第39条に規定する医療法人が作成する受取書は、営業に関しない受取書に該当する。

（受取金額の記載中に営業に関するものと関しないものとがある場合）

28　記載金額が５万円以上の受取書であっても、内訳等で営業に関するものと関しないものとが明確に区分できるもので、営業に関するものが５万円未満のものは、記載金額５万円未満の受取書として取り扱う。

（租税過誤納金等の受取書）

29　国税及び地方税の過誤納金とこれに伴う還付加算金を受領（納税者等の指定する金融機関から支払を受ける場合を含む。）する際に作成する受取

付録　法令通達編

書は、課税しないことに取り扱う。

（返還を受けた租税の担保の受取書）

30　租税の担保として提供した金銭又は有価証券の返還を受ける際に作成する受取書は、課税しないことに取り扱う。

（返還された差押物件の受取書）

31　差押物件の返還を受ける際に作成する受取書は、課税しないことに取り扱う。

（株式払込金領収証又は株式申込受付証等）

32　株式払込金（株式申込証拠金を含む。）領収証又はこれに代えて発行する株式申込受付証並びに出資金領収証で、直接会社が作成するものは営業に関しない受取書に該当するものとし、募集及び払込取扱業者が作成するものは営業に関しない受取書に該当しないものとして取り扱う。

（災害義えん金の受取書）

33　新聞社、放送局等が、災害その他の義えん金の募集に関して作成する受取書は、課税しないことに取り扱う。

（取次票等）

34　金融機関が得意先から送金又は代金の取立て等の依頼を受け、金銭又は有価証券を受領した場合に作成する「取次票」「預り証」等は、第17号文書（金銭又は有価証券の受領書）に該当するのであるから留意する。

（担保品預り証書）

35　金銭又は有価証券を担保として受け入れたことを内容とする担保品預り証書等は、第17号文書（金銭又は有価証券の受取書）に該当するのであるから留意する。

第18号文書

預貯金通帳、信託行為に関する通帳、銀行若しくは無尽会社の作成する掛金通帳、生命保険会社の作成する保険料通帳又は生命共済の掛金通帳

（預貯金通帳の意義）

1　「預貯金通帳」とは、法令の規定による預金又は貯金業務を行う銀行その他の金融機関等が、預金者又は貯金者との間における継続的な預貯金の受払い等を連続的に付け込んで証明する目的で作成する通帳をいう。

（勤務先預金通帳）

2　会社等が労働基準法第18条（(強制貯金)）第4項又は船員法第34条（(貯蓄金の管理等)）第3項に規定する預金を受け入れた場合に作成する勤務先預金通帳は、第18号文書（預貯金通帳）に該当するのであるから留意する。

（当座勘定入金帳）

3　当座預金への入金の事実のみを付け込んで証明するいわゆる当座勘定入金帳（付け込み時に当座預金勘定への入金となる旨が明らかにされている集金用の当座勘定入金帳を含む。）は、第18号文書（預貯金通帳）として取り扱う。

（現金自動預金機専用通帳）

4　現金自動預金機を設置する金融機関が、当該現金自動預金機の利用登録をした顧客にあらかじめ専用のとじ込み用表紙を交付しておき、利用の都度現金自動預金機から打ち出される預入年月日、預入額、預入後の預金残額、口座番号及びページ数その他の事項を記載した紙片を順次専用のとじ込み用表紙に編てつすることとしているものは、その全体を第18号文書（預貯金通帳）として取り扱う。

（所得税法第9条第1項第2号に規定する預貯金に係る預貯金通帳の範囲）

5　「所得税法第9条第1項第2号（非課税所得）に規定する預貯金に係る預貯金通帳」とは、いわゆるこども銀行の代表者名義で預け入れる預貯金に係る預貯金通帳をいう。

（こども銀行の作成する預貯金通帳）

6　いわゆるこども銀行の作成する預貯金通帳等と称する通帳は、課税文書に該当しないものとして取り扱う。

（非課税となる普通預金通帳の範囲）

7　令第30条（(非課税となる普通預金通帳の範囲)）に規定する「所得税法（昭和40年法律第33号）第10条（(障害者等の少額預金の利子所得等の非課税)）の規定によりその利子につき所得税が課税されないこととなる普通預金に係る預金通帳」とは、預金者が同条に規定する非課税貯蓄申告書を提出し、かつ、預け入れの際、同条に規定する非課税貯蓄申込書を提出して預け入れた普通預金に係る普通預金通帳（勤務先預金通帳のうち預金の払戻しが自由にできるものを含む。）で、当該預金の元本が同条第１項に規定する最高限度額を超えないものをいう。

なお、当該預金通帳に係る普通預金の元本が同項に規定する最高限度額を超える付け込みをした場合は、当該付け込みをした時に課税となる普通預金通帳を作成したものとして取り扱うが、当該普通預金通帳については、そのとき以降１年間は当該元本が再び同項に規定する最高限度額を超えることとなっても、これを新たに作成したものとはみなさないこととして取り扱う。

（信託行為に関する通帳の意義）

8 「信託行為に関する通帳」とは、信託会社が、信託契約者との間における継続的財産の信託関係を連続的に付け込んで証明する目的で作成する通帳をいう。

（銀行又は無尽会社の作成する掛金通帳の意義）

9 「銀行又は無尽会社の作成する掛金通帳」とは、銀行又は無尽会社が、掛金契約者又は無尽掛金契約者との間における掛金又は無尽掛金の受領事実を連続的に付け込んで証明する目的で作成する通帳をいう。

（日掛記入帳）

10 銀行が、掛金の契約者から掛金を日掛けで集金し、一定時期に掛金に振り替えることとしている場合において、当該掛金の払込み事実を証明するため作成する日掛記入帳は、掛金通帳として取り扱う。

（生命保険会社の作成する保険料通帳の意義）

11 「生命保険会社の作成する保険料通帳」とは、生命保険会社が、保険契約者との間における保険料の受領事実を連続的に付け込んで証明する目的で作成する通帳をいう。

（生命共済の掛金通帳の範囲）

12 令第29条（（生命共済の掛金通帳の範囲））に規定する「死亡又は生存を共済事故とする共済」とは、人の死亡若しくは生存のみを共済事故とする共済又は人の死亡若しくは生存と人の廃疾若しくは傷害等とを共済事故とする共済（以下「生命事故共済」という。）をいい、同条に規定する者が作成するこれらの掛金通帳は、第18号文書（生命共済の掛金通帳）に該当する。

なお、生命事故共済の掛金と生命事故共済以外の共済の掛金とを併せ付け込む通帳は、第19号文書に該当するのであるから留意する。

第19号文書

第１号、第２号、第14号又は第17号に掲げる文書により証されるべき事項を付け込んで証明する目的をもって作成する通帳（前号に掲げる通帳を除く。）

（第19号文書の意義及び範囲）

1 第19号文書とは、課税物件表の第１号、第２号、第14号又は第17号の課税事項のうち１又は２以上を付け込み証明する目的で作成する通帳で、第18号文書に該当しないものをいい、これら以外の事項を付け込み証明する目的で作成する通帳は、第18号文書に該当するものを除き、課税文書に該当しないのであるから留意する。

（金銭又は有価証券の受取通帳）

2 金銭又は有価証券の受領事実を付け込み証明する目的で作成する受取通帳は、当該受領事実が営業に関しないもの又は当該付け込み金額のすべてが５万円未満のものであつても、課税文書に該当するのであるから留意する。

（入金取次帳）

3 金融機関の外務員が得意先から預金として金銭を受け入れる場合に、当該受入事実を連続的に付け込み証明する目的で作成する入金取次帳等は、第19号文書に該当する。

（クレジット代金等の支払通帳）

4 クレジット会社等から顧客に対する債権の受領業務を委託されている金融機関が、当該債権の受領事実を連続的に付け込み証明するために作成する通帳は、第19号文書に該当する。

（積金通帳）

5 積金通帳（積金に入金するための掛金を日割で集金し、一定期日に積金に振り替えることとしている場合の日掛通帳を含む。）は、課税文書に該当しないことに取り扱う。

（授業料納入袋）

6 私立学校法（昭和24年法律第270号）第２条（（定義））に規定する私立学校又は各種学校若しくは学習塾等がその学生、生徒、児童又は幼児から授業料等を徴するために作成する授業料納入袋、月謝袋等又は学生証、身分証明書等で、授業料等を納入の都度その事実を裏面等に連続して付け込み証明するものは、課税しないことに取り扱う。

第20号文書

判取帳

（判取帳の範囲）

1 「判取帳」とは、課税物件表の第１号、第２号、第14号又は第17号の課税事項につき２以上の相手方から付け込み証明を受ける目的をもって作成する帳簿をいうのであるから、これら以外の事項につき２以上の相手方から付け込み証明を受ける目的をもって作成する帳簿は、課税文書に該当しない。

（金銭又は有価証券の受取通帳）

2 金銭又は有価証券の受領事実を付け込み証明する目的で作成する判取帳は、当該受領事実が営業に関しないもの又は当該付け込み金額のすべてが５万円未満のものであっても、課税文書に該当するのであるから留意する。

（諸給与一覧表等）

3 事業主が従業員に対し諸給与の支払をした場合に、従業員の支給額を連記して、これに領収印を徴する諸給与一覧表等は、課税しないことに取り扱う。

（団体生命保険契約の配当金支払明細書）

4 きよ出制（加入者各自が保険料を負担するもの）の団体生命保険契約に基づいて、配当金を団体の代表者が受領し、これを加入者各人に分配する際にその配当金の受領事実を証明する目的で加入者から受領印を徴する配当金支払明細書は、課税しないことに取り扱う。

非課税文書

非課税法人の表、非課税文書の表及び特別法の非課税関係

（非課税法人の範囲）

1 非課税法人の表の非課税法人には、当該非課税法人の業務の委託を受けた者は、含まないのであるから留意する。

（国庫金の取扱いに関する文書の意義等）

2 非課税文書の表の「国庫金の取扱いに関する文書」とは、日本銀行国庫金取扱規程（昭和22年大蔵省令第93号）の規定に基づき、日本銀行（本店、支店及び代理店）が国庫金の出納に関して作成する文書をいい、国庫金とは、単に国の所有に属する現金だけではなく、保管金等政府の保管に属する現金を含む。

なお、国庫金の取扱いを行うことについての日本銀行と金融機関との間の契約書は、国庫金の取扱いに関する文書として取り扱う。

（注） 法令の規定に基づき、国税や国民年金保険料等（以下この項において「国税等」という。）の納付を受託することについて指定を受けている者（以下この項において「納付受託者」という。）が、国税等の納付を当該納付受託者に委託しようとする者（以下この項において「委託者」という。）から国税等の額に相当する金銭の交付を受けたときに、当該納付受託者が当該委託者に対して交付する金銭の受取書は、国庫金の取扱いに関する文書に含まれる。

（公金の取扱いに関する文書の意義等）

3 非課税文書の表の「公金の取扱いに関する文書」とは、地方自治法の規定に基づく指定金融機関、指定代理金融機関、収納代理金融機関等が公金の出納に関して作成する文書をいい、公金とは、単に地方公共団体の所有に属する現金だけではなく、保管金等地方公共団体の保管に属する現金を含む。

なお、公金の取扱いを行うことについての地方公共団体と金融機関等との間の契約書は、公金の取扱いに関する文書として取り扱う。

（注） 法令の規定に基づき、地方公共団体から地方税や水道料金等（以下この項において「地方税等」という。）の収納の事務の委託を受けた者（以下この項において「受託者」という。）が、地方税等を納付しようとする者（以下この項において「支払者」という。）から、地方税等の交付を受けたときに、当該受託者が当該支払者に対して交付する金銭の受取書は、公金の取扱いに関する文書に含まれる。

（独立行政法人日本学生支援機構法第13条第１項第１号に規定する学資の貸与に係る業務に関する文書の範囲）

4　非課税文書の表の「独立行政法人日本学生支援機構法（平成15年法律第94号）第13条第１項第１号（(業務の範囲)）に規定する学資の貸与に係る業務に関する文書」とは、独立行政法人日本学生支援機構の行う学資の貸与に関する文書に限られるのであつて、都道府県、市町村等が高等学校、大学等の生徒、学生等を対象として育英資金を貸し付ける場合に作成する文書を含まない。

（注）　都道府県が高等学校等の生徒に対して無利息で学資資金を貸し付ける場合に作成する第１号の３文書（消費貸借に関する契約書）に該当する文書については、租税特別措置法（昭和32年法律第26号）第91条の２《都道府県が行う高等学校の生徒に対する学資としての資金の貸付けに係る消費貸借契約書等の印紙税の非課税》の規定の適用があることに留意する。

（婦人更生資金の貸付けに関する文書）

5　地方公共団体が、売春防止法（昭和31年法律第118号）第34条（(婦人相談所)）第２項に規定する要保護女子に対して、婦人更生資金を貸し付ける場合に作成する文書は、非課税文書の表の「社会福祉法」（昭和26年法律第45号）第２条第２項第７号（(定義)）に規定する生計困難者に対して無利子又は低利で資金を融通する事業による貸付金に関する文書」として取り扱う。

（日本私立学校振興・共済事業団等がその組合員に対して住宅貸付けを行う場合に作成する文書）

6　日本私立学校振興・共済事業団、国家公務員共済組合、国家公務員共済組合連合会、地方公務員共済組合又は全国市町村職員共済組合連合会が、当該組合等の組合員等に対して住宅貸付けを行う場合に作成する金銭消費貸借契約公正証書は、非課税文書の表の「私立学校教職員共済法（昭和28年法律第245号）第26条第１項第３号（(福祉事業))、国家公務員共済組合法（昭和33年法律第128号）第98条第３号（(福祉事業)）又は地方公務員等共済組合法（昭和37年法律第152号）第112条第１項第２号（(福祉事業)）の貸付けに関する文書」として取り扱う。

（金融機関等が作成する自動車損害賠償責任保険に関する保険料受取書）

7　自動車損害賠償保障法（昭和30年法律第97号）に定める自動車損害賠償責任保険の保険者（以下「保険会社」という。）の代理店及び保険料収納取扱者として当該保険会社の指定金融機関が、自動車損害賠償責任保険に関して作成する保険料受取書は、非課税文書に該当しない。

（国民健康保険の業務運営に関する文書の範囲）

8　非課税文書の表の「国民健康保険法に定める国民健康保険の業務運営に関する文書」には、国民健康保険組合又は国民健康保険組合連合会の所有する不動産を譲渡する場合の契約書等を含まない。

（健康保険に関する書類の範囲）

9　健康保険法（大正11年法律第70号）第195条（(印紙税の非課税)）に規定する「健康保険に関する書類」には、保険施設事業の実施に関する文書、同法第150条に規定する事業の施設の用に供する不動産等の取得等に関する文書及び組合又は連合会の事務所等の用に供するための不動産の取得等に関する文書を含まない。

（農業災害補償に関する書類の意義等）

10　農業災害補償法（昭和22年法律第185号）第11条（(印紙税の非課税)）に規定する「農業災害補償に関する書類」とは、農業共済組合又は市町村（特別区を含む。）の行う共済事業、農業共済組合連合会の行う保険事業及び政府の行う再保険事業に直接関係する文書をいう。

（納税貯蓄組合の業務に関する書類の意義等）

11　納税貯蓄組合法（昭和26年法律第145号）第９条（(印紙税の非課税)）に規定する「納税貯蓄組合の業務に関する書類」とは、納税貯蓄組合又は納税貯蓄組合連合会が、租税の容易かつ確実な納付に資するために行う業務に直接関係する文書をいう。

（漁船損害等補償に関する書類の意義）

12　漁船損害等補償法（昭和27年法律第28号）第12条（(印紙税の非課税)）に規定する「漁船損害等補償に関する書類」とは、漁船保険組合が行う漁船保険事業及び政府の行う再保険事業に関する文書をいう。

（額面株式の株券の無効手続に伴い作成する株券の届出）

13　商法等の一部を改正する等の法律の施行に伴う関係法律の整備に関する法律（平成13年法律第80

号。以下「商法等整備法」という。）第48条第２項（(印紙税法の一部改正等に伴う経過措置)）の規定の適用を受けようとする場合における額面株式の株券の無効手続に伴い作成する株券に係る印紙税の非課税に関する省令（平成13年財務省令第56号）第１項に規定する届出書の様式は、別表第３に定めるところによる。

なお、商法等整備法第48条第２項に規定する「当該株券を発行しようとする場所」の判定にあたっては、第80条の規定を準用することとして差し支えない。

別表第２

重要な事項の一覧表

第12条（(契約書の意義)）、第17条（(契約の内容の変更の意義等)）、第18条（(契約の内容の補充の意義等)）及び第38条（(追記又は付け込みの範囲)）の「重要な事項」とは、おおむね次に掲げる文書の区分に応じ、それぞれ次に掲げる事項（それぞれの事項と密接に関連する事項を含む。）をいう。

１　第１号の１文書
第１号の２文書のうち、地上権又は土地の賃借権の譲渡に関する契約書
第１５号文書のうち、債権譲渡に関する契約書

（１）　目的物の内容
（２）　目的物の引渡方法又は引渡期日
（３）　契約金額
（４）　取扱数量
（５）　単価
（６）　契約金額の支払方法又は支払期日
（７）　割戻金等の計算方法又は支払方法
（８）　契約期間
（９）　契約に付される停止条件又は解除条件
（10）　債務不履行の場合の損害賠償の方法

２　第１号の２文書のうち、地上権又は土地の賃借権の設定に関する契約書

（１）　目的物又は被担保債権の内容
（２）　目的物の引渡方法又は引渡期日
（３）　契約金額又は根抵当権における極度金額
（４）　権利の使用料
（５）　契約金額又は権利の使用料の支払方法又は支払期日
（６）　権利の設定日若しくは設定期間又は根抵当権における確定期日
（７）　契約に付される停止条件又は解除条件
（８）　債務不履行の場合の損害賠償の方法

３　第１号の３文書

（１）　目的物の内容
（２）　目的物の引渡方法又は引渡期日

（3） 契約金額（数量）
（4） 利率又は利息金額
（5） 契約金額（数量）又は利息金額の返還（支払）方法又は返還（支払）期日
（6） 契約期間
（7） 契約に付される停止条件又は解除条件
（8） 債務不履行の場合の損害賠償の方法

4　第1号の4文書
　第2号文書

（1） 運送又は請負の内容（方法を含む。）
（2） 運送又は請負の期日又は期限
（3） 契約金額
（4） 取扱数量
（5） 単価
（6） 契約金額の支払方法又は支払期日
（7） 割戻金等の計算方法又は支払方法
（8） 契約期間
（9） 契約に付される停止条件又は解除条件
（10） 債務不履行の場合の損害賠償の方法

5　第7号文書

（1） 令第26条（（継続的取引の基本となる契約書の範囲））各号に掲げる区分に応じ、当該各号に掲げる要件
（2） 契約期間（令第26条各号に該当する文書を引用して契約期間を延長するものに限るものとし、当該延長する期間が3か月以内であり、かつ、更新に関する定めのないものを除く。）

6　第12号文書

（1） 目的物の内容
（2） 目的物の運用の方法
（3） 収益の受益者又は処分方法
（4） 元本の受益者
（5） 報酬の金額
（6） 報酬の支払方法又は支払期日
（7） 信託期間
（8） 契約に付される停止条件又は解除条件
（9） 債務不履行の場合の損害賠償の方法

7　第13号文書

（1） 保証する債務の内容
（2） 保証の種類
（3） 保証期間
（4） 保証債務の履行方法
（5） 契約に付される停止条件又は解除条件

8　第14号文書

（1） 目的物の内容
（2） 目的物の数量（金額）
（3） 目的物の引渡方法又は引渡期日
（4） 契約金額
（5） 契約金額の支払方法又は支払期日
（6） 利率又は利息金額
（7） 寄託期間
（8） 契約に付される停止条件又は解除条件
（9） 債務不履行の場合の損害賠償の方法

9　第15号文書のうち、債務引受けに関する契約書

（1） 目的物の内容
（2） 目的物の数量（金額）
（3） 目的物の引受方法又は引受期日
（4） 契約に付される停止条件又は解除条件
（5） 債務不履行の場合の損害賠償の方法

間消３-２
平成元年３月10日
改正平成16年課消３-５
課審７-３

国税局長　殿

国税庁長官

消費税法の改正等に伴う印紙税の取扱いについて

標題のことについては、下記によることとしたから、留意されたい。

(理由)

所得税法及び消費税法の一部を改正する法律（平成６年法律第109号）及び地方税法等の一部を改正する法律（平成６年法律第111号）の施行に伴い、消費税及び地方消費税の金額が区分記載されている場合の印紙税の記載金額等の取扱いを定めるものである。(平16課消３－５改正)

記

1　契約書等の記載金額

印紙税法（昭和42年法律第23号。以下「法」という。）別表第１の課税物件表の課税物件欄に掲げる文書のうち、次の文書に消費税及び地方消費税の金額（以下「消費税額等」という。）が区分記載されている場合又は税込価格及び税抜価格が記載されていることにより、その取引に当たって課されるべき消費税額等が明らかである場合には、消費税額等は記載金額（法別表第１の課税物件表の適用に関する通則４に規定する記載金額をいう。以下同じ。）に含めないものとする。(平16課消３－５改正)

（１）第１号文書（不動産の譲渡等に関する契約書）
（２）第２号文書（請負に関する契約書）
（３）第17号文書（金銭又は有価証券の受取書）

(注)

1「消費税額等が区分記載されている」とは、その取引に当たって課されるべき消費税額等が具体的に記載されていることをいい、次のいずれもこれに該当することに留意する。

イ　請負金額1,050万円　税抜価格1,000万円　消費税額等50万円
ロ　請負金額1,050万円　うち消費税額等50万円
ハ　請負金額1,000万円　消費税額等50万円計1,050万円

2「税込価格及び税抜価格が記載されていることにより、その取引に当たって課されるべき消費税額等が明らかである」とは、その取引に係る消費税額等を含む金額と消費税額等を含まない金額の両方を具体的に記載していることにより、その取引に当たって課されるべき消費税額等が容易に計算できることをいい、次の場合がこれに該当することに留意する。

請負金額1,050万円　税抜価格1,000万円

2　みなし作成の適用

第19号文書（第１号、第２号、第14号又は第17号に掲げる文書により証されるべき事項を付け込んで証明する目的をもって作成する通帳）又は第20号文書（判取帳）について、法第４条第４項《課税文書の作成とみなす場合》の規定が適用されるかどうかについては、１《契約書等の記載金額》の規定が適用される場合には、消費税額等を含めない金額で判定するものとする。

なお、消費税額等だけが付け込まれた場合は、同項の規定の適用はないものとする。(平16課消３－５改正)

3　消費税額等のみが記載された金銭又は有価証券の受取書

消費税額等のみを受領した際に交付する金銭又は有価証券の受取書については、記載金額のない第17号の２文書（売上代金以外の金銭又は有価証券の受取書）とする。

ただし、当該消費税額等が３万円未満である場合は、非課税文書に該当するものとして取り扱う。(平16課消３－５改正)

4　地方消費税が課されない取引

１から３に規定する文書のうち、その取引に地方消費税が課されないものについては、なお従前の例による。(平16課消３－５改正)

索　引

あ

い

う

え

お

か

き

く

け

こ

さ

し

す

せ

そ

た

ち

つ

て

と

に

ね

の

は

ひ

ふ

へ

ほ

ま

み

む

も

や

ゆ

よ

ら

り

れ

ろ

わ

索
引

【監修者紹介】

益子良一（ますこ りょういち）

1976年　税理士登録、税理士開業（益子良一税理士事務所長）
2014年10月　税理士法人コンフィアンス代表社員税理士

○東京都立大学法学部講師、神奈川大学講師、神奈川大学法科大学院講師（税法担当）を経て、現在、専修大学法学部講師
○東京地方税理士会（神奈川県・山梨県）副会長を経て、現在、東京地方税理士会相談役
○購買生協、医療生協などの顧問税理士

主な著書等
○『3訂版　医療機関の税務相談事例集』（共著・大蔵財務協会）、『新訂　民法と税法の接点』（編著・ぎょうせい）、『争点相続税法』（共著・勁草書房）他
○その他、税務問題について雑誌に執筆

江藤俊哉（えとう としや）

2007年　税理士登録
2013年　税理士開業（江藤俊哉税理士事務所）

○日本生活協同組合連合会勤務を経て、2013年より税理士事務所を開設
○購買生協、学校生協などの顧問税理士

生協の印紙税の実務【2016年1月改訂版】

［発 行 日］2016年1月20日　初版1刷
［検印廃止］
［編　　者］日本生活協同組合連合会
［監 修 者］益子良一・江藤俊哉
［発 行 者］和田寿昭
［発 行 元］日本生活協同組合連合会
〒151-8913　東京都渋谷区渋谷3-29-8　コーププラザ
TEL. 03-5778-8183（出版グループ）
［発 売 元］コープ出版(株)
〒151-8913　東京都渋谷区渋谷3-29-8　コーププラザ
TEL. 03-5778-8050
www.coop-book.jp
［制作・印刷］株式会社 晃陽社

ISBN978-4-87332-334-3　落丁本・乱丁本はお取り替えいたします。